예술, 디자인 그리고 인문학도를 위한

지각심리학

Rainer Schönhammer 저 | 이모영 역

Einführung in die
Wahrnehmungspsychologie
- Sinne, Körper, Bewegung

학지사

본 역서는 한국연구재단이 지원하는 SSK사업 〈한국인의 문화인지 구조 연구〉(2012S1A3A2033783)의
연구비를 지원받은 것임을 밝힘

역자 서문

21세기 정보통신기술의 비약적인 발달은 인간 삶의 다방면에서 엄청난 변화의 바람을 몰고 오고 있다. 인터넷의 발달로 외국의 유수 대학에서 제공되는 강의가 실시간으로 올라오고 있고, 대부분의 지식은 인터넷 검색을 통해 쉽게 접근할 수 있게 되었다. 많은 지식을 갖고 있다는 것은 다른 사람과 차별화하는 수단으로서 더 이상 경쟁력의 척도가 될 수 없는 시대가 되었고, 지식의 습득은 교육적 실천에서도 그 중요성이 점점 줄어들 것으로 예측되고 있다. 사람들은 지식의 습득보다는 새로운 지식을 창출하고, 대상을 색다르게 경험하기를 원하고, 이를 통해 의미와 감동을 체험하기를 원한다. 최근의 인문학에 대한 열풍, 이미지와 디자인에 대한 관심 등은 이와 같은 변화를 보여 주는 단적인 예라고 할 수 있을 것이다.

이와 같은 트렌드의 변화에 따라, 우리가 세상을 바라보고 이해하는 방식에서도 기존의 이성과 사고 중심에서 지각과 감성 중심으로 변화하고 있다. 실제로 우리가 어떻게 이미지를 처리하고, 어떻게 풍부한 상상력을 갖고 창의적으로 사고할 수 있는지, 공감능력은 어떻게 설명될 수 있는지와 같은 문제들에 대한 관심이 최근 크게 증가하고 있다. 그리고 이 문제들과 밀접하게 관련되어 있는 지각 과정에 대한 관심 또한 크게 증가하고 있다. 디자인, 예술 그리고 인문학을 공부하는 사람들에게서 특히 그렇다. 그럼에도 불구하고 이들에게 유용한 지침이 될 수 있는 지각심리학적 지식을 접하기란 쉽지 않다. 이는 아마도 심리학과 디자인, 예술 그리고 인문학과의 학문적 소통이 부족하고, 이 분야들 간의 학제 간 연구가 활발하게 이뤄지지 않기 때문일 것이다. 기존의 지각심리학 책을 들여다보면 이 소통의 부재를 금방 알아차릴 수 있다. 기존의 지각심리학 교재에서는 지각의 심리학적 기제와 원리를 설명하는 데 초점이 맞추어져 있어, 감각생리학적 기제에 대한 설명, 연구 방법, 실험들이 책 내용의 대부분을 차지한다. 이 내용들은 인간 지각의 보편적인 기제와 원리에 관심이 있는 심리학을 전공하는 사람들에게는 꼭 필요한 내용일 수 있지만, 실상 지각심리학적 지식이 어떻게 일상적 삶의 문제와 디자인 그리고 예술에 구체적으로 활용될 수 있는지에 관심이 있는 사람들에게는 너무 어렵고, 지루한 내용들일 수 있다.

본 역서 『예술, 디자인 그리고 인문학도를 위한 지각심리학』은 이런 점에서 기존의 지각심리학 교재와 성격이 많이 다르다. 이 책은 몇 가지 점에서 특별하다. 첫째로, 이 책은 디자인학부 교수가 저술한 지각심리학 책이다. 따라서 지각심리학의 논의의 초점이 지각의 기제와 원리에 맞춰져 있는 것이 아니라, 지각심리학적 지식이 어떻게 디자인과 예술에 응용될 수 있는지에 관심을 갖고 기술된 책이다. 그런 점에서 본 역서는 기존의 지각심리학 책을 어렵게 느끼는 비전공자들이 지각심리학에 입문하는 데 많은 도움이 될 수 있을 것이다. 그리고 다양한 응용 사례를 기술하고 있기 때문에 지각심리학적 지식들이 실제 장면에서 어떻게 응용될 수 있는지에 대한 많은 구체적인 아이디어를 얻을 수 있을 것으로 기대된다.

둘째로, 이 책은 기존의 지각심리학 책에서 등한시되고 있는 주제를 다루고 있다는 점에서 특별하다. 우선 이 책에서는 시각과 청각은 물론 후각과 미각 그리고 촉각과 평형감각들을 상세히 다루고 있다. 이와 같은 주제들은 최근에 정보처리 기술의 발달로 매우 빠르게 진화하고 있는 다양한 정보처리기기에서 인간 친화적인 디자인을 구현하는 데 중요한 이론적 기초를 제공할 수 있다. 촉각과 평형감각에 대한 연구는 스마트폰,

원격제어장치 그리고 가상공간에서의 적응과 같은 현실적인 문제를 해결하는 데 유익한 통찰을 제공하고, 특히 감성 기반 디자인의 개발에도 매우 유익한 지침을 제공할 수 있을 것으로 기대된다.

셋째로, 이 책은 문화인지적 관점에서 지각을 논의하고 있다는 점에서 특별하다. 기존의 지각심리학은 과학적인 방법을 사용하여 지각의 심리적인 메커니즘을 밝히는 데 초점이 맞추어져 있어, 인간의 지각적 특성이 일상생활에 어떤 의미를 지니고 있는지, 이들이 디자인, 건축, 예술에 어떻게 적용될 수 있는지에 대해는 별다른 설명을 제시하고 있지 않다. 이 책은 지각에 대한 자연과학적 연구 성과를 철학적 그리고 인문학적 관점과 연결시키고 있다는 점에서 특별하다고 할 수 있다. 예를 들어, 빛이라는 지각 대상을 논의함에 있어서, 빛의 물리적 자극 특성과 이들이 처리되는 생리학적 메커니즘에 국한하지 않고, 빛이 지니고 있는 상징적인 의미를 포함해서 빛이 활성화하고, 기분을 변화시키는 그리고 서로 소통하게 하는 지각의 문화인지적 측면들에 대해 깊이 있게 다루고 있다.

본 역서는 위에서 기술한 바와 같이 인간의 지각 특성이 일상 경험에 어떤 의미를 지니고 있는지, 더 나아가 디자인, 예술, 환경에는 어떻게 응용될 수 있는지에 대해 논의함으로써 지각에 관심이 있는 일반인은 물론, 디자이너와 같은 지각 관련 직업에 종사하는 이들을 위해 훌륭한 지침서 역할을 할 것으로 기대된다. 그리고 심리학 전공자들에게도 지각의 세부적인 생리학적 기제와 원리들이 생략되어 전공 교재로는 부적합하지만, 지각의 통일적 일상적 의미를 부각시키고, 그 응용적 가치를 드러내 보이고 있다는 점에서 지각심리학 부교재로 훌륭한 가치를 지니고 있다고 할 수 있다.

본 역서가 앞으로 더욱 많은 사람들이 지각 분야에 관심을 갖게 되는 계기가 되기를 바라고, 이를 통해 세상을 더욱 의미 있고, 풍요롭게 지각하도록 하여 삶을 더욱 가치 있게 살아갈 수 있기를 기대한다. 특히, 심리학과 다른 분야 학문 간의 학문적 소통을 촉진하고, 더욱 많은 학제 간 연구를 촉발할 수 있는 계기가 되기를 바라는 마음 간절하다.

끝으로 이 책이 세상에 나올 수 있도록 많은 노고를 아끼지 않으신 학지사 김진환 대표님과 김선영 과장님께도 깊은 감사를 드린다.

2014년 봄

이모영

머리말

또 하나의 지각심리학 입문이라고? 그렇기는 하지만 이것은 내가 아는 기존의 것들과는 다른 입문서다. 나는 예술과 디자인학과 학생들을 가르치고 있다. 이 두 전공 학생들에게 기존의 지각심리학 교과서들은 생리학적인 내용, 실험 방법, 과학사적 배경 등을 지나치게 자세히 다루고 있다. 반면에 미학이나 (건축물, 소비상품, 기술, 매스컴 같은) 물질문화에 대해서는 거의 다루지 않는다. 그런가 하면 예술심리학, 건축심리학, 매체심리학 등은 해당 분야의 특수한 문제들만 다룰 뿐 감각과 지각 일반에 대해서는 별로 언급하지 않는다.

이 책은 우리가 물체, 매스컴, 기술 등과 상호작용할 때, 자연이나 건물 환경을 체험할 때, 혹은 다른 사람들과 어울릴 때 촉각, 후각, 미각, 시각, 청각이 어떤 역할을 하는지를 다루고 있다. 이 책은 이런 목적에 꼭 필요해 보이지 않는 감각생리학적 내용, 연구 방법, 심리학사 등의 많은 부분을 생략하였다. 그렇다고 해서 이 책이 예술가와 디자이너만을 위한 아류 지각심리학인 것은 아니다. 이 책은 실제로 응용 가능하다는 형태법칙 Gestaltgesetze 같은 몇몇 법칙을 지루하게 반복하기보다 지각심리학과 신경과학의 최근 연구 성과를 문화 관련 학문과 철학의 성과나 주장들과 연결하고 있다. 따라서 이 책은 디자인, 예술, 사회과학 전공자에게 유익한 안내서일 뿐만 아니라 심리학, 신경과학, 인지과학 전공자에게도 흥미로운 참고서가 될 것이다.

연구의 최신 성과들을 제대로 음미하기 위해서는 대다수 지각심리학

교과서들처럼 개별 감각 경로들을 따로따로 고찰하는 데 그치는 것이 아니라 이런 것들을 일관되게 넘어서는 종합적 관점이 필요하다. 이 책 첫 장부터 중요하게 다루고 있는 것은 여러 감각 양태의 상호작용과 신체의 움직임과 정서가 지각에 어떤 영향을 미치는가 하는 물음이다. 이 책의 부제 '감각, 신체, 운동'이 의미하는 바도 바로 이것이다. 이 책은 감각과 지각에 덧붙여 신체와 운동을 다루고 있는 것이 아니다. 오히려 중요한 것은 신체가 그리고 신체의 위치와 운동이 지각과 어떤 내적 관계를 이루고 있는가 하는 점이다.

오늘날의 (신경 인지적) 지각 연구와 지각 이론에서 여러 감각을 더 포괄적으로 이해하기 위해 감각운동Sensomotorik(감각운동 과정), 체화Embodiment(체화된 인지) 그리고 때로는 산출적 지각enactive perception 같은 개념들이 사용된다. 이 가운데 첫 번째 개념인 감각운동에 대해서는 이 책에서도 종종 언급할 것이다. 반면에 체화라는 개념은 내가 보기에 언어적으로 굳이 필요해 보이지 않는다. 그리고 산출적 지각 개념과 관련된 입장은 내게 그리 매력적으로 보이지 않는다. 왜냐하면 이 입장은 주체를 지나치게 경험의 창조자로 격상함으로써 모든 감각경험이 지향적 활동인 것이 아니며 감각경험에는 수동적인 측면도 있다는 점을 간과하기 때문이다. 우리가 (일상적으로) 느끼고 냄새를 맡고 맛을 느끼며 보고 듣는 심미적 경험에 주목할 때 이런 수동적 측면을 외면할 수 없음은 분명하다.

최근에 활발히 연구되고 있는 여러 감각 사이의 또는 감각운동적 관계의 기능적 신경해부학에 대해서는 기초적인 이해를 돕기 위한 설명과 심화학습을 위한 참고문헌 제시로 서술의 범위를 제한할 것이다.

지각에 대한 다른 교과서들이 시각부터 다루는 데 비해, 이 책에서는 앞서 언급한 관점에 입각해 몸과 몸의 느낌부터 다룰 것이다. 하지만 몸을 (문화 비판적으로) 시각과 대립시키려는 의도는 없다. 나는 신체감각뿐만 아니라 후각과 미각도 비교적 자세히 서술했으며 평형감각에 대해서는 별도의 장을 할애하였다. 하지만 이 책에서도 가장 분량이 많은 장은 시각에 관한 장이다. 시각과 청각 뒤에는 다감각적multisensorisch 지각과 심미적 체험에 대한 별도의 장들이 이어진다. 이 책 전체를 관통하는 논의의 여러 갈래는 이 마지막 장들에서 더 큰 연관관계로 서로 결합될 것이다. 이때 중심이 되는 주제는 공감각Synästhesie이라는 기이한 현상이 여러 감각의 통일성이라는 정상적인 현상과 어떤 관계에 있는가, 그리고 오늘날 철학적 미학에서 큰 주목을 받고 있는 분위기Atmosphäre 또는 정취라는 현상은 지각심리학적 관점에서 어떻게 규정될 수 있는가 하는 문제들이다.

이 책에서는 심리학에서 그동안 무시되었던 오래된 이론이나 관찰들도 연구의 최신 경향과 함께 언급하였다. 예컨대, 게슈탈트계 이론(바이체커 V. v. Weizsäcker), 감정이입과 동반운동의 미학(비셔R. Vischer, 립스Th. Lipps, 그루스K. Groos), 현상학적 심리학(보이텐디크F. J. J. Buytendijk, 판 레넵D. J. van Lennep, 메를로 퐁티M. Merleau-Ponty, 슈트라우스E. Straus) 등이 이에 해당한다. 그러나 이런 전통을 미화할 생각은 없으며 그저 참고로 언급할 뿐이다. 또한 이 경우에도 이론사적 설명은 대부분 생략할 것이다. 어쨌든 이런 학문의 전개는 기술記述적이고 경험적인 접근과 설명적이고 자연과학적인 접근이 서로 발전적인 영향을 주고받을 수 있음을 보여 준다. 특히 이 책의 주제와도 관련이 깊은 감정이입과 동반운동의 미학에 대해서는 여러 번 언급될 것이다.

감각의 의미를 이해하려는 오늘날의 노력은 행동생물학과 이론생물학(로렌츠K. Lorenz, 윅스퀼J. v. Uexküll) 전통의 환경 개념과도 관련이 있다. 이런 견해는 20세기 중엽 제임스 깁슨James Gibson의 생태학적 지각심리학을 통해 학계에 어느 정도 자리를 잡게 되었다. 깁슨의 『지각체계로 간주된 감각*The Senses Considered As Perceptual Systems*』(1966)은 감각운동적 관점의 고전이기도 하다. 이 책에서 깁슨은 우리가 시각을 이용해 몸을 움직일 수 있을 뿐만 아니라 실제로 다리를 이용해 (눈의 이동이 가능할 뿐만 아니라) 본다는 점을 분명히 보여 주고 있다. 다만 깁슨은 그 밖의 거의 모든 주제를 너무 성급하게 다루고 있는데, 이것은 또 다른 문제다. 하지만 이 점은 여기서 그리 중요하지 않다. 또한 시각 흐름에 대한 그의 이론은 (아마도 그의 단순화된 설명 덕분에) 그 사이 교과서의 표준적인 설명이 되었지만, 그것의 자세한 내용은 이 책에서 언급할 필요가 없어 보인다.

이 책은 일부러 그림을 많이 넣지 않았다. 여기에 실린 그림들은 모두 클라우디아 마이발트Claudia Maiwald가 이 책을 위해 그린 것이다. 색상 도표 대신에 독자들이 직접 (이왕이면 컬러로) 색칠할 수 있는 몇몇 그림을 넣었다. 이것은 미리 색칠이 되어 있으면 불가능한 그림 교육에도 도움이 되고 책의 내용을 개인적으로 소화하는 데도 도움이 될 것이다.

지각연구 분야에서 환경적 관점을 발전시킨 생물학자 야콥 폰 윅스퀼Jacob von Uexkülls과 그의 동료 게오르그 크리스차트Georg Kriszat의 선구적 연구서인 『동물과 인간의 환경 탐험-보이지 않는 세계들의 그림책*Streifzüge durch die Umwelten von Tieren und Menschen. Ein Bilderbuch unsichtbarer Welten*』(1970/1934)은 이런 그림의 활용도를 잘 보여 주고 있으며, 이 책에 삽입된 그림에 많은 영감을 주었다. 『환경 탐험』에는 유기체의 지각세계Merkwelt와 작용세계Wirkwelt가 서로 연관되어 있다는 명제를 설명하기 위해 동일한 방을 세 가지 상이한 방식으로 강조한 그림들이 실려 있다. 이것은 동일한 물리화학적 사태가 세 가지 상이한 주위세계Umwelt를 포함하고 있음을 보여 준다. 곧 이 방은 인간의 방이자 개의 방이며 파리의 방이다. 이것은 서로 다르면서 일부 겹치기도 하는 세 의미공간이다. (이 책에 실린 그림은 원본과 조금 다르다. 우리는 비더마이어Biedermeier 양식의 방을 현대적인 거실로 대체했으며 색깔이 들어간 강조를 회색 명암으로 바꾸었다. 색깔이 들어간 강조는 왜 하필 이 색을 선택했는가라는 불필요한 물음을 야기할 수 있기 때문이다.) 이 그림들의 차이는 감각이 세계를 (사진기처럼) 중립적으로 모사하는 것이 아니라 인간이나 개 또는 파리가 필요로 하는 것을, 이 유기체들의 행동능력 또는 행동습관을 반영한다는 것을 보여 준다. (물론 이 그림들은 도식화된 것이므로 거기에 표시된 차이들에 대해 너무 자세히 따질 필요는 없다.) 다시 말해, 유기체의 감각경험은 각 종에 따라 고유한 (그리고 특히 인간의 경우에는 또한 문화에 따라 고유한) 행동 또는 방치를 유발하는 성격을 띠고 있다.

끝으로 참고문헌에 대해 한마디 하고자 한다. 이 책에서는 본문 자체에 대한 출처 언급을 최소화하였다. 그리고 각 장의 단원 끝에 실린 읽을거리에서는 몇몇 고전 저작 외에 주로 (흔히 인용되는) 최초 연구보다 최신의 또는 개괄적인 연구들을 언급하였다. 이것은 관련 논의의 현재 수준을 가늠하고 심화하는 데 도움이 될 것이다. 그 밖에 본문에 등장하는 이름, 개념, 출처 등을 활용하면 (대부분 대학 도서관이나 시립 도서관에서 자유롭게 이용 가능한) '사인덱스Psyndex'나 '사이클릿Psychlit' 같은 데이터 뱅크 또는 검색 엔진을 통해 추가 설명이나 최신 연구를 검색할 때 도움이 될 것이다. 이런 데이터 뱅크에는 종종 저자들의 홈페이지나 연구논문 전체를 볼 수 있는 인터넷 주소들도 포함되어 있다.

차 례

몸의 느낌 – 신체와 운동

예술, 디자인 그리고 인문학도를 위한 지각심리학

I

전통적으로 오감은 유기체가 외부세계를 접하는 창문으로 이해된다. 그리고 이 오감 가운데 오직 촉각에서만 신체와 운동이 중요한 역할을 하는 것처럼 이해된다. 촉각은 흔히 손이나 성적인 장면을 통해 상징적으로 묘사된다. 촉각은 신체와의 명백한 연관성 때문에 전통적으로 '하등감각' 으로 간주되었다. 그러나 머리말에서도 언급했듯이 오늘날 지각에 대한 이론과 연구에서는 여러 감각과 지각이 신체와 운동 또는 행동의 맥락에서만 제대로 이해될 수 있다는 관점이 점점 더 설득력을 얻고 있다. 신체와 운동이 모든 감각과 연결되어 있기 때문에 우리는 신체지각을 다루는 다음 장들에서 이미 다른 감각들, 특히 시각에 대해서도 다양한 연결점을 발견하게 될 것이다.

1 신체지각

"여러분은 지금 이 순간 자신의 몸을 어떻게 느끼십니까?"라는 질문을 받게 되면(그래서 하던 일을 잠시 멈추고 주의를 집중하면), 우리는 이 물음을 듣기 전에는 미처 의식하지 못했던 어떤 것을 비로소 지각하게 되곤 한다. 지금 막 통증에 시달리고 있는 사람이라면, 또는 지금 앉아 있거나 누운 자세가 매우 불편하다고 느끼고 있는 사람이라면 이 질문에 곧바로 대답할 수 있을 것이다. 그러나 그런 경우가 아니라면 우리는 이 질문에 대답하기 위해 잠시 우리 자신에게 주의를 기울여야만 한다. 예컨대, 넓적다리와 궁둥이와 등이 눌리는 느낌, 배가 고픈 또는 부른 느낌, 가슴으로(어쩌면 갑갑하게) 숨 쉬는 느낌, 발이 차다는 느낌, 몸 어디가 근질거리는 느낌 등을 주의를 기울여 비로소 알아챌 수 있다. 이렇게 우리의 신체는 우리가 살아가는 많은 장면에서 의식되지 않은 채 뒷전으로 물러나 있다. 많은 경우 우리는 우리 몸에 주의를 기울이지 않는다.

우리가 무슨 일을 할 때(예컨대 책을 읽거나 글을 쓰거나 장을 보거나 운전을 할 때) 우리의 주의는 보통 밖으로, 우리의 환경을 향해 있다. 그리고 우리의 몸은 일상활동에서 오직 예외적으로만 주의를 끈다. 예컨대, 특별한 노력을 기울여야 할 때 또는 강한 감정이 북받쳐 오를 때 그러하다. 이럴 때 우리는 예컨대 팔다리가 무겁다는 느낌, 심장의 두근거림, 배가 살살 아픈 느낌, 긴장감이나 활기 등을 자연스럽게 지각하게 된다. 그러나 우리의 몸이 예외적으로 주의를 끈다기보다 처음부터 관심의 대상이 되는 경우도 있는데, 따뜻한 목욕물에 들어가 피로를 풀 때나 성행위처럼 신체와 신체의 쾌감 자체가 관건이 되는 상황이나 행위가 그러한 경우다. 그밖에 (운동, 연주, 운전처럼) 복잡한 동작을 익혀야 할 때도 몸은 관심의 대상이 된다. 그래서 이런 동작을 익힐 때 처음에는 몸이 방해물처럼 느껴지다가, 어느 정도 연습을 해서 방금 익힌 동작을 성공적으로 수행하면 이제는 그것이 매우 유쾌하게 지각된다(작동쾌락Funktionslust).

만약 내가 독자들에게 신체지각 대신에 지금의 기분이 어떤지를 물었다면, 아마도 많은 사람은 별다른 노력 없이도 자기가 지금 활기찬지, 피곤한지, 기분이 좋은지, 우울한지, 차분한지, 들떠 있는지 등을 말할 수 있을 것이다. 하지만 이런 기분 또는 마음상태가 도대체 무엇이냐고 되묻는다면 사람들은 지금 자신의 몸이 어떻게 느껴지는지에 대해 이런저런 얘기들을 하게 될 것이다. 이처럼 "지금 어떠세요?"라는 물음은 부수적으로 의식되고 다분히 막연한 신체지각과 (일부) 관련이 있다. 자신의 몸에 대한 전반적인 느낌을 예전에는 일반감각이라고 불렀다. 반면에 오늘날에는 예컨대 배경감각(Damasio, 2000)이라는 말을 쓴다. 자신의 몸에 대한 지각은 다양한 형태의 의식이 관여하는 복합적인 주제다.

신경 개요 ▶ 체감각

체감각Somatosensorik(그리스어 soma=몸) 또는 체내장 지각somatoviszerale Wahrnehmung(라틴어 viszera=내부, 내장)이라는 개념은 몸의 느낌을 총괄하는 개념이다. 하지만 신체지각에 대한 용어들은 분명하지도 체계적이지도 않다. 왜냐하면 생리적 기초와 (의식될 수 있는) 지각이 개념들 속에 마구 뒤섞여 있기 때문이다. 몸의 느낌은 다음과 같은 기준에 따라 세분된다.

- 감각기 또는 감각의 장소에 따라: 표면감각 대 심층감각(예컨대 피부의 간지러움 대 근육통). 피부 표면에 있는 수용기들은 외부수용기Exterozeptor, 곧 밖을 향해 있는 감각기라고 불리고, 피부 심층에 있는 수용기들은 내부수용기Interozeptor라고 불린다. 그리고 내부감각은 다시 고유감각Propriozeption(운동을 수행하는 몸의 부분들에서 오는 신호)과 내장감각viszerale Sensibilität으로 구별된다.
- 여러 감각기의 반응을 일으키는 자극의 성질에 따라: 기계적 수용기Mechanorezeptor(압력, 진동), 열수용기Thermorezeptor(온도), 화학수용기Chemorezeptor(휘발성 물질, 삼차三叉 화학수용trigeminale Chemorezeption).
- 기능(또는 경고)에 따라: 상해감각Nozizeption인 통증. 골격근, 힘줄, 관절에서 오는 정보(고유감각)는 위치감각, 운동감각, 역力감각으로 세분되거나 또는 운동감각Kinäs thesie으로 불리기도 한다. 때로는 내이內耳의 평형기관에서 오는 자극[▸4장]을 이에 포함시키기도 한다.
- 두뇌로 향한 신경 경로에 따라: 척수의 후섬유단Hinterstrang 대 전섬유단Vorderseitenstrang. 후섬유단은 특정 체계라고 불리기도 하고(예컨대 눈을 감은 채 팔다리의 위치를 지각하기, 피부에 쓴 글자를 알아맞히기, 특정 지점의 통증 등), 전섬유단은 불특정 체계라고 불리기도 한다(예컨대 비교적 무딘 통증, 진동, 온도, 내장에서 오는 정보 등).

지금까지 소개한 용어들을 사용해 (다음 두 장의 주제인) 수동적 촉각taktile Wahrnehmung과 능동적 촉각haptische Wahrnehmung(햅틱Haptik)을 풀이하자면 다음과

같다.[1)]

- 수동적 촉각: 예컨대, 금속 막대기가 우리 몸에 닿으면 신체의 표면감각은 자극을 받는다. 더 구체적으로 말하자면, 피부의 기계적 수용기(특정 체계)와 열수용기(불특정 체계)는 자극을 받는다.
- 능동적 촉각: 우리가 이 금속 막대기를 손에 쥐고 느끼면, 위에 언급한 감각들 외에 심층감각도 자극을 받는다. 이 심층감각은 골격근, 힘줄, 관절에 있는 기계적 수용기를 통한 고유감각이다. 능동적 촉각에서 근본적으로 중요한 것은 우리의 손이 능동적으로 움직일 때(다시 말해, 다른 사람이 내 손을 잡아 움직이는 것이 아닐 때) 우리의 감각기관을 통해 전달되는 것들은 우리의 수의隨意운동과 밀접하게 관련되어 있다는 점이다. 이런 의미에서 체감각은 신체의 운동과 뗄 수 없게 연결되어 있다. (감각운동이라는 개념에는 이런 의미가 담겨 있다.)

역자주

1) 수동적 촉각taktile Wahrnehmung과 능동적 촉각haptische Wahrnehmung의 번역에 대해: 어원상 taktil이라는 단어는 라틴어 tangere('만지다' '닿다')에서 유래했고, haptisch는 그리스어 haptös('느낄 수 있는') 또는 haptikös('만지다' '닿다')에서 유래했다. 따라서 taktil과 haptisch는 어원학적 의미에서 큰 차이가 없으며 둘 다 '만지다' '닿다' '촉각' 등을 가리키는 단어들이다. 다만 학계에서는 촉각의 복잡성을 반영해 taktil과 haptisch를 구별해 사용하고 있는데, 본문의 바로 이어지는 설명에서 알 수 있듯이 대개 taktil은 우리 몸이 무엇에 수동적으로 닿는 현상(곧 피부의 표면감각)을 가리키고, haptisch는 촉각의 종합적 작용(특히 표면감각과 고유감각)을 통해 무엇을 능동적으로 탐색하는 현상(예컨대 물체의 크기, 윤곽, 표면의 질, 무게 등을 탐색하는 것)을 가리킨다. 역자는 이 두 단어의 적절한 한국어 번역을 찾지 못해 부득이 단어의 용법에 따라 각각 '수동적 촉각'과 '능동적 촉각'으로 의역했음을 밝혀 둔다.

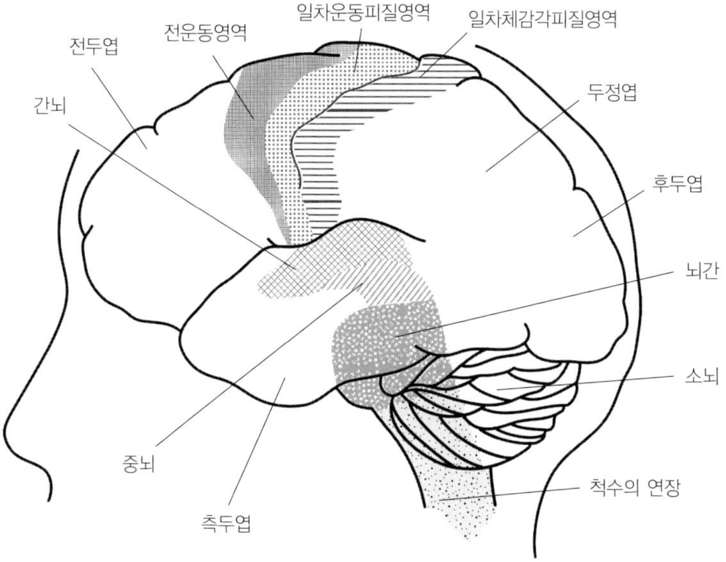

[그림 1-1] 신체지각 관련 뇌 주요 부위 시상면

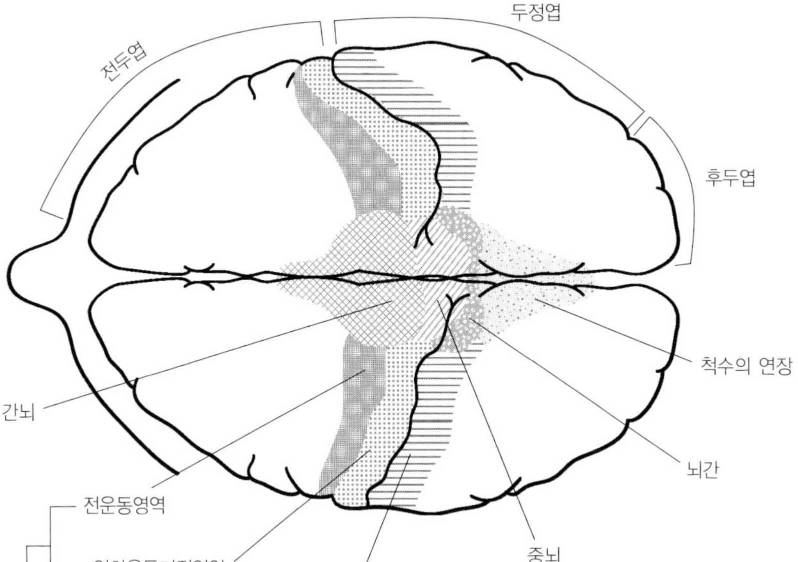

[그림 1-2] 신체지각 관련 뇌 주요 부위 수평면

운동의 측면을 고려하지 않더라도 감각기관을 통해 들어오는 것들(구심성 흥분 또는 상향 처리)은 신체지각의 일면에 지나지 않는다. 왜냐하면 이것들은 뇌의 밖으로 향한 활동들(원심성 흥분 또는 하향 처리)을 통해 보완되기 때문이다. 뇌에서 말단으로 향하는 신경들은 감각기관의 구심성 흥분을 이미 말단에서 통제하고 있다(원심성 억제). 예컨대 통각 경로의 흥분을 이미 척수에서 완화시킬 수 있는 것도 이 때문이다.

뇌에는 다음과 같은 체감각의 정거장들이 있다.

- 척수의 연장, 뇌간, 소뇌(무엇보다도 자세반사와 시각반사 및 수의운동의 미세 조정에 관여하고 망상체formatio reticularis를 통해 각성 또는 흥분의 수위를 조절한다[그림 4-2])
- 중뇌와 간뇌(무엇보다도 배고픔, 갈증, 체온, 호흡, 성적 흥분의 조절. 특히 감정에 관여하는 변연계limbisches System[그림 4-2])
- 대뇌피질의 중심후회postzentrale Windung에 있는 일차체감각피질영역primäres somatosensorisches Projektionsareal. (여기에 체감각 호문쿨루스somatosensorischer Homunculus[그림 1-3], 곧 신체에 대한 신경지도가 있다. 이 지도에서 손가락, 입술, 혀처럼 특히 민감한 신체 부위들은 덜 민감한 부위들보다 더 넓게 표상되어 있다. 이런 민감도의 차이가 반영된 체감각 호문쿨루스는 신체 부위들의 비율이 이상하게 왜곡된 괴물처럼 보이지만 실제로는 전혀 이상할 것이 없다. 왜냐하면 우리가 이미 경험을 통해 잘 알고 있는 민감도의 차이만큼 중추신경계의 처리 용량에서도 차이가 날 뿐이기 때문이다.) 일차체감각투사영역 바로 옆(전두엽의 중심전회präzentrale Windung)에는 비슷한 비율의 일차운동피질영역이 존재한다.
- 후두정엽의 체감각연합영역somatosensorisches Assoziationsfeld. 이곳에서는 우리가 피부와 팔다리에서 느낀 것이 평형기관에서 온 정보 및 우리가 보

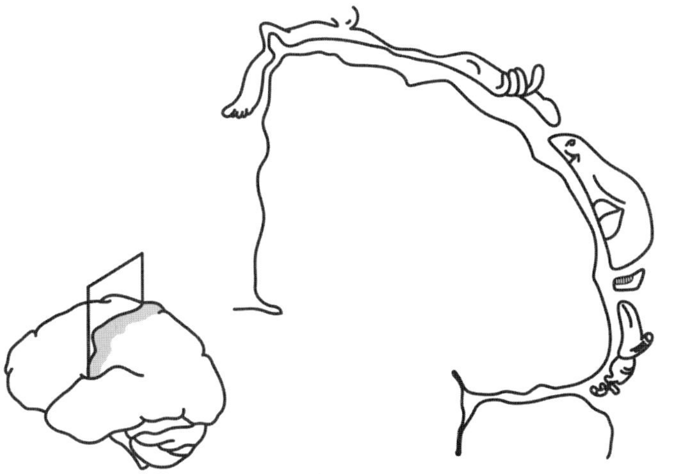

[그림 1-3] 일차체감각피질 또는 체감각 호문쿨루스

고 들은 것과 연결된다. (최근 연구에 따르면 다른 감각 정보도 여기를 거쳐 또는 다른 경로를 통해 일차체감각영역으로 전달된다.)

- 전두엽의 전운동피질prämotorischer Kortex에 있는 영역들. 이곳에서는 우리가 느낀 것과 다른 감각인상들이 신체의 운동계획에 이용된다.

이렇게 다감각적이고 감각운동적인 연결망은 우리가 무엇을 느끼는가에 영향을 미친다[9장, 신경 개요 ▸ 다감각적 지각과 공감각].

읽을거리 Bischof, 1966; Birbaumer & Schmidt, 2006; Bösel, 2006; 운동의 역할에 대해서는 Fogassi & Gallese, 2004; 수동적 촉각taktil 대 능동적 촉각haptisch에 대해서는 Grunwald, 2001.

신체도식－신체상

'신체도식Körperschema' 또는 '신체상Körperbild' 이라는 혼란스러운 개념은 체감각의 여러 계기가 흘러 들어가는 신체 자체에 대한 (내적) 모형을 가리킨다. 그리고 여기에는 시지각도 함께 관여한다. 이것은 이미 과거의 많은 연구자도 알고 있었다. 약 백 년 전에 헤드Head와 홈스Holmes는 '자세도식' 이라는 개념을 (감각과 무관하게) 신체에 대한 신경생리학적 표상 및 자세와 운동의 조절에 관련시켰으며, 체코의 신경학자 픽Pick은 신체도식이라는 개념을 의식적 지각 및 시각적 상상과 분명하게 결부시켰다. 나중에 도입된 신체상이라는 개념은 신체감각상보다 오히려 시각적 현상형태(또는 이 두 측면의 결합)를 가리키기도 했다. 그런가 하면 또 다른 연구자들은 해부학적 또는 생리학적 지식과 문화상대적 개념들을 신체에 대한 감각 '상' 에 포함시키기도 했다.

신체에 대한 외적 관찰 또는 조사와 전혀 상관없이 생기는 신체의 감각상이란 상상하기조차 어렵다. 태어날 때부터 맹인인 사람도 매우 이른 시점부터 자신의 신체를 능동적으로 만짐으로써, 다시 말해 외적으로 체험한다. 우리가 내적으로 느끼는 것도 이 틀 안에서 작동한다. 따라서 자신의 신체를 만질 때 만지고 있는 팔의 이두근에 진동을 일으켜 (근섬유가 늘어나는 것 같은 착각을 일으킴으로써) 신체 만지기를 방해하면 신체감각에 교란이 생긴다. 예컨대, 자신의 코끝에 손가락을 댈 때 진동을 통해 상박과 하박 사이의 각도가 커지는 것 같은 착각을 일으키면 자신의 코가 길어지는 것 같은 인상을 받게 된다('피노키오 착각' [그림 1-4]; Lackner, 1988). 또한 시각적 왜곡을 통해 물체에 대한 촉각을 변화시킬 수 있다는 사실은 이미 오래전에 밝혀졌다[▸3장]. 좀 더 최근에는 시각적 왜곡을 통해 자신의 팔다리의 위치에 대해 왜곡된 감각을 불러일으킬 수 있다는 것도 증명되었다. 이른바 '고무손 착각' 연구에서는 피험자들에게 자신의 손 또는 팔이 보이지 않도록 조치했다. 그 대신에 피험자들은 근처에 있는 고무손을 볼 수 있었다. 이런 조건에서 실험자는 고무손과 피험자의 시야에서 가려진 피험자의 손을 여러 번 동시에 건드렸다(Botvinick & Cohen, 1998). 그러자 피험자들은 고무손이 있는 곳에서 촉각을 느꼈다. 자기 손의 위치에 대한 느낌이 고무손 쪽으로 옮아간 것이었다. (고무손의 위치 또는 방향이 신체의 실제 자세와 어울리지 않는 경우에는 이런 효과가 나타나지 않았다.)

[그림 1-4] 피노키오 착각

요컨대 신체의 외적 상(신체를 보고 만지거나 신체에 대한 지식 또는 상상을 통해 형성되는 상)은 신체에 대한 (내적) 느낌에 영향을 미친다.

철학 ▶ 몸 대 신체

(에드문트 후설Edmund Husserl이 20세기 초에 창시한 철학적 흐름인) 현상학에서는 몸Leib과 신체Körper를 구별한다. "나는 몸이며 내게는 신체가 있다Ich bin Leib und habe (m)einen Körper." 현상학자들은 이 구별을 통해 데카르트Descartes부터 시작된 신체와 정신의 대립(요컨대 데카르트주의)을 극복하려 했다. 이때 '몸'은 정신 또는 나Ich와 신체의 통일을 가리키는 반면에 '신체'는 (과학적) 관찰의 대상이 되는, 예컨대 감각생리학적으로 본 신체를 가리킨다. 그러나

이 구별에 문제가 전혀 없는 것은 아니다. 이 구별을 엄격하게 해석하면 이렇게 정의된 몸은 '경험하기' 또는 '지각하기'와 동의어가 되기 때문에 그 자체는 경험 또는 지각할 수 없는 것이 되어 버리는 역설이 생긴다. 내가 몸을 경험 또는 지각한다면 몸은 자동적으로 대상이 되어 버린다. 그래서 결국 내가 지각할 수 있는 것은 신체뿐인 셈이다. 그래서 많은 현상학자는 자연과학적 관점이 아닌 당사자 관점의 신체지각을 가리키기 위해 '몸신체 Leibkörper' 라는 말을 추가로 사용하기도 한다.

많은 심리학자도 동의하는 또 다른 해석에 따르면, '몸'은 이미 주체 자신의 신체지각을 가리킨다(현상으로서의 몸 대 생리학적으로 설명된 신체). 예컨대, 철학자 헤르만 슈미츠Hermann Schmitz는 오로지 내적 감각에 대해서만 몸 개념을 사용함으로써 개념을 명확히 하려고 하였다. (그러나 이미 서술했듯이 순전히 내적으로만 느낀 상像이란 좀처럼 상상하기 어렵다.)

요컨대, ('신체'의 다소 고풍스러운 동의어일 뿐인) '몸'을 둘러싼 논쟁은 신체가 주체이자 동시에 (다양한 관점에서 이루어지는) 지각의 대상이라는 사실을 분명하게 보여 준다. '몸'이라는 용어를 둘러싼 논쟁을 고려하지 않더라도 신체와 자기의 경험을 세밀하게 고찰할 수 있다는 사실은 신경과학에 기초한 현대 철학을 통해서도 증명되고 있다.

읽을거리 고전: Merleau-Ponty, 1966; 최근 논의: Schmitz, 1998; Waldenfels, 2000; 신경과학에 기초한 철학: Gallagher, 2005; Metzinger, 연도 미상, 2003.

구심성 흥분의 상실 신체에서 뇌로 전달되는 흥분을 강력히 경감시키는 상황(감각 박탈)에서는 신체의 현재 표상이 바뀌거나 심지어 해체될 수 있다. 꿈속에서 이상한 신체경험을 하는 일은 무엇보다도 자는 동안에 신체감각이 차단되기 때문에 생길 것이다. (종종 바이러스 감염 때문에 생기며 통각과 온도감각은 있지만 고유감각과 촉각이 사라지는) 말초감각신경장애 periphere sensorische Neuropathie라는 희귀병에 걸린 I. W.라는 환자는 자신의 상태를 처음 알게 되었을 때 자기가 누워 있던 침대를 더 이상 느낄 수 없었고 불안과 현기증이 엄습했다고 보고했다(Cole & Paillard, 1995). 발병 초기에 그는 자신의 신체를 낯설게 느꼈으며 일정 기간 동안은 움직일 수도 없었다. 그러다 나중에는 자신의 운동흥분에 대한 시각적 통제를 통해 근육, 힘줄, 관절의 사라진 감각을 대체하는 법을 배우게 되었다. 그럼으로써 이 환자에게는 어느 정도 친숙한 신체상이 다시 형성되었을 것이다. 이 환자의 경우에 체감각은 완전히 회복될 수 없었지만 바로 그렇기 때문에 신체는 움직일 때마다 (운동시각적) 주의의 초점이 될 수밖에 없었다.

지각의 성질 ▶ 감각 박탈

존 릴리John C. Lilly가 처음 개발해 요즘에는 여러 대도시에서 '휴식 탱크'로도 이용되는 격리 탱크는 빛과 소리가 차단된 채 체온과 같은 온도의 소금물 안에서 떠 있을 수 있는 장치다. 이 탱크에 들어가면 "신체가 사라지는 자기Selbst의 변성이 일어날 수 있다. 또는 신체가 다른 형태를 띨 수도 있다" (Lilly, 1988: 109). 케타민Ketamin이라는 마취제는 의식을 건드리지 않은 채 신체에서 전달되는 흥분을 차단하는데(해리성 마취), 이 약물의 작용에 대한 연구에 참여했던 한 피험자는 다음과 같이 보고했다. "내 몸 전체가 점점 더 무감각해진다. 내가 점점 더 뻣뻣해진다. ……내가 마치 와플Eiswaffel(아이스크림 따위를 곁들인 얇고 가벼운 과자: 역자주) 같다. 내 몸이 사라졌다." (Bolle, 1988: 91)

감각정보의 교란으로 인한 신체상의 손상과 정반대로, 사람들은 (더 이상) 있지도 않은 신체 부위를 느끼기도 한다. 팔이나 다리의 절단수술을 받은 환자들의 경우에 절단된 팔다리는 환자가 느끼는 신체상에서 이른바 유령 사지로 계속 유지되곤 한다. 환자는 신체의 특정 부위가 절단되었다는 사실을 잘 알고 있지만, 이렇게 명백하고 객관적인 지식도 종종 통증을 유발하기까지 하는 감각 앞에서는 무기력할 뿐이다. 이 경우에는 중추신경계의 신체표상이 감각정보로부터 독립해 고유의 삶을 사는 셈이다. 다만 유령 팔다리의 느낌은 (통증의 유무를 떠나서도) 건강한 팔다리의 느낌과 차이가 날 수 있다. 예컨대, 유령 팔다리는 속이 텅 빈 것처럼 느껴지거나 건강한 팔다리보다 짧게 느껴지곤 한다.

예전에는 이렇게 오랫동안 지속되는 신체적 느낌의 원인을 앞서 언급한 '체감각 호문쿨루스'에서만 찾으려 했으나, 요즘에는 더 포괄적인 신경회로가 있을 것이라고 추측한다. 어쨌든 (체감각 호문쿨루스에서 팔과 손 옆에 표상되는) 뺨을 건드림으로써 유령 팔에 유령 통증을 일으키는 것이 가능하다. 이것은 뇌에서 팔의 표상과 얼굴의 표상 사이의 경계가 분명하지 않음을 보여 준다. 어쩌면 그 원인은 절단수술 때의 과잉자극과 그 뒤에 팔의 사용이 불러오는 자극이 절단으로 인해 더 이상 생기지 않기 때문일지 모른다. 이런 경계의 중복과 유령 통증은 뺨과 절단 부위를 여러 번 반복해서 번갈아 자극함으로써 치료할 수 있다. 또한 물체를 (임의로) 잡는 것이 가능한 신경근육 의수義手를 사용해도 비슷한 결과를 얻을 수 있다(Birbaumer & Schmidt, 2006 참조). 이것은 신체의 표상이 의도된 운동 또는 행위의 가시적 효과에 따라서도 분명히 좌우됨을 보여 준다. 유령 팔이 탈구된 자세로 고착되어 있어서 유령 통증이 생기는 경우에는 유령 팔의 외관상 수의운동이 도움이 될 수 있다. 이때 한쪽 팔이 없는 환자는 밖에 거울이 달린 상자 안에 절단 부위를 넣고 건강한 팔을 거울

옆으로 가져간다. 그런 상태에서 두 팔을 같은 방향으로 움직이도록 노력한다. 이렇게 유령 팔 대신에 건강한 팔을 사용해 거울로 꾸며 낸 동시 운동을 어느 정도 연습하면 좋은 효과가 생기곤 한다. 어쩌면 의도된 운동에 응답신호feedback가 뒤따르지 않아서 생기는 중추신경계의 '경련'이 이런 연습을 통해 풀리는 것일 수 있다(Ramachandran & Blakeslee, 2001).

어릴 때 절단수술을 받은 경우에는 유령현상이 덜 뚜렷하게 또는 덜 지속적으로 나타난다. 이것은 실제 자극으로부터 독립된 신체적 느낌이 형성되는 데 경험이 중요한 역할을 한다는 것을 말해 준다. 그러나 이미 팔다리가 없는 상태로 태어난 사람들도 자기가 한번도 사용한 적이 없는 팔다리의 유령을 경험한다(Brugger et al., 2000). 이렇게 볼 때 신체표상의 핵심적 일부는 타고나는 셈이다.

앞서 언급한 신경장애의 사례는 (이 경우에는 순전히 시각적으로) 통제된 운동이 신체자기의 형성에 중요하다는 점을 분명하게 보여 준다. '이게 바로 나야.' 또는 '이것은 나의 일부야.' 라는 의미의 신체 느낌은 나의 팔다리가 평소대로 작동할 때, 다시 말해 운동충동이 운동으로 실현될 때 비로소 가능한 것이다. 더 일반적으로 말하자면, 신체적 자기 느낌은 신체가 의지의 도구로 작용하는 것과 밀접하게 관련되어 있다. 이것은 (땅을 파는 데 쓸 수 있는 막대기부터 우리가 운전하는 자동차까지) 우리가 줍거나 생산해 낸 도구들, 다시 말해 우리의 운동 가능성을 신체 너머로 확장시키는 장치들이 우리의 신체 도식(또는 신체자기)을 확장시킬 수 있다는 데서도 알 수 있다. 이미 아리스토텔레스가 말했듯이, 우리는 거칠거칠한 표면 위로 막대기를 움직일 때 생기는 진동을 손이 아닌 막대기 끝에서 느낀다. 또한 능숙한 자동차 운전자가 조수석에 앉았을 때 발생하는 느낌과 행동은 확장된 신체의 통제가 필요하지만 통제할 수 없는 상황에서도 확장된 신체체험이 활성화될 수 있음을 똑똑히 보여 준다. 곧, 조수석에 앉은 많은 능숙한 운전자는 평소 자동차까지 확장되었던 자신의 신체가 꼭두각시처럼 부려지는 느낌을 받는다(Schönhammer, 1995). 또한 한창 작업 중이던 컴퓨터 마우스를 누가 가로채 잠시 무엇을 보여 주려고 만지작거릴 때도 사람들은 자신이 남의 조종을 받는 것 같은 느낌을 받게 된다. (오스트레일리아의 스텔락Stelarc 같은) 몇몇 현대 예술가는 예컨대 몸에 인공손을 추가로 연결하는 식으로 자신의 신체를 비일상적인 방식으로 확장함으로써 볼거리를 제공한다. 그런가 하면 행위예술가들은 예컨대 관객으로 하여금 단추를 눌러 자신의 근육에 경련을 일으키게 하는 식으로 스스로 타인의 통제에 몸을 맡김으로써 자신의 타고난 신체를 꼭두각시로 만들기도 한다.

읽을거리 Cahusac, 2002; Bermudez, Marcel, & Eilan, 1995; Gallagher, 2005; Grunwald, 2008, 23장과 24장; Joraschky, 1983; Knoblich et al., 2006, 2-4장과 7-9장; Lenggenhager et al., 2007; Lyon, 2002; Metzinger, 연도 미상; 2003; Ramachandran & Blakeslee, 2001; Reed, 2002.

감정과 기분

내가 어떤 성난 사람의 눈빛과 몸짓을 흉내 내려고 노력하면 그 사람의 겉모습뿐만 아니라 감정에까지 나도 모르게 내 마음이 끌리는 것을 발견할 때가 종종 있다(Burke, 1756/1956: 172-173).

신체지각은 감정의 관리에 어느 정도 영향을 미친다. 따라서 분노, 기쁨, 슬픔 등의 신체적 표현 형태는 이런 감정들을 그저 다른 사람에게 드러내고 있는 것(표현, 신체언어)이 아니다. 우리는 신체의 긴장, 팔짝 뜀, 축 처짐, 기운 없음 등에서 이런 감정들 자체를 감지한다.

"우리는 슬퍼서 우는 것이 아니라 울기 때문에 슬픈 것이다." 이 도발적인 주장은 100년도 더 된 제임스-랑게James-Lange 정서이론에서 신체지각의 중요성을 강조하면서 제기한 것이다. 정서의 작용방향이 마음에서 몸으로 진행된다는 일반적인 가정을 뒤엎은 이 주장은 비록 과장된 면이 있지만 여전히 시사하는 바가 크다. 신경과학적 정서이론들은 제임스-랑게 이론으로 돌아가고 있다. 예컨대, 르두LeDoux(1998)는 감정을 유발하는 지각의 경우에 뇌의 비교적 오래된 피질하 영역에서 일어나는 전前의식적 평가과정이 (다시 신체에 영향을 미칠 뿐만 아니라) 의식적 인지작용에 선행한다는 점을 강조한다. (그래서 신체가 감정을 불러일으키는 것처럼 보인다.) 또한 다마지오Damasio(1995, 2000)는 '신체표지somatic marker'의 역할을 강조한다. 다시 말해, 피부, 운동 부위, 내장에서 전의식적으로 일어난 변화를 통해 전달되는 응답신호가 그때그때 어떤 감정이 생기는가에 결정적으로 기여한다고 말한다. 그러나 제임스와 랑게가 서로 독자적으로 제기했던 이전 이론과 마찬가지로 정서에 대한 다마지오의 신체심리학적 견해에 대해서도 경험적 반론이 존재한다. 곧, 피부 또는 내장의 감각이 특정 감정의 필요조건 또는 충분조건이 될 수는 없다는 것이다(Rolls, 2005). 그러나 신체의 운동(자세와 몸짓)이 감정의 형성에 일정한 기여를 할 것이라는 추측은 확실해 보인다.

자세나 몸짓을 임의로 바꿈으로써 감정이나 기분을 어느 정도 조종하는 것이 가능하다. (특히 기분은 신체의 활기 또는 긴장도와 관련이 있어 보이고, 감정은 신체의 구체적인 움직임과 관련이 있어 보인다.) "그렇게 축 늘어져 있지 마라!"라는 격려는 의기소침한 상태를 벗어나게 하는 데 도움이 될 수 있다. 또 ("김치~!" 처럼) '이'라는 발음을 (꼭 소리를 입 밖으로 내지 않더라도) 하면서 미소 짓는 모양의 얼굴 근육을 만들면 기분이 살짝 좋아지는 것을 느낄 수 있다. 나아가 '김치~!'의 경우와 달리 피험자들이 감정 또는 기분과의 관계를 잘 눈치채지 못하는 다른 신체적 조작들의 정서적 효과에 대해서도 실험적 증거들이 존재한다.

어쩌면 무엇을 향하거나 또는 무엇을 피하는 신체운동의 양극이 모든 감정의 기초일지 모른다(Panksepp, 2000). 어쨌든 확실한 것은 감정의 운동적 요소가 감정에 대해 (전前언어적으로) 소통하는 데, 그리고 물체나 건축물에 표현된 것을 지각하는 데 매우 중요한 역할을 한다는 사실이다(▸ 동반운동Mitbewegung).

읽을거리 Döring-Seipel, 1996; Holodynski, 2006; Storch et al., 2006; Niedenthal et al., 2005; Ziemke, Zlatev, & Frank, 2007.

지각의 성질 ▶ 신체, 공간, 감정

자신이 느끼는 불안, 행복감, 우울 또는 그 밖의 감정이나 기분을 서술하려 할 때면 '좁은/넓은' '가벼운/무거운' '위/아래'와 같은 차원의 신체감각들이 어쩔 수 없이 끼어든다. 철학자 헤르만 슈미츠Hermann Schmitz(1969)는 특히 '좁은/넓은'의 차원에 대해 (비록 이해하기 어려운 부분도 있지만) 세밀하고도 흥미로운 논의를 전개한 바 있다.

신체지각과 문화

사람들이 신체를 지각하는 방식은 문화에 따라 차이가 난다. 사람들은 흔히 서양문화가 지나치게 시각 중심이어서 신체상이 그만큼 불완전하다고 비판하기도 한다. 하지만 이것은 인간의 지각에서 시각이 중요한 지위를 차지하는 것이 진화의 결과이며, 이러한 사실이 모든 문화권과 시대에 걸쳐 관찰된다는 점을 간과하고 있는 것이다. 또한 이미 살펴보았듯이 시각은 신체의 느낌에 영향을 미친다. 하지만 다른 한편으로 동양문화에서는 신체의 내면세계에 더 큰 가치를 부여하는 전통이 있었던 것도 사실이다.

감각운동적 주의력을 닦는 요가나 태극권 같은 훈련들은 지난 몇 십 년 동안 서양인들의 삶 속에서 (종종 종교적 또는 치료적 목적과 결부되어) 점점 더 큰 호응을 얻어 왔다. 이런 훈련들은 몸에 기氣의 교차점들(차크라Chakra)이 있다는 상상과 밀접한 연관이 있는데, 이런 상상은 거기에 집중하는 사람의 느낌에 영향을 미친다. 자율훈련명상autogenes Training의 경우에도 상상력의 집중을 통해 신체의 느낌에 영향을 미친다. 20세기에 독일의 정신과 의사 슐츠Schultz가 개발한 이 기법에서는 전통적인 명상기법의 묵상을 (따뜻한 느낌, 무거운 느낌, 규칙적인 심장 박동, 고요한 호흡, 서늘한 이마 등에 대한) 자기암시적 상상과 결합시킨다. 그리고 이렇게 해서 발생하는 생리학적 변화는 경험적으로 증명된 바 있다(Luthe, 1965).

가정의학과 건강 ▶ 신체지각

몸의 느낌을 예민하게 만들기 위해 서양에서 개발된 또 다른 기법으로는 다음과 같은 것들이 있다.

- (야콥슨Jackobson의) 점진적 근육이완법progressive Muskelentspannung: 이 기법에서는 특정 근육집단의 의도적인 (균등긴장성isotone) 수축과 이완(예컨대 '주먹을 쥐었다가 다시 풀면서 느끼기')을 통해 이완된 근육의 느낌을 갖도록 한다.
- 생체에너지론Bioenergetik: 이것은 무엇보다도 경직되지 않고 활기차게 서고 걷기를 목표로 하는 여러 훈련의 집합이다. 이것은 근육 갑옷의 해체를 통해 오르가슴장애Orgasmusstörung를 치료하려 했던 빌헬름 라이히Wilhelm Reich의 연구를 바탕으로 알렉산더 로웬Alexander Lowen이 개발한 것이다.[2)]
- 펠덴크라이스 기법Feldenkrais-Methode: 펠덴크라이스가 개발한 이 기법에서는 (반듯이 누워 있다가 일어서기 같은) 아주 간단한 동작들을 주의 깊게 수행함으로써 평소 몸에 밴 유해한 동작들을 제거하고자 한다. 이 기법은 예컨대 (신체를 무자비하게 사용해) 신체운동 부위들이 손상되는 직업병을 앓는 무용가들에게 적용될 수 있다.

역자주

2) 라이히는 개인의 성격이 근본적으로 외부세계의 자극 및 억압된 내면의 충동으로부터 개인을 보호하는 갑옷의 역할을 한다고 보았다. 이와 비슷하게, 로웬은 마음의 상처가 이른바 신체적 갑옷으로 나타나며 그것의 분석(신체 해독body reading)을 통해 개인의 성격구조를 알 수 있다고 주장하였다.

바이오피드백Biofeedback의 경우에는 도구를 통해 몸의 느낌을 전달받는다. 이때 환자는 시각적 또는 청각적 신호를 통해 자신의 측정된 신체상태를 알게 된다. 몸이 만성적으로 긴장되어 있는 사람들은 신체지각을 대체하는 이런 장치를 통해 자신의 근육을 이완시키는 법을 배울 수 있다. 나아가 자연스러운 방식으로는 보통 지각되지 않는 생리적 과정들도 바이오피드백을 통해 지각하고 그것들에 영향을 미치는 것이 가능하다(Birbaumer & Schmidt, 2006).

물질문명의 특징적 요소들도 사람들의 일상적 신체경험에 영향을 미친다. 예컨대, 의자나 안락의자는 사람들로 하여금 특정한 자세를 수동적으로 오랫동안 취할 수 있도록 해 주는데, 이런 도구들은 가령 몸을 웅크린 자세 때와는 상이한 근육 긴장상태 및 상이한 기분을 (그래서 흔히 요통이라는 원치 않은 신체지각도) 야기한다(Rudofski, 1987). 또한 신발과 의복의 형태들도 몸의 자세와 운동 가능성에 영향을 미친다(Holmes & Spence, 2006). 나아가 (걷기, 자전거 타기, 자동차 운전, 승객으로서 겪는 상황, 엘리베이터와 에스컬레이터 등의) 다양한 이동 양태에 따라 신체지각은 상이한 방식으로 길들여진다.

몸의 느낌과 미학

여기서는 위로 걸어가야 했고 여기서는 아래로 이끌려 내려가야 했다. 이것은 좁고 가파른 사닥다리를 맹목적으로 후딱 오르거나 내려가는 것이 아니었다. 이 계단은 모든 사람을 위해 거기에 놓여 있었다. ……이 계단은 우리에게 줄기차게 말한다. 모든 길에는 그 길만의 존엄한 가치가 있다고. 적어도 모든 길에는 언제나 그것의 목적지 이상의 것이 있다고(Doderer,

1966/1951: 331).[3)]

언뜻 보기에 미학적 체험은 몸의 느낌과 매우 부차적으로만 관계가 있는 듯하다. 그러나 실제로는 그렇지 않다. 나는 이 책의 첫 부분에서 (따뜻한 목욕물 안에 들어갔을 때, 성행위를 할 때, 어떤 동작을 학습할 때처럼) 몸의 느낌이 매우 유쾌한 지각의 대상이 될 수 있는 상황들에 대해 언급한 바 있다. 열에 접촉하고 열을 느낄 때 경험하는 쾌감, 다시 말해 피부의 향락은 다음 장에서 더 자세히 살펴보겠지만 본성상 매우 둔탁하기 때문에 보통 예술적 향락으로 간주되지 않는다. 또한 유원지에서나 자동차를 운전할 때 강력한 가속이 제공하는 황홀한 체험도 마찬가지다[▸4장]. 그러나 이런 것들은 모두 일상의 단조로움을 깨는 체험들임에 틀림없다. 그리고 이런 것들은 어떤 목표 지향적인 행위에 기여하는 감각들이 아니라 그것을 체험하는 개인에게 목적 자체가 된다는 점에서 미국 철학자 존 듀이John Dewey(1988)가 지적했듯이 일종의 심미적 체험이라고 말할 수 있다[▸10장].

역자주

3) 이 인용문은 오스트리아 소설가 하이미토 폰 도더러Heimito von Doderer의 『슈트루트호프슈티게 또는 멜처와 세월의 깊이*Die Strudlhofstiege oder Melzer und die Tiefe der Jahre*』(1951)라는 소설에 나오는 구절이다. 슈트루트호프슈티게Strudlhofstiege는 오스트리아 빈에 있는 근사한 계단인데, 작가는 여기에서 이 계단을 오르내리며 느끼는 심미적인 감흥을 서술하고 있다. 이 계단의 멋진 모습은 다음 인터넷 주소를 참고하라. http://de.wikipedia.org/w/index.php?title=Datei:Strudlhofstiege4.JPG&filetimestamp=20080426094749

철학적 미학 ▶ 신체미학Somästhetikc

1990년대 이후 미국 철학자 리처드 슈스터먼Richard Shusterman(1994, 2005)은 실용주의의 전통 속에서 (특히 예술을 경험으로 이해한 존 듀이의 사상을 계승하여) 에어로빅에서부터 펠덴크라이스 기법, 생체에너지론, 테크노댄스techno dance, 파격적인 성행위에 이르기까지 다양한 신체활동을 철학적 미학의 응용으로 이해해야 한다고 주장하였다.

새롭고 복잡한 일련의 동작을 익혔을 때 경험하게 되는 작동쾌락은 전통적인 미학이론에서 작지 않은 지위를 차지한다. 왜냐하면 작동쾌락은 놀이활동의 주요 계기로 간주되며 놀이는 예술의 동생쯤 되기 때문이다. 그리고 무용에 담긴 신체의 작동쾌락은 예술에 한 발짝 더 다가가 있음에 틀림없다. 또한 우리가 (자연스럽게 또는 명상적인 생활태도의 결과로서) 적당히 주의를 기울인다면, 걷기와 같이 자동화되어 아주 자연스럽게 수행되는 동작들에서도 작동쾌락을 느낄 수 있다. 걷기의 건축학적인 연출(예컨대 일련의 계단이 전달하는 리듬)은 이런 쾌락에 대한 주의를 환기시키는 자극이 될 수 있다. 이런 의미에서 신체운동의 향락은 건축미학의 한 계기가 된다(Wölfflin, 1999/1886; 그 밖에 Gleiter, 2008; Meisenheimer, 2004 도 참조).

직접 춤을 추어야만 춤을 느낄 수 있는 것은 아니다. 춤을 구경하는 것만으로도 자신의 몸으로 춤을 느낄 수 있다. 무용가나 곡예사가 몸의 균형을 잃으려 할 때면 그것을 보던 사람들의 은밀한 동반운동이 겉으로 드러나곤 한다. 자신이 보거나 또는 그저 상상한 동작을 실제로 수행하려는 경향은 이미 오래전부터 잘 알려져 있다(카펜터 효과Carpenter-Effekt,[4] 관념-실재 효과Ideo-Real-Effekt). 그리고 이때 미세한 근전위Muskelpotential가 발생한다는 사실도 이미 오래전에 증명되었다. 20세기 말에 거울뉴런Spiegelneuron이 발견되면서, 다시 말해 실험 대상이 된 동물이 다른 동물의 운동을 그저 바라보기만 해도 실험 동물의 뇌에 있는 운동뉴런이 활성화된다는 사실이 증명되면서 시각의 이런 신체적 측면은 많은 사람의 관심거리가 되었다. 그리고 (자신과 타인을 관찰함으로써 일반인도 쉽게 확인할 수 있는) 이런 현상에 기초했던 감정이입이론Einfühlungstheorie이나 동반운동의 미학Mitbewegungsästhetik 같은 예전 미학이론들이 다시금 주목을 받게 되었다.

무용, 곡예, 운동경기 등을 바라보는 관객들은 자기도 모르게 일련의 비상한 동작에 빠져든다. 극장에서 배우의 연기를 바라보는 관객들은 배우의 자세, 동작, 몸짓과 표정을 통해 배우가 연출하는 인물의 내면세계에 참여한다.

동반운동과 감정이입을 강조하는 미학이론들에 따르면 정지한 것의 지각을 통해서도 내적 운동이 일어난다. 이것은 인간이나 동물의 동작을 (레싱Lessing이 말한 함축적인 순간처럼) 함축적으로 담아낼 수 있는 그림이나 조형물뿐만 아니라 더 추상적인 형태들에 대해서도 타당하다. 왜냐하면 선들과 물체의 형태들이 어떤 것을 표현하는 운동의 흔적으로 또는 몸의 자세로 지각되기 때문이다[▸7장]. 그런가 하면 비대칭적 배열은 평

역자주

4) 카펜터 효과란 영국 생리학자 카펜터W. B. Carpenter(1813~1885)가 발견한 것으로, 어떤 운동의 지각 또는 상상이 해당 운동을 수행하려는 충동을 일으키는 현상을 가리킨다. 마찬가지로 관념-실재 효과도 어떤 것의 주관적 체험이 그것을 객관적으로 실현하려는 충동을 일으키는 현상을 가리킨다. 이런 효과는 모방, 암시, 최면 등에서 중요한 요소로 작용한다.

형감각[▸4장]의 반응을 야기한다.

음악이 몸의 움직임을 자극하고 음악을 듣는 사람들이 신체의 은밀한 또는 노골적인 동반운동과 함께 음악을 감상한다는 사실은 잘 알려져 있다. 진지한 음악이 연주되는 곳에서 청중은 으레 가만히 앉아 있어야 하는데, 과연 이것이 음악을 더욱 깊게 감상하는 데 바람직한 것인지에 대해서는 의견이 분분하다[▸8장].

이야기가 야기하는 감정과 기분은 이미 강조했듯이 몸의 느낌과 분리될 수 없는 것이다. 이와 관련해 칸트Kant(1983/1798: 70–71)는 다음과 같이 말한 적이 있다. "숭고한 것을 상상하기만 해도 엄습하는 전율과 늦은 저녁시간에 아이들을 잠자리로 내모는 무서운 옛날이야기의 공포는…… 몸 안에 생명이 있는 한 온몸을 휘감는다."

요점정리를 위한 물음

• 피노키오 착각이란 무엇인가?
• 고무손 착각이란 무엇인가?
• 유령 팔다리란 무엇인가?
• 꼭두각시 효과란 무엇인가?
• 이런 현상들은 신체의 내적 감각과 관련해 무엇을 말해 주는가?

• 신체Körper와 몸Leib을 구별할 때 그 초점은 무엇인가?
• 이 구별은 신체도식 또는 신체상이라는 개념의 여러 의미와 어떤 관계에 있는가?
• 신체와 몸의 구별이 최종 해답이 될 수 없는 까닭은 무엇인가?

• 꿈속에서 경험하는 황당한 신체경험은 지각심리학적으로 어떻게 설명될 수 있는가?

• 정서에 대한 신체심리학적 견해란 무엇인가?

• (야콥슨의) 점진적 근육이완법은 신체지각에 어떤 영향을 미치는가?
• 바이오피드백이란 무엇인가?

• 몸의 느낌은 어떤 점에서 심미적 체험에 중요한 역할을 하는가?
• 어떤 그림이나 광경을 그냥 바라볼 때 몸의 느낌은 어떠한가?

2
신체 접촉
– 피부감각 또는 수동적 촉각

이 장에서는 신체 표면의 느낌을 다룰 것이다. 이 수동적 촉각taktile Wahrnehmung은 우리 몸이 무엇에 수동적으로 닿을 때 작용할 뿐만 아니라 물체를 탐색할 때에도, 곧 능동적 촉각haptische Wahrnehmung[▸3장]에서도 작용한다. 이제 우리는 수동적으로 경험된 사태들을 중심으로 피부감각을 살펴볼 것이지만, 여기에서도 이미 운동은 대부분의 경우에 빼놓을 수 없는 요소로 작용하고 있다.

감각의 성질 우리의 피부는 압력, 온도, 통증을 느낄 수 있다. (통증은 강한 압력, 뜨거움과 차가움, 화학적 자극 등을 통해 유발된다.) 다양한 강도의 압력자극이 들어오면 (피부의 여러 층에 있는) 다양한 유형의 기계적 수용기들이 감각을 전달한다. 감각생리학 교과서에서는 이 감각을 대개 접촉, 압력, 진동의 세 유형으로 나눈다. 온도와 통증의 감각은 피부에 있는 자유신경종말의 흥분을 통해 생긴다. 또한 자유신경종말은 (접촉의 특수 사례인) 간지럼과 가려움 같은 감각의 생리학적 기초이기도 하다. (가려움은 주관적 체험의 측면에서나 생리학적 측면에서 통증과 다른 점도 있지만 비슷한 점도 있기 때문에 가려움을 일종의 통증으로 보아야 한다는 논의도 있다.)

생리학자 헨젤Hensel(1966: 99)의 설명에 따르면, "외부 물체에 대한 수동적 촉각에서는 동시에 여러 종류의, 특히 기계적인 것과 열熱 성질의 감각적 속성들이 통일적인 지각 형태로 합쳐져 있는 것이 보통이다." 그러나 때로는 이 복합적인 감각 대신에 접촉을 통해 이런 감각을 유발한 원인에 해당하는 환경 사태만이 의식적으로 지각되기도 한다. 이런 이유로 생태학적 지각심리학의 창시자인 제임스 깁슨James Gibson(1973)은 감각을 심리학의 영역에서 성급하게 배제하기도 했다.

정신물리학 ▶ 접촉, 압력, 진동에서 발생하는 순응과 습관화

우리는 보통 손이 움직이지 않고 어떤 받침 위에 놓여 있을 때도 손 밑에 받친 것의 압력을 느낄 수 있다. 이것은 피부에 있는 여러 기계적 수용기가 압력의 변화가 없을 때도 활성화되기 때문에 가능한 것이다. (이런 수용기들은 천천히 순응하는 감각기다.) 하지만 좀 더 오랜 시간이 지나면 변화하지 않는 압력은 무시되는데, 이런 현상은 전달되는 자극이 중추신경계의 처리과정에서 의식의 역치 아래에 머물기 때문에 생긴다. 이렇게 고차적인 수준에서 익숙해지는 현상을 가리켜 습관화Habituation라고 부른다. 감각기가 피로해지는 현상(순응)과 달리, 습관화는 일부러 주의를 기울임으로써 폐기될 수 있다. 그런가 하면 모든 압력감각기가 지속적인 반응능력을 지니고 있는 것은 아니다. 압력 때문에 피부의 형태가 일그러지는 동안에만 활성화되는 감각기들도 있으며, 또 다른 것들은 이런 형태 변화의 시작과 종료 시점에만 활성화된다. 후자의 감각기들은 규칙적으로 떨리는 압력(진동)에 의해 지속적으로 활성화된다. 예컨대, 표면이 거친 물체를 피부의 접촉 지점 위로 문지르면 약한 진동이 일어난다.

통증의 지각은 정신적 요인이 피부감각에 어떤 영향을 미치는지를 꽤 극적으로 보여 준다. 위약효과Placebo-Effekt는 우리가 고행 수행을 하지 않더라도 주관적인 태도를 통해(위약효과의 경우에는 진짜로 효능 있는 약을 먹었다는 잘못된 신념을 통해) 통증을 줄일 수 있다는 사실을 보여 준다. 또한 어떤 일에 몰두하는 것도 통증을 줄이는 효과를 낳는다.

감각이 예민한 곳 우리가 익히 알고 있듯이, 신체 표면의 여러 영역은 압력과 접촉에 대해 상이한 민감도를 지니고 있다. 우리는 두 지점의 역치를 알아내는 방법을 통해 민감도의 차이를 측정할 수 있다. 이 방법은 (예컨대 끝이 너무 뾰족하지 않은 컴퍼스의) 두 접촉 지점이 최소한 얼마나 서로 떨어져 있어야 (한 개가 아닌) 두 개의 접촉으로 지각되는지를 검사하는 것이다([그림 2-1]). 손끝 느낌이란 말도 있듯이, 손가락 끝은 1~3mm의 간격도 두 개의 접촉으로 지각한다. 반면에 손바닥의 역치는 약 1cm나 된다. (예컨대, 연필 두 자루를 떨어지지 않게 붙인 상태로 손가락 끝에 대면 쉽게 두 개를 구별하지만 손바닥에 대면 한 개로 느껴진다.)

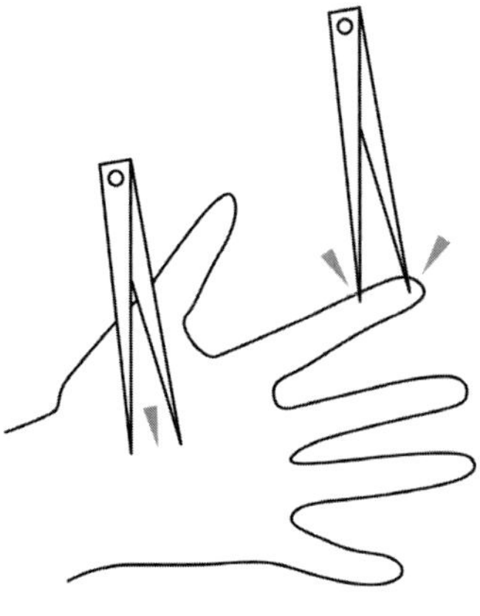
[그림 2-1] 민감도 차이 측정

그리고 팔과 다리, 등과 배에서 역치는 몇 cm까지 늘어난다. 입술은 손가락 끝과 비슷한 정도로 민감하며 혀끝은 더욱 민감하다.

이 측정방법을 통해 얻을 수 있는 신체 표면의 '해상도' 지도는 피부에 얼마나 많은 수용기가 밀집해 있는지, 그리고 뇌의 처리 용량이 얼마나 되는지와 관련이 있다. 체감각 호문쿨루스의 괴물처럼 일그러진 비율은 신체 표면에 있는 수용기들의 상이한 밀집도에 상응한다. 손가락 끝, 입술, 혀끝의 높은 해상도는 이들 신체 부위가 환경의 탐색 및 조작, 음식 섭취와 언어행동 등에서 중요한 역할을 한다는 사실과 잘 부합한다.

이 해상도는 훈련을 통해 단기간에 개선될 수 있다. 이런 훈련은 당연히 수용기의 수를 증가시키는 것이 아니라 자극을 처리하는 중추신경계의 개선(인접 뉴런들의 동원을 통한 호문쿨루스 해당 영역의 확장)을 가져올 수 있다. 예컨대, 펄스를 발생시키는 자기장으로 닫힌 두개골 너머의 손 또는 특정 손가락에 관련된 뇌 영역을 자극하면(경두개 자기자극Transkraniale Magnetische Stimulation: TMS) 해당 감각에 변화가 생긴다. 또한 태어날 때부터 맹인인 사람의 (특히 점자를 읽는 손의) 손가락 끝 안쪽 피부는 정상인보다 뚜렷이 더 민감하다.

열감각과 신체의 에너지 관리 주변 온도가 체온과 약간의 차이만 날 때(약 30~36℃ 사이)는 특별히 춥거나 따뜻한 느낌이 들지 않는다. 그리고 이 영역을 넘어서면 우리는 지속적으로 춥거나 따뜻한 느낌을 받게 된다. 따뜻한 경우에는 온도가 올라갈수록 더 민감하고, 추운 경우에는 온도가 내려갈수록 더 민감하다. 그 밖에도 온도 변화에 대한 민감도는 노출된 피부의 면적에 따라 달라진다. 또한 강한 열기 또는 냉기의 경우에는 온도감각이 통증으로 바뀐다. 온도지각의 이 모든 특성은 결국 체온 유지에 필요한 행동을 유발하는 데 도움이 되는 것들이다.

실험 ▶ 세 물통 실험

이 실험에서는 한쪽 손을 찬 물에, 다른 쪽 손은 따뜻한 물에 담근 뒤 빼서 중간 온도의 물이 담긴 통에 동시에 담근다. 집에서도 해 볼 수 있는 이 실험의 결과는 우리의 지각이 객관적인 사태를 올바로 묘사하는 것보다는 오히려 무엇이 변했나를 확인하는 데 더 초점이 맞추어져 있음을 보여 준다.

지각의 양극성 무엇이 우리 몸에 와 닿으면 우리는 이것을 한편으로는 몸의 느낌(감각)으로서, 다른 한편으로는 방금 몸에 닿은 것이 무엇인지에 대한 지각으로서 파악한다. 이처럼 피부에서 발생하는 생리학적 자극에는 이 세계에 있는 어떤 것(곧 자극의 객관화)과 우리 자신(곧 자극의 주관적 파악 또는 신체화)이라는 지각의 두 극이 포함되어 있다. 이렇게 볼 때 첫 장에서 수동적 촉각을 외부 감각이라고 명명한 것은 오해의 소지가 있다. 다비트 카츠David Katz는 그의 고전적인 저서 『촉각세계의 구성*Der Aufbau der Tastwelt*』에서 촉각현상의 양극성에 대해 다음과 같이 말했다. "촉각적 인식에 비교적 덜 기여하는 지점들에서는 주관적인 것이 더 강하게 두드러진다." 카츠에 따르면, 이때 관건이 되는 한 요인은 접촉의 강도다. "강력한 운동은 간지럼을 유발하는 부드러운 운동보다 더 강하게 객관화되는 경향이 있다."(1925: 21-22) 물론 우리가 상황에 따라 어떤 태도를 취하는지도 중요한 요인으로 작용한다. 왜냐하면 간지럼을 유발하는 가벼운 접촉도 우리가 그것을 예상하지 못했을 때는 우리 몸 위를 스쳐 지나가는 어떤 것으로 지각될 수 있기 때문이다. 반면에 마사지를 즐기는 상황이라면 우리 몸을 강력하게 주무르는 손보다도 오히려 그 손 밑에 있는 우리 몸을 느낄 것이다. (물론 마사지의 경우에는 표면감각 외에 근육과 힘줄에서 전달되는 심층감각도 중요한 역할을 한다.)

보통은 '촉각적 인식' 에 기여하는 지점들에서도 지각의 양극성은 반전 형태로 경험될 수 있다. 예컨대, 두 가운뎃손가락의 끝을 서로 맞대면 오른쪽 손가락의 관점과 왼쪽 손가락의 관점 사이를 오가는 것이 가능하다. 처음에는 둘 중 한쪽으로 다른 쪽 손가락의 끝을 탐색한다. 이때 만져서 탐색하고 있는 손가락 자체는 은밀하게 배후에서 느껴지는 반면에 지금 만져지고 있는 손가락에서는 만져진다는 주관적인 측면이 더 강하다. 그런 다음에 우리는 손가락의 관점을 바꿔서 탐색할 수 있다. (이렇게 관점이 바뀌면 반드시 그런 것은 아니지만 대개 활동적인 쪽도 바뀐다. 다시 말해, 스스로 움직이는 손가락이 탐색하는 손가락이기 쉽다.) 이런 반전놀이는 손가락 끝과 입술 또는 혀끝 사이에서도 가능하며 입술과 혀끝 사이에서도 가능하다. 예컨대, 혀끝으로 윗입술을 쓰다듬으면 우리는 입술의 매끄러움과 혀끝의 거칠거칠함을 번갈아 느낄 수 있다.

읽을거리 Birbaumer & Schmidt, 2006; Campenhausen, 1993; Gibson, 1973; Hensel, 1966; Katz, 1925; Roberts, 2002, 18-22장; Röder & Rössler, 2001.

멀고 가까움(수동적 음향지각), 공포, 주위 공기를 느끼기

촉각은 보통 근거리 감각으로 간주된다. 촉각이 생기려면 보통 어떤 생물이나 물체가 피부에 와 닿아야만 한다. 하지만 털이 난 피부의 경우에는 무엇이 털끝에만 닿아도 촉각이 생긴다. 털이 움직이면 털 밑동에 있는 감각기들이 반응하기 때문이다. 그런가 하면 산들바람만 불어도 털과 피부는 무엇이 접근하는 것을 감지할 수 있다. 이 경우에 촉각은 청각만큼이나 원거리 감각인 셈이다. 물론 청각의 경우에도 음향이, 다시 말해 기압의 변동이 귀에 와 닿아야 한다. 우리는 공기의 움직임을 통해서 우리가 듣지 못하는 어떤 운동(예컨대 부채질하는 손)을 추측할 수 있을 뿐만 아니라 (디스코텍에서처럼) 피부로 음향을 느낄 수도 있다. 우리의 귀는 보통 무엇을 느끼기보다는 듣는다. 반면에 피부에 전달되는 강한 음향 압력은 무엇보다도 진동 마사지로 경험된다. 그리고 특별한 태도를 취할 때만, 예컨대 귀먹은 사람의 경우에는 이 피부감각이 음향지각으로 객관화된다. 귀먹은 사람들은 악기나 스피커를 만져서 음악을 지각하고 다른 사람의 목이나 얼굴을 만져서 그 사람의 목소리를 듣는다(태도마 방법[1]). 또한 맹인의 공간감각이라는 것도 한때는 특별히 예민한 수동적 촉각의 결과일 것이라고 추측했다. 맹인들은 벽을 향해 걸어가다가 일정한 거리에 이르면 앞에 무엇이 있다는 것을 알아차리는데, 이것은 얼굴 피부가 공기 움직임에 특별히 예민하게 반응하기 때문일 것이라고 사람들은 추측했다. 그러나 실제로는 자신의 발자국 소리가 반사되어 생기는 일종의 음향 측정법인 것으로 판명되었다. 그래서 이런 효과는 귀를 막으면 나타나지 않는다. 아마도 피부를 통한 원거리 감각의 또 다른 예는 물체나 사태의 열熱을 느끼는 것이 될 것이다. (특히 얼굴은 냉기나 온기의 원천을 찾아내는 탐색기로 작용한다.)

역자주

1) 태도마 방법Tadoma-Methode은 시청각장애인들이 사용하는 소통법이다. 이때 엄지는 말하는 사람의 입술에 대고 다른 손가락들로는 턱선을 따라 만진다. 이 방법은 1890년에 노르웨이에서 개발되었으며, 이후 미국에서 이 방법이 구체적으로 적용되기 시작했고 여기에서 이 방법을 처음 사용했던 두 어린 장애인 태드 채프먼Tad Chapman(Tad)과 오마 심슨Oma Simpson(Oma)의 이름을 따서 명명되었다.

뜻밖의 접촉 전혀 예기치 못한 어떤 것이 몸에 닿으면 우리는 깜짝 놀라서 몸을 움찔하게 된다. 이것은 우리 몸이 무엇의 움직임을 다른 생물이 곁에 있을지 모른다는 신호로 해석하기 때문이다. 이런 현상은 시야 가장자리에서 무엇이 움직이는 것을 보거나 주위에서 무슨 소리가 날 때도 나타난다. 이것은 뇌간에서 나온 신호가 유기체의 각성상태Arousal를 높이는 동시에 주위 사태에 운동적으로 모든 감각을 집중하게 만드는 일종의 정향반응이다. 접촉의 경우에는 (뭔가 미심쩍게 움직이는 것이 이미 피부 가까이까지 접근했다는 신호는) 몸이 쭈뼛해지는 공포반응으로 이어지기 쉽다. 이것은 몸을 피하는 동작을 수반하기 때문에 방어반응Defensiv-Reaktion이라고도 불린다. 신체에 아주 가까운 곳(개인근접 공간peripersonaler Raum)에서는 흥미롭게도 시각자극이나 청각자극이 마치 접촉처럼 느껴진다. 연구자들은 이런 유사성을 뒷받침하는 중계 지점(이중양태 세포bimodale Zelle)들을 원숭이의 뇌(전두엽과 두정엽)에서 발견한 바 있다(Graziano et al., 2004).

우리가 스스로 몸을 움직일 때에도 뜻밖의 접촉(예컨대 컴컴한 밤에 무엇이 몸에 닿는 경우)은 공포를 야기할 수 있다. 유원지의 도깨비 열차나 설치 예술가들은 이것을 이용하기도 한다. 또한 야행성 육식동물들의 경우에는 촉각기관으로 작용하는 긴 털들이 더 일찌감치 경고신호를 보내 준다.

매질Medium을 느끼기 카츠Katz(1925: 27)는 다음과 같이 말했다. "손에 강력한 공기의 흐름을 쐬게 하면…… 도달 가능한 최고의 형태적 불확실성을 지닌 듯한 촉각현상을 경험하게 된다." 카츠는 이것을 공간을 가득 채우는 촉감이라고 불렀다. 이는 우리 몸을 완전히 또는 일부 둘러싸고 있는 매질에 대한 감각이다. 바람이 불 때 또는 그네를 타거나 자전거를 탈 때, 우리는 평소에 의식하지 못했던 주위 공기를 느끼게 된다. 이렇게 공기의 움직임을 느끼는 것은 매질 접촉체험의 대표적인 예다. 그러나 이런 체험은 액체 속에서도, 또는 입자가 고운 고체(모래, 각종 알갱이)나 부드러운 직물(흘러내리는 물질) 따위를 통해서도 일어날 수 있다. 이런 의미에서 모든 매질 접촉체험은 주위 공기에 대한 감각과 비슷하다.

매질 또는 주위 공기에 대한 감각은 좀처럼 말로 표현하기 어렵다. 어쨌든 이런 감각은 복사열의 감각(일광욕)과 마찬가지로 거의 온몸을 휘감는 것 같은 감각, 다시 말해 신체 경계에 대한 감각을 제공한다. 주위 공기에 대한 감각을 통해 신체 말단 부위들에서 확장된 또는 통합된 신체감각상이 생겨난다. 이것은 매질의 구체적인 성질과 상관없이 (예컨대 주위 공기가 따뜻하든 시원하든) 쾌감으로 경험되곤 한다(긍정적인 쾌락적 질). 이런 사정은 사우나치료나 목욕치료를 받는 사람들이 그것의 유용성에 대해서는 (건강관리, 미용, 심장 혈관 강화 같은 의학적 지표의 측면에서는) 엇갈린 평가를 내리더라도 한결같이 이런 경험을 유쾌하게 받아들이는 것과도 일맥상통한다.

참고로 수水치료법은 전통적으로 정신장애가 있는 '미친' 사람들을 치료하는 데 사용되어 왔다. 정신분열증 같은 정신질환의 경우에 자기감의 중대한 장애는 종종 신체감의 장애와 함께 일어난다. 과학적 근거가 있었다기보다는 직관적으로 사람들은 온몸을 포괄하는 접촉체험을 통해서 이런 정신질환자의 몸에 뿌리 내린 자기감을 되살리려고 노력했다. 그러나 지난 200년 동안 정신병원 등에서 사용되던 냉온 혼욕이나 그 밖에 신체를 자극하는 치료 형태들은 신랄한 비판의 대상이 되었다. 정신질환자의 인격을 무시하는 듯한 치료방법에 대해 공분이 일면서 모든 신체요법이 오명을 뒤집어쓰게 된 것이었다. 그러나 오늘날 신경과학적 지식을 바탕으로 볼 때 정신질환에 대한 다양한 형태의 신체요법들은 결코 엉뚱한 것이라고 보기 어렵다. 오늘날 조심스럽게 적용된 감각치료(예컨대 이른바 감각통합치료sensorische Integrationstherapie)는 발달장애를 겪는 아이들에 대한 치료의 일부로서 인정받고 있다. 또한 식욕부진증의 치료에도 감각치료가 중요하게 사용된다.

가정의학과 건강 ▶ 식욕부진증과 신체감각상

라이프치히의 심리학자 마르틴 그룬발트Martin Grunwald는 촉각을 통한 조각상 탐색에 대한 실험의 일환으로 뇌전도를 살펴보다가 식욕부진증에 시달리던 여성 피험자들의 나쁜 수행 결과가 뇌 두정엽에서 신체도식에 결정적으로 중요한 곳으로 추측되는 부위의 비정상적인 뇌파와 일치한다는 사실을 우연히 발견했다(Grunwald & Gertz, 2001). 이런 신경과학적인 발견을 바탕으로 식욕부진증이 신체도식 장애의 결과일지 모른다는 생각을 하게 된 그룬발트는 일상 속에서 피부감각을 강화시킴으로써 신체도식의 회복을 도울 수 있을 것이라고 생각하게 되었다. 그 첫 번째 연구 결과에 따르면, 잠수부들이 입는 것과 같은 고무옷을 규칙적으로 입는 것은 임상적인 증상과 뇌전도에서 적어도 일시적으로는 바람직한 변화를 낳았다(Grunwald, 2008, 28장; Henschel & Psihoyos, 2004).

주위 공기에 대한 감각에서는 지각의 양극성 가운데 주관적인 측면이 중요한 역할을 하는 것처럼 보인다. 이런 종류의 접촉에서 객관적인 측면의 특징은 우리 몸에 와 닿는 것이 분명치 않고 막연하다는 점이다. 우리는 보통 움직이는 것을 살아 있는 것으로 지각하는 경향이 있는데, 주위 공기에 대한 감각에서는 무언가 보이지도 않고 형태도 없는 비밀스러운 생명, 다시 말해 혼령과 유령의 느낌을 받게 된다. 카츠(1925: 28)는 다음과 같이 썼다. "주위 공기의 움직임은 원시인들이 생명과 무관한 자연과정을 물활론적으로 해석하기까지 그들의 정신에 적지 않은 영감을 불어넣었을 것이다."

읽을거리 Graziano et al., 2004; Katz, 1925; Kiese-Himmel, 1998.

사람들 사이의 접촉

인간은 태어나기 전에 상당 기간을 체온처럼 따뜻한 물속에서 지낸다. 임신기간이 어느 정도 지나면 태아는 복벽을 통해 전달되는 가벼운 압력에 반응한다. 신생아가 접촉에 반응한다는 것은 너무나도 잘 알려진 사실이다. 만족스러운 촉각경험은 신생아에게 결정적으로 중요한 의미를 지닌다. 다른 사람의 따뜻하고 부드러운 살을 느끼는 것은 갓난아이의 근본 욕구이자 신체와 심리의 정상적인 발달을 위한 전제조건이라 하겠다.

이것은 새끼 원숭이들을 어미 없이 키운 할로Harlow의 실험을 통해 인상 깊게 증명되었다. 할로는 새끼 원숭이들에게 어미 대신에 철사로 만든 모조 어미와 부드러운 천으로 감싸고 전기로 따뜻하게 만든 모조 어미를 함께 제공하였다. 그러자 새끼 원숭이들은 '철사로 만든 어미'에 우유병이 달려 있었는데도 주로 '천으로 만든 어미'에 매달려 지냈다. 그런가 하면 발달장애는 적절한 대체물을 통해 (어느 정도) 제한될 수 있다. "매달리거나 껴안을 것이 없는 새끼 원숭이는 반사적으로 자기 몸을 팔로 껴안으면서 부자연스러운 자세와 동작을 반복해 보이는데, 이것은 새끼 원숭이의 발달에 심각한 장애요인이 될 수 있다. 반면에 적당한 크기와 형태의 물체에다 부드럽고 잡기 좋은 천을 씌운 뒤 따뜻하게 해 놓으면 원숭이들은

이 물체에 기꺼이 매달려 편안하게 지낼 수 있다." (Hopf, 1984: 18)

문화의 비교 ▶ 사람들 사이의 접촉과 대체물

아시아에서 유래해 유럽 부모들에게도 낯설지 않은 신생아 마사지는 통계학적으로 아기의 체중 증가에 긍정적인 영향을 미치는 것으로 증명되었다(Holle, 1988). 그런가 하면 서양에서는 아기가 껴안고 노는 담요나 이와 비슷한 대체물이 널리 사용되고 있다. (영어권에서는 이런 담요를 가리켜 '안정 담요security blanket' 라고 부르기까지 한다.) 그러나 어른과 아이 사이에서 피부접촉이 뚜렷하고도 빈번하게 일어나는 원시 문화권에서는 이런 대체물이 발견되지 않는다(Schleidt, 1989). 일부 연구자는 아기의 손가락 빨기를 이런 대체물과 동일시하는데, 이것은 성급한 해석일 것이다. 왜냐하면 쾌감을 동반하는 이런 자기접촉은 자궁 안에서도 이미 관찰되기 때문이다. 물론 이런 행동이 나중에 이차적으로 대체기능을 수행할 수는 있다.

아기가 성장해 어린이나 청소년이 되면 부모에게 안기는 것 외에도 다른 신체 접촉을 찾게 된다. 심지어 아이들은 성장할수록 부모의 접촉 시도를 점점 더 피하기까지 한다. 적어도 서양 문화권의 경우에 소녀들 사이에서는 (서로 머리를 빗겨 주기 같은) 부드러운 접촉이 널리 이루어진다. 반면에 소년들 사이의 강도 높은 접촉은 (장난으로 치고받기처럼) 주로 서로 싸우면서 일어난다. 그 밖에 애완동물과 어울려 노는 것도 강도 높은 접촉경험의 기회를 스스로 마련할 수 있는 한 방법이다. 학령기에 접어든 많은 소녀가 말과 친해지길 원한다는 것은 잘 알려진 사실인데, 이 역시 같은 의미로 이해될 수 있다(Gebhard, 2001; Wagenmann & Schönhammer, 1994).[2)]

소녀들이 말에 열광하는 데에는 성적인 요소가 포함되어 있다. 또한 사춘기 전후 소녀들의 올라타기 놀이는 종종 노골적으로 생식기에 초점이 맞춰지곤 한다. 성인들 사이에서 신체 접촉이 발생할 때면, 과연 이 접촉이 성과 무슨 관계가 있는지가 노골적으로 또는 규범과 관습의 테두리 안에서 문제가 되곤 한다. 현재 자신이 속한 문화권에서는 과연 누가, 누구를, 어떤 상황에서, 신체의 어느 부위를, 어떤 식으로, 얼마나 오래 신체적으로 접촉해도 선을 넘지 않는 것인가? [이와 관련해 서양문화는 원거리문화에 해당한다. 근거리문화Nähekultur와 원거리문화Distanzkultur의 구별은 근접학Proxemik을 창시한 인류학자 에드워드 홀Edward T. Hall(1976)이 제시했다. 근접학이란 사람들 사이의 실제 접촉을 포함해 신체적 접근의 여러 단계를 연구하는 학문이다.] 성은 신체 접촉을 고무하는 동시에 복잡하게 만드는 요인이다.

(남녀 사이의) 친밀한 신체적 접촉이 일정한 정도를 넘으면 거의 자동적으로 (생식기의) 성관계로 넘어가는데, 여러 설문조사에 따르면 (여러 문화권의) 많은 여성은 이것을 원하기보다는 오히려 그렇게 하도록 내버려 둔다고 한다. 다시 말해, 많은 여성은 껴안는 것을 좋아하기 때문에 성관계를 허용한다(Thayer, 1982). 철학자 장 폴 사르트르Jean-Paul Sartre는 동반자인 시몬 드 보봐르Simone de Beauvoir와 나눈 인터뷰에서 이와 비슷한 얘기를 한 적이 있는데(Beauvoir, 1986: 390), 남자들의 경우에 이런 태도는 예

역자주

2) 독일에서 승마는 2009년에 다섯 번째 클럽 스포츠로 평가될 만큼 인기 있는 여가 스포츠다. 한 조사에 따르면 초등학교에 다니는 거의 모든 여학생이 말에 흥미를 보이는데, 여학생들은 승마보다 말 돌보기를 더 즐긴다고 한다. 다시 말해, 여학생들에게는 승마가 말과 친해지기 위한 수단인 셈이다.

외에 속한다. 성치료사들은 선을 넘는 것이 반드시 유쾌한 접촉을 보장하는 것은 아니라고 경고한다. 성교에 집착하는 것은 (자신의 능력에 대한 불안과 결부되어 또는 부족한 애무 때문에) 문제가 될 수 있다(Seikowski & Gollek, 2001; Coolsaet, 1999).

어쩌면 모리스Morris(1972)가 추측한 것처럼 많은 사람이 마사지, 미용실, 피부 손질, 심지어 의사를 찾는 까닭은 애무받고 싶은 욕구를 충족시킬 다른 방도가 없기 때문일지 모른다. 그러나 모리스가 가정한 것처럼 이런 행동의 배후에 어린 시절의 안정감으로 돌아가려는 동기가 있는 것 같지는 않다. 영장류 집단에서도 (서로 이를 잡아 주는 등의) 사회적인 신체 돌보기는 널리 행해지고 있다. 나아가 여러 동물행동학자는 이것이 사회적 접합제의 역할을 하며, 인간의 경우에는 수다 떨기가 그런 역할을 일부 떠맡고 있다고 말한다(Dunbar, 1996). 신체적 친밀함에 대한 욕구가 퇴행성 갈망이라는 주장은 증명되지 않은 것이다. 또한 성인들이 따뜻한 목욕까지 포함해 온갖 형태의 포근한 접촉경험을 추구하는 까닭이 결국(다시 말해 무의식적으로) 어머니의 뱃속으로 돌아가고 싶어 하기 때문이라는 퇴행설도 근거 없는 것이다. [이 퇴행설은 자궁 안에서의 따뜻한 목욕 상태가 끝나면서 큰 충격을 받는다는 출생충격Geburtstrauma에 대한 정신분석학자 오토 랑크Otto Rank(1998/1924)의 추측에서 비롯하였다.] 그러나 우리는 사람 사이의 신체 접촉에 대한 욕구가 모든 연령대에 걸쳐 인간 정서의 기본 특징이라는 단순한 사실을 잊지 말아야 할 것이다.

읽을거리 Classen, 2005; Eibl-Eibesfeldt, 1995; Grunwald, 2008, 11, 12, 21장; Jütte, 2000; Montagu, 1992; Morris, 1972; Riedl, 2008; Thayer, 1982; Wagener, 2000.

물체와 물질

무게, 형태, 표면 우리가 수동적 촉각을 통해 물체에 대해 얻을 수 있는 인상은 매우 제한되어 있다. (예컨대 이마 위에 놓인 물체의) 무게는 일정 크기 이상의 변화가 있을 때만 어느 정도 분별이 가능하다. 그리고 손가락이나 손바닥 위로 물체의 압력을 가하면 우리는 물체의 면이나 모서리의 크기를 느낄 수 있으며, 이것이 뾰족하거나 모나거나 혹은 무딘지를 구별할 수 있다. 또한 물체를 굴리는 운동은 물체의 삼차원적 형태에 대한 인상을 제공한다. 그러나 이런 식으로 물체의 형태나 유형을 확실히 파악한다는 것은 거의 불가능하다. 반면에 맹인용 점자(브라유식 점자Braille)에 익숙한 사람들은 예외에 속한다. 그들은 초보자들과 달리 수동적 촉각만으로 점자를 정확히 읽어 낼 수 있기 때문이다. 특별한 촉각훈련을 받지 않은 사람들도 손끝 위로 움직이는 물질의 결(예컨대 그것이 매끄러운지 혹은 거친지)은 별 문제 없이 지각할 수 있다. 여러 실험에 따르면, 우리는 복잡한 상황(예컨대, 여러 물체가 여러 손가락 끝에서 동시에 움직이는 경우)에서도 물질 표면의 성질을 상당히 빠르고 정확하게 알아낼 수 있다. 이런 실험에서는 보통 (겜블링 머신의 드럼에 나타나는 상징들과 비슷한) 물질 견본들이 계속 재배열되면서 피험자의 손가락 끝에 잠깐 와 닿는다([그림 2-2]). 물질의 결에 대

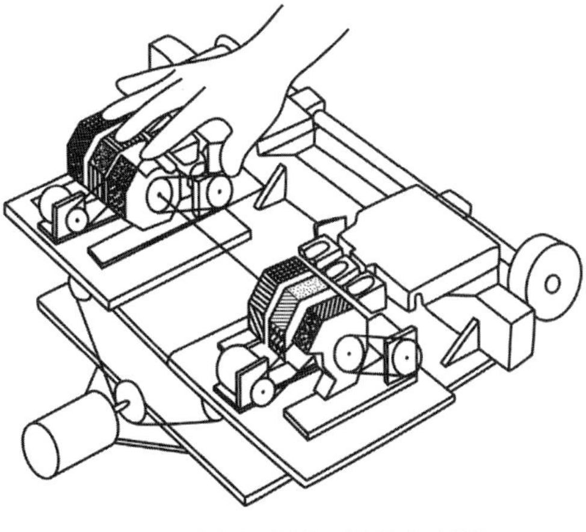
[그림 2-2] 겜블링 머신을 이용한 촉각실험

한 수동적 촉각은 (물체의 형태에 대한 능동적 촉각과 달리) 시각의 영향을 거의 받지 않는다[▸3장]. 반면에 물질 표면이 움직일 때 생기는 소리는 (대부분 자신도 모르게) 촉각에 영향을 미친다. 예컨대, 두 손을 비빌 때 생기는 소리를 실험 상황에서 고주파가 강조되도록 변화시키면 손이 건조한 것처럼 느껴진다(양피지피부 착각Pergamenthaut-Illusion: Jousmäki & Hari; 1998).

실험 ▶ 아리스토텔레스 착시

[그림 2-3]에서처럼 집게손가락과 가운뎃손가락을 한 번은 정상적인 자세로, 또 한 번은 교차된 자세로 만들어서 그 사이에 연필을 끼운 뒤 연필을 움직여 보라. 느낌에 어떤 차이가 있는가?

- 효과와 해석: 손가락을 교차시킨 상태에서 그 사이에 낀 막대기를 움직이면 마치 두 막대기가 와 닿은 것 같은 인상이 든다. (자신이 직접 다른 손으로 막대기를 움직이면 포크 한 개가 움직이는 것 같은 인상이 든다.) 또한 손가락을 교차하여 자신의 코를 쓰다듬어도 비슷한 느낌이 든다. 이것은 고대 그리스에서도 논의된 적이 있는 아리스토텔레스 착시라는 현상이다. 이 착시

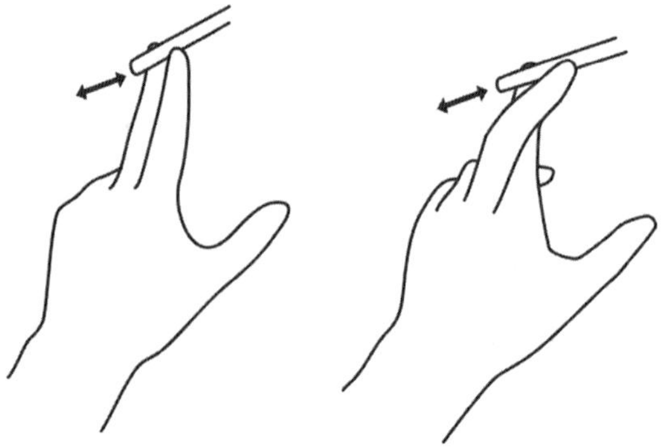

[그림 2-3] 아리스토텔레스 착시 실험

는 수동적 접촉의 경우에 신체 표면의 배치관계에 의존해서만 물체 형태의 지각이 이루어지기 때문에 생긴다. 우리는 손가락들의 배치가 비정상적이라는 것을 알고 있지만, 우리 몸에 와 닿는 것의 형태는 손가락들의 뒤틀린 자세가 아닌 평소 자세를 바탕으로 지각되는 것이다.

열의 성질 우리 몸에 와 닿는 물질의 성질을 판단할 때는 기계적인 인상 외에 물질의 열이 신체에 미치는 영향도 함께 고려된다. 상온(평상시의 방 안 온도)에서 금속과 나무 또는 물과 기름은 똑같이 따뜻하게 또는 똑같이 차갑게 느껴지지 않는다. 이것은 물질들의 상이한 열전도율과 열용량 때문에 피부의 접촉 지점에서 체온의 전도 속도에 차이가 나기 때문이다. 물질의 이런 속성은 유기체의 열관리에 영향을 줄 수 있으므로, 다시 말해 유기체의 생명에 매우 중대한 일일 수 있으므로 이때의 지각에는 가치평가가 결부되기 쉽다. 잘 알려져 있다시피, 따뜻한 물질과 차가운 물질의 구별은 결코 정서적으로 중립적인 것이 아니다[대개 따뜻한 물질은 긍정적으로, 차가운 물질은 부정적으로 평가된다: 역자주]. 반면에 식료품, 식물, (무엇을 재배하기 위한) 토양 등을 검사할 때는 (야영지를 찾을 때와는 달리) 보통 서늘한 것이 습기와 신선도를 나타내는 표시로서 바람직하게 평가된다. 이렇게 구체적인 사정들은 다양하지만, 주위 환경이나 물체의 열에 대한 판단이 생물학적으로 중요한 의미를 지닌다는 사실에는 변함이 없다.

읽을거리 Campenhausen, 1993; Gibson, 1973; Klatzky & Lederman, 2003; Lederman & Klatzky, 2004; Newell, 2004; Wolfe et al., 2006.

실험 ▶ 베버 착시

- 효과: 라이프치히의 생리학자 베버E. H. Weber는 얼음처럼 차가운 동전이 체온과 비슷한 동전보다 뚜렷이 더 무겁게 느껴진다는 사실을 발견했다. 누워 있는 사람의 이마 위 같은 지점에 한 개의 차가운 동전을 올려놓거나 또는 두 개의 따뜻한 동전을 쌓아 놓으면 두 경우에 무게가 같게 느껴진다.
- 해석: 한 설명에 따르면, 이런 착각은 일부 기계적 수용기들의 작용이 온도에 따라 달라지기 때문에 생긴다. 또 다른 설명에 따르면, 압력에 대한 감각은 기계적 수용기들의 작용에만 의존하는 것이 아니라 특정 부위에 동시에 전달되는 온도자극들의 합계를 통해서도 압력에 대한 주관적 경험이 좌우된다. 냉기수용기가 온기수용기보다 피부에 더 많이 분포되어 있다는 사실을 고려할 때,[3] 이 두 번째 설명은 다른 조건이 동일할 때 왜 차가운 물체의 '자극 무게'가 더 큰지를 잘 설명해 준다. 나아가 이 실험이 앞에서 서술한 물체의 열에 대한 지각의 기본 특성을 뒤집고 있다는 점도 이 착각에 영향을 미쳤을 수 있다. 왜냐하면 체온과 비슷하게 데운 동전은 금속으로 지각되지 않을 것이며 얼음처럼 차갑게 만든 나무 조각은 잠시나마 금속처럼 느껴질 것이기 때문이다.

역자주

3) 열수용기는 냉기에 반응하는 것과 온기에 반응하는 것으로 분화되어 있다. 냉기수용기는 온기수용기보다 약 10배 더 많이 피부에 분포되어 있으며 뚜렷이 더 빠른 속도로 자극을 처리한다.

수동적 촉각의 미학 – 물질미학

몇몇 물질은 그것이 피부와 비슷하기 때문에 또는 피부와 공통된 속성을 지녔기 때문에 우리에게 좋은 느낌을 제공한다. 옷, 안락의자, 침대 등에 쓰이는 가죽, 모피, 모직, 비단 같은 물질들은 (그것들의 또 다른 유용성 외에도) 피부 접촉 또는 신체 접촉을 모방하는 효과를 낳는다.

철학적 미학 ▶ 촉각에서의 아름다움과 추함

에드먼드 버크Edmund Burke(1956/1756)는 '촉각에서의 아름다움'을 무엇보다도 능동적 촉각의 관점에서 이해했다. 그는 매끄럽고 부드러운 것이 촉각에서 아름다운 것이라고 말했다. 그리고 그 이유는 매끄러운 표면과 부드러움이 그것을 느끼는 사람의 움직임에 별다른 저항을 제공하지 않기 때문이라고 말했다. 그 밖에도 버크는 단조롭지 않으면서 (모난 것이 아니라) 둥근 형태와 따뜻함이 유쾌한 촉각경험의 원천이 된다고 말했다.

1853년에 처음 출간된 『추한 것의 미학*Ästhetik des Hässlichen*』을 쓴 철학자 칼 로젠크란츠Karl Rosenkranz에 따르면, "형태가 해체되어 우리의 심미적인 느낌을 해치는 것"(1990: 252)은 모두 역겨움Ekel을 불러일으킨다. 그는 (생물학적 기초에서 출발하는 미학과 비슷하게) 역겨운 것이 '자연의 산물'임을 강조했다. 그에 따르면, '땀, 점액, 배설물, 종기 등 역겨운 것은', 다시 말해 "유기체가 분비해서 부패과정을 겪는 죽은 것이다. 무기물의 자연도 상대적으로 역겹게 느껴질 수 있다. 그러나 상대적으로만, 다시 말해 유기물의 자연을 닮은 만큼만 또는 그것과 결부되는 만큼만 그러하다"(같은 곳, 252-253). 그런가 하면 멜라민 가구에 대한 심리학적 연구에서는 피험자에게 멜라민 플라스틱으로 된 물질 견본 위에 손을 펴서 몇 분 동안 올려놓게 한 뒤에 어떤 느낌이 드는지를 물었다. 이 연구의 결과는 역겨움에 대한 로젠크란츠의 이론을 확인시켜 주는 것이었다. 곧, 피험자들은 다음과 같이 말했다. "처음에는 기분 좋게 서늘하고 매끄러운 느낌이 들었어요. 어쩌면 약간 차가운 것도 같았고요. 그러나 잠시 후에는 체온 때문에 따뜻하고 축축해졌어요. 그리고 결국에는 끈적거리게 또는 '생선처럼' 차갑고 미끈거리게 되었어요. 오래 접촉하면 불쾌했고 마치 시체처럼 역겹기까지 했어요." (Heubach, 1987: 127)

매끄럽고 부드러우며 따뜻한 표면은 인간의 신체 표면과 비슷하기 때문에 매력적으로 느껴질 수 있다. 이것은 마치 피부와 피부가 맞닿은 것 같은 느낌을 준다. 그러나 이 역시 (악수를 오랫동안 하고 있으면 그렇듯이) 오래 지속되면 굳이 유쾌하게 느껴지지 않는다. (특히 오랜 시간에 걸쳐) 피부에 유쾌한 느낌을 주는 물질은 피부와 달리 습기를 흡수해 다른 데로 전달하는 물질이다. 축축하고 끈적거리는 접촉, 더 나아가 미끈거리는 접촉은 (특정 음식을 먹을 때, 입맞춤, 성교 같은) 특별한 경우를 제외하고는 대부분 역겨움을 불러일으킨다. 이것은 아마도 동물의 배설물, 썩어 가는 시체나 식물 같은 것들이 질병의 원천이 될 수 있기 때문에 그러할 것이다. 플라스틱처럼 습기를 흡수하지 않아서 그것을 만지는 사람에게 결국에는 자신의 땀 때문에 불쾌감을 안기는 물질의 경우에는 표면을 너무 매끄럽지 않게 하면 이런 불쾌감을 많이 줄일 수 있다.

디자인 ▶ 물질미학

2002년에 출간된 안내서 『물질과 디자인. 제품 디자인에서 물질 선택의 기술과 과학*Materials and Design. The Art and Science of Material Selection in Product Design*』에서 마이크 애쉬비Mike Ashby와 카라 존슨Kara Johnson은 여러 물질을 대상으로 '부드러운/딱딱한'(0~10)과 '따뜻한/차가운'(0~10)의 두 차원에서 '수동적 촉각의 심미적 속성'을 평가하였다. ('매끄러운/거친'의 차원은 물질 자체보다 표면 처리에 따라 좌우되기 때문에 이 평가에서 제외되었다.) 그러면서 이 저자들은 (합성 소재, 가죽, 나무와 같은) 비교적 부드러운 물질들은 비교적 따뜻한 반면에 (유리, 세라믹, 금속과 같은) 비교적 딱딱한 물질들은 비교적 차갑다고 지적하였다. 가죽과 나무 같은 천연 소재와 많은 합성 소재는 비교적 중간 범위에 놓여 있으며 가장 부드럽고 따뜻한 물질은 스티로폼 같은 발포성 합성 소재들이다. 그러면서 저자들은 목적에 맞게 물질을 선택하는 것은 결국 제작자의 몫이라고 말한다.

여러 디자인학교의 '창작 기초과정'에서는 바우하우스Bauhaus[4] 이래로 물질의 성질에 민감해지기 위한 여러 방법을 강구하고 있다. 바우하우스 교수 모홀리-나기Moholy-Nagy(1968/1929)는 학생들로 하여금 여러 물질 또는 표면구조에 대한 능동적 또는 수동적 접촉을 촉진하기 위해 여러 촉각판과 장치

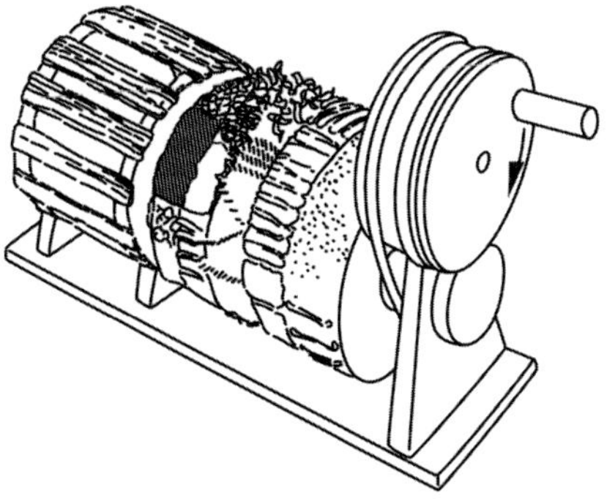

[그림 2-4] 촉각 실험 장치

역자주

4) 바우하우스는 독일의 건축가 발터 그로피우스Walter Gropius(1883-1969)가 1919년에 창설한 건축학교다.

[그림 2-4]를 제작해서 그것의 체험 결과를 꽤 과학적으로 기록하도록 하였다. 놀이와 촉각학이 결합된 이런 장치들은 오늘날 촉각 실험실에서 사용되는 도구들(위 참조)과 일부 유사한 데가 있다.

부드러운 물질은 피부와 비슷하다는 점 외에도 몸의 체중 압력을 완화시켜 주기 때문에 유쾌하게 느껴진다. 이런 물질이 몸을 감싸면, 또는 아예 이런 물질 안으로 깊숙이 잠기면 매우 쾌적하면서도 낯선 느낌이 들 수 있다. 솜, 부드러운 고무, 부드러운 발포성 소재, 물침대, 푹신한 자루의자 같은 곳에 깊숙이 잠기는 것은 어떤 면에서 주위 공기에 대한 감각과 비슷하다. 그러나 이것은 또한 배설물이나 부패물에 닿은 것 같은 역겨움을 불러일으킬 수도 있다. (특히 주위가 약간 선선해서 축축한 물체의 느낌이 들면 역겨워질 수 있다.) 물론 물질 안으로 잠기는 것은 촉각의 차원을 고려하지 않더라도 어느 시점부터는 운동의 자유를 제약하기 때문에 위협적으로 느껴질 수 있다.

읽을거리 Duderstadt, 1997; Meyer, 2001; Morris, 1972; Rübel, Wagner, & Wolf, 2005; Schmitz-Maibauer, 1976; Schönhammer, 2001; Soentgen, 1997.

수동적 촉각과 기억, 상상, 환각, 꿈, 공감각

"분명히 우리는 유리, 사포, 벨벳, 모직, 나무 같은 것의 표면을 만졌던 과거 경험에 대해 (대부분 시각적 상상과 함께) 촉각적 상상을 어느 정도 또렷하게 머릿속에 떠올릴 수 있다." 카츠(1925: 44)는 이렇게 지적하면서 이런 능동적 상상도 기억촉각이라고 불렀다. 또한 카츠는 이런 상상을 할 때는 대부분 표면을 탐색하는 손가락의 움직임에 대한 상상도 함께 일어난다고 지적하였다. 왜냐하면 표면에 대한 경험은 능동적 촉각을 통해 가장 이상적으로 이루어지기 때문이다. 주위를 물끄러미 둘러보고 있으면 주위에 있는 것들에 대한 촉각기억이 불쑥불쑥 떠오른다. 특히 시선이 지나가는 모든 표면에 대해 떠오르는 촉각기억에 시각적 초점이 맞추어져 있지 않기 때문에 시각적으로는 마치 허공을 떠다니는 듯한 막연한 느낌, 다시 말해 시각적으로 매개된 분위기[▶10장]가 형성된다. (실내장식가나 무대, 영화, 광고사진 등의 연출가 같은) 공간 디자인 전문가들은 의도적으로 이런 효과를 연출하곤 한다(Schneider, 1995). 또한 자기 집의 가구들을 배치하는 일반인들도 암묵적으로는 이를 염두에 두고 있다.

보통 촉각기억의 강도는 실제 촉각보다 훨씬 떨어진다. 그러나 어떤 상해의 목격자가 될 때는 대개 그 느낌을 매우 생생하게 상상할 수 있다. 누가 자신의 손가락을 자르는 것을 본다면 마치 자기 손이 잘리는 것 같은 느낌이 들 것이다. 윌리엄 제임스William James(1890: 66)가 이야기한 한 일화에 따르면, 어느 아버지는 자식의 손가락이 문틈에 꽉 끼는 광경을 목격한 뒤 하루 종일 손가락에 통증을 느꼈다고 한다. 다른 한편으로 서슬이 시퍼런 칼이 몸 쪽으로 다가오면 상해의 통증을 상상하기에 앞서 기겁을 하며 놀랄 것이다. 고무손 착각의 상황에서 (실제 손은 건드리지 않은 채) 고무손을 망치로 내려치면 이런 공포반응을 시사하는 피부저항[피부의 전기 전도율을 측정하는 척도다: 역자주]의 변화를 관찰할 수 있다(Ramachandran & Blakeslee, 2001). 그러나 요즘에는 이렇게 대신 느끼는 감각 또는 미리 느끼는 감각을 상상으로 분류하기보다 오히려 일종의 다감각적 지각[▶9장]으로 분류한다.

지금 실제로 느끼는 감각을 판별하려 할 때도 촉각기억이 수동적으로 떠오른다. 예컨대, 우리가 지금 접촉하고 있는 것이 무엇인지 보지 못할 때 그러하다. 이런 상황에서는 약간 불안한 예감이 들기도 한다. 예컨대, 몸의 일부에 무엇이 살짝 닿으면 벌레가 기어가는 것이 아닌가 하는 생각이 들어 깜짝 놀랄 수 있다. 이런 것들은 (알츠하이머병, 파킨슨병, 여러 형태의 간질, 수면마비, 코카인이나 암페타민 같은 약물의 복용, 정신장애 같은) 중추신경계의 각종 장애나 특수 상태에서 생기는 환촉의 내용이기도 하다. 예컨대, 주로 나이 든 사람들에게서 나타나는 정신이상 현상인 피부기생충망상의 경우에는 환자들이 "(작은 동물, 벌레, 기생충, 세균, 그 밖의 해충 같은) 아주 작은 생물들이 피부 위나 아래에 있다는 확고하며 설명해도 소용없는 망상적인 신념" (Huber, 1999: 160)에 빠져 있다.

비록 수면 중에는 많은 감각이 차단되지만 수면의 특정 단계에서는 (환각의 종류에 따라) 뇌 자체에서 발생한 흥분을 통해서 또는 (팔 저림처럼) 수면자세 때문에 생기는 이상감각을 통해서 촉각이 야기될 수 있다. 우리는 자다가 이상한 피부감각을 느끼면 깜짝 놀라 잠에서 깨어나곤 하는데, 어쩌면 이것은 수면 중에 짐승이 접근하는 것이 선사시대와 고대에는 실제로 일어날 수 있는 위험이었기 때문에 형성된 경향일지 모른다. 또한 문명화된 사람들의 꿈도 이런 영향에서 자유롭지 않아 보인다.

잠과 꿈 ▶ 촉각과 악몽

곤충, 거미, 뱀 등이 등장하는 꿈은 이른바 전형적인 꿈에 속한다. 이런 비일상적인 꿈 이야기는 모든 나라의 많은 사람이 한 번쯤 경험하는 것이다. 수면 중에 몸에 강한 흥분이 생길 때 이런 이야기들을 꿈꾸게 된다는 것은 증명이 가능한 사실이다. 그리고 실제의 또는 환각을 통한 신체지각은 이런 흥분을 통해 설명될 수 있다. 낯선 촉각이 위험한 동물에 대한 환상을 불러일으키는 것은 인류의 진화과정에서 이런 감각이 경고기능을 수행해 왔기 때문일 것이다. 이렇게 볼 때 이런 꿈 이야기는 꿈꾸는 사람의 또 다른 어떤 불안이 은유적으로 표현된 것이 아닐 것이다(Schönhammer, 2004a).

1993년에 처음 출판된 책 『모양을 맛본 남자*The man who tasted shapes*』(Cytowic, 2003)는 닭고기의 맛을 통해 뾰족한 무엇이 손에 닿는 또렷한 감각을 느낀 공감각Synästhesie의 한 사례를 유명하게 만들었다. 그 밖의 감각들도 소수 사람의 경우에는 공감각적인 촉각을 야기할 수 있다(Day, 2006). 이렇게 감각들이 교차 연결되는 것은 매우 예외적인 현상인 반면에 다른 사람이 무엇에 닿는 장면을 관찰할 때 자신의 몸에서 그런 촉각을 경험하는 일은 매우 흔한 현상이다[▸9장].

피부감각과 물질문명

제2의 피부라는 의복은 양면성을 지닌다. 의복이 시각적으로 암시하는 촉감(예컨대 피부와 비슷한 느낌을 주는 모피)은 의복의 안쪽이나 바깥쪽을 만지고 싶은 욕구를 좌우할 뿐만 아니라 의복 소재를 만질 때의 실제 감각에도 영향을 미칠 것이다. 제3의 피부라는 주택의 경우에는 실제적인 피부 접촉의 역할이 비교적 적다. (참고로 고트프리트 젬퍼Gottfried Semper는 1851년에 '벽, 담'을 뜻하는 독일어 단어 Wand가 '의복, 특히 긴 웃옷'을 뜻하는 Gewand라는 단어에서 파생했다고 말한 바 있다.) 벽이 시각적으로 암시하는 촉감(예컨대 직물 같은 느낌을 주는 채색)은 반드시 피부 접촉을 거쳐야만 지속적으로 쾌적한 느낌을 전달하는 것은 아니다. 반면에 주택의 바닥은 거주자들의 피부 접촉이 빈번하게 일어나므로 이 경우에는 (예컨대 원목 대 합판 또는 리놀륨Linoleum 대 PVC 등의) 실제적인 촉감이 중요할 수 있다. 그 밖에도 주택과 신체 또는 피부 사이에 일어나는 접촉의 계기들 가운데 거주자의 편안함을 위해 중요한 것은 가구의 사용과 관련된 것이다. 또한 주택 소재가 시각적으로 암시하는 또는 실제로 지닌 촉각적 속성은 거주양식의 차이에도 영향을 미친다. 난방 또는 냉방 장치는 제3의 피부의 쾌적함에 결정적으로 중요하다. '따뜻한 색깔' 이 난방장치를 대체할 수는 없지만, 그렇다고 해서 이런 명칭이 아무 이유 없이 붙은 것은 아니다. 자동차는 좁은 주택이라고 말할 수 있다. 자동차는 푹신하고 적정 온도가 유지되는 케이스 안에 신체를 받아들이고 나아가 신체에게 강건하고 매끄러우며 윤기가 흐르는 '제2의 피부' (갑옷)를 선사함으로써 승객의 마음을 편안하게 해 준다.

다양한 인공 피부가 제공하는 보호기능은 신선한 바람과 햇볕 같은 자극을 피부로 느끼려는 욕구와 긴장관계에 있다. 그렇기에 보호피부의 개방을 조종할 수 있거나 (통풍기, 자외선 램프 같은) 보조수단이 필요할 수 있다. 지붕을 접을 수 있는 쿠페형 자동차의 경우에는 케이스를 여는 것이 주위 공기에 대한 감각을 매우 강렬하게 경험할 수 있는 기회를 제공한다. 이것은 20세기 초에 나체족이나 하이킹족이 즐기던 공기욕空氣浴의 전통을 이어받아 오늘날 일부 사람에게 자유와 감각적인 삶의 환희를 상징한다.

(솔, 전기 안마기, 월풀whirlpool 욕조, 피부의 전기자극을 위한 장치 등의) 마사지 도구들은 사람들의 쾌감과 행복감에 기여한다. 마사지가 제공하는 신체적 쾌감은 (성적 흥분과 상관없이도) 몽환상태로 이어질 수 있다. 이것은 아마도 불특정 체계가 뇌간에서 의식상태를 조종하는 상행망상활성계와

강력하게 연결됨으로써 일어날 것이다. 피부를 기계적으로 또는 열이나 전기로 자극하는 도구들은 통증 치료에서도 사용된다. 이런 자극의 강화는 통증흥분이 중추신경계로 전달되는 것을 척수에서 차단할 뿐만 아니라 뇌에 도달한 통증흥분을 중성화하는 작용도 한다. 면도기와 제모기는 뜻하지 않은 부작용으로 통증을 야기하는데, 이런 사정은 전통적으로 생산자가 문제가 개선된 새 모델을 선전하는 수단이 되어 왔다. 예컨대, 최근에는 '더 나은 세상을 위하여let's make things better' 5) 전기 냉각으로 제모 때의 통증을 완화하는 방법이 도입되었다.

최신 설비를 갖춘 (4D 또는 5D) 영화관에서는 진동의자, 미풍, 가는 이슬비, 저주파 음향, 가벼운 전기충격 등을 이용해 전통적인 시청각 매체의 현실착각 효과를 극대화하려고 시도한다. 그러나 적어도 현 시점에서는 관객이 대중매체의 가상세계에 촉각적으로 몰입하도록 고안된 이런 장치들이 오히려 영화 장면으로부터 관객의 주의를 빼앗아 정신적 몰입을 방해하는 경향이 있다(Mikunda, 2002). 머지않은 미래에는 촉각과 정보매체의 결합을 통해 각종 수동적 또는 능동적 촉각을 섬세하게 전달할 수 있는 장갑이나 의복 등이 개발될 것이다[▸3장]. 이런 흐름은 한편으로 성적 환상을 자극할 뿐만 아니라(사이버섹스Cyber Sex; Rheingold, 1995; Schmauks, 2001), 다른 한편으로는 '만질 수 있는 디자인Tangible Design' 이라는 모토 아래 (예컨대 매사추세츠 공과대학MIT의 '만질 수 있는 미디어 연구실tangible media lab' 처럼) 디지털화된 촉각작용의 다양한 응용 분야를 개척하기 위한 시도들이 이어지고 있다.

역자주

5) '더 나은 세상을 위하여let's make things better' 는 전자제품 생산업체 필립스Philips에서 한때 내걸었던 선전 문구다. 한국 광고에서는 이 문구가 "작은 차이가 명품을 만듭니다."로 번역되어 사용되었다.

지난 10년 동안 개발된 촉각장치들 가운데 가장 널리 보급된 것은 아마도 휴대전화의 진동신호일 것이다. 그러나 이 장치는 주위 사람들에게 방해가 되지 말아야 한다는 과제를 완전히 충족하지는 못하고 있다. 왜냐하면 진동에도 소음이 따르기 때문이다. 물론 진동이 경고나 그 밖의 신호를 전달하는 역할을 하는 모든 분야에서 (예컨대 자동차 핸들의 진동처럼) 진동소음이 항상 단점으로 작용하는 것은 아니다.

읽을거리 Grunwald, 2008, 1장; Grunwald & Krause, 2001; Overbeeke & Forlizzi, 2006; Schifferstein & Hekkert, 2008, 2장; Waubke, 1992; Zwisler, 2001.

피부감각이 선사하는 쾌락과 자기접촉

지금까지 살펴보았듯이, 접촉의 여러 성질 가운데는 비교적(다시 말해 그 반대 성질보다) 유쾌하게 느껴지는 것들이 있다. 하지만 이런 평가는 많은 경우에 상황에 따라 크게 좌우된다. 예컨대, (인간의 매끈한 피부와 비슷하게) 매끄럽고 따뜻하며 부드러운 표면은 많은 상황에서 유쾌한 느낌을 주지만, 경우에 따라서는 부드러운 것에 닿는 것이 오히려 혐오감을 불러일으킬 수도 있다. 접촉의 성질에 대한 평가 또는 접촉의 쾌락은 접촉하는 사람의 현재 욕구와 (다감각적) 맥락의 영향을 받는 기대와 결부시켜 이해해야 한다.

뜻밖의 접촉은 사람들을 깜짝 놀라게 만든다. 그러나 이런 접촉은 미학적인 목적으로 사용되기도 한다. 뜻밖의 순간에 경험하는 지각은 일상적인 것들의 평범하고 하찮은 성격을 뛰어넘기 때문이다. 상황에 따라서는 피부감각의 (강도와 범위라는) 순전히 양적인 측면 때문에 그 성질과 관계없이 긍정적으로 평가되기도 한다. 피부가 제공하는 심미적 느낌은 무엇보다도 감각의 범위와 강도에서 비롯되는 쾌감이다. 이것은 때때로 지독하게 매운맛의 쾌감[▶6장], 고통스러울 정도로 뜨겁거나 차가운 매질의 사용(사우나), 가학성 또는 피학성 성행위처럼 통증의 한계에 도달하거나 심지어 한계를 넘어서기까지 한다. 특정 상황에서 사람들은 통증의 생물학적 기능(곧 자극을 피하라는 경고)을 역이용함으로써 감각의 순수한 강도를 즐기기도 하고 또는 통증에 대한 반응으로 신체 자체에서 분비되는 '약물'을 통해 의식상태의 변화를 즐기기도 한다(Rolls, 2005).

이런 극단적인 감각을 제외하면 흔히 따뜻한 목욕물로 대표되는 평범한 촉각의 쾌락이 있다. 따뜻한 목욕물은 편안한 행복감의 대명사이자 지극히 평범한 심미적 기쁨의 상징이다(저속한 작품Kitsch).

자기접촉 우리가 우리 몸을 만질 때는 수동적 촉각과 능동적 촉각이, 만지는 행위와 만져지는 경험이 교차된다. 그리고 이것을 바탕으로 자기 접촉의 고유한 성질들이 생긴다. 이때 접촉의 원인은 우리 자신이므로 뜻밖에 깜짝 놀라는 일은 생기지 않는다. 그래서 (적어도 보통은) 스스로 간지럽혀도 간지럽지 않다(또는 그렇게 많이 간지럽지 않다). 심지어 기계적인 장치를 통해 물리적으로 일정한 양의 접촉을 만들어 낼 때도([그림 2-5]) 우리 자신이 기계를 작동시키면 다른 사람이 기계를 작동시킬 때보다 덜 간지럽다. 그러나 급성 정신장애 환자들의 경우에는, 그리고 정상인이더라도 급속 안구운동 수면[6]에서 깨어난 직후에는 그렇지 않다. 왜냐하면 이런 상태에서는 자기가 스스로 행위를 일으키고 있다는 행위주체감이

역자주

6) 급속 안구운동 수면REM-Schlaf 또는 렘REM(rapid eye movement) 수면은 빠른 안구운동, 낮은 근육 긴장도, 전압이 낮고 빠른 뇌전도EEG 등이 특징적으로 나타나는 수면의 한 단계다. 생생하게 기억나는 꿈들은 대부분 이 단계에서 꾼 것이다.

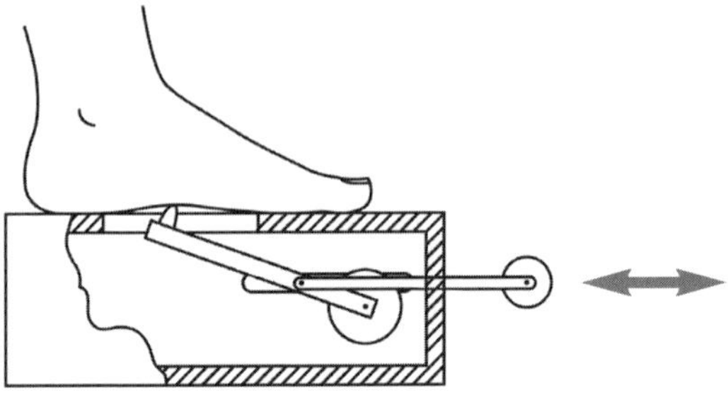

[그림 2-5] 간지럼 장치

제대로 작동하지 않기 때문이다(Jannerod, 2006).

반면에 정상인이 깨어 있는 상태에서는 예상된 자기접촉이 일어나지 않으면 오히려 이상한 느낌이 든다. 이것을 경험하려면 두 사람이 서로 손바닥을 맞댄 채([그림 2-6]) "맞대지 않은 손의 엄지손가락과 집게손가락으로 자신의 손등과 상대방의 손등을 동시에 쓰다듬어 보라. 이때 다른 사람의 손은 임의의 딱딱한 물체로 대체해도 된다."(Campenhausen, 1993: 26)

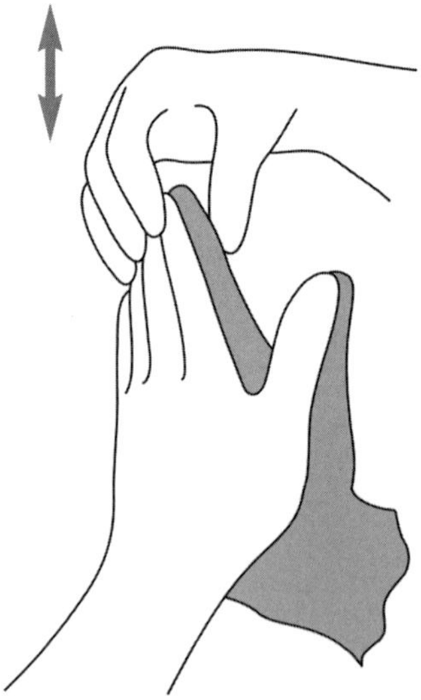

[그림 2-6] 자기접촉 효과실험

자기접촉은 자기를 돌보는 것이다. 또는 적어도 (예컨대 긴장된 상황에서는) 이런 돌봄을 보상하는 역할을 한다. 수많은 관찰연구에 따르면, 인간뿐만 아니라 영장류 동물들도 스트레스 상황(예컨대 힘든 과제를 수행해야 하는 상황)에서는 스스로를 만지는 경향이 있다. (전통적으로 기도나 주의집중의 보조수단으로 사용된 염주는 중간에 매개물이 낀 자기접촉으로 이해할 수 있다.)

한 가설에 따르면, 자기접촉은 흥분을 완화시키고 그럼으로써 주의집중을 촉진한다(Thayer, 1982). 그렇다면 이것은 다른 사람의 돌봄이 결여된 것에 대한 보상일까? 아니면 다른 사람은 도와줄 수도 없는 작용과 체험의 통일에 근거한 것일까? 한 신경심리학적 발견은 이 두 번째 설명을 지지하는 듯하다. 이 발견에 따르면, 뇌졸중으로 반신불수가 된 상태에서도 자기접촉은 마비된 반신에 위치 확인이 가능한 감각을 야기한다(자기접촉 효과; Weiskrantz & Zang: Cahusac, 2002에서 인용).

쾌락의 측면에서 자기접촉은 이중적이다. 자기접촉의 경우에는 간지러운 느낌이 들지 않는 것과 마찬가지로 일차체감각피질과 보상중추의 신경흥분이 감소된다(Blakemore, Wolpert, & Frith, 1998). 그래서 사람들은 애정 어린 접촉과 보살핌, 장난으로 치고받기, 성행위 등의 형태로 타자 접촉을 통한 흥분을 추구한다(Panksepp, 2000). 하지만 다른 한편으로 자기접촉은 신체 접촉에 대한 의식을 촉진하고 마음을 안정시키는 효과가 있으며, 어떤 면에서는 더욱 강도 높은 성적 쾌감으로 이끌기도 한다.

요점정리를 위한 물음

- 우리 몸에서 압력에 대한 감각이 예민한 곳은 어디인가? 이것은 어떤 방법으로 알아낼 수 있는가? 연습을 통해 수동적 촉각을 예민하게 만드는 것은 어떻게 설명될 수 있는가?
- 온도감각의 특성은 어떻게 이해될 수 있는가?
- 수동적 촉각의 양극성이란 무엇인가?
- 피부를 통해 멀리 있는 것을 지각하는 일은 어떻게 가능한가?
- 수동적 접촉은 언제 그리고 왜 사람을 깜짝 놀라게 만드는가?
- 공기나 물 같은 매질을 광범위하게 느끼는 일(주위 공기에 대한 감각)의 특징은 무엇인가? 이런 느낌이 심리치료에 활용되는 이유는 무엇인가?
- '안정 담요' 현상은 어떻게 이해될 수 있는가?
- 물체의 어떤 성질은 수동적 촉각에서 유쾌하게 지각되고 또 어떤 성질은 불쾌하게 지각되는가?
- 물질에 대한 수동적 촉각의 미학에는 어떤 규칙성이 있는가? 무엇이 촉각적으로 역겨움을 불러일으키는가? 그리고 그 이유는 무엇인가?
- 시각은 수동적 촉각에 어떤 영향을 미치는가?
- 수동적 촉각은 어떤 점에서 디자인에 중요한 의미를 지니는가?
- 자기 몸을 간지럽히면 그렇게 간지럽지 않은 까닭은 무엇인가?

3 무엇을 만지고 움켜쥐기
–능동적 촉각

능동적 촉각은 물질 표면의 성질뿐만 아니라 물체의 형태에 대한 느낌도 제공한다. 이때에는 우리 자신의 운동이 피부감각과 함께 고려된다. 그리고 근육, 힘줄, 관절에서 오는 정보(고유감각)는 다시 보통의 경우에(다시 말해, 우리 팔다리를 다른 사람이 붙잡아 움직이는 것이 아닐 때) 뇌의 운동명령과 그것의 실행에 관련되어 있다.

모든 수의운동이 그렇듯이 어떤 것을 만질 때는 행위목표에 대한 표상이 행위 결과에 대한 응답신호와 비교되는 절차가 뒤따른다. 연구사들은 운동명령(원심성 홍분)이 (근육에 전달된 신경홍분의 '청사진' 이라 할) 원심성 사본의 형태로 중추신경계에 남아 있다가 운동의 결과로 생기는 감각신호(재구심성 홍분, 다시 말해 원심성 운동홍분의 결과로 생기는 구심성 홍분)와 비교될 것이라고 추측한다.

능동적 촉각은 전통적으로 인식론과 맹인의 심리학에서 중요한 역할을 하였다. 또한 이것은 오늘날 (원격제어, 가상현실 같은) 과학기술과 특히 정보매체의 발달에 중요한 주제이기도 하다. 수동적 촉각과 능동적 촉각의 조화는 물체의 탐색에 기여할 뿐만 아니라 물체 조작의 전제이기도 하다.

철학 ▶ 촉각 대 생명감각

촉각을 수동적 촉각과 능동적 촉각으로 나누는 것은 언뜻 이상해 보일지 모르지만 심리학에서는 일반적으로 인정되고 있으며 또한 철학에서도 유사한 선례를 찾아볼 수 있다. 예컨대, 칸트Kant는 비록 가치평가와 결부시키기는 했지만 비슷한 구별을 한 적이 있다. '어떤 표면이 부드럽게 또는 거칠게' 또는 '그것이 따뜻하게 또는 차갑게 느껴지는' 것은 칸트(1983/1798: 72)에 따르면 생명감각, 다시 말해 신체에 기초한[곧, 대상의 특성에 관련된 것이 아니라 우리 자신의: 역자주] 느낌이다. 오늘날의 관점에서 볼 때 칸트는 촉각의 이 측면이 환경에 대해서도 중요한 정보를 제공한다는 점을 알아차리지 못했다. 그에 따르면, 생명감각과 달리 "만져 보는 감각Sinn der Betastung"은 "어떤 고체의 표면을 만져서 그것의 형태를 조사"(같은 곳, p. 71)할 수 있게 해 준다. 그래서 칸트는 (형태를) 조사하는 감각인 촉각을 '더 고등한 감각'인 청각과 시각처럼 높이 평가하였다. 만진다는 것은 대상과 직접 접촉하는 것이므로 칸트에게 촉각은 심지어 "가장 중요하고 가장 확실하게 알려 주는", 하지만 동시에 (만진다는 바로 그 이유 때문에) "가장 거친 감각"(같은 곳, p. 72)이다.

우리는 눈을 가린 상태에서도 손가락, 손, 팔의 움직임을 통해 물체의 크기를 확인할 수 있다. 이때 물체가 크다면 상체를 굽히거나 어쩌면 몇 발짝 걸어가야 할지도 모른다. 반면에 물체가 매우 작다면 엄지손가락과 집게손가락을 사용해 마치 핀셋처럼 물체를 집어서 조사할 것이며, 중간 크기의 물체라면 손 전체를 사용해 움켜쥘 것이다. (엄지손가락과 집게손가락으로 집거나 손으로 움켜쥐는 동작은 반대쪽을 향해 있는 엄지손가락이 있기 때문에 가능한데, 이것은 인간과 일부 영장류에서 발견되는 진화의 성과다.) 중간 크기의 또는 그보다 조금 더 큰 물체의 형태를 (보지 않고) 더 자세히 조사하기 위해서는 한 개 또는 여러 개의 손가락을 사용해 물체의 윤곽을 따라갈 수 있다. 하지만 이것은 눈으로 보는 것에 비해 수고스러운 방법이다. 물체를 만지고 조사하는 우리 손의 움직임과 힘에 물체가 어떻게 반응하는가에 따라 우리는 보통 그 물체를 이루는 소재가 부드러운지 딱딱한지 또는 탄력이나 가소성이 있는지를 짐작할 수 있다. 물체를 만지거나 움켜쥐어서 부드럽게 느껴지면 특정 지점을 누르거나 구부림으로써 그 물체의 더 자세한 성질을 알아낼 수 있다. 그리고 물질 표면의 결(그것이 매끄러운지 거친지)은 손가락 끝(또는 입술이나 혀)으로 문질러 보면 알 수 있다. 그리고 그것이 차가운지 따뜻한지는 그것에 몸이 그냥 닿기만 해도 느낄 수 있다.

실험 ▶ 크기-무게 착시

• 효과: 적당한 크기의, 그러나 서로 크기가 뚜렷이 다른 두 상자를 준비한 뒤([그림 3-1]) (설탕처럼) 양을 쉽게 조절할 수 있는 물질로 두 상자를 채워서 무게가 같게 만든다. 그런 다음에 뚜껑이 닫힌 두 상자를 교대로 또는 동시에 들어 보면 놀랍게도 더 큰 상자가 더

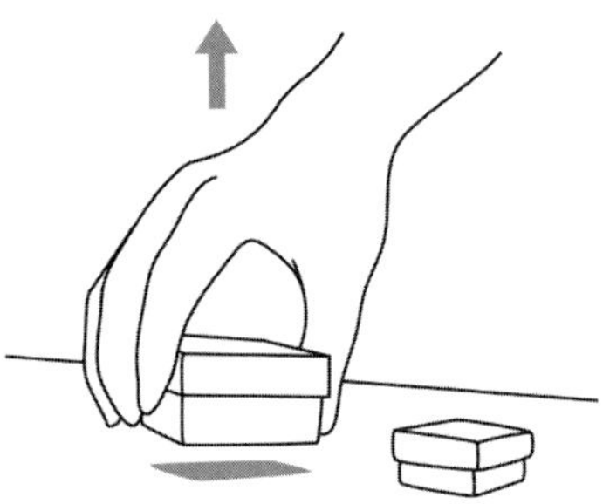

[그림 3-1] 크기-무게 착시 실험

가볍게 느껴지는 것을 확인할 수 있다. 반면에 두 상자를 각각 끈에 매단 뒤에 눈을 감은 채로 끈을 들어 보면, 이때는 상자를 눈으로 보거나 손으로 느낄 수 없기 때문에 이런 효과가 나타나지 않는다.

• 해석: 이런 착시는 태어날 때부터 맹인이었던 사람들에게도 일관되게 나타나는데, 이것은 (시각이나 촉각을 통해 알게 된 상자의 크기 때문에 갖게 되는) 기대가 (감각운동적) 지각에 영향을 미친다는 사실을 증명해 준다. 이런 착시는 아마도 더 큰 상자를 들 때 우리도 모르게 더 큰 힘을 쓰게 되기 때문에 생기는 듯하다.

무게는 물체를 들어 올림으로써 조사할 수 있다. 이때 우리가 그 물체의 크기에 대해서도 잘 알고 있다면 그 물체의 무게에 대해 좀 더 구체적인 인상을 받게 된다. 그런데 이렇게 우리가 물체의 무게를 잴 수 있으려면 우선 물체가 이동 가능해야만 한다. 어떤 것이 (완전히 또는 일부) 이동될 수 있는지 또는 고정되어 있는지를 확인하는 것은 우리의 행위에 대해 작지 않은 의미를 지닌다. 또한 어떤 것이 고유의 운동력을 지니고 있는지를 확인하는 것도 마찬가지로 중요하다. 극복할 수 없는 장애물처럼 우리의 움직임을 가로막고 있는 것은 말하자면 우리 행위의 무대가 된다. 반면에 고유의 운동력을 지닌 물체는 우리가 함께 고려해야만 하는 행위의 상대방과도 같다. 그리고 우리의 움직임을 거들거나 우리의 팔다리를 보완하는 것은 우리 자신의 일부로 간주하는 경향이 있다[▸1장].

능동적 촉각의 발달은 신체운동의 발달과 맞물려 있다. 수동적 촉각과 운동의 상호 조정이 일어나는 목표 지향적 행위는 출생 이전에도 초보적인 형태로 관찰된다. 곧, 태아는 손을 입으로 가져가 손이 입에 닿으면 입을 열어 손가락을 빤다. 신생아의 경우에는 손으로 (원기둥과 각기둥의) 형태를 구별할 수 있다는 사실이 물체를 쥐고 있는 시간의 차이를 통해 실험적으로 증명되었다. 곧, 신생아는 두 물체를 가려 놓은 상태에서 자기가 전에 이미 손에 쥐었던 물체를 다시 만지게 되면 그렇지 않은 물체보다 더 빨리 다시 놓는다. 아기가 무엇을 빠는 행동은 미리 정해진 형식에 따라 발달하는 것이 아니라, 아기가 빠는 대상의 단단함과 형태에 따라 조절된다. (신생아들은 단단함에 더 민감하게 반응하는 반면에 조금 더 자란 아기들은 형태에 더 관심을 보인다.) 빠는 행동은 (특히 거기에 설탕이 묻어 있을 때) 신생아로 하여금 대상을 더욱 힘 있게 쥐도록 만든다. 그러나 쥐는 행동이 대상을 더욱 힘 있게 빨도록 만들지는 않는다.

건강한 아기라면 움켜쥐기와 보기의 손과 눈 협응작용은 태어나서부터 발달하기 시작한다. 아기가 태어난 지 6개월 정도 지나 앉을 수 있게 되면 관심 있는 물체에 의도적으로 다가가 눈과 손과 입으로 물체를 탐색한다. 손의 섬세한 운동 및 손과 수동적 촉각의 상호 조정은 연습과 신경계의 발달이 상호작용하는 오랜 과정을 거쳐 발달한다. 먼저 물체를 탐색할 때 입을 사용하는 행동은 시간이 지날수록 점점 줄어든다. 그리고 조금 더 지나면 시야에 들어오는 모든 것을 끊임없이 움켜쥐려는 행동도 사라진다. 흔히 부모들은 아기의 활동이 점점 늘어나는 것을 보고 기뻐하지만, 다른 한편으로는 아기의 활동을 끊임없이 제한해야 할 필요성을 느끼게 된다. 한 문화 비판적인 입장에 따르면, 능동적 촉각을 이용한 아기의 탐색활동이 시간이 지날수록 줄어드는 이유는 부모의 금지 때문이다. 또는 더 일반적으로 말하자면 접촉을 금기시하는 문화 때문이다. 그러나 아기가 태어난 지 몇 년이 지나면 손과 눈의 협응작용을 바탕으로 많은 경험이 쌓여서 굳이 모든 것을 만질 필요는 없게 된다고 보는 것이 더 그럴듯한 설명일 것이다.

읽을거리 Grunwald, 2008, 11, 13, 16장; Holle, 1988; Klatzky & Lederman, 2003; Michaelis, 1992, 2003; Streri, 2003a, 2003b; Warren, 1982; Wolfe et al., 2006.

지각의 성질 ▶ 신생아 연구와 몰리누 문제Molyneux-problem

철학의 전통적인 방식으로는 풀기 어려웠지만 이제 신생아 연구자들이 답할 수 있을지도 모를 한 문제가 있다. 만약 맹인으로 태어나서 수술로 시력을 얻게 된 사람이 있다면 그 사람은 능동적 촉각을 통해 이전부터 알고 있던 육면체와 공을 그냥 보기만 해도 단번에 알아볼까? 아일랜드의 철학자 윌리엄 몰리누William Molyneux는 1688년에 존 로크John Locke에게 쓴 편지에서 이런 물음을 던졌다. 그리고 이 물음에 대해 로크는 1694년에 출간된 『인간 오성론*An Essay Concerning Human Understanding*』에서 그럴 수 없을 것이라고 답했다. 왜냐하면 그는 촉각이 시각을 훈련시킬 것이라고 확신했기 때문이었다.[1]

그 뒤 맹인으로 태어난 사람들에 대한 안과수술이 수없이 이루어졌지만, 이런 사례들이 이 문제에 대해 경험적이고도 명쾌한 해답을 제공하지는 못했다(Degenaar, 1996). 이 분야에서는 상반된 주장과 근거들이 여전히 논란

역자주

1) 정상적인 성인들은 두 개의 동일한 물체를 (촉각과 시각 같은) 상이한 감각 양태로 지각해도 이 두 물체가 동일한 형태를 지니고 있다고 판단한다. (예컨대, 그들은 눈을 감은 채 동일한 주사위를 만져도 앞서 눈으로 본 주사위와 동일한 형태라고 판단한다.) 본문에서 논의하고 있는 문제는 이렇게 여러 감각 양태를 일치시키는 능력이 어떻게 발달하는가에 관한 것이다. (로크, 피아제Piaget 등이 내세운) 한 가설에 따르면, 인간은 상호 독립적인 감각 양태들을 지니고 태어나 촉각과 시각 등의 동시적인 탐색을 통해 상이한 감각인상을 서로 관련시키는 법을 배우게 된다. (깁슨Gibson, 멜초프Meltzoff 등이 내세운) 또 다른 가설에 따르면, 감각 양태가 달라도 불변하는 형태를 탐지해 내는 것은 여러 양태를 서로 관련시키는 법을 배우지 않고도 가능한 인간 인지체계의 근본 특성이다. 본문에서 저자는 이 두 번째 가설을 지지하는 방향으로 서술하고 있다.

거리가 되고 있다. 오히려 꽤 확실해 보이는 것은 태어날 때부터 정말로 완전히 맹인이었다면 뇌 해당 영역의 신경발달이 돌이킬 수 없는 방식으로 정상인과 다르게 전개될 것이라는 점이다. 이렇게 볼 때 성공적인 수술을 통해 사물을 보게 된 것 자체가 (몰리누 문제와 상관없이) 문제가 될 수 있다.

신생아의 경우에는 촉각을 통한 시각의 훈련이란 것이 아직 일어날 수도 없었을 것이라고 가정할 수 있다. 따라서 만약 신생아가 만져만 봤을 뿐 본 적도 없는 물체를 시각적으로 알아본다면 그것은 이 두 감각이 서로 독립적으로 형태를 지각할 수 있음을 의미할 것이다. 큰 관심을 불러일으켰던 한 연구(Meltzoff & Borton, 1979)에서는 아기들에게 매끄러운 고무젖꼭지와 작은 혹들이 달린 고무젖꼭지 가운데 한 개를 보지는 못한 채 입에 물 수 있도록 해 주었다. 그런 다음에 두 고무젖꼭지를 시각적으로 제시하자 아기들은 촉각적으로 이미 알고 있던 젖꼭지를 더 오래 바라보았다. 아기의 이런 행동을 근거로 연구자들은 아기가 젖꼭지를 시각적으로 알아보았다고 결론 내렸다. 그러나 이것은 미지의 물체가 관심을 더 끌 것이라는 일반적인 예상에 반대되는 해석이다. 그러므로 촉각과 시각의 형태지각이 서로 독립적이면서도 대등하게 이루어진다는 가설이 과연 이 연구를 통해 증명되었는지는 여전히 논란이 되고 있다. 그러나 더 최근에는 앞서 언급했던 (신생아들이 이전에 손으로 탐색한 원기둥이나 각기둥을 나중에 손으로 다시 알아보는) 실험을 변형해 수행한 연구(Hatwell, Streri, & Genatz, 2003)가 있었다. 그리고 이 연구에서는 아기들이 촉각을 통해 알게 된 물체를 나중에 처음 시각적으로 접했을 때 미처 모르던 물체보다 관심을 덜 가진다는 것이 증명되었다.

능동적 촉각의 표상, 착각, 환각, 꿈

형태와 공간에 대한 촉각적 표상은 오로지 사물을 탐색하는 신체의 운동에만 근거한다. (물론 이런 촉각적 표상은 태어날 때부터 맹인인 사람에게만 순수한 형태로 존재할 것이다.) 하지만 그렇다고 해서 이런 표상이 단순히 신체운동의 흔적만은 아닐 것이다. 어쩌면 능동적 촉각을 통한 표상은 공간 안에서 (또는 물체들을 따라) 몸을 이리저리 움직이는 것을 바탕으로 더 고차적인 수준에서 형성되는 역동적인 어떤 것일지 모른다. 그리고 시각적 또는 청각적 인상들도 (일부는) '운동적인 틀' 안에서 표상될 것이다. (많은 심리학자와 신경과학자는 운동에 기초한 형식들이 지각의 비양태적amodal 또는 초양태적transmodal 처리단계에서 여러 감각의 연결고리 역할을 할지 모른다고 생각한다[▸7~9장]).

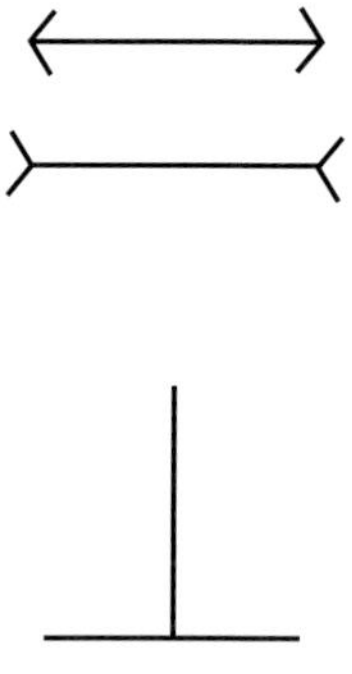

[그림 3-2] 뮐러-라이어 착시와 수직선 착시

시각과 촉각 사이에 이런 연결이 있을 것이라는 점은 (주변 각에 따라 선분의 길이가 다르게 보이는) 뮐러-라이어 착시([그림 3-2]의 위)나 (길이가 같은데도 수직선이 수평선보다 길게 보이는) 수직선 착시([그림 3-2]의 아래) 같은 착시현상과 유사한 촉각현상이 있다는 데서도 추측할 수 있다. (이런 능동적 촉각의 착시를 연구할 때는 피험자가 정상인이거나 성장 후 맹인이 된 사람이라면 시야에서 가려진 물체를 만지는 즉시 시각적 표상이 머릿속에 떠오를 수 있다는 점을 고려해야 한다. 오직 태어날 때부터 맹인인 사람들의 경우에만 시각적 경험이 촉각적 착시에 개입하지 않았다고 확신할 수 있을 것이다.) 이런 연구들에 따르면, 촉각적 착각은 착시만큼 일정하지 않으며 (물체의 크기, 연습, 탐색전략 같은) 여러 요인에 따라 다르게 나타난다. 과연 이런 사정이 (아마도 신체운동에 기초한) 비양태적 또는 초양태적 틀 안에서 시각적 표상과 촉각적 표상의 수렴이 일어난다는 명제와 조화될 수 있는지는 앞으로 풀어야 할 숙제다.

촉각적 또는 운동감각적 환각 현혹적인 운동경험은 진전섬망Delirium tremens[2]이나 정신분열증에서 가장 자주 나타나며, 간질 발병에 앞서서도 나타난다. 정신분열증의 경우에 자신이 움직이고 있다는 환각은 자신의 실제 움직임이 타인의 조종을 받고 있다고 믿는 망상과 극을 이루는 증상이다.

촉각적 또는 운동감각적 꿈 자신의 팔다리를 움직이려는 생생한 꿈은 악몽을 꿀 때 규칙적으로 나타난다. 이런 꿈의 특징은 아무리 애써도 뜻대로 되지 않는다는 것이다. 달아나려고 무척 애를 쓰지만 발이 바닥에서 떨어지지 않거나, 누구와 다투며 무엇을 붙잡으려고 하지만 팔다리가 고무처럼 힘이 없다. 이런 꿈은 수동적 촉각의 악몽과 마찬가지로 급속안구운동 수면의 단계에서 특별히 생생하게 경험된다. 이때는 뇌가 고도로, 경우에 따라서는 완전히 잠이 깰 정도로 각성되어 있는 반면에 신체는 무감각하게 마비되어 있기 때문에, 이런 상태를 가리켜 역설적 수면이라고도 부른다. 아마도 이런 상태에서는 생생한 운동흥분(원심성 운동흥분)이 발생하지만 원심성 사본에 따라 예상되는 재구심성 흥분이 (신체의

역자주

2) 진전섬망은 알코올중독 등으로 인해 손 떨림, 운동장애, 환시, 발작 등의 증상이 나타나는 급성 정신착란증이다.

실제 운동과 마찬가지로) 결여되어 있을 것이다. 악몽 속에서 펼쳐지는 이야기들은 운동흥분이 아무런 효력도 발휘하지 못하는 것에 대해 꿈꾸고 있는 의식이 나름대로 설명을 제시하려는 시도라고 볼 수 있다. 실제로 사람들은 몸의 갑작스러운 움직임과 함께 악몽에서 깨어나곤 하는데, 이런 사실도 위의 해석을 뒷받침한다. 반면에 운동과 관련된 악몽을 순전히 심리학적으로 또는 은유적으로 해석한다면 이런 해석은 왜 악몽이 이런 식으로 끝나는지를 설명하기 어려울 것이다.

읽을거리 상상과 착각: Cornoldi, Fastame, & Vecchi, 2003; Heller, 2003; Witte, 1966; Zimmer, 2001; 환각과 꿈: Bleuler, 1993; Hobson, 1990; Janz, 1998; Nielsen, 1993; Schönhammer, 2004a.

촉각적 파악과 시각적 파악의 차이

맹인들이 주위 환경을 파악하는 데 어려움을 겪는 까닭은 단순히 촉각이 미치는 범위가 시각의 범위보다 작기 때문만은 아니다. 익숙하지 않은 환경에 처했을 때, 맹인들은 손에 닿을 만큼 가까이 있는 것부터 차례차례 탐색해야 한다. 반면에 눈이 멀지 않은 사람들은 주위 환경의 대체적인 특징을 말 그대로 눈 깜짝할 사이에 파악할 수 있다. 한마디로 말해, 능동적 촉각은 순차적으로 파악하는 반면에 시각은 동시적으로 파악한다. (청각을 통한 지각도 순차적으로 일어난다. 다만 이때는 순서가 이미 정해져 있다. 반면에 촉각의 경우에는 처음에 병렬적이던 것이 지각작용 속에서 비로소 순차적인 것으로 바뀐다.)

조금 더 자세히 살펴보면 사람들이 촉각적 파악을 사용하는 방식이 매우 다양하다는 것을 알 수 있다.

- 눈이 멀지 않은 어린아이들에게 시야에서 가려진 물체를 만져 보도록 하면 아이들은 시각을 통해 익숙해진 동시성을 능동적 촉각에서도 기대하는 것처럼 행동한다. 왜냐하면 아이들은 물체를 차근차근 탐색하는 것이 아니라 번갈아 가며 여기저기를 더듬기 때문이다.
- 눈이 멀지 않은 청소년들이나 성인들은 보통 한두 개의 손가락을 이용해 시야에서 가려진 물체의 윤곽을 체계적으로 탐색함으로써 아이들보다 더 나은 결과를 얻는다.
- 눈이 먼 사람들은 (두) 손을 활짝 펼쳐서 몇몇 인상을 동시에 전달받는다. 눈이 멀지 않은 사람들에게 이런 (더 효율적인) 전략은 일단 감당하기 어려워 보이지만 연습을 하면 충분히 가능한 것이다.

여러 연구에 따르면, 촉각만을 이용해 탐색한 추상적인 삼차원 형태들을 다시 알아보기란 비교적 어려운 일이다. (이렇게 다시 알아보는 것을 명시적 기억이라고 부른다.) 그러나 깁슨Gibson(1973)의 연구에 따르면 이런 능력은 어느 정도의 연습을 통해 크게 향상될 수 있다. 또한 물체를 기억해내지 못하는 경우에도 촉각적 탐색의 흔적은 남는 것으로 밝혀졌다. 왜냐하면 한번 탐색했던 물체를 다시 탐색할 때는 그 물체의 속성을 묻는 질문에 대해 처음 접하는 물체의 경우보다 빨리 답변이 나오기 때문이다(암묵적 기억; Wippich, 2001).

실험조건에서 추상적 형태의 물체를 재인식하기란 쉽지 않지만, 일반적으로 사람들은 눈을 가린 상태에서도 일상적인 물체들을 손으로 어렵지 않게 찾아낸다. 그리고 익숙한 환경에서는 맹인들도 주위의 물체들을 찾기 위해 오랫동안 더듬을 필요가 없다. 이것은 사람들이 물체의 형태에 익숙할 뿐만 아니라 물체의 형태와 표면 성질이 보통 어떻게 짝을 이루고 있는지에 대해서도 익숙하기 때문이다. 예컨대, 우리는 열쇠에 손끝이 닿기만 해도 (열쇠의 어느 부분을 만졌든 상관없이) 그 물체의 표면 성질이 손끝으로 전달되어 그것이 무엇인지 알 수 있다.

여러 감각 양태 사이의 경쟁 사람들은 만져 본 것을 더 신뢰할까, 아니면 본 것을 더 신뢰할까? 사람들은 흔히 '손에 확실히 잡히는 것'이 믿을 만한 것이라고 말하곤 한다. 그러나 피험자들에게 왜곡 렌즈를 통해 직사각형처럼 보이게 해 놓은 정사각형의 둘레를 만져 보라고 하면 꼭 그렇지도 않다. 오히려 피험자들은 현혹된 눈이 보는 대로 느낀다. 이미 카츠(1924)도 지적했듯이, 누가 나무 표면에 살짝 홈을 파는 것을 돋보기로 관찰하면 그 홈을 손으로 만졌을 때 깊이 파인 것처럼 느껴진다. 이렇게 여러 감각 양태가 경쟁하는 상황에서는 시각이 우세하다는 것이 여러 연구 결과를 통해 증명되었다(시각 포착visual capture). 그러나 시야가 흐릴 때는 이런 효과가 덜 나타난다(Ernst, 2006). 또한 물질 표면의 섬세한 결이 문제가 될 때는 눈도 별 힘을 쓰지 못한다. 예컨대, 사포의 모래알 굵기와 관련해 수동적 또는 능동적 촉각을 속여서 100방짜리를 80방짜리로 지각하게 만들기란 결코 쉽지 않다. 오히려 이런 경우에는 촉각이 시각에 영향을 미치기도 한다.

읽을거리 Genatz & Hatwell, 2003; Hatwell, 2003; Klatzky & Lederman, 2003; Lederman & Klatzky, 2004; Newell, 2004; Rock, 1985.

촉각용 그림과 카드-
맹인을 위한 또는 맹인이 그린 양각그림

촉각을 통해 그림을 파악할 수 있을까? 맹인들에게 이것은 단순히 학술적인 물음에 그치지 않는다. 예컨대, 맹인들은 (도드라진 선들로 이루어진) 테두리 그림을 어떻게 지각할까? 태어날 때부터 또는 일찌감치 눈이 먼 사람들은 이미 알고 있는 실제 물체를 만져서 알아내는 데는 전혀 문제가 없어도 그것의 테두리만 그려 놓으면 그것을 파악하는 데 큰 곤란을 겪는다. 또한 눈이 멀지 않은 사람들도 촉각용 그림을 파악하는 데는 특별히 더 나을 것이 없다. 도대체 무엇이 문제일까?

우선 이런 그림에는 촉각을 위해 매우 중요한 물질에 대한 정보가 빠져 있다. 또한 테두리 그림에서는 물체의 형태를 어떻게 묘사할 것인가 하는 문제가 특별한 방식으로 제기된다.

- 손은 삼차원 공간에서 움직이기 때문에 물체를 이차원으로 투영한 것은 촉각에 낯설 수밖에 없다.
  맹인들에게 추가 설명 없이 주사위 같은 기하학적 물체를 그려 보라고 하면 모든 면이 종이 위에 펼쳐진 것처럼 그리는 경향이 있다([그림 3-3]). 반면에 눈의 입장에서 보면 물체의 윤곽이란 아주 자연스러운 것이다. 시각에게 물체의 삼차원성이란 우리 자신의 운동에 따라 또는 물체들의 운동에 따라 이차원 그림들이 변화하는 것을 바탕으로 구성된다(그리고 약간의 각도 차이가 있는 두 눈은 말하자면 우리가 서 있을 때부터 이미 작은 운동을 행하고 있는 셈이다)[▶7장]. 테두리 그림이 물체를 그것의 특징적인 각도에서 묘사해 놓았다면, 그것은 시각에게 본질적인 것을 이미 압축해 놓은 셈이다.

[그림 3-3] 삼차원 물체들을 펼쳐서 그린 것

• 촉각용 테두리 그림의 또 다른 문제는 도드라진 선들이 그것을 더듬는 손가락에게 무엇이 어디서 시작되고 어디서 끝나는지에 대한 정보를 제공하지 않는다는 점이다. 눈으로 볼 때는 형상이 배경으로부터 또는 물체가 허공으로부터 곧바로 튀어나오는 반면, 윤곽을 더듬을 때는 선들이 일단 더 넓은 빈자리로부터 튀어나오지만 그 빈자리를 계속 만져 보아도 기껏해야 별 의미 없는 면들만 있을 뿐이다. 그래서 맹인을 위한 교재를 제작하는 사람들은 이렇게 선들만 남게 되는 문제에 대처하기 위해 (물체의 표면 전체를 도드라지게 또는 옴폭하게 만들거나 거기에 가는 평행선들을 새겨 넣는 식으로) 선 대신에 면을 강조한다(Eriksson, 1998, [그림 3-4]). 그런가 하면 맹인들은 테두리 그림을 인식할 때보다 오히려 제작할 때 어려움을 덜 겪는다. 왜냐하면 자신이 직접 만들 때는 물체의 경계에 해당하는 선의 어느 쪽에 물체가 위치하게 될지가 분명하기 때문이다. 또한 맹인들은 때때로 면을 묘사하는 평행선들만 있고 아예 경계가 없는 그림을 그리기도 한다([그림 3-5]).

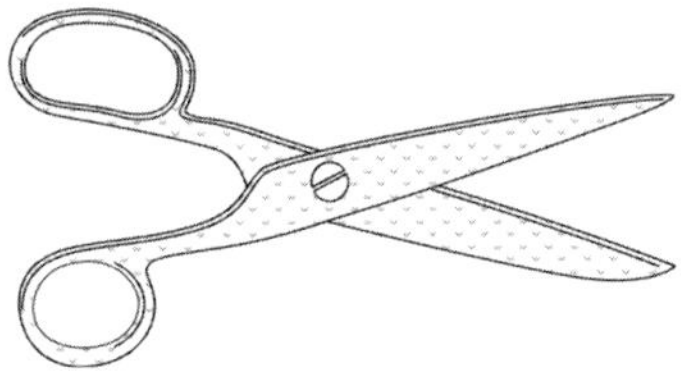
[그림 3-4] 맹인을 위한 면을 강조한 그림

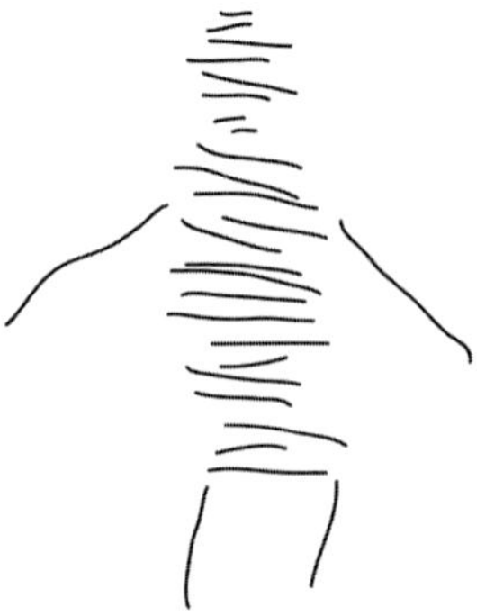
[그림 3-5] 맹인들이 그린 경계가 없는 그림

일단 시각세계에 익숙해진 뒤에 눈이 멀게 된 사람들은 테두리 그림을 더듬어 지각하는 일에서 가장 뛰어난 능력을 보인다. 그들은 시각적인 묘사방식에도 당연히 익숙할 뿐만 아니라 손을 활짝 펼쳐서 더듬는 전략을 사용해 물체들의 구조를 차례차례 파악하는 데도 익숙하기 때문이다.

수십 년 전부터 존 케네디John M. Kennedy(1993, 1997)는 맹인들의 그림능력이 매우 과소평가되었다는 것을 증명하려고 애써 왔다. 그의 주장에 따르면, 특별한 설명 없이도 촉각을 통해 그림을 이해하거나 제작하는 것이 가능하다. 하지만 그가 제시한 증거들은 논의의 여지가 있어 보인다.

원근법 같은 길이의 두 직선이 신체 정면에서 서로 다른 거리를 두고 평행으로 뻗어 있을 때 두 팔로 이 두 직선의 길이를 재는 일은 어떤 면에서 시각의 원근법과 비슷하다. 예컨대, 한 탁자가 몸에 가까이 있을 때와 좀 더 멀리 있을 때 그 탁자의 두 모서리로 팔을 뻗어 탁자의 길이를 잰다면 팔의 각도에 차이가 생길 것이다([그림 3-6]). 태어날 때부터 맹인인 사람들이 기하학적 형태나 탁자처럼 단순한 물체를 원근법적으로 도식화해 표현한 그림을 (여러 대안적인 그림 가운데서) 정확하게 맞추거나 (깜짝 놀랄 만한 개별 사례들의 경우에는) 아예 자발적으로 그런 그림을 그리는 경우가 있는데, 이런 경우에는 그들이 가지고 있는 이론적인 지식이 정상인의 경우보다 훨씬 더 중요한 역할을 하는 듯하다(Arnheim, 1992). 맹인이 원근법을 자연스럽게 인지하고 사용할 줄 안다는 케네디의 주장을 뒷받침하는 근거로 자주 인용되는 또 한 가지는 (여러 사태에 대해 같은 단어를 사용해 생기는) 언어의 다의성에 기인한 것으로 보인다. 서로 다른 세 물체가 공간적으로 중첩되

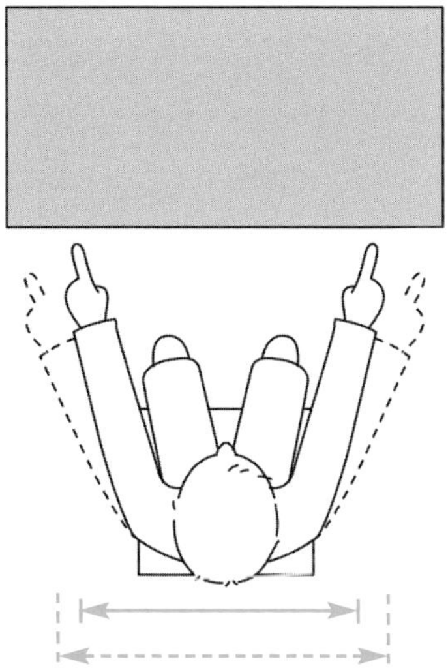

[그림 3-6] 팔의 각도와 평행한 두 선의 길이 추정 실험

어 있는 것을 앞, 뒤, 위, 왼쪽, 오른쪽에서 바라볼 때 생기는 다양한 모습을 분류 또는 묘사하는 것을 '원근법'으로 간주한다면([그림] 3-7]), 이것은 눈먼 사람들도 실험 상황에서 충분히 해낼 수 있는 과제다. (발달심리학자 장 피아제Jean Piaget는 이것과 비슷한 세 산 과제라는 것을 고안한 적이 있는데, 이 과제의 목적은 공간적 사고의 발달, 더 정확히는 피험자 자신이 서 있는 위치를 머릿속에서 바꿀 수 있는 능력을 검사하기 위한 것이었다.) 하지만 이것은 공간적인 깊이를 원근법적으로 묘사하는 것과는 다른 일이다.

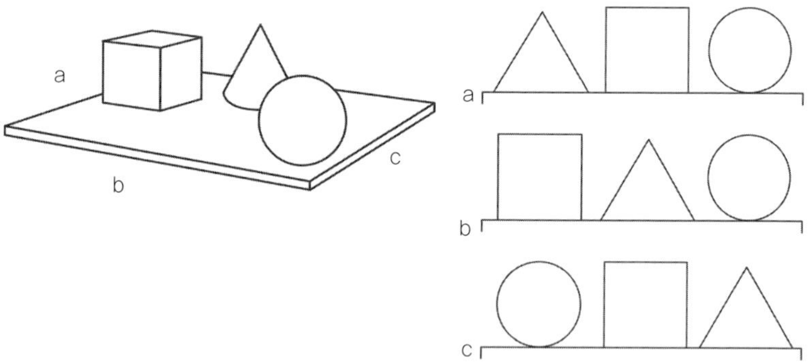

[그림 3-7] 피아제의 세 산 과제 실험

은폐 맹인들도 시각에서 은폐가 무엇을 뜻하는지를 이해할 수는 있다. 그러나 도달하지 못한다는 점에서 은폐와 어느 정도 비슷한 경험을 그들이 하려면 가리는 물체가 가려진 물체 위에 바로 놓여 있어서 그 뒤의 것을 정말로 손으로 잡을 수 없어야 한다. 물론 맹인들에게 손가락이 교차된 모습을 그려 보라고 하면 맹인이 아닌 사람들과 비슷하게 그린다. 하지만 그렇다고 해서 그림에 표현된 물체의 은폐가 맹인들에게 아무 문제도 되지 않는다고 결론 내릴 수는 없다.

전체적으로 살펴볼 때 세상(또는 그림)을 전혀 본 적이 없는 맹인들이 그림에 대한 이해를 발달시킬 수는 있어도, 이것은 지적인 도전의 성격을 띠는 것이지 물체들과 물체들의 공간적 배치를 파악하는 데 실제 도움이 되는 것이라고 보기는 어렵다. 어쨌든 맹인들이 파악하기 쉬운 그림은 다음과 같은 그림들이다.

- 원근법적으로 비스듬하게 그린 것보다는 (평면도, 정면도, 측면도처럼) 직각으로 묘사한 그림
- 테두리를 그냥 선으로만 묘사한 것이 아니라 면도 함께 묘사한 양각 그림
- 무엇을 가리는 은폐가 없는 그림
- 그림 전체를 만질 수 있는 크기로 (아무리 커도 두 팔을 쭉 폈을 때의 폭을 넘지 않게) 제작된 그림

유명한 회화작품을 양각그림으로 옮길 때는 특별한 상황이 연출된다. 이때는 그림 자체가 만져서 알아내야 하는 대상이다. 이때는 깊숙이 여러 층으로 나뉜 양각기법을 통해(그리고 언어적인 설명을 곁들여) 그림의 내용과 묘사된 물체들의 관계를 어느 정도 이해시킬 수는 있지만 그림이 그림으로서 지니는 성질은 전달하기가 거의 불가능하다. 특히 표현주의 양식의 추상화를 옮기기는 매우 어렵다. 왜냐하면 이런 그림에서는 선들이 어떤 물체를 묘사하기보다 어떤 움직임을 암시하고 있기 때문이다. 이런 그림들은 종종 '그대로 모사하는 대신에 가시화한다' 는 예술적 모토를 따르고 있는데, 이것은 형태심리학자 아른하임Arnheim의 이른바 시각적 사고visual thinking에서도 적용되고 있는 것이다. 아른하임에 따르면, 가시적인 장면들(또는 심지어 개념들)의 내용은 사진처럼 사실주의적인 묘사나 이와 유사한 그림문자를 통해서가 아니라 "역동적인 주요 형태들의 결

합"(1985: 109)을 통해 가장 잘 묘사된다.

매체 ▶ 맹인을 위한 컴퓨터와 인터넷

맹인에게 개인용 컴퓨터는 문자로 된 모든 것에 접근할 수 있는 기회를 제공한다. 다만 그러기 위해서는 (점자로 나타낸) 촉각출력 장치나 문장을 읽어 주는 프로그램이 필요하다. 이런 기술은 맹인들이 더 이상 한정된 분량의 점자책이나 오디오북 또는 (인쇄된 문자를 촉각출력으로 변환해 주는 옵타콘 Optacon 같은) 맹인용 특수장치에 의존하지 않아도 되게 만들 것이다. 하지만 인터넷을 둘러볼 때 웹사이트들의 시각적 구성과 풍부한 그림들은 맹인들에게 여전히 장해가 된다. 이럴 때 웹사이트의 구조를 문서 형태로 접근하고 이해할 수 있게 해 주는 (HTML 같은) 프로그램 언어들은 맹인들의 웹사이트 이해에 도움을 줄 수 있다. 장차 특수 감열지를 사용해 양각그림을 출력할 수 있는 기술이나 상당히 고해상도의 (그러면서도 적정 가격의) 촉각출력 장치가 개발되면 그림이나 사진을 더듬어 느끼는 것이 가능해질 것이다. 그러나 그렇다고 하더라도 촉각을 통해 그림이나 사진을 제대로 이해하기란 거의 불가능할 것이다.

읽을거리 Bresser, 2002; Burger, 2003; Fuchs, 2003.

약도와 지도 '지도'의 원리는 공간 이동의 추상화라고 말할 수 있다 [▸4장]. 지도는 맹인들에게도 충분히 유용하게 쓰일 수 있다. 다만 그러기 위해서는 위에서 언급한 촉각을 돕는 속성들이 고려되어야 하고 당연히 위치와 방향도 분명하게 표시되어야 한다. 또한 되도록 일렬로 배열된 지도가 이해하기 쉽다. 지도를 들고 다니는 경우에는 실제 환경 안의 만질 수 있는 준거점들과 지도를 규칙적으로 비교할 수 있어야 한다. 전 지구 위치확인체계Global Positioning System: GPS에 기초한 전자 네비게이터는 음향 또는 촉각출력 장치가 부착되어 있는 경우에 원칙적으로 맹인들에게도 유용할 수 있다. 그러나 (쇼핑센터, 관공서, 대학처럼) 규모가 비교적 작은 반공공 영역까지 포괄하기에는 한계가 있을 것이다. 항법체계의 방향 지시를 수동적으로 받는 것보다는 (눈이 멀었든 멀지 않았든) 직접 지도를 들고 돌아다니는 것이 미래에도 길 찾기에 더 효과적인 방법일 것이다.

읽을거리 Arnheim, 1985, 1992; Eriksson, 1998; Hatwell & Marinez-Sarrochi, 2003; Katz, 1953; Kennedy, 1982, 1993, 1997; Schiff & Foulke, 1982.

지각의 성질 ▶ 촉각-시각 치환체계tactile vision substitution system: TVSS

1970년대에는 (촉각으로 시각을 대체할 수 있다는) 촉각적 시각보철[시각-촉각 치환장치: 역자주]이 등장해 큰 주목을 끌었다. 신경과학자 바크이리타Bach-y-Rita와 동료들이 개발한 이 장치의 원리는 간단했다. 곧, 이것은 비디오카메라의 신호를 촉각출력 장치로 내보내는 것이었다. 이를 사용하려면 먼저 커다란 면적의 표시장치를 사용자의 등에 부착해야 한다. 그러면 처음에는 표시장치의 진동이 마치 등에 마사지를 받는 것과 같은 느낌만을 준다. 그러나 어느 정도 익숙해지면 이 자극을 통해 카메라 앞의 공간이 어떻게 배치되어 있는지를 알 수 있다. 다시 말해 몸에 닿지도 않은 물체들과 공간의 구조를 '진동을 통해' 느끼게 되는 것이다. 다만 이런 지각이 가능하려면 이 장치의 사용자가 카메라를 직접 움직여야 한다. 자기 신체의 목표 지향적인 움직임과 결합될 때 비로소 이리저리 간질이는 자극은 주위 공간의 구조를 가리키는 신호가 된다. 이때 카메라는 사용자가 그것을 능동적으로 사용함으로써 마치 맹인의 지팡이처럼 신체의 일부가 된다[▸1장]. 최근 연구(Lenay et al., 2003)에 따르면, 단 한 개의 광전지에서 유래한 촉각자극도 이 광전지를 이리저리 움직이면 이 '카메라' 앞에 있는 물체의 신호로 지각될 수 있다. 이런 장치는 사용자 자신의 운동과 긴밀하게 결합되어 있기 때문에 순전히 수동적이라기보다는 오히려 능동적인 촉각의 시각치환 장치에 가깝다.

그러나 이 장치를 시험해 본 적지 않은 맹인은 실망하였다. 그것은 아마도 시각을 대체할 수 있다는 약속에 너무 큰 기대를 걸었기 때문일 것이다. 이 장치를 익숙하게 사용하게 되면 주위 환경의 구조와 물체들의 움직임에 대한 정보를 얻을 수 있다. 그러나 그 이상은 아니다. 오늘날 장비의 지속적인 소형화를 통해 (등보다 더 예민한 신체 부위에 사용할 수 있는) 고해상도의 다루기 편리한 장치들이 개발되고 있지만, 이런 사정은 크게 변하지 않을 것이다.

오늘날 촉각-시각 치환장치와 경쟁관계 속에서 연구되고 있는 것은 시각적 신경보철이다. 이것은 카메라에서 전달되는 전기자극을 곧바로 뇌의 시각피질에 연결시키거나 광전지를 눈에 이식해서 시신경과 연결시키는 방법을 사용한다. 그러나 이런 장치가 성공을 거두기 위해서는 [시신경이 어느 정도 온전히 작동해야 하므로: 역자주] 환자가 과거에 세상을 본 적이 있고 또 눈먼 지도 너무 오래되지 않아야 한다.

조형물에 대한 시각적 미학의 대안으로 살펴본 능동적 촉각의 이론

손으로 물체를 만지거나 쥘 때 손의 자세와 움직임은 물체의 형태에 따라 자연스럽게 달라진다. 능동적 촉각의 미학은 이렇게 물체를 만지거나 쥘 때 경험하는 긍정적인 또는 다른 방식으로 두드러진 형태체험에 관련되어 있다. 촉각을 통한 형태지각과 형태표상은 이 장에서 여러 번에 걸쳐 그러했듯이 시각의 경우와 비교해 보지 않을 수 없다. 지각이론의 역사를 살펴보면(그리고 오늘날에도 여전히) 촉각이 시각보다 더 근본적인 형태감각이라고 주장하는 사람들이 있다. 예컨대, 이런 견해를 가지고 있던 요한 고트프리트 헤르더Johann Gottfried Herder는 만지는 것이 조각품을 감상하기에 가장 적합한 지각 양태라고 주장했다. 이런 평가는 오늘날 시각 지배적인 예술 감상에 대한 문화적 비판과 맥이 닿아 있다.

철학적 미학 ▶ 조각

철학자 요한 고트프리트 헤르더는 1778년에 『조각*Plastik*』이라는 책에서 다음과 같이 말했다. "햇빛 아래에서 물체를 힐끗 쳐다보는 정상인보다 주의 깊게 물체를 만져 보는 맹인이 물체의 속성에 대해 훨씬 더 완전하게 이해한다는 것은 이미 검증된 진실이다."(1994: 249-250) "우리가 조각상을 볼 수 있다는 것을 의심하는 사람은 아무도 없다. 그리나 시각을 통해 무엇이 아름다운 형태인지를 인식한다는 것이 과연 가능할까? ……시각은 아름다운 조각상을 창조하는 것이 아니라 오히려 파괴한다. 시각은 조각상을 이런저런 모퉁이와 면들로 바꾸어 버린다. 시각은 조각상의 깊고 충만하며 둥근 미적 본질을 거울에 비친 밋밋한 상으로 바꾸지 않고는 그것을 감당하지 못한다."(같은 곳, 253-254) 그런가 하면 심리학자 레베스Révész는 헤르더와 정반대되는 입장을 취했다. 그의 고전적 연구서 『촉각의 형태세계*Die Formenwelt des Tastsinnes*』에서 그는 맹인들이 조각을 심미적으로 감상할 수 없다고 주장했다. "촉각을 통한 심미적 체험은……본질적으로 가장 단순한 대칭과 질서에 초점이 맞추어져 있다. 그 외에는 원래 심미적 영역에 속하지 않는 계기들, 곧 순전히 감각적인 느낌, 소재나 물체가 야기하는(그리고 때로는 성적인 요소가 함께 개입되는) 느낌, 작업의 말끔한 솜씨 등에 초점이 맞추어진다. 반면에 크고 작은 다양한 형태의 세계, 무한히 펼쳐지는 새로운 형태와 형태의 복합은…… 눈을 통해 심미적으로 감상할 줄 알고 창조적 작업에 관여하는 사람들만의 몫이다."(1938: 71-72) 미적인 것das Ästhetische을 이렇게 좁게 정의하는 태도는 아름다운 것이 그저 기분 좋은 것과는 다르다고 했던 칸트에게서도 발견된다.

많은 조형물이 만지고 싶은 욕구를 불러일으킨다는 것은 틀림없는 사실이다. 표면의 결뿐만 아니라 때로는 잡기 좋은 또는 동적인 형태가 그런 욕구를 자극한다. 이런 형태는 충만함과 (부드러운) 도약과 율동적인 미끄러짐의 체험을 약속한다. 인간의 신체가 조각예술의 고전적인 대상이었다는 사실을 고려할 때, 왜 둥그스레한 부피감을 지닌 형체를 만지는 것이 쾌감을 일으키는지는 생물학적으로 설명될 수 있을 것이다. 그리고 작품을 만지는 것이 불가능한 상황에서는 더듬는 시선으로, 다시 말해 만져보는 상상을 하면서 시각적으로 탐색함으로써 위안을 삼을 수도 있을 것이다. 그러나 시각적으로 매력적인 신체가 신체적 접촉의 욕구를 불러일으키는 것은 사실이지만, 그렇다고 해서 시각을 통해 삼차원적 형태를 경험하는 것이 불가능하거나 또는 그런 시각적 경험이 촉각적 경험보다 열등한 것은 아니다. 망막에 맺히는 상은 이차원적이지만 이런 상들이 모여 생기는 시각적 지각은 삼차원적이다. 그리고 시각을 통해 형태를 지각하기가 촉각을 통해 형태를 지각하기보다 더 쉽다는 것은 이미 증명된 사실이다. 내가 보기에 조각상에 대한 촉각적 지각과 미학이 시각적 감상보다

우월하다는 주장은 다음과 같은 점들을 간과하고 있다.

- 시각 자체에, 특히 그림이나 조각 등으로 묘사된 생물을 바라볼 때는 운동감각적인 느낌이 수반된다[▸1장과 7장].
- 능동적 촉각에 기초한 상상과 시각적 상상은 둘 다 운동적 요소를 포함하고 있다는 점에서 서로 중첩된다.
- 촉각적 미학과 시각적 미학은 서로를 (훌륭하게) 보완한다. 계통발생과 개체발생을 통해 형성된 기준들을 바탕으로 우리의 눈이 쾌락의 가능성을 약속하면(또는 잠재적 불쾌에 대해 경고하면) 눈의 인도를 받은 손이 그것을 실현하려고(또는 회피하려고) 시도한다. (많은 맹인의 성생활이 제한되어 있는 까닭은 아마도 친밀한 접근이 용이하지 않기 때문만이 아니라 접촉을 위한 시각적 자극이 없기 때문이기도 할 것이다; Thayer, 1982.)

레베스Révész는 뮌츠Münz(1934)와 마찬가지로 맹인들이 만든 조각상들이 만져서 알 수 있는 물체의 비율에 충실하기보다 오히려 표현적인 성격을 띤다고 강조했다. 특히 운동감각적인 인상이 물체의 크기 비율에서 두드러지게 반영되어 나타난다고 한다. (예컨대, 간절하게 손을 뻗는 모습을 묘사할 때는 손이 실제 비율보다 더 크게 묘사된다.) 하지만 오늘날 예술계에서 맹인 조각가들의 작품은 여전히 주변부에 머물러 있다(Mühleis, 2005).

이미 선사시대와 고대의 예술에서도 있었고 그 이후 모든 문화권에서 발견된 소형 조각상들은 (예컨대 충만하고 둥근 느낌을 주는 빌렌도르프의 비너스 조각상처럼) 감각적이거나 (여러 곳을 동시에 만질 수 있다는) 인지적인 측면에서 우리의 손을 유혹한다. 이런 노리개들은 염주와 마찬가지로 일종의 자기접촉[▸2장]의 기회를 제공한다. 그리고 고인류학자 르루아-구랑

Leroi-Gourhan(1980)이 지적한 것처럼 생각이나 공상의 전개에 보조를 맞춘 율동적인 근육운동을 촉발한다.

읽을거리 Diaconu, 2005; Hatwell & Marinez-Sarrochi, 2003; Liebelt, 1990; Mühleis, 2005; Münz, 1934; Révész, 1938; Zeuch, 2000; Naumann-Beyer, 2003.

능동적 촉각과 물질문명

물질문명은 잘 알려져 있듯이 무엇보다도 손이 만들어 낸 작품이다. 현대적인 재화 생산의 출발점이 된 장인들의 숙련된 솜씨는 수동적 및 능동적 촉각 없이는 상상할 수 없는 것이다. 과학기술의 역사는 인간의 기술적 행위가 손의 구속에서 점차 벗어나게 된 역사이기도 하지만, 그렇다고 해서 손을 완전히 극복한 것은 아니다.

인류의 조상은 처음에 자연에서 주운 도구로 다른 동물들처럼 그때그때 주위 환경에 작용을 가하고 버린 것이 아니라 쓸모 있고 손에 쥐기 좋은 조약돌 연장이나 손도끼 등을 지니고 다녔다. 그들은 직립 보행했으므로 이런 일에 손을 자유롭게 사용할 수 있었다. 그 뒤로는 장인들이, 그리고 산업화 과정에서는 인간공학자들과 디자이너들도 손에 쥐기 좋은 물건을 만들어 내기 위해 애썼다. 손잡이의 유혹을 받는 것은 손뿐만 아니라 눈도 마찬가지다. 손잡이를 바라보면 그것을 잡고 싶은 충동이 일어나기 때문이다(제공성Affordanz). 상품 디자인에서 '잡기 좋다'는 것은 상품의 품질을 좌우하는 한 요소이며, 때로는 (문고리나 칫솔의 경우에 종종 그런 것처럼) 그 자체가 목적이 되어 과시적으로 표현되기도 한다.

디자인 ▶ 잡기 좋은 것의 미학-문고리

칫솔의 디자인은 대부분 작자 불명인 반면에 문고리의 경우에는 (유명한) 디자이너의 이름이 붙는 경우가 종종 있다. 독일의 한 문고리 제작 회사는 이런 전통을 따라 한 상표를 개발했다. FSB[Franz Schneider Brakel: 역자주]라는 회사는 각 제품의 개별적인 디자인을 선전할 뿐만 아니라 제품 구매자에게 그것을 설계한 유명 디자이너의 명함을 함께 제공하는 판매전략을 쓰고 있다(Sulzer, 1992 참조). 그래서 이 회사의 문고리들은 거의 모두 독특한 디자인을 띠고 있다.

그런가 하면 건축비평가 만프레드 삭Manfred Sack은 발터 그로피우스Walter Gropius나 오틀 아이허Otl Aicher 같은 디자이너들이 '문고리 중의 문고리'를 만들기 위해 오래전부터 기울였던 이론적이고 실제적인 노력에 대해 다음과 같이 논평했다. "손잡이가 잡기 좋기 때문이든 혹은 손잡이의 아름다운 장식 때문이든, 손은 (다행히도, 그러나 유감스럽게도) 거의 모든 것을 기꺼이 받아들인다. 푹신한 근육으로 둘러싸인 손은 친절하고도 인내심 있게 모든 손잡이를 감싸 쥔다. 디자이너들은 자신들이 손에 알맞은 문고리를 고안해 냈다고 굳게 믿지만 실제로는 손이 모든 문고리에 알맞은 것이다."(Sack, 1992: 60).

어떤 물체의 표면 위로 막대기를 움직이면 이 표면이 매끄러운지 혹은 거친지를 어느 정도 느낄 수 있다. 이런 정보는 막대기의 진동과 막대기를 움직일 때 드는 힘의 양을 통해 전달된다. 이때 우리는 막대기를 잡고 있는 지점이 아닌 막대기의 끝에서 진동을 느낀다. (이것은 신경이 뻗쳐 있지도 않은 손톱에서 무엇을 느끼는 것과 비슷하다.) 또한 이런 진동은 대부분 소리를 동반한다. 오늘날 (최소침습 수술minimal-invasive Chirurgie부터 위험지역에서 수행되는 원격조종 작업에 이르기까지) 다양한 형태의 원격제어 장치에서 일어나는 촉각적(그리고 청각적) 지각은 막대기 같은 원시 원격제어 장치의 경우처럼 간단하지 않다. 제어장치의 작용 부위에 있는 압력 또는 진동 센서가 기록한 것들은 전기회로를 통해 (예컨대 장갑의 손끝 부위에 부착된) 촉각출력 장치로 전달되어야 한다. 물론 이런 장치는 막대기보다 더 많은 느낌을 전달해 준다. 즉, 우리는 이런 장치를 통해 미세한 기계적인 느낌뿐만 아니라 열에 대한 느낌도 전달받을 수 있다. 원격 팔이 무엇에 부딪혔을 때 생기는 저항을 직접 기계적으로 전달할 수 없을 때는 우선 그것을 측정해서 강도출력 장치Kraftdisplay(강도 피드백force-feedback)로 전달해야만 한다. 이런 것들을 위해 지금까지는 매우 거창한 장치(인조 외골격)가 사용되었지만, 미래에는 근섬유처럼 수축되고 저항, 무게, 외부 힘 등을 모의 재생할 수 있는 특수 섬유들이 사용될 것이다(Rossi et al., 2003). 촉각출력 장치가 적용될 수 있는 또 다른 분야는 가상현실이다. 그러나 아직까지는 시각적으로 경험된 신체와 유령 같은 공중에 떠 있는 듯한 주위 환경이 정확히 대응하지 않기 때문에 가상현실의 삼차원 장면에 몰입하는 것은 쉽지 않다.

손으로 무엇을 잡거나 들거나 누르는 등의 행동은 손의 피부에 부담을 주거나 상처를 야기할 수 있다. 손잡이를 감싸는 완충제나 (용광로 작업, 가구 포장, 살림, 의학, 스포츠 등) 온갖 분야에서 사용되는 장갑은 이런 위험으로부터 손을 보호하는 역할을 한다. 하지만 추운 겨울에 장갑을 끼고 있으면 쉽게 알 수 있듯이 이런 보호는 감각과 운동성의 위축을 수반한다. 따라서 손가락 관절이나 손끝에 느낌을 그대로 전달해 주는 얇은 물질을 사용하거나 활동이 자유롭도록 공백을 마련하는 것이 중요하다. 그런가 하면 장갑은 노인용 물건을 설계하는 디자이너들에게 노인들의 감퇴한 촉각능력을 환기시키는 역할을 할 수도 있다. 발의 경우에도 신발로 발을 보호하는 것이 당연해 보이지만 여기에는 촉각의 상당한 손실이 뒤따르게 마련이다.

손의 민첩성은 여러 관절로 연결되어 움직이기 좋은 골격과 근육조직, 매우 민감한 촉각, 그에 상응하는 뇌의 처리 용량이 함께 결합된 결과다. (뇌의 처리 용량은 감각 호문클루스의 손 부위와 일차 운동피질의 손 부위가 상대적으로 크다는 데서 분명히 드러난다.) 그래서 손은 한때 '외부의 뇌'(칸트)라고 불리기도 했다. 악기 등을 다루면서 생기는 손의 특별한 민첩성은 (무엇보다도 해당 영역이 커지는 식으로) 신경계의 변화를 수반한다. 하지만 이것은 경우에 따라 일종의 과잉 긴장을 낳을 수 있다. 상당수의 직업 연주가는 이른바 음악가 경련을 앓고 있는데, 이 경우에는 섬세해진 감각운동적 능력이 원인이 되어 마비 증상이 일어난다. 그리고 이런 증상에 대해 아직까지는 (직업을 바꾸는 것 말고는) 확실한 치료법이 존재하지 않는다.

도처에 과학기술이 적용되는 일상 속에서 손이 할 일은 오히려 너무 줄어들었다. 이런저런 장치들이 손을 대신하고 있으며 손은 이제 그저 단추를 누르거나 스위치를 켜기만 하면 된다. 이런 상황에서 손의 감각운동체계에 문제가 되는 것은 기껏해야 [장치가 손으로 조작하기에 너무 작거나 커서 생기는: 역자주] 장치의 크기와 관련된 것이다. 손에서 기계장치들로 지능의 이전이 일어나고 있지만, 그렇다고 해서 뇌의 과제가 아주 사라진 것은 아니다. 어찌 보면 과학기술의 발달은 오히려 감각운동적 지능을 넘어서는 사고의 작용을 요구하고 있다. 그리고 이것은 많은 사람이 '사용설명서의 고통'을 호소하는 데서 알 수 있듯이 그렇게 유쾌한 것만은 아니다. 때문에 인지적 인간공학의 필요성이 생긴다. 기계장치의 직관적인 사용성usability을 높이려는 노력은 한편으로 과학기술이 신체의 제약에서 점점 더 자유로워지면서 다른 한편으로는 여전히 인간의 시각과 촉각에 편리한 작동방식을 실현할 필요가 있음을 보여 준다. ('감성과 단순함sense and simplicity' 이라는 필립스의 표어를 생각해 보라.) 이를 위해 언어 설명을 최소화하고 온갖 종류의 화살표가 동원된 그림 설명이나 컴퓨터 마우스, 터치스크린, 터치패드, 조이스틱 같은 인터페이스가 사용된다. 또한 '만질 수 있는 디자인Tangible Design' '만질 수 있는 사용자 인터페이스Tangible User Interface' (Ullmer & Ishii, 2005; Budjko, 2008) 같은 미래주의적인 디자인 개념들도 '외부의 뇌' 의 능력을 적극 활용할 방법을 모색한다. (예컨대, 촉각출력 장치가 부착되어 있거나 또는 물체의 조작이 가능한 장갑 모양의 마우스 대체장치가 컴퓨터 입출력 장치로 사용될 수 있을 것이다.) 이런 첨단의 시도 외에도 공작인homo faber, 곧 손으로 무엇을 만들어 내는 우리의 인류학적 소질은 이미 오래전부터 널리 정착된 손수 제작Do-it-yourself: DIY 분야에서도 찾아볼 수 있다.

단추나 단춧구멍 또는 신발 끈 같은 간단한 것들도 손의 감각과 지능에 대한 도전이 될 수 있다. 잘 알려져 있듯이, 아이들은 어느 정도 나이를 먹기 전에는 이런 것들을 제대로 다루지 못한다. (반면에 가전도구 등에 부착된 단추와 스위치는 어린아이들에게 큰 흥밋거리이자 성공의 체험을 제공하는 원천이다.) 어른들의 경우에도 손이 얼면 감각에 문제가 생기며, 예컨대 술에 취하면 손의 지능에 문제가 생길 수도 있다. 그런가 하면 노인들은 대부분 손끝 감각이 둔해져서 어려움을 겪는다. 이럴 때 누름단추, 지퍼, 나일론 접착천[일명 찍찍이: 역자주] 같은 것들이 도움이 될 수 있다. 문화비판적인 교육학자들은 과학기술과 각종 매체의 발달로 감각운동적 지능이 결국 도태해 버릴지 모른다고 걱정한다. 만약 정말로 그렇게 된다면 큰일일 것이다. 그러나 여러 사정을 고려할 때 우리는 모든 사고가 지각과 운동의 상호작용에 기초한다고 가정할 수 있을 것이다. (이것은 누구보다도 제네바의 발달심리학자 장 피아제가 주장한 명제다.) 물론 감각운동이 구체적으로 무엇을 통해 발달하는지는 분명치 않다. 우리는 소아마비 환자들 가운데서도 뛰어난 지능이 발달하는 사례들을 종종 관찰한다 (Michaelis, 1999). 이런 경우에는 예컨대 온전한 평형감각과 안구운동이 망막에 맺히는 상과 함께 운동과 지각의 근본적인 연결을 떠받칠지 모른다. 요즘 아이들과 청소년들이 각종 매체를 통한 경험 때문에 결국 감각운동적으로 박약한 상태에 빠질 것이라고 걱정하는 사람들은 예컨대, 비디오게임이 텔레비전보다 손과 눈의 상호 조정을 더 필요로 한다는 사실을 간과해서는 안 될 것이다. 하지만 우리가 유전적으로 물려받은 감각과 신체는 그 밖의 상황들에 더 적합하게 설계되어 있는 것 또한 틀림없는 사실이다. 이 점은 다음 장에서 살펴보듯이 현대적인 이동수단이 야기하는 멀미에서도 알 수 있다.

읽을거리 Bürdek, 2005; Grunwald, 2008, 29-38장; Holmes & Spence, 2006; Junker, 2006; Leroi-Gourhan, 1980; Norman, 1989; Ritter, 1999; Schifferstein & Hekkert, 2008, 21장; Ullmer & Ishii, 2005; Ungerer, 1992; Wilson, 2000.

예술, 매체, 광고 ▶ 그림에 묘사된 수동적 촉각과 능동적 촉각

쥐기, 만지기, 닿기 등은 온갖 종류의 그림들에서 발견된다. 특히 촉각에 대한 우화적인 표현, 부둥켜안고 놀기 좋은 상품들에 대한 광고, 그 밖에 성과 관련된 모든 것에서 촉각의 묘사를 찾아볼 수 있다. 무엇을 만지거나 접촉하는 장면은 그것을 바라보는 사람을 그대로 냉정하게 놓아두지 않는다. 감정이입의 미학에서는 이런 장면을 바라보는 사람의 머릿속에서 은밀하게 신체적 재현이 일어난다고 가정하는데, 이런 가정은 신경과학적으로도 (거울뉴런, 공감적 통증지각 등을 통해) 뒷받침되고 있다. 또한 만지는 행위를 유발하는 속성(행위유발성)을 지닌 물체를 보기만 해도 내적으로 관련 행동이 유발된다(표준뉴런).[3] 이렇게 볼 때 어떤 물체의 사용 흔적도 촉각적 행동의 상징으로 작용할 수 있다(Diaconu, 2005; Toshihto & Stotz, 1995).

읽을거리 Autelitano, Innocenti & Re, 2005; Benthien, 1999; Freedberg & Gallese, 2007; Jütte, 2000; Kaufmann, 1943; Morris, 1972; Sobchack, 2004.

역자주

3) 거울뉴런mirror neuron과 표준뉴런canonical neuron은 영장류, 인간, 새 등의 뇌에서 발견되었다. 이런 뉴런들은 뇌의 운동영역이나 체감각피질 등에서 관찰되는데, 거울뉴런은 예컨대 원숭이가 특정 행동을 직접 수행할 때, 또는 다른 원숭이가 같은 행동을 수행하는 것을 관찰할 때 활성화되는 특성을 지녔다. 반면에 표준뉴런은 원숭이가 특정 행동을 직접 수행할 때(예컨대 특정 형태의 물체를 쥘 때), 또는 그 행동과 관련된 물체(예컨대 특정 형태의 물체)를 그냥 보기만 할 때 활성화되지만 다른 원숭이가 같은 행동을 수행하는 것을 볼 때는 활성화되지 않는다. 연구자들은 이런 뉴런들이 관찰과 수행의 구별, 타자 행동의 이해, 언어학습, 모방, 공감 등에 중요한 역할을 할지 모른다고 추측한다.

요점정리를 위한 물음

- 능동적 촉각과 수동적 촉각을 구별하는 이유는 무엇인가?
- 칸트는 어떤 의미에서 이 구별을 가치평가와 결부시키면서 수동적 촉각을 과소평가했는가?

- 아이들이 성장함에 따라 촉각이 상대적으로 덜 중요해지는 현상을 사람들은 흔히 촉각에 적대적인 문화 때문이라고 설명한다. 이런 현상에 대한 대안적 설명은 무엇인가?

- 몰리누Molyneux 문제란 무엇인가?
- 몰리누 문제에 대한 답변들이 아직 가설단계에 머물 수밖에 없는 이유는 무엇인가?
- 어떤 의미에서 신생아 연구가 몰리누 문제에 대한 간접적인 답변을 제공할 수 있는가?

- 시각과 촉각의 관계에서 시각 포착visual capture이란 무엇인가?

- 어떤 점에서 맹인들은 (만져서 알 수 있는) 그림을 지각하는 데 어려움을 겪는가?
- 촉각용 그림의 제작에서 중요한 것들은 무엇인가?

- 촉각적 시각보철taktiler Sehprothesen의 사용을 통해 관찰되는 현상들은 이론적으로 어떤 의미를 지니는가?

- 조각상을 시각적으로 지각하는 것보다 눈을 감고 감상하는 것 또는 맹인처럼 더듬어 감상하는 것이 심미적으로 더 적절한 체험을 가능케 한다는 견해는 어떻게 비판될 수 있는가?

- 과학기술의 발달은 어떤 의미에서 촉각과 긴장관계에 있는가?
- 사용성Usability, 원격제어Teleoperation, 가상현실virtuelle Realität은 촉각과 어떤 관련이 있는가?
- 교육학자들은 과학기술의 발달이 촉각에 어떤 부정적인 영향을 줄 수 있다고 우려하는가?
- 이런 우려는 어떻게 평가될 수 있는가?

4 제6의 감각
–평형, 자신의 운동, 방향

직립보행은 인간만의 특성이다. 만약 평형감각이 없다면 몸을 똑바로 가누고 걸어가는 것이 불가능할 것이다. 이런 균형의 느낌에 바탕이 되는 감각기관의 작용은 19세기 말에야 비로소 밝혀졌다. 감각기관에 대한 전통적인 이해에서 평형감각이 무시된 까닭은 아마도 이 감각기능이 (장애가 없는 한) 우리가 서서 걸을 때 너무나 자연스럽게 작동하기 때문일 것이다.

평형기관은 내이의 앞 공간에 있기 때문에[▸2장] 전정기관vestibuläres Organ이라고도 불린다. 우리는 반고리관과 소낭[▸신경 개요]에서 전달되는 정보 덕분에 다음과 같이 할 수 있다.

- 중력의 영향 속에서 눈을 감아도 또는 어두운 곳에서도 위와 아래를 (어느 정도) 구별할 수 있다.
- 다른 감각들과 근육에서 오는 정보에 의존하지 않고도 몸이 회전 또는 일직선으로 가속운동 하는 것을 느낄 수 있다. (예컨대, 우리는 자동차가 출발하거나 속도를 올리거나 급정지하는 것을 창밖을 내다보지 않고도 느낄 수 있다. 또한 엘리베이터 안에서도 마찬가지다.)

위와 아래 또는 자신의 운동에 대한 정보는 직립보행을 하는 인간에게만 중요한 것이 아니다. 해파리에게도 작은 돌 같은 간단한 기관이 있으며 물고기에게도 반고리관이 있다.

신경 개요 ▶ 전정계

머리 양쪽의 내이에는 달팽이관[▸8장] 옆에 전정기관vestibuläres Organ(라틴어 vestibulum=앞뜰)이 자리 잡고 있다([그림 4-1]). 전정기관은 서로 직각을 이루는 세 평면에 위치한 3개의 반고리관과 2개의 소낭(난형낭Utriculus과 구형낭Sacculus)으로 이루어져 있다. 그리고 이 2개의 소낭을 합쳐 평형석기관Statotithenorgan 또는 이석기관Otolithenorgan이라고 부른다.

반고리관에 있는 감각기들은 공간의 세 축을 중심으로 몸이 회전가속 운동을 하는 것을 탐지해 낸다. 이것의 작동원리는 관성이다. 예컨대, 우리가 머리를 옆으로 돌리면 반고리관 안의 액체가 이 회전운동보다 뒤처져서 반고리관 한쪽에 자라나 있는 감각모들을 누르게 되고, 그러면 감각모에 연결된 세포들이 반응하게 된다.

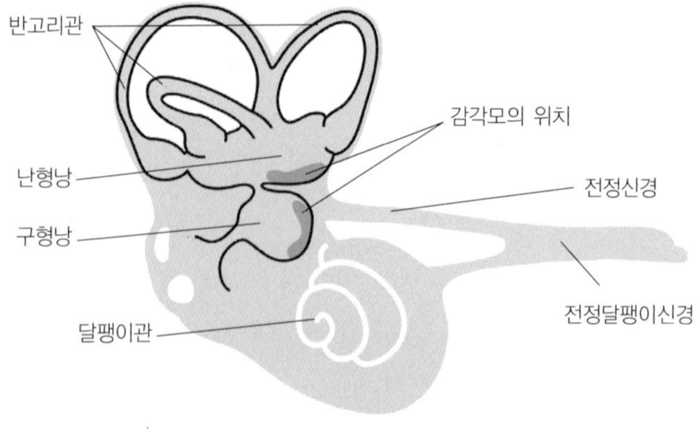

[그림 4-1] 전정기관

세반고리관 옆에는 특별히 눈에 띄지 않는 소낭들(난형낭과 구형낭)이 있다. 여기에 있는 감각기세포들의 감각모는 걸쭉한 액체로 둘러싸여 있고, 이 액체는 다시 수정이 섞인 (더 걸쭉한) 층으로 감싸여 있다. (이 수정 때문에 평형석기관 또는 이석기관이라는 이름이 붙었다.) 이 젤리 같은 두 층의 밀도 차이 때문에 직선가속 운동 상황(예컨대 걷기, 자동차나 엘리베이터의 출발이나 속도 증가 또는 급정지 상황)에서는 위층이 아래층보다 밀려나면서 감각모들이 마치 스위치처럼 옆으로 눕게 된다. 난형낭과 구형낭은 서로 직각을 이루고 있다. 난형낭은 우리가 똑바로 서서 머리를 앞으로 약간 기울인 자세일 때, 다시 말해 우리가 걸으면서 발 2~3m 앞의 땅바닥이 시야에 들어오는 자세일 때 수평의 위치에 놓이게 된다. 반면에 구형낭은 이런 자세일 때 대략 수직의 위치에 있게 된다. 이때 중력은 직선가속 운동처럼 작용한다. 그래서 서 있거나 걷는 자세에서는 구형낭에 대해, 그리고 누운 자세에서는 난형낭

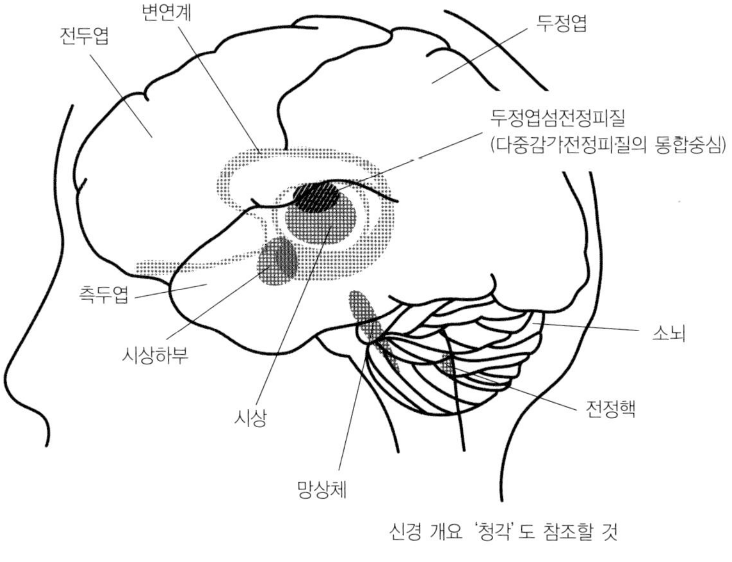

[그림 4-2] 평형감각 관련 뇌의 주요 부위

에 대해 중력이 지속적인 자극으로 작용한다.

평형기관의 감각세포들은 (자극을 뇌로 전달하는) 구심성과 (뇌에 의해 감각들이 조절되는) 원심성의 두 종류가 있다. 이 신경들이 모여 전정신경Nervus vestibularis을 이루고 전정신경은 다시 달팽이관의 신경다발들과 합쳐져 전정달팽이신경Nervus vestibulocochlearis을 이룬다. 뇌간의 전정핵Vestibulariskern에는 평형기관을 신체의 운동기관들 및 안구 근육조직과 감각적으로 또는 운동적으로 연결하는 첫 번째 정거장이 있다. 평형기관에서 오거나 또는 평형기관으로 가는 정보들을 중계하는 이곳은 다음 부위들과 연결되어 있다.

- 소뇌(운동 통제; 소뇌는 평형기관과 직접 연결되어 있기도 하다.)
- 상행망상활성계(망상체formatio reticularis; 각성의 조절, 정위반응Orientierungsreaktion[1]과 공포반응)
- 자율신경계(신체 내부 기관들과의 구심성 및 원심성 연결; 아마도 체내 액체들의 분포에 대한 감각이 몸의 위치와 자세를 잡는 데 기여할 것이다.)
- 변연계limbisches System(정서) 및 시상하부Hypothalamus(여러 생장기능). 또한 시상Thalamus을 통해 대뇌피질의 영역들과도 연결되어 있다.

전두엽, 두정엽, 측두엽의 경계지역에 있는 다감각전정피질mulitsensorischer

역자주

1) 정위반응orientation response이란 유기체가 환경자극에 주의를 집중해 (흔히 투쟁 또는 도주 반응fight-or-flight response과 같은) 행동을 준비하거나 행동의 실행으로 이어지는 반응을 가리킨다. (감각 역치가 낮아져) 주위 자극에 민감해지고 근육이 긴장되며 혈압, 심박수, 피부전도율의 증가 같은 변화가 수반된다. 예컨대, 토끼가 낯선 소리에 귀를 쫑긋 세우거나 아이가 손뼉 친 쪽으로 주의를 돌리는 행동 등이 정위반응에 해당한다.

vestibulärer Kortex(또는 그곳의 통합중심인 두정엽섬전정피질parietoinsulärer vestibulärer Kortex)에서는 평형기관에서 온 정보와 시각, 청각, 체감각의 투사영역에서 온 정보가 만난다. 의식적인 정위행동과 현기증은 아마도 이 피질에서 일어나는 여러 감각정보의 비교에 기초할 것이다.

읽을거리 Birbaumer & Schmidt, 2006; Bösel, 2006; Brandt, 1999; Dieterich, 2006.

우리가 서 있거나 걸을 수 있는 것은 근육의 긴장 덕분이다. 따라서 우리의 균형감이 내이에서 오는 정보에만 의존하는 것이 아니라 근육, 힘줄, 관절에서 오는 감각정보(고유감각, 운동감각)에도 의존하는 것은 당연해 보인다. 머리의 평형기관에서 오는 정보만으로는 상체의 위치와 자세에 대해서조차 충분히 파악하는 것이 불가능하다. 우리가 머리를 어떤 자세로 유지하고 있는지에 대한 느낌이 추가되어야 비로소 귀의 중력 및 운동 탐지기를 통해 공간 안에 있는 우리 몸의 위치와 움직임에 대한 정보를 얻을 수 있다. 그래서 우리가 서 있거나 걸을 때는 몸통과 팔다리의 복합적인 감각운동적 전체 상황이 내이에서 온 정보와 비교 및 조절되는 과정을 거치게 된다.

실험 ▶ 진동을 통한 운동착각

우리가 평형감각을 유지하면서 실제로 몸의 균형을 잡는 데 체감각이 어떻게 기여하는지를 인상적으로 보여 주기 위해 진동자극을 이용할 수 있다.

- 효과: 눈을 감은 채로 똑바로 서 있는 사람의 아킬레스건에 진동기를 갖

다 대면 몸이 뒤로 기울면서 잘못하면 넘어질 수도 있다. 또한 이때 뭔가 어슴푸레하고 어지러운 듯한 묘한 느낌이 든다.

- 해석: (피노키오 착각에서 이두근이 늘어나는 것 같은 느낌이 드는 것과 비슷하게) 진동 때문에 장딴지 근육이 늘어나는 것 같은 느낌이 들고 그것을 상쇄하기 위한 근육 수축반응 또는 무게중심을 뒤로 옮기는 반응이 일어나서 결국 거의 균형을 잃게 된다. 이때 근육이 늘어나는 것 같은 착각이 야기하는 운동의 느낌은 몸이 가만히 있다는 신호를 보내는 내이의 정보와 모순되기 때문에 공간 안에 있는 신체의 위치가 애매해지고, 따라서 방향을 잃거나 현기증을 느끼게 된다.
- 변형: ① 이때 피험자가 주위 환경을 볼 수 있으면 이런 효과가 나타나지 않는다. 이때는 시각이 몸의 안정성을 지탱해 주며 서로 모순되는 감각인상들은 그저 은근한 정도로만 혼란을 야기한다. ② 주위를 아주 어둡게 하고 몇몇 고립된 광점이 보이도록 조치하면 이 광점들이 몸의 운동착각과 똑같이 움직이는 것처럼 보인다.

그 밖에도 진동을 통해 또 다른 운동착각을 일으킬 수 있다. 예컨대, 목덜미 근육의 한쪽에만 진동을 가하면 머리가 돌아가는 것 같은 착각이 든다. 또는 벽에 손을 짚은 상태에서 손목 관절에 진동을 가하면 짚은 손의 방향에 따라 앞 또는 뒤로 몸이 움직이는 것 같은 착각이 든다.

시각적인 인상을 통해서도 실제로는 가만히 있는 사람이 마치 움직이는 것 같은 착각을 일으켜 균형을 잃게 만들 수 있다. 이렇게 시각적으로 유도된 운동체험(전이착각)은 예컨대 기차 정거장에서 옆 선로의 기차가 출발할 때 잠깐 일어난다. 이때는 보통 그저 살짝 움직이는 것 같은 느낌만 드는데, 그 까닭은 시야의 일부만이 움직여서 그것이 착각이라는 사실을 금세 알아차리기 때문이다. 반면에 가만히 있는 피험자의 머리 둘레에서 줄무늬가 있는 원통이 회전하고 있는 조건에서 피험자가 줄무늬 앞에 가만히 들고 있는 어떤 물체에 시선을 고정시키고 있으면 마치 그 물체가 고정된 원통 안에서 (원통의 회전방향과 반대로) 도는 것처럼 보인다. 또한 바닥이 뚫리고 내벽에 시각적으로 분명한 무늬가 있는 방 크기만 한 상자 안에 피험자를 세운 뒤 이 상자를 움직이면 그 안에 있는 사람은 마치 자기가 반대 방향으로 움직이는 것 같은 느낌이 들어 균형을 잃게 된다([그림 4-3]). 어떤 공간 중앙에 있는 수평 장대 위에 피험자가 앉아 있는 상태에서 이 공간이 장대를 축으로 회전한다면 이런 효과는 매우 강력하게 나타난다. 이때 피험자를 안전벨트로 묶어 놓지 않으면 이 '마법그네'를 타고 있는 사람은 앉은 자리에서 떨어질 수도 있다([그림 4-4]). 다만 이런 효과가 일어나려면 (예컨대 길쭉한 관을 통해 바라볼 때처럼) 시각이 선명한 망막 중심부에서뿐만 아니라 주변부에서도 주위 환경의 운동이 눈에 들어와야 한다[▸7장]. 그 밖에도 자신이 움직인다는 착각은 회전 또는 직선 운동을 하

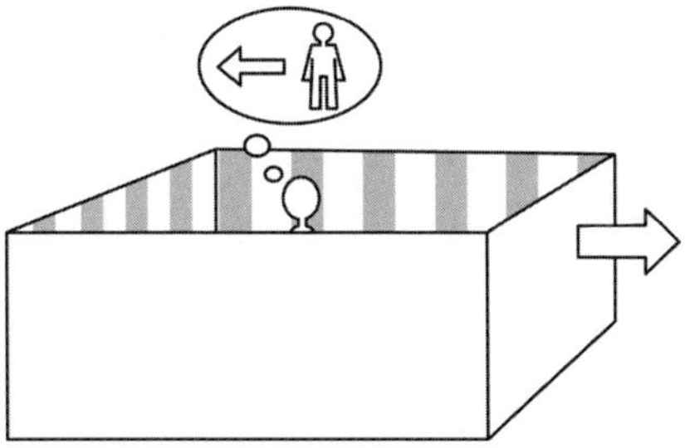

[그림 4-3] 시각적으로 유도된 운동체험(수평이동)

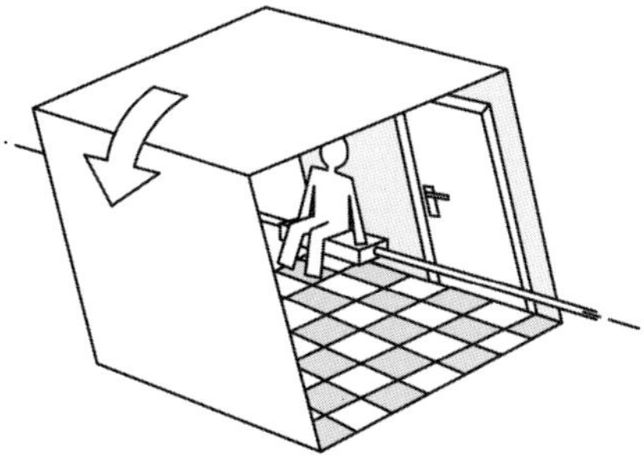

[그림 4-4] 시각적으로 유도된 운동체험(회전)

는 청각자극을 통해서도 야기될 수 있다.

요약하자면, 자신이 움직인다는 느낌과 균형감은 내이의 신호, 고유감각, 시각 또는 청각 자극의 상호 비교와 조정을 통해 생긴다. (또한 바닥의 안정성, 공기나 물의 흐름 등에 대한 피부감각과 후각도 신체의 운동과 위치를 파악하는 데 함께 작용한다.) 종종 '제육감' 이라고 불리는 인간의 평형감각은 이런 (다多)감각운동적인 통합을 바탕으로 해서만 이해될 수 있다.

우리가 움직이는 동안에 가만히 있는 주위 환경에 대한 지각은 자신의 운동에 대한 지각과 맞물려 있으며 이 지각 또한 전정기관의 정보, 운동감각, 시각정보의 상호작용을 통해 이루어진다. 우리가 움직이면 주위에 보이는 것들이 변화한다는 사실을 고려할 때, 가만히 있는 주위 환경에 대한 지각은 결코 당연한 것이 아니다[▸실험 1과 2]. 내이의 신호와 안구운동의 상호 조정(전정안구반사)을 바탕으로 우리는 머리가 빨리 움직일 때도 우리가 초점을 맞추고 있는 물체를 계속 주시할 수 있다[▸실험 3].

읽을거리 Bischof, 1966; Brandt, 1999; Campenhausen, 1993; Gibson, 1973, 4장; Goldstein, 2002, 8장과 13장(이 장들은 2008년 개정판에는 빠져 있음); Mast, 2005; Scott, 2002.

실험 ▶ 흔들거리는 세계

실험 1 한쪽 눈을 감은 채로 다른 쪽 눈의 아래 눈꺼풀을 집게손가락 끝으로 살짝 밀어 보라. 그러면 주위 환경이 어떻게 보이는가?

- 효과와 해석: 그러면 주위 환경이 마치 집에서 휴대용 비디오카메라로 찍은 영화처럼 흔들거리는 것을 볼 수 있을 것이다. 평소에 눈이(때로는 머리나 몸과 함께) 움직일 때 주위 환경이 가만히 있는 것처럼 보이는 까

닮은 우리의 신체가 우리 자신의 운동을 알고 있기 때문이다. 다시 말해, 우리가 유동적인 또는 정지해 있는 시각적 상들을 언제나 운동감각과 전정기관을 통해 기록된 자기운동과 관련시켜 지각하기 때문이다. 반면에 안구가 손에 떠밀려 비생리학적으로 움직일 때는 이런 상호 조정의 관계가 파괴된다.

실험 2 당신은 언젠가 (헬스클럽에 있는 것과 같은) 러닝머신 위를 달려 본 적이 있는가?

- 효과: 러닝머신 위를 어느 정도 달리다 보면 마치 달리면서 찍은 영화를 보는 것 같은 느낌이 든다. 다시 말해, 주위 환경이 급하게 올라갔다 내려갔다 하는 것처럼 보인다. 그리고 러닝머신 위를 달리다 멈추면 잠시 동안 주위 환경이 앞으로 쏠리는 것 같은 또는 자신이 뒤로 쏠리는 것 같은 느낌이 든다.
- 해석: 러닝머신 위를 달릴 때는 달리는 운동과 정지된 주위 환경이 결합됨으로써 운동감각과 전정기관에 기초한 감각운동체계가 점차 무시되기에 이른다. 그럼으로써 달리는 사람의 눈과 주위 환경의 수직 이동이 이전처럼 충분하게 신체의 자기운동과 결부되지 않는다. 달리기를 마쳤을 때 주위 환경이 앞으로 달아나는 것처럼 보이는 현상은 그럼에도 신체의 운동이 완전히 무시되지는 않았음을 시사한다. 오히려 이런 현상은 주위 환경이 달리는 사람과 나란히 움직이고 있기 때문에 달리는 운동과 정지된 주위 환경의 결합이 생긴다고 뇌가 가정하고 있었음을 시사한다.

실험 3 보통 책을 읽는 간격에서 어떤 문서의 한 단어를 계속 주시하면서 머리를 처음에는 천천히, 그리고 나중에는 더 빨리 이리저리 움직여 보라. 그다음에는 문서를 손에 들고 머리 대신에 문서를 움직여 보라. 또 그다음에는 다른 사람이 문서를 움직이도록 해 보라.

- 효과: 단어를 주시하기는 머리를 움직일 때 가장 쉽고, 다른 사람이 문서를 움직일 때 가장 어렵다.
- 해석: 머리를 움직일 때는 움직이려는 의도에 대한 정보와 목 근육 및 내이에서 오는 정보가 함께 작용해 안구운동을 최적으로 조종할 수 있게 해 준다. 반면에 팔운동과 안구운동의 상호 조정은 덜 강력하다. 또 다른 사람이 문서를 움직일 때는 안구운동의 조종이 망막에 맺히는 상의 변화에만 의존해야 한다.

통합된 감각운동체계의 발달

평형기관은 이미 태아단계에서도 반응한다. 그러나 갓난아기는 (양쪽 내이기관에 결함이 있는 사람과 마찬가지로) 뱃멀미를 하지 않는다. 그 이유는 아마도 갓난아기의 시각과 신체감각과 내이 신호가 불완전하게 통합되어 있기 때문일 것이다. 그러다 아이가 자라면서 멀미(동요병Kinetose)를 겪을 가능성은 점점 더 커진다.

평형감각의 발달은 청소년기까지 미치는 오랜 과정이다. 신체 균형의 기초가 되는 복잡한 감각운동적 통합이 이루어지기 위해서는 연습 외에도 (특히 생후 몇 년 동안 전개되는) 신경계의 성숙이 결정적으로 중요하다. 출생 이전과 갓난아기 시기에 수동적인 운동을 통해 평형기관에 규칙적으로 자극을 가하는 것은 신체도식, 균형, 정위행동의 기초가 되는 중추신경계의 성숙을 촉진한다. (조산아의 경우에 규칙적으로 몸을 부드럽게 흔들어 주고 마사지를 해 주면 체중이 더 빨리 늘어난다.)

생후 12~18개월이 지나면 대부분의 아기는 아직 서툴지만 두 발로 자유롭게 움직일 수 있게 된다('제2의 탄생'). 걸음마를 돕는 이동식 보조기구(보행기)는 사고나 (다리가 굽을지 모르는) 정형외과적인 위험을 안고 있을 뿐만 아니라 (세발 또는 네발 자전거와 마찬가지로) 몸의 균형 잡기를 대체하기 때문에도 문제가 될 수 있다. 두 발을 땅에서 뗀 채 자전거를 타면서 균형을 잡는 행동('제3의 탄생')을 촉진하기 위해서는 보조바퀴가 달린 자전거보다 차라리 (외발 스쿠터scooter[발로 땅을 차며 달리는 초기 자전거: 역자주], 댄디호스dandy horse처럼) 항상 발이 땅을 딛을 채비를 하고 있는 이륜차들이 더 낫다.

체조는 아동기와 청소년기에 평형감각의 이상적인 발달을 돕는다. 발달이 더딘 아동들을 돕기 위한 특별 체조나 도구들을 고안한 소아과 의사들이나 운동학자들은 감각운동적 통합을 촉진하는 훈련이 인지발달과 사회정서적 발달에도 도움이 된다고 주장한다(Ayres, 1979, 1984; Kiese-Himmcl, 1998).

성인의 경우에도 몸의 균형 잡기는 훈련을 통해 더욱 개선될 수 있다. 에어로빅, 수상스키 같은 스포츠나 요가를 통해 여러 감각과 운동체계의 상호 조정을 훈련한 사람들은 보통 사람들보다 더욱 뛰어난 평형감각을 발달시킬 수 있다. 그 밖에도 활동량이 적은 삶을 살아온 사람들은 노년기에 평형감각의 퇴보로 어려움을 겪을 수 있다. 그러나 노년기에도 적절하게 훈련하면 비교적 짧은 시간 안에 평형감각을 개선할 수 있다는 것이 증명되었다.

읽을거리 Hirtz, Hotz, & Ludwig, 2000; R. Zimmer, 2001.

멀미와 제육감의 또 다른 장애

뱃멀미는 오래전부터 알려진 멀미(동요병)다. 뱃멀미는 특히 출렁이는 바다 위에서 선실 내부나 갑판의 구조물처럼 고정된 것을 계속 주시하여 그것이 시각적인 준거점으로 작용할 때 생긴다. 이렇게 되면 정지해 있다는 시각적 인상과 내이에서 오는 운동신호가 서로 충돌하게 된다. 현기증, 발한, 두통, 심장순환계와 호흡의 장애 외에도 잘 알려진 대로 메스꺼움과 구토가 뱃멀미의 증상에 속한다. 그래서 뱃멀미라는 개념은 메스꺼움과 구토라는 증상을 뜻하기도 하고 이 병의 이름이기도 하다. 그럴듯한 한 가설에 따르면, 동요병이 메스꺼움과 구토 증상을 수반하는 까닭은 지각체계가 뒤죽박죽이 된 상황에서 마치 신경을 마비시키는 독이 몸 안으로 들어와 위에 남아 있기 때문에 그것을 빨리 밖으로 내보내야 하는 것처럼 몸이 반응한다는 것이다.

뱃멀미와 비슷하게 마차나 자동차를 탈 때도 멀미가 일어날 수 있다. 이때 운전자보다는 승객에게 멀미가 일어날 확률이 큰데, 승객의 경우는 내이의 신호와 상관없는 시각적 인상이 생기기가 비교적 쉽기 때문이다.

기차나 자동차 또는 비행기가 일정한 속도로 직선운동을 하면 그 안에 있는 사람은 정지해 있다는 착각을 일으킬 수 있다. 특히 기차를 타고 갈 때는 마치 바깥 풍경이 빠르게 지나가는 것 같은 착각이 든다. (특히 앞쪽으로, 예컨대 바깥 거리를 바라보고 있을 때 이런 시각적 인상은 매우 강력하다. 또한 하늘을 뒤덮은 구름층과 어느 정도 거리를 둔 채 비행기가 날아갈 때는 사방이 온통 정지해 있는 것 같은 느낌이 든다.) 반면에 걸을 때는 공간의 모든 방향으로 규칙적인 동요가 생기는 것을 머리를 통해 경험하기 때문에 똑

같은 속도로 걷더라도 (속도와 방향의 변화에만 반응하는) 평형기관에 끊임없이 새로운 자극이 들어온다. 한마디로 운송수단의 운동이 일정할수록 정지해 있다는 착각이 강하게 들며, 이런 착각은 (고속도로에서의 몽환상태처럼) 몽환적인 의식상태를 동반하는 경향이 있다.

지속적이고도 규칙적인 동요가 사라진 것은 원칙적으로 바퀴의 발명이 낳은 부산물이라 하겠다. 물론 외발 스케이트나 자전거 같은 이륜차를 탈 때는 여전히 이동방향과 직각을 이루는 방향으로 흔들거리면서 균형을 잡아야 한다. 이렇게 볼 때 자동차를 매우 거칠게 모는 운전방식은 전정기관의 자극이 비교적 적은 것(무감각)을 광적으로 보상하려는 시도라고 해석할 수 있다(아래 참조).

강력한 가속은 마치 중력 축이 변화하는 것 같은 착각을 불러일으킨다. 예컨대, 우리는 비행기가 이륙할 때 비행기의 기울기를 과장되게 경험하며, 곡선비행을 할 때는 창문을 통해 내려다본 대지가 기운 것 같은 느낌을 받는다. 또한 눈을 가린 채 스키를 타고 산을 내려가면 마치 산을 올라가는 것 같은 착각이 들기도 한다(Kohl, 1956). 따라서 비행기 조종사는 자신의 감각 대신에 계기판의 표시에 의존하는 법을 익혀야만 한다.

대부분의 우주비행사는 무중력 상태로 들어갈 때 평상시 중력이 평형기관에 제공하던 지속적인 자극이 사라져 어려움을 겪게 된다. 이런 우주멀미space-motion-sickness는 보통 며칠 지나면 가라앉았다가 중력에 다시 적응해야 할 시점에 다시 나타난다.

거꾸로 된 안경을 착용하는 유명한(또는 악명 높은) 실험에서도 위아래에 대한 모순된 정보에 적응해야 하는 일들이 생긴다. 처음에 이런 안경을 쓰면 어쩔 줄 몰라 하지만 며칠 지나면 상황에 상당히 잘 적응해서 글쓰기 같은 과제를 그럭저럭 해낼 뿐만 아니라 자전거도 탈 수 있다. 그러다 실험이 끝나면 피험자는 (비록 더 짧은 기간 동안이지만) 다시 거의 아무

것도 할 수 없는 상태에 빠진다. 또한 뭔가 방향감각이 이상하다는 느낌이 실험기간 내내 지속되며 실험이 끝난 뒤에도 오랫동안 남아 있다고 한다. 흔히 이런 안경에 익숙해지면 시각적 인상이 다시 제대로 뒤집히고 또 실험이 끝난 뒤에는 세상이 다시 일정 기간 동안 거꾸로 보인다고 설명하는데, 이것은 잘못된 설명이다[▸7장].

정보매체가 일으키는 멀미와 대응책 모의 비행장치나 운전장치 또는 원형극장이나 아이맥스IMAX 극장 등에서도 멀미가 날 수 있다. 이때는 카메라의 움직임(또는 그에 상응하는 디지털 조작)을 통해 관객이 움직이고 있다는 시각적 느낌을 받는 반면에 체감각이나 전정기관을 통해서는 자신이 가만히 있다는 신호를 받게 된다. 심지어 평범한 영화관에서나 텔레비전 화면을 바라볼 때도, 특히 비디오 게임을 할 때처럼 화면을 가까이에서 바라보면 마찬가지로 모순된 자극이 입력될 수 있다. 이렇게 생기는 동요병은 모의장치멀미simulator sickness, 사이버멀미, 게임멀미 등으로 불린다. 그리고 이런 감각운동적인 불일치를 줄이기 위해서는 다음과 같은 방법들이 사용된다.

- 모의 비행장치와 운전장치에서는 기울기를 통해 가속의 인상을 만들어 낸다. (이것은 위에서 언급했던 가속 상황에서 몸이 기우는 것 같은 착각을 거꾸로 이용한 것이다.) 예컨대, 시각적으로 가속효과를 낼 때는 조종실을 뒤로 기울게 하고 브레이크를 밟는 상황에서는 앞으로 기울게 하는 것이다.
- 고정된 자전거나 회전식 벨트는 가상현실의 여러 장면에서 이용될 수 있다. 예컨대, 이런 도구들은 안락한 실내환경에서 가상 건물이나 가상 도시를 걸어가는 것 같은 효과를 연출하는 데 이용될 수 있다.

이때 움직이는 영상의 제시는 3차원 안경을 통해 이루어질 수도 있고 여러 개의 벽면에 영사기로 비추거나(가상동굴CAVE[2]) 또는 영사막이나 시야를 덮을 만큼 큰 화면을 통해 이루어질 수도 있다. 그러나 이런 방식으로 신체운동을 시각적으로 유도된 운동과 결합하는 것은 나름의 문제가 있다. 예컨대, 회전식 벨트 위에서는 직선으로만 걸어갈 수 있기 때문에 영상 속에서 방향을 틀어 돌아가는 효과를 내기가 어렵다. 미래에는 공처럼 생긴 바닥을 사용하여 어느 쪽으로든 방향을 틀 수 있도록 함으로써 신체운동을 영상 속의 움직임과 더욱 현실적으로 결합할 수 있게 될 것이다. 또는 헬멧을 착용한 가상탐색자 cybernaut가 주위를 자유롭게 돌아다니도록 할 수도 있을 것이다(아래 참조).

• 그 밖에 진동을 통한 근육운동 착각도 시각적으로 유도된 운동감각을 보완하는 방법으로 사용될 수 있다.

모의장치멀미, 사이버멀미, 게임멀미 등에 대한 공학적 대응책들이 많은 비용을 필요로 하는 반면, 영화관에서 공간과 운동을 묘사하는 고전적인 수단들은 경제적인 대안이 될 수 있다. 영화관에서 시각적으로 제시된 운동을 통해 공간의 느낌을 만들어 내는 것은 디지털 영상이나 새로운 기법의 이동식 카메라가 보급되면서 비로소 유행한 것이다. 반면에 전통적으로 공간적인 느낌의 창출은 카메라 이동보다(몰입) 오히려 움직이는 사

역자주

2) 케이브CAVE 또는 가상동굴은 '동굴자동가상환경Cave Automatic Virtual Environment'의 영문 머리글자를 딴 표현으로서 방 크기의 입방체 안에 있는 3~6개의 벽에 영상을 비추어 만들어 내는 가상현실 환경을 가리킨다. 케이브라는 명칭은 지각, 현실, 착각의 문제를 다룬 플라톤의 '동굴의 우화'를 빗댄 것이기도 하다.

람이나 물체를 촬영함으로써 이루어졌다(동반운동, 연루[3]). 이것은 영화의 고전적 주제인 추격 장면을 묘사하는 무수한 예에서 확인할 수 있다. 이런 장면에서 카메라 이동이 야기하는 운동의 느낌은 해당 장면의 컷들을 통해 또는 같은 장면에 이 두 가지 운동 형태를 함께 사용함으로써 상대화된다. 카메라를 어지러울 만큼 빨리 움직여서 행인들이 급하게 지나가는 장면을 연출하는 것은 전통적으로 [관객 자신이 빨리 움직이고 있다는 느낌을 만들어 내기 위해서가 아니라: 역자주] (혼란상태, 공포, 꿈 등으로 인해) 방향을 잃은 주인공의 공간감각을 묘사하는 데 주로 사용되었다. 그런가 하면 비디오 게임에서는 동요병이나 방향상실감에 대한 대응책으로 연출된 장면을 약도나 지도와 결합하는 방법이 자주 사용된다.

읽을거리 Brandt, 1999; Gibson, 1973, 4장; Goldstein, 2002, 8장과 13장(이 장들은 2008년 개정판에는 빠져 있음); Scott, 2002; 무중력: Oman, 2007; Walter, 1997; 뒤집힌 안경: Dolezal, 1982; Kohler, 1951, 1966; Kottenhoff, 1961; Rock, 1985; 정보매체가 일으키는 멀미와 대응책: Biocca, 1992; Durlach et al., 2000; Lagny, 2005; Schönhammer, 2005b; Whyte, 2002.

안정과 자극의 공학(기계적 약물)

우리는 아기를 달래기 위해 팔에 안고 흔든다. 마찬가지로 요람과 그네도 일련의 율동적인 가속력을 통해 우리의 의식상태에 영향을 미침에 틀

역자주

3) 매체연구자 브리타 나이첼Britta Neitzel의 제안에 따르면, 몰입은 개인과 환경 사이의 경계가 희미해지거나 사라지는 (다분히 수동적으로 야기된) 상태인 반면, 연루는 개인이 관찰자이자 행위자로서 환경에 대해 가까우면서도 먼 균형적 관계를 유지하는 상태이며 또한 항상 '참여'라는 능동적 요소를 포함하고 있다. 본문에서 저자는 나이첼의 이런 용법에 따라 두 개념을 사용하고 있는 듯하다.

림없다. 이처럼 기계적인 운동이 향정신성 약물처럼 인간의 뇌에 확실하게 영향을 미치기 때문에 이런 기구들의 사용을 비판적으로 바라보는 시각도 존재했다. 예컨대, 계몽주의자 루소Rousseau와 칸트Kant는 이런 이유로 아이들을 요람에 재워서는 안 된다고 주장했다.

그러나 가볍게 흔들어 주는 것이 수면을 촉진한다는 사실은 그사이 동물 실험과 수면연구를 통해 증명되었다. 이때 내이의 자극은 상행망상활성계를 자극해 무엇보다도 변화된 각성상태(몽환)와 비슷한 역설적 수면을 촉진하는 듯하다(McGinty, 1985; Woodward et al., 1990).

철학적 미학 ▶ 흔들거림과 깜짝 놀람

에드먼드 버크Edmund Burke(1956: 199)는 숭고한 것the sublime과 아름다운 것the beautiful에 대해 논의하면서 "편안한 마차에 앉아 부드러운 초원 위를 민첩하게 달리면서 점차 올라가는가 싶으면 다시 살짝 내려가곤 할 때" 드는 느낌이야말로 아름다운 것이 무엇인지를 가장 잘 전달해 준다고 말했다. 여기에서 그는 (요람의 경우와 마찬가지로) '점차적인 변화'라는 미의 원리를 찾아내고 있다. 반면에 공포심을 불러일으키는 숭고한 것이란 예를 들어, 계단을 오를 때 계단이 실제보다 한 개 더 있다고 생각했다가 헛발을 딛는 경험과도 같다고 하였다(같은 곳, 189).

요람, 흔들의자, 해먹[달아매는 그물침대: 역자주], 물침대 등의 흔들림은 가벼운 자극을 통해 마음을 안정시키는 효과가 있다. 그리고 이런 효과는 머리가 리드미컬하게 사방으로 흔들리는 인간의 직립보행 방식과도 관계가 있다. 걸으면 활기가 돋고 마음이 안정된다는 사실은 수많은 시인과 철학자가 직접 또는 간접으로 관찰한 바 있다. 아기를 포대기에 싸서 업거나 안고 다니는 전통 관습은 유목민처럼 이리저리 돌아다니는 것을 포함해 활기차게 여러 활동을 하면서 동시에 아기까지 진정시킬 수 있는 좋은 방법이다. 어쩌면 진화의 관점에서 추측해 볼 때 보행의 규칙적인 흔들림이 우리에게 미치는 심리적 영향은 이런 전통에서 비롯했을지도 모르겠다.

걷기나 가볍게 흔들기처럼 부드러운 '기계적 약물'과 달리, 그네를 세게 타기, 광적인 자동차 스타트, 번지 점핑 같은 것들은 엄청난 가속을 통해 황홀감을 선사한다. 이런 강한 자극은 떨어질지도 모른다는 불안 또는 치명적인 위험과 결부되어 스릴 만점의 희열을 제공하곤 한다.

디자인 ▶ 세그웨이Segway와 스윙고Swingo

[그림 4-5] 세그웨이

딘 카멘Dean Kamen이 발명한 세그웨이는 2000년대 초에 도시 교통을 혁명적으로 바꿀 것이라는 선전과 함께 등장한 진기한 첨단 이륜차다. 세그웨이의 두 바퀴는 옛날 기계식 잔디 깎는 기계처럼 평행으로 놓여 있다([그림 4-5]). 두 바퀴 사이에 있는 발판에 올라가 몸을 앞으로 기울이면 바닥으로 넘어지는 것이 아니라 차가 출발한다. 이것을 탄 사람이 넘어지지 않는 까닭은 자이로스코프Gyroskop라는 장치 때문인데, 이것이 하는 일은 우리 몸에서 평형감각이 하는 일과 같다.

세그웨이를 타 본 많은 사람은 넘어질 듯 넘어지지 않는 꿈 같은 체험에 열광하곤 한다.

액셀 보서트Axel Bossert가 설계한 스윙고는 바퀴가 없는 '비첨단low-tech' 장치다. 이것은 독일 할레의 디자인학과 학생들이 휠체어를 대신할 바퀴 없는 장치를 모색하던 중에 개발되었다. (아프리카에서는 바퀴 때문에 휠체어 도난사고가 매우 자주 일어난다.) 스윙고는 그네 타기와 팔운동의 결합을 통해 앞으로 이동한다([그림 4-6]). 스윙고에 올라타 그네를 타듯이 몸을 흔들면 신기하게도 이 장치가 앞으로 뚜벅뚜벅 걸어간다. 어느 정도 적응과 기술을 요구하는 이 장치는 감각운동체계를 훈련시키는 효과가 있고 리드미컬한 전진운동을 하기 때문에 잘 걷지 못하는 사람들을 위한 보조수단이자 일반인에게도 흥밋거리가 될 수 있다.

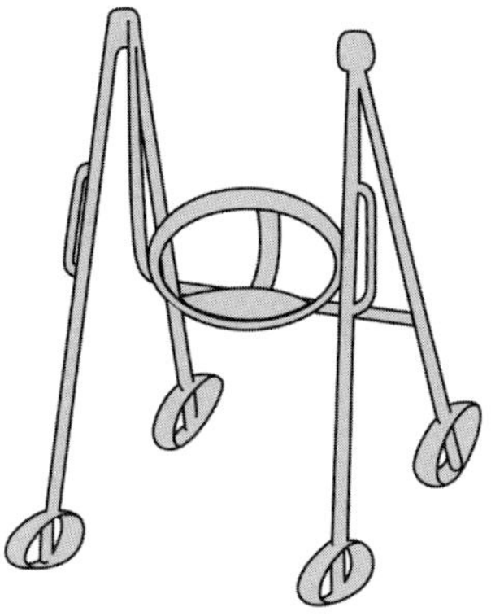

[그림 4-6] 스윙고

황홀감을 선사하는(그리고 종종 어지러움을 일으키기도 하는) 또 다른 유형의 기술로는 빙빙 도는 놀이나 춤 또는 장치들을 들 수 있다. 이런 기술에 기초한 놀이를 문화인류학자 로제 카유아Roger Caillois(1982)는 일린크스ilinx라고 불렀다. 그리스어로 소용돌이를 뜻하는 일린크스는 아이들의 현기증 놀이에서부터 왈츠 같은 춤이나 스키 같은 스포츠, 유원지의 놀이기구나 광적인 자동차 운전에 이르기까지 사람을 흥분의 도가니로 몰아넣는 각종 형태의 운동을 가리킨다.

평형기관에 가해지는 강한 자극은 종종 아랫배로도 전달된다. 예컨대, 오스트리아의 신경학자 요제프 빌더Josef Wilder(1931)가 조사한 전투기 조종사들은 전투기가 급강하할 때(또는 비행기를 급강하하게 만드는 난기류에 빠질 때) 성적 흥분을 느낀다고 말했다. 디자인 이론가 베른하르트 루도프스키Bernhard Rudofsky(1987)에 따르면, 이것은 역사적으로도 유사한 사례가 발견되는 '흔들림의 병리학'에 속한다. 율동적인 운동을 통해 성적 흥분을 느끼는 것은 신경학자 지겔Siegel(1979/1980)도 언급했듯이 종교 예식이나 무아경을 추구하는 세속적인 방법들에서도 찾아볼 수 있다.

우리는 거울처럼 미끄러운 (얼음) 바닥 위에 서 있다는 것을 깨닫기만 해도(다시 말해 미끄러질지 모른다는 생각만 해도), 또는 절벽 같은 곳에서 아래를 내려다보기만 해도 한편으로는 불안하면서 다른 한편으로는 짜릿한 쾌감을 느끼곤 한다(아래 참조). 이렇게 치명적인 위협이 생기를 불러일으키기도 한다는 사실은 짜릿한 불안 또는 불안의 쾌감(스릴) 같은 용어에서도 여실히 드러난다. 성격 이론가들은 왜 모든 사람이 이런 위험한 도전을 똑같이 추구하지 않는지에 대해 설명을 제시하고자 하였다. 정신분석학자 발린트Balint(1960)의 스릴이론이나 현대의 동기심리학적 이론들(Göring, 2006)은 자신의 능력을 증명하려는 욕구의 차이를 지적한다. 이런 이론들에 따르면, 불안의 쾌감은 소용돌이와 같은 대혼란 속에서도 자신이 최후의 통제력을 잃지 않는다는 것을 확인하고 싶은 욕구와 관련이 있다. 이런 설명은 예컨대 스노보드의 대가들이나 급류에서 카누를 즐기는 사람들에게는 그럴듯해 보인다. 그러나 유원지의 놀이기구를 즐기는 사람들에 대해서는 위험한 도전을 찾는 이유가 통제 욕구와 관련이 있다는 주장이 별로 설득력이 없어 보인다. 반면에 생리학적으로 접근하는 마빈 주커만Marvin Zuckerman(1983)은 신경계의 개인적인 특성상 강한 자극을 받아야만 활기가 도는 사람(자극을 추구하는 사람sensation seeker)들이 있다고 가정한다. 이렇게 자극에 대해 특별히 갈증을 느끼는 사람들이 있다는 가정은 과잉활동이 중추신경계의 민감성 감소에 대한 반응이라는 가설과도 일치한다. (그리고 실제로 마음이 들뜬 아이들을 치료할 때 오히려 흥분제가 사용되기도 한다.)

한때는 정신병자를 '회전기gyrator' 라는 장치에 태우고 돌리는 치료법을 통해 평형기관에 과잉자극을 주기도 했는데, 이것은 정신의학의 역사에서 부끄러운 오점으로 간주된다(Langegger, 1983). 그러나 현대적인 치료 방법들의 부작용을 고려할 때, 그리고 유원지에서 많은 사람이 자발적으로 찾는 '정전기관 충격요법' [곧 평형기관을 뒤흔드는 많은 놀이기구들: 역자 주]과 비교할 때 과거의 치료법이 언뜻 보이는 것처럼 그렇게 유별나게 잔인했거나 불합리했던 것 같지도 않다(Jütte, 2007).

읽을거리 Caillois, 1982; Siegel, 1979/1980, 1995; Slunecko, 2007; Virilio, 1978; Zglinicki, 1979.

수직과 경사(평형감각과 건축)

이미 서술했듯이, 움직이는 주위 환경을 바라보는 것은 그것을 바라보는 사람 자신이 움직이고 있다는 착각을 일으킬 수 있다. 마찬가지로 시각적인 준거는 물체와 우리 자신 가운데 어느 것이 똑바로 있는지를 헷갈리게 만들 수 있다. 위트킨Witkin과 동료들이 수행한 고전적인 실험은 시각적 배열의 착각을 통해 주관적으로 느끼는 수직이 물리적인 수직과 다를 수 있음을 보여 주었다. 이 실험에서 피험자들은 기울기가 다양하게 조절된 공간 안에 있는 의자 위에 앉아 있었으며, 공간의 회전축을 중심으로 의자의 기울기를 조절할 수 있었다. 이때 의자의 기울기를 수직

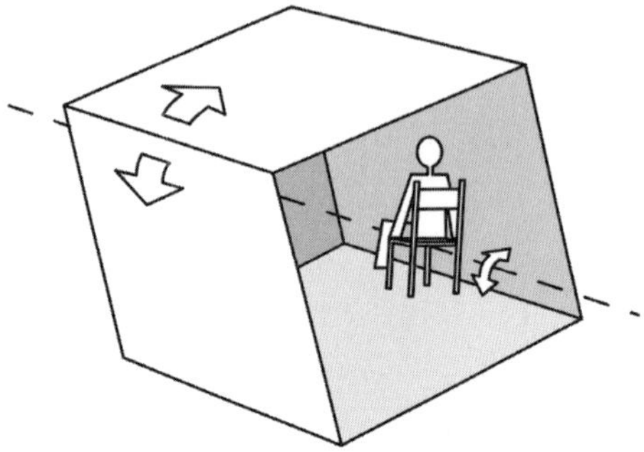

[그림 4-7] 시각적으로 유도된 수직착시 실험

으로 조절하라는 과제를 받자, 대부분의 피험자는 그들이 눈앞에 보는 것과 같은 방향으로 어느 정도 경사진 위치를 선택했다([그림 4-7]). 하지만 일부 피험자는 기울기를 판단할 때 시야에 보이는 것보다 중력에 대한 느낌에 더 의존했는데, 연구자들은 이런 차이를 ('시야 독립적' 대 '시야 의존적' 이라는) 성격 특성의 차이로 해석했다. 그런가 하면 시각적 준거의 방향이 수직감각에 미치는 영향은 위 실험보다 훨씬 간단하고 도식화된 방법으로도 증명될 수 있다. 그것은 어두운 방에서 밝게 빛나는 테두리와 역시 밝게 빛나는 막대의 기울기를 각각 다양하게 변화시켜 제시하는 것이다([그림 4-8]).

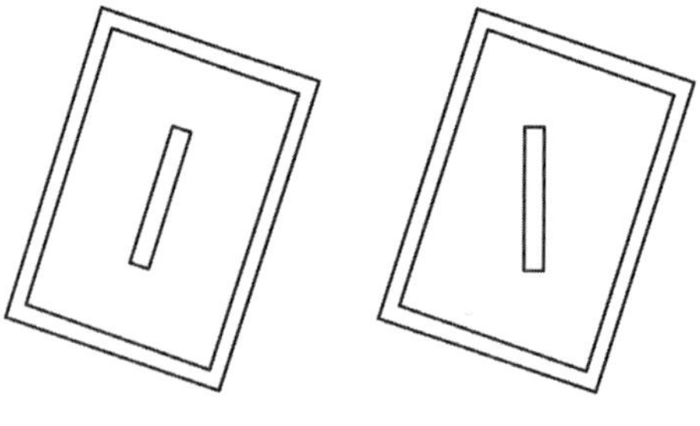

[그림 4-8] 수직착시실험 도형

수직인 것은 똑바로 서 있다. 그러나 우리는 사물을 지각할 때 오히려 거꾸로 시야에 보이는 것들의 전체적인 배치를 근거로 수직 여부를 판단하는 경향이 있다('똑바로 서 있으니까 수직일 것이다.'). 내이에서 오는 신호는 물리적인 사태를 비교적 잘 반영하기 때문에 우리의 주관적인 수직감각은 착각을 일으키기 쉬운 시각적 인상과 중력의 실제 방향 사이에서 오락가락하게 된다. 일관되게 비스듬히 지은 집은 방문자의 평형감각을 혼란스럽게 만든다. 이것은 (예컨대 1580년에 보마르초Bomarzo 공원에 매너리즘mannerism 양식으로 조성된 정원의 건물들처럼) 건축적인 유희로서 나름의 전통을 지니고 있으며, 좀 더 최근에는 (특히 자하 하디드Zaha Hadid, 다니엘 리베스킨트Daniel Libeskind, 프랭크 게리Frank O. Gehry 같은 건축가들을 통해) 하나의 유행양식이 되었다. 수직의 위치에 대한 불확실성이 심미적 체험의 원천이 된 것이다.

만약 시각적으로 비스듬한 조형물들이 사방에 널려 있는 환경 속에서 오랫동안 머문다면, 아마 처음에는 현기증을 느끼다가 얼마 뒤에는 내이의 자극과 운동감각을 다른 감각 양태들보다 더 중시함으로써 평형감각을 회복하려는 변화가 일어날 것이다(시야 독립성의 강화). 그런가 하면 갑자기 또는 잡을 것이 마땅치 않은 상황에서 절벽 같은 곳이 내려다보이는 구조물은 그곳을 방문하는 사람들의 등골을 오싹하게 만들 수 있다. 예컨대, 투명하게 비치는 바닥이나 격자 구조물은 이런 불안감을 야기할 수 있다. (이것은 신생아나 기어 다니는 연령대의 아기가 아래쪽이 깊게 내려다보이는 유리판, 곧 시각적 절벽 앞에서 깜짝 놀라는 반응을 보이는 잘 알려진 실험 상황과 비슷하다([그림 4-9]). 또한 아래가 내려다보이는 계단 같은 구조물

[그림 4-9] 깊이 지각 실험

이 야기하는 불안감은 보호장치를 통해(예컨대 높고 튼튼해 보이는 난간을 설치함으로써) 완화될 수 있다.

주위 환경이 전체적으로 수직의 위치에 대해 혼동을 야기하지 않는 상황에서 개별적으로 비스듬한 구조물은 아른하임Arnheim(1978)이 말했듯이 역동적인 인상을 준다. 그 이유는 아마도 감정이입과 동반운동의 미학에서 주장하는 것처럼 이런 구조물을 바라보는 것이 몸을 어디에 기대거나 움직이고 싶은 충동을 불러일으키기 때문일 것이다. 그런가 하면 이런 영향이 이른바 경사효과와는 어떤 관계인지도 논란이 되고 있다(Miller, 2007). 경사효과란 지각능력을 검사하기 위한 다양한 과제에서 피험자들이 수직 또는 수평의 무늬보다 비스듬한 무늬를 지각하는 데 더 어려움을 겪는 현상을 가리킨다. 이런 효과는 보통 시각피질에 있는 방향탐지기들이 수평 또는 수직으로 된 윤곽선들에 맞추어져 있기 때문인 것으로 해석된다. 또한 이런 이유로 비스듬한 것은 심미적으로도 덜 인상적인 듯하다.

어쨌든 계단은 건물의 모습에서 역동적인 요소임에 틀림없다. 이 경우에 비스듬한 것은 (계단이 너무 가파르지만 않다면) 보는 사람에게 운동의 욕구를 불러일으키는 요소로 작용한다. 계단은 걸음의 율동과 잘 어울리기 때문에 사람들은 계단을 바라보기만 해도 잠재적으로 이런 율동적인 운동을 몸으로 느끼곤 한다. 그 밖에도 계단을 총총걸음으로 물 흐르듯 유연하게 내려가는 것은 무중력의 느낌을 제공할 수 있다.

한 포괄적인 명제에서는 어떤 수직축을 중심으로 좌우 대칭을 이루거나 비대칭을 이루는 모든 구조물이 그것을 바라보는 사람의 평형감각을 자극할 수 있다고 한다. 이때 대칭축은 몸의 축과 동일시되며 시각적 요소들의 배치는 '무게'로 지각된다(슈마르조Schmarsow, 클레Klee, 아른하임). 그리고 미학적인 관점에서는 대개 평형을 살짝 벗어난 것이 가장 이상적인 것으로 간주된다.

읽을거리 Arnheim, 1978, 1980a; Auer, 1993; Bloomer & Moore, 1980; Johnson, 1996; Meisenheimer, 2004; Miller, 2007; Rittelmeyer, 1994, 2007; Rock, 1985; Seyler, 2003.

방향감각과 사고와 정서

앞 장의 끝부분에서 언급했듯이, 감각운동적 통합은 인지발달의 기초가 될 것이다. 그리고 이 장에서 살펴본 평형감각, 다시 말해 공간 안에서 자기 몸의 위치와 움직임에 대한 지각은 이런 감각운동적 통합의 중심으로 간주될 수 있을 것이다.

실제로 공간적인 사고나 상상을 요하는 과제를 수행할 때는 두정엽의 부위들, 더 정확히는 두정엽에서 전두엽, 측두엽, 후두엽으로 이어지는 중간 부위들이 활성화된다는 사실이 뇌연구를 통해 증명되었다. 이 부위들은 체감각, 전정, 청각, 시각 정보들과 나아가 운동조절 정보들이 서로 만나는 곳이다.

우리가 환경 속에서 우리의 위치와 방향을 제대로 잡을 수 있는 것은 보통 시각, 신체감각, 내이자극의 상호작용(나아가 청각과 미약하게는 후각의 상호작용)에 기초한다. 그러나 시각 또는 청각 기능이 차단된 경우에도 우리는 우리가 방금 떠나온 지점을 비교적 정확하게 찾아갈 수 있다(통합적인 길 찾기).

실험 ▶ 눈과 귀를 가린 상태에서 길 찾기

눈을 가리고 귀를 막은 상태에서 평소 자신이 모르던 길을 다른 사람의 안

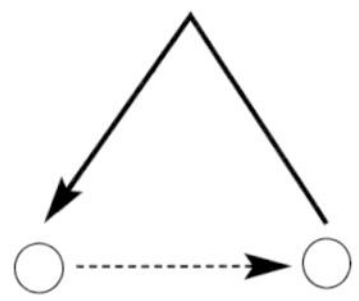
[그림 4–10] 길 찾기 실험

내를 받아 걸어가 보라. 이때 걸어간 길은 삼각형의 두 변에 해당하도록 한다([그림 4-10]). 그런 다음에 이제는 혼자서 이 삼각형이 완성되도록 출발점으로 (방향과 거리가 맞게) 곧바로 걸어가 보라. 그런 다음에 눈가리개를 풀고 (미리 표시해 놓은) 출발점에 얼마나 정확히 도착했는지 확인해 보라.

- 변형: 눈을 가리고 바닥에서 발을 뗀 채 사무실 의자에 앉아서 삼각형의 두 변에 해당하는 길을 다른 사람이 밀도록 한 다음에 출발점을 찾아가 보라.
- 효과와 해석: 통합적인 길 찾기 실험에서 많은 피험자는 운동감각과 전정기관의 정보를 바탕으로 이 과제를 훌륭히 수행해 낸다. 위의 변형된 과제처럼 수동적으로 이동한 경우에도 많은 피험자는 출발점 근처로 돌아온다.

시각이 정상적으로 작동하는 상태에서 우리의 길 찾기 능력은 (거리의 상징적인 건축물이나 표지판 같은) 눈에 띄는 광경들과 갈림길의 모습 등에 크게 의존한다[▶7장].

방향감각은 인간과 동물의 목숨을 좌우할 수 있는 것이다. 방향감각의 상실은 우리를 불안하게 만든다. 길을 잃는다는 것은 단순히 인지적인 문제에 그치는 것이 아니라 불안까지 야기한다. 이런 상태에서는 (가속, 경사, 회전 같은 것과 전혀 상관없이) 머리가 핑핑 돌 수 있다. 방향을 잃었을 때(또는 더 일반적으로는 혼란상태에서) 생기는 현기증은 방향감각과 사고가 어떤 감각운동적 기초 위에서 이루어지는지를 엿볼 수 있게 해 준다.

나아가 방향을 잃게 만드는 자극이나 묘사는 섬뜩한 분위기를 자아낸다.

오늘날 공간적인 방향감각과 장소 기억에 대한 연구에서는 자극의 자유로운 조작이 가능한 가상현실의 장면들이 사용되곤 한다. 그러나 이런 연구의 결과를 평가할 때는 가상현실의 장면 속에서 움직인다는 것이 이미 앞에서 서술한 것처럼 체감각, 전정자극, 시각적 운동단서 등의 충돌로 상당한 혼란을 야기할 수 있다는 점이 고려되어야 할 것이다('가상공간에서 길을 잃는lost in cyberspace' 현상). 최근에는 (예컨대 튀빙겐에 있는 생물사이버네틱스 막스플랑크 연구소Max-Planck-Instituts für Biologische Kybernetik의 사이버네움Cyberneum에서처럼) 가상장면 속에서도 최대한 현실에 가깝게 자유로운 운동을 허용함으로써 이런 부작용을 없애려는 시도가 이루어지고 있다.

읽을거리 Dietrich, 2006; Downs & Stea, 1982; Kerkhoff, 2006; Lehwald, 2006; Mallot, 2006; Mast, Bamert, & Newby, 2007; Schönfelder, 2008.

환각과 수면과 꿈

평형기관에서 오는 정보는 중추신경계의 여러 단계에서 다른 감각정보, 운동자극, (순환계, 호흡, 소화 같은) 자율기능들뿐만 아니라 정서 및 각성상태의 조절과도 밀접하게 연결되어 있다. 몸, 뇌, 마음의 여러 질병이 어지럼증을 동반하는 것도 바로 이런 이유 때문이다. 많은 경우, 특히 여러 신경적 또는 정신병적 증상을 앓고 있는 사람들의 경우에 현기증은 지각 또는 상태의 장애로만 경험되는 것이 아니다. 나아가 이런 사람들은 자기 몸이나 주위 환경이 움직이는 것 같은 느낌을 현기증 때문에 생긴 것이 아니라 실제 그런 것으로 받아들이곤 한다. 이런 환각에 시달리는 환자들은 예컨대 자기가 날고 있거나 공중에 붕 떠 있다고 믿는다. 또한 향정신성 약물이나 [기도, 종교 예식, 명상, 최면, 성행위, 음악, 춤, 단식 등의: 역자주] 몽환 유도기법들도 이런 환각의 체험을 유발할 수 있다.

평형감각과 신체상은 (뇌 피질의 가장 높은 수준에서 여러 감각 양태의 연결망을 통해) 서로 밀접하게 연결되어 있기 때문에 자기가 날거나 붕 떠있다는 환각은 신체의식 장애를 동반할 때가 많다(신체이탈 체험, [자기 몸을 눈앞에서 보는 것 같은: 역자주] 분신체험, [죽음이 임박했다는 느낌인: 역자주] 임사체험). 현기증과 (무아경Ekstase이란 단어의 원래 의미대로) 자기를 떠나 있다는 느낌은 동전의 양면이다. 이런 상태는 정서적으로 매우 불안정해서 상황에 따라 (절대적 자유를 누리는 것 같은) 희열을 야기하기도 하고 (기댈 데가 없어 극도의 불안에 떠는) 공포를 야기하기도 한다.

우리는 종종 잠이 들 때나 잠에서 깨어날 때 또는 가끔 꾸는 충격적인 꿈속에서 이렇게 몸이 붕 떠 있거나 높은 곳에서 떨어지는 체험을 하곤 한다. 이렇게 잠이 들 때나 잠에서 깨어날 때 또는 꿈속에서 날아다니거나 떨어지는 체험을 하게 되는 것(그리고 자기의 분신이나 그 밖에 망령 같은 것들을 체험하는 것)은 한마디로 이런 시점에 발생하는 현기증과 불완전한 신체의식이 그것에 걸맞은 상상을 불러일으키기 때문일 것이다. 실제로 역설적 수면의 단계에 발생하는 순간적인 신체마비는 현기증을 동반할 수 있기 때문에, 우리가 꿈속에서 운동의 불능을 경험하다가 갑자기 날아가곤 하는 것(또는 이 두 가지를 동시에 경험하는 것)은 그렇게 놀라운 일이 아니다.

읽을거리 Blanke et al., 2004; Brugger et al., 1996; Menninger-Lerchenthal, 1935; Schilder, 1942; Schönhammer, 2004a.

잠과 꿈 ▶ 높은 계단에서 떨어지거나 날아가는 체험

계단은 날아가거나 떨어지는 꿈에 자주 등장하는 무대다. 특히 아동이나 청소년이 이런 꿈을 자주 꾼다(Schönhammer, 2004a). 이것은 다음과 같이 설명될 수 있다. 계단은 우리가 계단에서 행하는 동작(무중력의 요소) 때문에, 그리고 특히 아래가 깊게 내려다보일 때 드는 어지러움과 넘어지거나 비틀거릴 때 드는 끔찍한 느낌 때문에 수면 중의 흥분상태에서 느끼는 감각과 비슷한 지각을 경험하게 만든다. 따라서 계단을 오르내리는 장면은 꿈꾸는 시점에 일어나는 신체감각들을 뇌가 그럴싸하게 해석하기에 매우 자연스러운 장면인 셈이다.

제육감에 관한 문화사와 민속학

오늘날 우리의 문명화된 생활양식에서는 인류의 특징이기도 한 걷는 것에 비해 앉는 것이 상당한 호응을 얻고 있다. 많은 사람은 날마다 앉아서 이동하며 앉거나 누워서 머리와 시선을 빳빳이 고정시킨 채 화면에 펼쳐지는 여러 동영상을 통해 세상사를 돌아본다. 인간의 뇌는 비록 두 발로 돌아다니는 데 적합하게 발달해 왔지만, 오늘날의 변화된 조건 속에서도 (어느 정도의 제약은 있겠지만) 충분히 자신의 역할을 할 만큼 유연함에 틀림없다.

우리가 환경 속에서 균형과 방향을 잡는 것을 돕는 기계장치들은 신체에 내장되어 있는 것을 밖으로 이전시킴으로써 우리의 신체를 대체하고 있다. 마셜 맥루언Marshall McLuhan(1994)은 비록 평형감각을 특별히 언급하지는 않았지만 이런 과정을 가리켜 자기절단이라고 불렀다. 이런 상황에서 연구자들은 다음과 같은 물음을 제기하곤 한다. 혹시 앉아서 지내는 우리의 생활양식 때문에, 또는 평형감각을 지나치게 덜 사용하는 것 때문에 장기적으로 우리의 감각운동체계나 인지적 또는 정서적 체계에 결함이 생기지는 않을까(Kückelhaus & zur Lippe, 1982)? 또는 걷기가 가져다주는 자극이 사라짐으로써 그것을 보상하려는 새로운 체험 욕구가 등장하지는 않을까(Liedloff, 1980; Rudofski, 1987)? 오늘날 예술, 건축, 디자인, 대중매체 등에서 현기증이 소재로 자주 애용되는 까닭은 과학기술의 발달로 인간의 심성에 시대적 변화가 일어났기 때문이 아닐까(Asendorf, 1997)?

신체지각과 공간지각의 역사적 변화에 대한 물음은 특히 문화사에서 이미 오래전부터 제기되어 왔다. 예컨대, 이런 물음은 19세기의 철도운송수단이나 20세기 초엽의 비행기 같은 기술적 진보에 대한 연구와도 맞물려 있다. 그러나 예술사(Asendorf, 1997; Simmen, 1990), 문화사(Janz, Stroemer, & Hiepko, 2003; Hagner, 2001), 민속학(Geurts, 2002) 등의 분야에서 현기증이나 몸의 균형의 문제는 간헐적으로만 등장한다.

물론 과학기술과 예술과 지각 및 정서의 상호관계에 대한 연구는 쉽게 결정 내리기 어려운 많은 문제를 안고 있다. 예컨대, 회화나 건축술에서 관찰되는 양식이나 주제의 변화가 일상적 체험의 변화 때문에 생긴 것이라고 주장할 수 있는 근거는 무엇인가? 현기증을 주제로 삼는 예술적 경향이 인간의 지각방식이나 심성의 변화를 반영한다기보다 오히려 독창적이고 싶은 또는 그래야만 하는 예술가들의 얄팍한 필요성과 첨단기술의 가능성을 (건축 등에서) 최대한 활용하려는 태도를 반영하는 것은 아닐까? 나아가 [유원지의 놀이기구, 스키나 번지 점핑, 광적인 자동차 운전 같은: 역자주] '기계적 약물'의 사용이 20세기에 폭발적으로 증가한 것은 사실일지 모르지만, 그렇다고 해서 그 이전 문명의 사람들이 비슷한 효과를 덜 거창한 방법으로 추구하지 않았다고 단정 지을 수도 없는 것이다(Caillois, 1983; Schönhammer, 1991). 우리가 인간 체험의 연속성을 간과하지 않으려면 역사적으로나 민속학적으로 넓게 살펴보는 태도가 필요할 것이다. 그러나 다른 한편으로 기계화된 현대문명 속에서 제육감이 특별한 종류의 도전에 직면해 있는 것도 틀림없는 사실이다. 그리고 현대사회의 일상에 함축되어 있는 이런 도전과 위험이 장기적으로 인간에게 어떤 영향을 미칠지를 연구하는 것은 매우 값진 일일 것이다.

예술, 매체, 광고 ▶ 그림에 나타나는 평형감각

제육감이 발견된 것은 그리 오래된 일이 아니기 때문에 인간의 감각에 대한 전통적인 우화적 묘사에서 제육감을 찾아보기는 쉽지 않다. 하지만 오래된 동굴벽화에서도 공중을 떠다니는 것 같은 사람들의 모습이 발견되곤 한다. 공중을 떠다니는 것과 (종말론적으로) 떨어지는 것은 여러 종교의 상징체계에 속할 뿐만 아니라 (종교와 밀접한 관련이 있는) 무아경과 꿈을 묘사하는 데도 자주 등장한다. 어려운 조건 속에서 균형을 유지하거나 또는 떨어지는 것은 전통적으로 곡예와 춤의 한 가지 주제였다. 그리고 영화의 발명 이후로는 이런 것들이 영화에서 자주 등장하는 주제가 되었다. 또한 빠른 속도의 체험은 자동차 광고에서 빼놓을 수 없는 주제가 되었다. 내이의 구조에 대한 그림을 의학 이외의 분야에서 찾아보기란 그리 흔한 일이 아니다. 일반인에게 내이의 구조는 매우 낯선 것이다. 만화에서는 머리가 어지러운 것을 묘사하기 위해 머리 주위에 나선이나 별 모양의 것들을 그려 넣곤 한다. 비스듬한 것, 불안정한 균형상태, 절벽, 또는 공중제비 같은 빠른 동작을 묘사한 그림은 그것을 보는 사람에게 현기증을 불러일으킬 수 있다. 또한 (옵아트Op-

Art[4]처럼) 어지럽고 종잡을 수 없는 추상화나 구상화, 지각박탈perzeptive Deprivation, 전체장효과 등의 경우에도 현기증을 느낄 수 있다. 영화에서 배우의 현기증은 어지러운 카메라 움직임(카메라를 불안정하고 빠르게 움직이기, 카메라를 돌리거나 굴리기 등)을 통해 묘사되며, 또한 이런 느낌은 그것을 바라보는 관객에게도 효과적으로 전달된다.

읽을거리 Asendorf, 1997; Bezzola et al., 1993; Koebner, 2003; Kreitler & Kreitler, 1980, 8장; Lagny, 2005; Simmen, 1990.

역자주

4) 옵아트 또는 광학예술optical art은 착시를 이용하는 시각예술의 한 양식이다.

요점정리를 위한 물음

- 내이의 평형기관은 무엇을 기록하는가?
- 평형감각은 평형기관에서 오는 정보의 처리 외에 어떤 것들에 의존하는가?
- 아동기나 청소년기에 또는 노년기에 평형감각의 발달을 위해 중요한 것은 무엇인가?
- 움직이는 차 안에서 자신(또는 차)이 정지해 있다는 느낌이 들곤 하는 까닭은 무엇인가?
- 운송수단이나 영상매체가 멀미를 일으킬 수 있는 까닭은 무엇인가?
- 이런 멀미에 대처하는 방법은 무엇인가?
- 평형기관을 자극하는 것은 어떤 의미에서 '기계적 약물'이라고 볼 수 있는가?
- 외부 자극이 의식상태에 미치는 다양한 효과는 어떻게 이해될 수 있는가?
- 건물에 대한 시각적 지각은 평형감각에 어떤 영향을 줄 수 있는가?
- 통합적인 길 찾기란 무엇인가?
- 방향감각의 상실이 현기증을 불러일으킬 수 있는 까닭은 무엇인가?
- 신체이탈 체험은 평형감각과 어떤 관련이 있는가?
- 평형감각의 작동에 영향을 미칠지 모를 문화적 요인으로는 어떤 것들이 있는가?

화학적 감각 – 후각과 미각

예술, 디자인 그리고 인문학도를 위한 지각심리학

II

생명은 유기체와 환경 사이의 물질대사를 전제로 한다. 환경에서 접하는 물질이 유기체에게 이로운지 해로운지를 검사할 수 있는 능력은 진화의 매우 이른 시기에 나타난 일부 간단한 생물에서도 찾아볼 수 있다.

이런 화학적 지각이 점차 분화하여 후각과 미각으로 발달하였다. 많은 물고기와 벌레의 경우에는 화학적 지각을 위한 수용기들이 온몸에 퍼져 있으며, 곤충의 경우에는 더듬이나 다리에 이런 수용기들이 있다. 포유류의 경우에는 미각수용기 세포들이 입안, 특히 혀 위에 퍼져 있어서 음식물이 몸 안에 들어오기 전에 그것을 검사한다. 그래서 미각은 근거리감각이라고 불린다. 하지만 정확히 말하자면 여기서 근거리란 물질이 이미 소화관의 주변까지 침입했음을 의미한다.

어찌 보면 후각은 초근거리 감각이라고 부를 만하다. 미각과 달리 콧구멍에 있는 감각세포들은 유기체로부터 아주 멀리 떨어져 있는 물체에서 날아오는 성분에도 반응한다. 후각은 미각처럼 근거리감각인 동시에 원거리감각이기도 하다. 포유류는 후각이 호흡과 밀접하게 연결되어 있기 때문에 공기 중에 떠다니는 성분들의 냄새를 말하자면 무방비 상태로 맡게 된다. 반면에 일단 찾아낸 나쁜 맛을 피하기는 그리 어려운 일이 아니다.

후각에는 물체와 장소에 대한 가치평가가 포함되어 있다. 다시 말해, 후각은 어떤 대상에 다가갈 것인지 혹은 피할 것인지를 결정하는 데 관여한다. 마찬가지로 미각은 결국 입을 열어 환경이 제공하는 물질을 몸 안에 받아들일 것인지를 결정하는 데 관여한다. 음식물의 후각적 또는 미각적 성질 외에도 화학적 감각은 동일한 또는 상이한 종의 개체들 사이에 서로 끌어당기거나 밀치게 만드는 요인으로 작용한다. 먹이나 적이 풍기는 냄새, 교미 상대의 유인, 어미와 새끼 사이의 상호 지각, 영역의 표시 등이 그런 예다. 또한 화학적 감각은 '후각경관smellscape' 안에서 방향을 잡는 데 기여하며, 적이나 먹지 못할 음식물에 대한 경고 외에도 화재 같은 위험을 경고할 수도 있다. 나아가 이런 지각은 유기체의 생명과 직접 관련되어 있기 때문에 흔히 정서적인 색채를 띠고 있다.

후각과 미각은 특히 포유류에게 잘 발달되어 있다. 그러나 인간이나 다른 영장류 같은 몇몇 종의 경우에는 화학적 감각체계와 그 역할이 퇴보하는 경향을 보인다. 돼지, 소, 닭 등은 인간이나 침팬지보다 예민한 화학적 감각을 지니고 있다. 전자는 강후각동물이라고 불리고, 후자는 약후각동물이라고 불린다. 하지만 그렇다고 해서 인간의 후각을 과소평가해서는 안 될 것이다. 최근에 몇몇 연구자는 심지어 인간이 강후각동물에 속한다고 주장하기까지 했다(Shepherd, 2004).

과학사 ▶ 직립보행과 이르마Irma의 코

몇몇 사람은 인간의 경우에 화학적 감각이 상대적으로 덜 중요해지고 시각이 더 중요해진 까닭이 직립보행 때문일 것이라고 추측한다. 마찬가지로 지그문트 프로이트Sigmund Freud는 직립보행 때문에 인간의 성적 자극의 중심이 후각에서 시각으로 옮아갔으며, 또한 사람들이 마주 보는 성교자세를 선호하게 되었다고 주장했다. 그러나 이런 주장이 반드시 옳다고 보기는 어렵다. 왜냐하면 후각은 인간의 성행위에서 (비록 다른 포유류에 비하면 덜하지만) 여전히 중요한 의미를 지니기 때문이다.

문화인류학자 데이비드 하우즈(David Howes, 2003)는 프로이트가 후각을 과소평가한 까닭이 그 자신의 억압 때문이었다는 해석을 내놓았다. 이 해석에 따르면, 프로이트는 처음에 코와 성 사이에 밀접한 관계가 있다는 그의 친구이자 이비인후과 의사였던 플리스Fließ의 이론을 신봉했다. 그리고 이 이론을 근거로 환자 엠마 엑슈타인Emma Eckstein에게 플리스를 소개해 주면서 그의 수술을 받으라고 권했다. 그러나 플리스가 코수술 중에 황당하고도 중대한 실수를 저지르자 그의 이론에 대한 프로이트의 태도가 완전히 뒤집어졌다는 것이다. (이 수술에 대한 이야기는 프로이트가 『꿈의 해석*Traumdeutung*』에서 이른바 '이르마의 주사Irmas Injektion' 라는 꿈을 분석하면서 서술하고 있다.)[1)]

화학적 지각이 진화의 초기 단계부터 발달했으며 포유류의 경우에는 영양 섭취, 번식, 새끼 돌보기 같은 근본적인 생명활동과 밀접하게 결부되어 있다는 사실에 걸맞게, 우리 문화권에서는 미각과 후각이 이중적인 의미를 지닌다. 곧 미각과 후각은 한편으로 서양 전통의 철학적 사고와 도덕론에서 여러 감각 가운데 가장 저급한 지위를 차지하고 있다. 이들 감각은 이론적으로 하등감각에 속하며 전통적으로 예술과는 아무 관계도 없었다. 요리와 향수는 결코 회화나 음악과 동등한 지위를 누리지 못하고 있다. 그러나 다른 한편으로 화학적 감각들은 현대사회의 일상적 미학에서 중요한 의미를 지닌다.

읽을거리 Hass, 1987; Hart, 1996; Ingensiep, 2005; Leroi-Gourhan, 1988; Wilson & Stevenson, 2006; Wyatt, 2003.

역자주

1) 『꿈의 해석』에 나오는 '이르마의 주사' 는 프로이트 자신이 어느 날 꾼 꿈에 붙인 이름이다. 이 꿈에서 프로이트의 환자로 등장하는 이르마라는 여성은 오토Otto라는 의사에게서 더러운 바늘로 주사를 맞아 고생한다. 그런데 이 꿈을 꾸기 며칠 전에 프로이트의 친구인 의사 플리스가 엠마라는 여성의 코수술을 하면서 기다란 거즈를 비강에 그대로 방치해 심각한 부작용을 초래하는 사건이 발생한 바 있었다. 프로이트는 『꿈의 해석』에서 이 실제 사건에 비추어 자신의 꿈을 분석한다.

5 후각

만약 우리의 뇌와 동일한 발달수준의 뇌를 가진 개를 상상해 본다면 그런 개의 뇌는 엄청난 후각뇌일 것이다. 그런 뇌에는 세계를 냄새로 아주 섬세하게 지각하기 위한 장치들이 갖추어져 있을 것이며, 따라서 동시에 우리의 이성적 지능 대신에 일종의 '감성적' 지능의 바탕이 될 초감정이 발달해 있을 것이다(Leroi-Gourhan, 1980: 366).

인간은 수천 가지의 냄새를 구별할 수 있다. 방향물질이 비교적 낮은 농도로 주위에 퍼져 있어도 우리는 '무슨' 냄새를 맡는다(지각 역치 또는 불특정 자극 역치). 그러다 농도가 좀 더 높아지면 냄새를 구별할 수 있게 된다(인식 역치). 하지만 냄새를 구별할 수 있다고 해서 반드시 그것의 정체를 알 수 있는 것은 아니다. 예컨대, 두 개의 시료가 서로 다른 냄새를 풍긴다는 것은 알아도 그것이 무슨 냄새인지는 말하기 어려울 수 있기 때문이다. 또한 방향물질의 농도가 높아짐에 따라 냄새의 강도가 (비교적 거친 단계로) 점차 세지는 것을 지각할 수 있다(차이 역치). 그런가 하면 냄새의 질이 농도에 따라 변화하기도 한다. 그리고 냄새를 맡다 보면 비교적 빨리 상당한 정도의 순응Adaptation 현상이 일어난다. 그래서 낮은 농도의 많은 방향물질은 처음에는 지각되다가 금세 더 이상 지각되지 않게 된다. 그리고 농도가 높을 때는 냄새의 강도 차이를 더 이상 지각하지 못하게 된다. 이런 순응현상을 통해 우리의 코는 다른 새로운 냄새를 맡을 채비를 갖추게 되는 것이다.

신경 개요 ▶ 후각

콧속은 중격septum을 통해 둘로 나뉘어 있다. 이 두 부분을 조개 모양의 구조물(갑개concha)이 관통하고 있는데, 이곳으로 공기가 흘러 들어간다. 후각세포는 코 천장 근처의 후각점막(후각 부위)에 분포해 있다. 이곳에 다양한 화학적 자극이 도달하면 여러 수용기의 조합을 바탕으로 여러 유형의 흥분이 생긴다. (우리가 구별할 수 있는 자극의 종류가 수용기의 종류보다 훨씬 많기 때문에 이런 조합은 불가피하다.) 후각세포의 돌기들은 두개골(사골ethmoid)의 작은 구멍들을 통해 좌우 후구bulbus olfactorius로 뻗어 있다. 후각세포들과 후구에 있는 세포들은 (몇 주의) 비교적 짧은 시간 안에 재생된다(신경발생Neurogenese). 후구는 눈의 망막과 신경학적으로 비슷한 면이 있다. 그러나 후각체계의 첫 번째 통제소인 후구에서는 (망막과 달리) 뇌의 더 중심 쪽에 있는 부위들로부터도 수많은 정보(원심성 흥분Efferenz)가 전달되어 자극 수용의 조절이 일어나기 때문에 후구 자체가 이미 뇌의 일부라고 볼 수 있다. (연구자들은 후구를 대개 변연계limbisches System의 일부로 간주한다.) 이곳에서 나온 후각체계 신경들은 전두엽과 측두엽의 아랫부분(특히 조롱박피질piriformer Kortex)에 있는 계통 발생적으로 오래된 피질 부위로 연결되어 있는데, 이 부위를 후각뇌rhinencephalon(일차후각피질primärer olfaktorischer Kortex)라고 부른다. 그

밖에 변연계의 또 다른 부위들(편도Amygdala, 해마Hippocampus)과 시상하부 Hypothalamus(신체 생장기능의 조절, 정서와 기분의 부분적인 제어) 및 망상체 Formatio reticularis(각성수준의 조절, 정위반응과 공포반응)로 이어지는 신경들도 냄새를 구별하고 정서적으로 평가하는 데 중요한 역할을 한다. 또한 후각뇌에서 나온 신경흥분은 직접 그리고 시상Thalamus(신피질로 향하는 모든 감각정

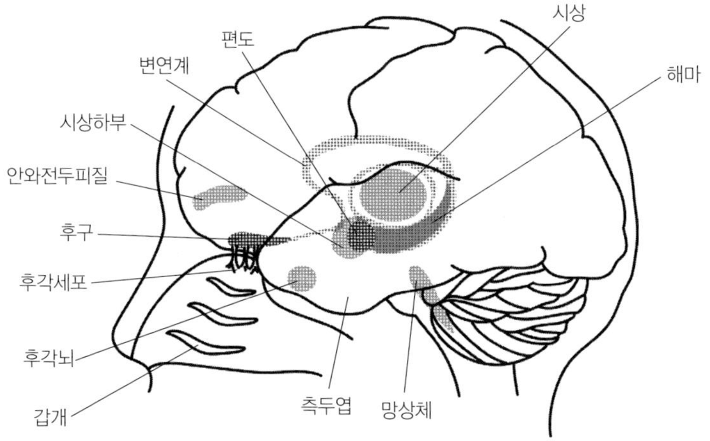

[그림 5-1] 후각관련 뇌 주요부위 시상면

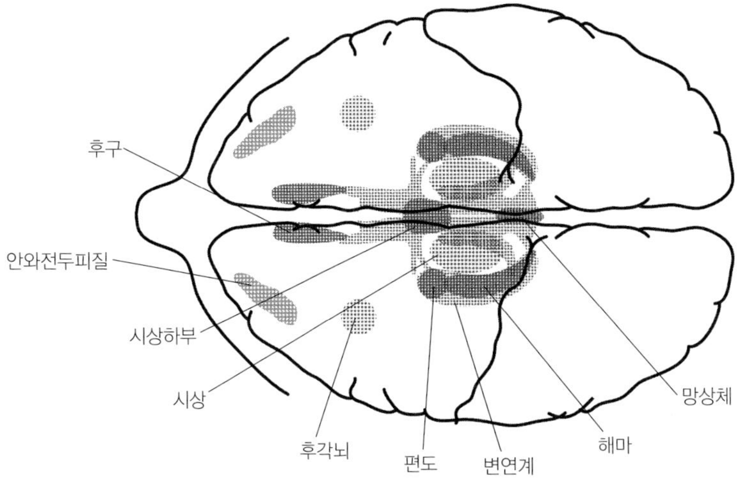

[그림 5-2] 후각관련 뇌 주요부위 수평면

보의 중심 분배소)을 통해 안와전두신피질orbitofrontaler Neokortex로 전달되는데, 이 신피질은 다시 변연계의 구조물들 및 시상하부와 밀접하게 연결되어 있다. 눈구멍(안와) 바로 위에 있는 이 대뇌피질의 영역에서 냄새를 통해 야기된 신경흥분들은 미각자극이나 그 밖의 감각을 통해 야기된 신경흥분들과 만나게 된다[▶9장].

읽을거리 Birbaumer & Schmidt, 2006; Bösel, 2006; Hatt, 1996; Jacob, 2002a; Lorig, 2002; Rolls, 2002, 2005; Wilson & Stevenson, 2006.

냄새를 기술하기란 상당히 어렵다. 그래서 우리는 종종 냄새의 원천을 가리키는 이름으로 냄새를 '기술' 하곤 한다. 예컨대, 장미는 장미향이 난다. 또 장미향을 '꽃향기' 라고 부르기도 한다. 하지만 꽃향기가 정확히 무엇인지를 기술하려면 다시 (장미, 제비꽃, 백합 등) 그것의 원천을 가리키거나, 아니면 (예컨대 과일이나 동물의 분비물 같은) 다른 출처의 냄새와 대비시키는 수밖에 없다.

일반인이 명명할 수 있는 냄새는 인간이 구별할 수 있는 냄새들 가운데 매우 작은 일부에 지나지 않는다. 그러나 냄새의 정체를 판단할 수 있으면 냄새를 더욱 확실하게 구별할 수 있다. 화학자, 식물학자, 향수 제조자, 요리사, 포도주 감식가 등이 냄새의 정체를 더 잘 판단할 수 있는 까닭은 어떤 냄새와 어떤 원천이 짝을 이루는지(또는 포도주향의 경우처럼 비슷한 다른 냄새와 어떤 관계인지)를 훨씬 많이 알고 있고 또 그것을 언어로 표현할 수 있기 때문이다. (그러나 포도주 목록에 기록된 것처럼 비교를 통해 향을 명명하려는 노력은 초보자의 눈에 훌륭하다기보다 오히려 가식적으로 보일 수도 있다.) 냄새를 명명할 수 있는(그래서 또한 더 확실하게 구별할 수 있는) 능력이 직업적으로 발달할 수 있는 것과 마찬가지로 문화 또는 하위문화에 따라서도 상이한 생활조건 때문에 이런 능력에 차이가 생길 수 있다.

지각의 성질 ▶ 냄새의 분류

냄새를 분류하는 데 쓰이는 범주는 다음과 같다. 가벼운 냄새, 가죽 냄새, 고약한 냄새, 공기 냄새, 과일향, 구역질나는 냄새, 기름내, 꽃향기, 꿀 냄새, 나무 냄새, 단내, 담배 냄새, 동물 냄새, 따뜻한 냄새, 땀내, 똥 냄새, 레몬향, 마늘 냄새, 매콤한 냄새, 먼지 냄새, 매캐한 냄새, 묵직한 냄새, 물 냄새, 바닐라향, 박하향, 발삼향, 비누 냄새, 비린내, 사향내, 서늘한 냄새, 소나무 냄새, 쉿내, 송진 냄새, 시큼한 냄새, 썩은 냄새, 아몬드향, 알데히드Aldehyd 냄새, 알칼리 냄새, 역겨운 냄새, 염소 냄새, 엿기름 냄새, 오줌 냄새, 유황 냄새, 이끼 냄새, 정자 냄새, [녹나무에서 채취한: 역자주] 장뇌 냄새, [그리스 신화에서 신이 먹었다는 암브로시아처럼: 역자주] 지극히 향기로운 냄새, 카네이션향, 콕 쏘는 냄새, 탄내, 풀 냄새, 피비린내, 향내, 향신료 냄새, 허브향, 흙내.

부르다흐Burdach(1988)의 언급처럼 냄새의 분류법에는 (꽃향기, 탄내, 염소 냄새, 콕 쏘는 냄새의) 4개로만 나누는 분류법에서 40개 이상의 부류를 구별하는 분류법까지 다양하다. 20세기 중반에 존 아무어John Amoore는 공기 냄새, 꽃향기, 매캐한 냄새, 박하향, 사향내, 썩은 냄새, 장뇌 냄새의 7개 성질로 냄새의 세계를 분류하려고 시도한 바 있다. 또한 그보다 30년 전

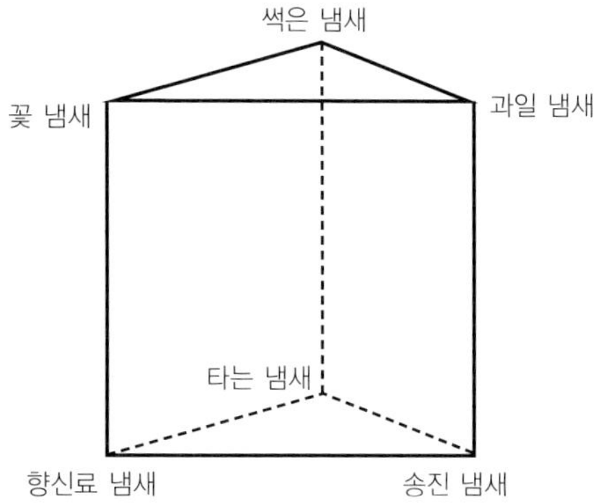

[그림 5-3] 헤닝의 냄새 프리즘

[그림 5-4] 파울 옐리넥의 분류체계

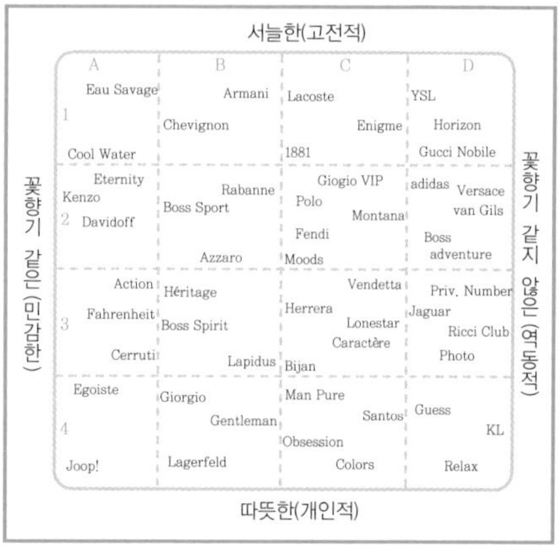

[그림 5-5] 슈테판 옐리넥의 남성 향수 지도

에 한스 헤닝Hans Henning은 세상의 모든 냄새를 분류할 수 있는 프리즘을 고안하기도 했다([그림 5-3]). 파울 옐리넥Paul Jellinek(1994)은 향수 제조자로 일한 경험을 살려 냄새의 성질을 '단내-쓴내'(마취성-자극성)와 '염기성-산성'(동물성/성욕촉진성-식물성/성욕감퇴성)이라는 두 차원으로 분류했다([그림 5-4]). 그리고 그의 아들 슈테판 옐리넥J. Stephan Jellinek(1997)은 『향료의 지도*Landkarte des Parfüms*』라는 책에서 사실상 모든 향료를 '꽃향기 같은-꽃향기 같지 않은'과 '서늘한-따뜻한'이라는 두 차원으로 분류했다([그림 5-5]). 여기서는 무엇보다도 [후각, 촉각 등의 개별 감각 양태를 뛰어넘는: 역자주] 초양태적인 성질에 입각해 냄새를 기술하고 있다.

'꽃향기 같은' 냄새나 '동물적인' 냄새 식의 분류는 언뜻 보이는 것처럼 그렇게 분명하지 않다. 꽃에서 풍기는 여러 냄새가 동물에서 풍기는 냄새와 비슷하다는 것은 이미 오래전부터 알려진 사실이다. 여러 냄새의 유사도 판단에 대한 체계적인 연구들도 기존의 분류체계에 문제가 많다는 점을 증명하고 있다. 반면에 모든 연구가 한결같이 증명하고 있는 것은 가치평가가 냄새를 구별할 때 보편적으로 적용되는 기준이라는 점이다. 곧 어떤 냄새가 유쾌한 느낌을 주는가, 아니면 불쾌한 느낌을 주는가 하는 물음(쾌락적 차원)은 냄새를 맡을 때 언제나 동반된다. 따라서 (청각이나 시각의 경우와 달리) 우리가 냄새를 맡을 때는 정서와 관련된 뇌 부위가 언제나 활성화된다(Phillips & Heining, 2002). 후각과 정서는 떼어 놓을 수 없는 것이다. 비록 몇몇 연구자는 냄새의 가치평가에 앞서 분석적인 처리단계가 있을 것이라고 추측하지만(Wilson & Stevenson, 2006), 그들도 후각과 감정 사이에 특별히 밀접한 관계가 있다는 것을 의심하지는 않는다.

세상에 알려진 모든 방향 성분 가운데 약 1/5만이 유쾌한 것으로 경험된다. 그리고 같은 냄새라도 대개 농도가 낮으면 유쾌하게 느껴지고 농도가 높으면 불쾌하게 느껴진다. 그 밖에도 냄새에 대한 가치평가는 개인의 현재 상태에 따라 달라진다. 같은 음식이라도 배부를 때보다 배고플 때 맡으면 당연히 더 좋은 냄새가 난다. 실험실에서 똑같은 방향물질에 대해 여러 차례에 걸쳐 판단을 내려 보라고 하면 피험자들의 판단은 특히 농도가 중간 정도일 때 매우 우왕좌왕한다. 이것은 시간이 흘러가면서 후각의 민감도가 변화할 뿐만 아니라 후각과 상관없이도 기분이나 정서적 요인들의 변동이 (앞서 얘기한 것처럼 후각과 정서 조절의 긴밀한 관계를 바탕으로) 영향을 미치기 때문일 것이다.

디자인 ▶ 향수의 마케팅

고객이 맡은 향수의 냄새는 향수의 이름, 포장(그리고 그 색깔), 이미지 등 향수 마케팅에 동원되는 온갖 것에 의해서도 영향을 받는다. 여러 연구에 따르면, 사람들이 맡는 냄새의 질은 선전을 어떻게 하느냐에 따라 놀라울 만큼 달라진다(J. S. Jellinek, 1997). 그 이유는 아마도 한편으로 여러 가지가 뒤섞인 냄새를 기술하거나 분별하기가 원래 어렵기 때문일 것이고, 다른 한편으로는 정서가 후각의 본질적인 한 요소이기 때문일 것이다.

냄새가 기술하기도 어렵고 정서와 가깝다는 사정 때문에 후각은 흔히 반反지성적인 감각으로 간주된다. 그러나 (하이미토 폰 도더러Heimito von Doderer, 프리드리히 니체Friedrich Nietzsche 같은) 몇몇 작가와 철학자는 후각적인 판단이 감정의 힘에 좌우된다는 바로 그 이유 때문에 오히려 '코의 지혜'를 집중적으로 탐구하기도 했다. 파트리크 쥐스킨트Patrick Süßkind의 소설 『향수*Das Parfum*』는 후각에 대한 많은 정보를 담고 있을 뿐만 아니라 학술 서적에서도 찬사와 함께 인용되곤 하는 책이다. 그러나 이 공포소설의 남자 주인공은 엄청나게 예민한 후각을 지녔으면서도 아주 냉정한 인간으로 묘사되는데, 이것은 후각과 감정이 깊이 연결되어 있다는 점을 완전히 무시하고 있다는 점에서 후각의 실제와 동떨어진 것이다.

표정과 운동 기분 좋은 냄새는 우리로 하여금 (먹음직스럽거나 탐나거나 아늑할 것 같은) 냄새의 원천 쪽으로 몸을 돌리도록 자극한다. 반면에 혐오감, 역겨움, 불안 따위를 야기하는 냄새는 방어 또는 후퇴하는 행동을 불러일으킨다.

인간의 경우에 콧방울의 움직임은 공기를 흡입하는 데 별다른 영향을 미치지 못한다. 하지만 어떤 냄새를 검사하거나 음미할 때는 콧구멍이 넓어지는 반면에 역겨운 냄새를 맡을 때는 콧살을 찡그린다. 이 두 표정 및 이와 결부된 머리와 몸의 움직임은 후각을 뛰어넘어 주의 또는 혐오를 나타내는 표정이기도 하다. 혐오의 표정은 울 것 같은 표정과 비슷하며, 좋은 냄새의 표정은 미소를 닮았다.

이 두 표정에서 입의 움직임은 매우 중요한, 어쩌면 결정적인 역할을 한다. 첫 번째 경우에는 (쓴 것을 삼킬 때의 표정처럼) 입이 약간 벌어지는 것처럼 보이는 반면, 두 번째 경우에는 (단것을 삼킬 때의 표정처럼) 입이 닫힌 상태에서 음미하듯이 좌우로 넓어진다. 후각과 미각이 공통된 뿌리와 기능을 가지고 있는 만큼 운동적으로도('신체언어에서도') 공통점을 보이는 셈이다. 그런가 하면 역겨워하는 표정은 그것을 바라보는 사람에게도 역겨움을 불러일으킬 수 있다. 또한 최근에는 이에 상응하는 중복된 신경활동이 전두엽의 피질 부위(뇌섬엽insular lobe)에서 확인되기도 하였다(Jabbi, Swart, & Keysers, 2007).

손으로 코를 막는 행동은 "웬 고약한 냄새야?" 라는 의사 표시의 몸짓이기도 하다. 입을 벌려 숨을 쉬는 것은 코 또는 후각점막으로 공기가 흘러들어가는 것을 상당히 막음으로써 고약한 냄새를 피할 수 있게 해 준다. 그러나 악취 나는 것을 삼켰다는 생각 때문에 불쾌해지기는 마찬가지다. 따라서 이런 상황에서는 잠시 숨을 멈추고 재빨리 자리를 피하는 것이 상책일 수 있다. 심지어 매우 자극적인 냄새가 풍길 때는 반사적으로 호흡이 정지되기도 한다.

지각의 성질/감각생리학 ▶ 삼차 화학수용

- 삼차三叉 화학수용 또는 일반적인 화학적 감각: 인간에게는 전문화된 후각수용기나 미각수용기 대신에 피부(특히 점막)에 있는 자유신경종말들이 전달하는 화학적 성질들도 있다. 입과 비강 전체에 세 갈래로 갈라져 있는 삼차신경종말들이 이런 역할을 담당한다. 예컨대, 매운맛이나 코

를 찌르는 냄새는 입, 코, 목구멍의 점막에 있는 이 자유신경종말들이 자극을 받을 때 느끼게 된다. 이 경우에 우리는 촉각의 성질을 가리키는 개념들을 가지고 화학적으로 생긴 감각을 묘사하는데, 이것은 그리 이상한 일이 아니다.[2)] 왜냐하면 삼차신경은 입과 얼굴 부위의 촉각, 온도 감각, 통증 등도 전달하기 때문이다.

후각적 쾌감의 발달 후각과 미각은 이미 태어날 때부터 상당히 발달해 있다. 그러나 냄새에 대한 가치평가가 타고난 것인지, 아니면 학습된 것인지에 대해서는 논란이 많다. 냄새에 대한 가치평가가 보편적인 현상이라는 점, 그리고 신생아에게 썩은 달걀 냄새를 맡게 하면 (예컨대 바닐라 냄새를 맡게 할 때와 달리) 성인과 비슷하게 반응한다는 점([그림 5-6]) 등은 인간이 많은 가치평가를 타고날 것이라는 추측을 뒷받침한다. 다만 냄새의 경

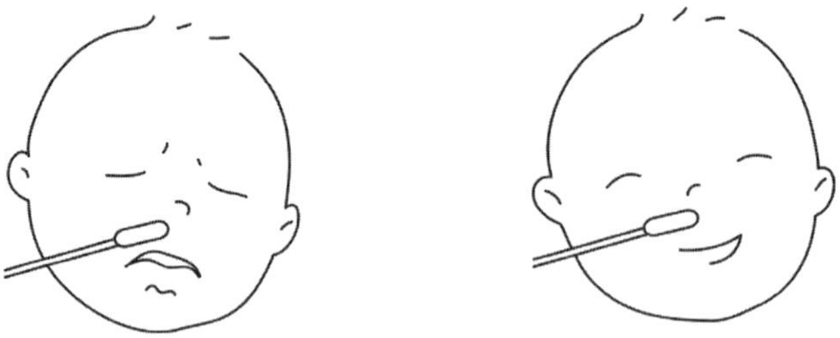

[그림 5-6] 후각발달 실험

역자주

2) 흥미롭게도 한국어의 '맵다'는 일차적으로 미각에 관한 개념(매운맛)이고 이차적으로 다른 의미(매운 날씨, 매운 담배 연기 등)도 갖는 데 반해, '맵다'에 해당하는 영어나 독일어의 sharp/scharf(날카로운), hot/heiß(뜨거운), pungent/stechend(혀나 코 따위를 찌르는)와 같은 단어들은 일차적으로 촉각에 관한 개념들이다.

우에는 신생아와 성인의 유사성이 (단맛이나 쓴맛 같은) 맛을 느낄 때 짓는 표정의 유사성만큼 분명하거나 보편적이지는 않다. 그리고 기어 다니는 연령대의 (충분히 발육한 코를 지닌) 아이들에게 좋은 또는 나쁜 냄새가 나는 장난감을 주고 놀도록 하면, 아이의 놀이행동을 찍은 영상을 바탕으로 아이가 장난감에 대해 느끼는 쾌감의 성질을 비교적 정확하게 평가할 수 있다.

그런가 하면 어린아이들은 똥 냄새를 잘 견디는 편인데, 이것은 후각적 쾌감이 (비교적 천천히 진행되는) 학습과정의 산물이며 따라서 문화에 따라 다를 수 있다는 것을 지지하는 예로 언급되곤 한다. 그리고 특정 연령대가 되어야 비로소 많은 냄새에 대한 혐오반응이 나타나는 것은 사실이지만, 과연 이것이 학습 때문인지 혹은 성숙의 문제인지는 분명치 않다. 여러 연구 결과에 따르면, 아이들은 과일 향기에 대해 성인보다 더 큰 호감을 보이는 반면에 꽃향기에 대해서는 더 작은 호감을 보인다. 그리고 사향 냄새에 대해서는 성적인 성숙이 이루어진 다음에, 곧 사춘기부터나 매력적으로 느끼는 것이 분명하다.

많은 아이가 부모의 향수 냄새를 좋아하지 않는데, 이것은 아이들이 성인의 가치평가를 받아들이기 전에는 냄새에 대해 중립적일 것이라는 주장에 반대된다. 또한 수많은 향수가 미세하게 배설물 냄새를 포함하고 있다는 사실을 고려할 때, 문명사회의 성인들이 이 냄새를 싫어할 것이라는 가정도 확실하다고 보기 어렵다. 심지어 한 정신분석이론(Ebberfeld, 1999)에 따르면, 향수를 바르는 성인들의 행동은 아이들의 분변기호증이 승화되어, 다시 말해 문화적으로 수용될 수 있는 형태로 다시 나타난 것이라고 한다.

문화의 비교 ▶ 배설물 냄새

감각들의 문화사를 연구한 다이앤 애커먼Diane Ackerman(1991: 40)은 다음과 같이 말했다. "서유럽 사람들은 배설물 냄새를 역겹게 여기지만 아프리카 마사이족Massai은 오렌지 빛이 돌고 강한 냄새를 풍기는 소똥으로 머리를 장식한다. 아이들은 냄새를 싫어하도록 길러지기 전까지 대부분의 냄새를 좋아한다." 그런가 하면 브룬Vroon 등(1996: 189)의 서술은 문화와 연령에 따른 이런 차이를 간접적으로 상대화하고 있다. "많은 향수에는 심지어 약간의 똥 냄새가 들어 있기도 하다. 이것은 이상해 보일지 모르지만 실제로는 그렇게 이상한 일이 아니다. 인간은 자신의 배설물에 대해 그렇게 강한 거부감을 가지고 있지 않다. 아이들은 배설물을 몸에 바르기도 하며 어른들도 필요 이상으로 오랫동안 화장실에 앉아 있곤 한다."

냄새에 대한 좋고 나쁨의 학습은 부분적으로 (어린 시절의) 후각적인 환경('마구간 냄새')에 그냥 익숙해진 결과이기도 하다. 특히 어머니가 섭취하는 음식물의 냄새는 태어나지도 않은 아기에게 영향을 미칠 수 있다. 신생아는 태어나자마자 어머니 가슴의 냄새를 알아차리고 또 좋아한다. 익숙한 환경의 냄새는 나중에 성장한 뒤에도 (그것이 익숙한 환경의 냄새라는 것을 예외적으로 의식하고 지각하는 한) 비교적 유쾌하게 느껴진다. 왜냐하면 이런 냄새가 안정감과 아늑함을 선사하기 때문이다. 반면에 낯선 냄새는 종종 불쾌하게 느껴지며 불안과 심지어 역겨움을 불러일으키기도 한다. 그래서 흔히 이방인들은 고약한 냄새가 난다고 말한다.

민감도의 차이 여자 신생아는 남자 신생아보다 예민한 코를 가지고 있다. 그리고 시장조사를 위해 냄새 검사를 하거나 도시 또는 시골의 냄새를 측정할 때에도(후각경관) 후각이 더 예민한 여성들이 더 자주 활용된다. 남성이든 여성이든 후각의 민감도는 나이가 들면서, 특히 약 70세부터 두드러지게 감소한다. 좋은 냄새는 방향물질의 농도와도 관련이 있기 때문에 민감도가 떨어진 사람이 자기 몸에 향수를 지나치게 뿌림으로써 주위 사람들에게 부정적인 반응을 야기하는 일이 생길 수도 있다.

후각장애 후각이 완전히 상실되는 것(전반적 무후각증)은 (예컨대, 자동차 충돌사고 등으로 두개골 사골에 있는 수용기 경로가 찢어지는) 기계적인 원인 때문일 수도 있고 (바이러스 감염의 합병증 같은) 신경변성질환의 결과일 수도 있다. 이런 일을 당하면 평소 무심하게 지나쳤던 후각의 중요성을 뼈저리게 깨닫게 된다. 무후각증 환자들은 후각을 통한 환경지각과 가치평가의 능력을 상실할 뿐만 아니라 흔히 삶의 활기까지도 잃어버린다. 왜냐하면 정서적인 삶의 중요한 한 원천이 사라져 버렸기 때문이다. 이런 증상을 겪었던 언론인 다니엘라 바인개르트너Daniela Weingärtner는 자신의 체험을 다음과 같이 묘사했다. "현재가 창백하고 무미건조하게 느껴져요." (SZ-Mag. 33, 1995) 무후각증은 우울증으로 이어지기 쉽다. 그러나 후각기관의 신경조직이 비교적 왕성하게 재생되고 또 최근에는 적절한 훈련법도 개발되었기 때문에 무후각증은 많은 경우에 (일부) 되돌릴 수 있다.

(오줌 냄새, 맥아 냄새 등) 일부 냄새를 맡지 못하는 증상(부분적 무후각증)은 비교적 많은 사람이 앓고 있으며, 일부는 유전적인 원인 때문에 생긴다. 후각이 병적으로 감퇴하는 것(후각저하증)은 예컨대 정신분열증에서 나타난다. 반면에 간질이나 편두통은 종종 후각이 지나치게 민감해지는 증상(후각과민증)을 수반한다. 이때는 구토, 메스꺼움, 두통, 현기증 같은 증상도 나타나는데, 이런 증상들은 건강한 사람의 경우에도 교회나 향수 가게

등에서 후각에 지나친 자극을 받으면 일어날 수 있다.

가정의학과 건강 ▶ 방향요법

방향요법은 믿음의 문제다. 왜냐하면 그것이 선전하는 구체적인 치료효과는 아직 증명되지 않았기 때문이다. 어쩌면 방향요법의 효과는 약리학적 경로로 [곧, 냄새정보가 후각세포를 통해 뇌로 전달되는 신경학적 경로를 통해서가 아니라 방향물질의 미세분자들이 혈액이나 조직에 침투함으로써: 역자주] 일어나는 것일 수도 있다. 반면에 향기가 안락한 분위기에서 마사지와 함께 제공될 때 심신의 안녕에 좋은 영향을 미친다는 것, 다시 말해 심미적 신체요법으로서 불특정하게 질병 치료에 기여할 수 있다는 것은 전통 의학계에서도 인정하는 사실이다.

냄새와 의식상태 냄새가 기분에 어떤 영향을 어떻게 미치는가 하는 물음은 냄새가 의식상태에 미치는 진정 또는 흥분 작용과 밀접하게 관련되어 있다. 마음을 자극하고 흥분시키거나 또는 거꾸로 마음을 진정시키고 때로는 몽환상태trance로 이끌기도 하는 냄새의 작용은 엄밀하게 따져볼 때 반드시 냄새 때문에 일어나는 것만은 아니다. 예컨대, 어떤 좋은 냄새가 활기를 북돋는 까닭은 그것이 호흡을 강화하기 때문이다. 그러나 성급한 심호흡, 곧 과다호흡은 머리가 멍한 상태나 졸도로 이어질 수 있다. 이것은 종교 예식 등에서 몽환상태를 유도하는 기법으로 사용되기도 한다. 나아가 흡입 성분들이 약리학적 경로로 의식상태나 기분에 영향을 미칠지 모른다. 예컨대, 향에는 마취제 해시시의 작용 성분인 THC(사四수소화 카나비놀)와 비슷한 성분이 들어 있다(Martinez, Lohs, & Janzen, 1989, 138). 이집트의 벽화에는 독성이 있는 것으로 알려진 푸른 수련睡蓮 또는 '푸른 연꽃' 에서 증발시킨 냄새로 몽환상태를 유도하는 듯한 장면이 그려져 있다. "특히 '묵직하고' 달콤한 마취성 꽃향기들은 '신경 위에 눕는다'. 물론 개인에 따라 차이가 크지만, 이런 향기들은 어느 정도 시간이 지나면 머리가 묵직해지거나 멍해지는 증상, 메스꺼움, 심지어 마취와 비슷한 증상을 일으킨다. 이것이 (예컨대 루핀Lupine 풀밭이나 신선한 건초더미 위에서 잠을 잘 때) 치명적인 결과를 가져올 수 있다는 주장이 자주 제기되었지만 확실하게 증명된 것은 아니다. 어쨌든 모든 병원에서는 밤이 되면 방 안에 있는 꽃들을 밖으로 치운다. 게다가 수많은 사람은 자신의 사무실에도 꽃을 놓으려고 하지 않는다."(Hellpach, 1977: 41-42) 대개 향료가 첨가된 암모니아 화합물인 후자극제Riechsalz는 과거에 가정 상비약으로 간주되기도 했는데, 그 각성효과는 삼차 화학수용에 전달되는 강력한 자극을 통해 깜짝 놀라게 만드는 효과 때문에 생기는 듯하다.

읽을거리 Campenhausen, 1993; Dietz, 2002; Burdach, 1988; Hummel & Welge-Lüssen, 2006; Herz, 2002; Jellinek, 1994; Ohlhoff, 2004; Wilson & Stevenson, 2006; 표정/운동: Darwin, 2000; Schmidt & Beauchamp, 1992; 발달: Laing, Doty, & Breipohl, 1991, 7-9장; Schmidt & Beauchamp, 1992; 장애: Sherby & Chobor, 1992, 16-21장; 의식상태: Lawless, 1991.

기억, 상상, 꿈, 환각, 공감각

안에서 나는지, 밖에서 나는지 도무지 종잡을 수 없는 냄새가 불현듯 코끝을 스칠 때 그것은 종종 시간의 심연 속에서 끌어올린 기억의 터질 듯한 거품과도 같다(Doderer, 1966: 231).

냄새는 기억에 강한 흔적을 남긴다. 냄새는 오랜 시간이 지나도 비교적 쉽게 다시 알아챌 수 있다. (실험에서 후각적 자극의 망각곡선은 예컨대 시각적 자극의 망각곡선보다 완만하게 내려간다.) 냄새는 그것을 처음 맡았을 때의 상황에 대한 기억을 우리도 모르는 사이에 불러일으킨다. 마르셀 프루스트Marcel Proust의 소설 『잃어버린 시간을 찾아서*Ála recherche du temps perdu*』에 나오는 마들렌Madeleine[조개 모양의 작은 케이크: 역자주] 일화는 이를 잘 묘사하고 있다. 이 장면에서 주인공은 방금 차와 케이크에서 풍겨온 향기가 왜 그렇게 묘한 기분을 자아냈는지에 대해 잠시 생각에 잠겼다가 서서히 그 이유를 깨닫게 된다. 이런 '프루스트 효과'는 냄새 또는 향기가 그것을 경험했던 과거의 공간적이고 정서적인 맥락을 머릿속에 불러일으키기 때문에 생긴다(일화기억의 활성화). 고古인류학자 앙드레 르루아-구랑André Leroi-Gourhan에 따르면, 이런 효과가 생기는 특별한 이유는 "후각이 활성화되는 생리학적 영역이 성찰과 아무 관계도 없기 때문"이다. 그에 따르면, 바로 그렇기에 머릿속에 떠오르는 표상이 "상당한 깊이와 강도"(1980: 358-359)를 지니게 된다는 것이다. 또한 이렇게 아련한 향수를 불러일으키는 것은 냄새뿐만 아니라 '흘러간 가요' 같은 음악도 마찬가지다(Lawless, 1991)[▸8장].

반면에 많은 사람에게 냄새를 상상하기란 매우 어려운 일이다. 냄새를 상상할 수 있는 소수에 속하는 향수 제조자들의 보고에 따르면, 그들은 상상 속의 코로 여러 향기를 혼합할 수도 있다. 또한 뇌기능 영상기법을 사용한 연구들도 후각적 상상의 가능성을 뒷받침하고 있다(Kettenmann, Hummel, & Kobal, 2002). 계통 발생적으로 오래된 지각 양태인 후각은 종종 우리도 모르는 사이에 어떤 장면에 대한 표상을 불러일으킨다. 그러나 거꾸로 특정 냄새를 의도적으로 상상하기란 많은 사람에게 불가능한 일이다. 이처럼 후각과 정신적 표상의 관계가 상당히 일방적인 것은 꿈에 대한 연구에서도 비슷하게 나타난다. 다만 조건에 따라서는 냄새에 대한 꿈이 증가하기도 한다.

잠과 꿈 ▶ 냄새가 일으키는 꿈 또는 꿈속의 냄새

이미 19세기에 알프레드 모리Alfred Maury와 에르베이 드 생 드니Hervey de Saint Denis는 자신들이 잠자는 동안에 코 밑에 놓도록 한 냄새자극의 영향에 대해 연구했다. 그들은 냄새자극과 같은 냄새를 규칙적으로 맡았던 장소(예컨대 어떤 향수 가게, 휴양지, 작업실 등)가 꿈에 나타난다고 보고하였다(VandeCastle, 1994). 또한 이렇게 후각자극이 꿈과 '합체' 되는 현상은 현대적인 수면연구에서도 증명되었다. (예컨대 실험에서 레몬 향기는 꽃향기가 가득한 공원을 꿈꾸게 하였다.) 독일연구재단Deutsche Forschungsgemeinschaft의 1994년 보고에 따르면, 독일 의사인 한스 하트Hans Hatt는 오렌지 향기를 통해 심박 및 호흡의 빈도 증가와 (더 자세히 설명되지 않은) '긍정적인 꿈 내용' 을 유발했다고 한다. 또한 똥 냄새(스카톨Skatol)는 심박을 증가시킨 반면에 호흡의 빈도는 변화시키지 않았으며, 부정적으로 평가된 꿈 내용을 유발했다고 한다. 그런가 하면 질의 분비물은 남성들의 심박을 증가시켰고 '뭔가 긍정적인' 꿈을 꾸게 했다고 한다. 다른 한편으로 여러 토착문화에서는 (생강 등의) 냄새를 이용해 원하는 꿈을 유도하려는 시도가 있었다. 이때 사람들은 꿈을 '부화'시키기 위한 예식의 일환으로 냄새를 사용했다.

문명사회의 일반인들이 꿈속에서 자연스럽게 어떤 냄새를 맡거나 맛을 느끼는 경우는 비교적 드물다. 그리고 남성들은 여성들보다 더 드물게 이런 꿈을 꾼다. 적어도 실험실에서 피험자들이 방금 전에 꾼 꿈에 대해 보고한 것들과 사람들의 꿈에 대한 일기기록에 따르면 그렇게 보인다(Strauch & Meier, 2004). 한 설문조사에 따르면, 상상력 검사에서 높은 점수를 보인 1/5의 응답자는 오감이 모두 동원되는 꿈을 종종 꾼다고 답했다(Okada, Matsuoka, & Hatakeyama, 2005). 하지만 이 경우에는 응답자들이 훨씬 이전에 꾼 꿈에 대해서도 회상하려고 노력했기 때문에 기억의 왜곡이 일어났을 수도 있을 것이다. 또 다른 연구에서는 냄새를 더 잘 식별할 수 있는 사람들이 냄새를 맡는 꿈을 더 자주 꾸었다(Stevenson & Case, 2004/05).

정신과 의사 볼프강 클라게스Wolfgang Klages는 『민감한 인간*Der sensible Mensch*』이란 책에서 평균 이상으로 예민한 후각을 지닌 사람들이 냄새에 대한 상상도 생생할 뿐만 아니라 냄새에 대한 꿈도 더 잘 꾼다고 주장하였다. 향수 제조자들은 꿈속에서 복잡하게 혼합된 냄새를 맡기도 한다고 보고한다. 또한 깨어 있을 때 냄새에 더 주의를 기울이게 되는 맹인들에게도 냄새는 꿈의 중요한 일부로 등장할 것이다. 예컨대, 시각 · 청각장애인이었던 헬렌 켈러Helen Keller는 『내가 살고 있는 세상*The world I live in*』(2003/1908: 94)에서 "나는 깨어 있을 때만큼이나 자주 냄새를 맡고 맛을 느낀다."라고 했다. 또한 슈트라우흐Strauch와 마이어Meier의 『꿈의 흔적을 찾아서*Den Träumen auf der Spur*』에 따르면, 성인이 되어 눈이 먼 한 남성은 눈먼 지 8년째 되는 해에 취리히 대학의 수면 실험실에서 모든 감각 양태로 똑같이 꿈을 꾸었다고 보고했다. 이 책에서는 과거의 토착문화권에서 강도 높은 후각훈련을 받고 자란 사람들이 꿈속에서도 냄새를 더 잘 맡았을 것이라고 한다.

특별히 강렬한 꿈, 특히 악몽을 꿀 때는 현대인들도 (유쾌하기보다는 불쾌한) 냄새를 맡는 일이 드물지 않게 일어나는 듯하다. 그러나 지독한 악취가 풍기는 끔찍한 꿈속의 장면 등은 꿈속에서 생생하게 활성화된 (후각적) 상상의 결과라기보다 (환각제 복용에 따른 공포체험이나 간질 환자 등에게서도 나타나는) 환각의 결과일 수 있다(Ohlhoff, 2004; Schönhammer 2004a). 콘스턴스 클라센Constance Classen 등은 『향기. 냄새의 문화사*Aroma. The cultural history of smell*』에서 현대 문명인들의 꿈이 대부분 냄새가 없는 데 반해 토착문화권의 무당들은 냄새를 맡는 꿈을 자주 꾼다고 서술했다. 아마도 이런 무당들의 꿈은 부분적으로 환각제의 작용에 따른 것임에 틀림없을 것이다.

냄새에 대한 환각(이상후각)은 (발작의 전 단계 또는 복합부분발작 증상의) 간질, 편두통, (불완전한 후각의 반대 현상을 보이는) 정신분열, 내인성 우울증, 때로는 외상후 스트레스 증후군이나 향정신성 약물중독 등의 경우에 나타난다. 캄펜하우젠Campenhausen(1993)의 보고에 따르면, 역겨운 냄새가 퍼지고 있다는 암시를 통해서도 냄새에 대한 환각이 생길 수 있다. 그런가 하면 냄새를 상상하려는 의도만 가지고는 대개 아무런 효과도 얻지 못하는 반면, 정서적인 경로를 통해서는 자기도 모르는 사이에 냄새에 대한 착각이 매우 생생하게 일어날 수 있는 듯하다. 공감각을 경험하는 소수 사람의 경우에는 냄새를 통해 시각, 청각 등의 다른 감각이 유발되기도 하며, 거꾸로 (매우 드물지만) 다른 감각 양태를 자극함으로써 후각적 지각이 유발되기도 한다(Day, 2006).

읽을거리 Holley, 2002; Greenberg, 1992; Ohlhoff, 2004; Wilson & Stevenson, 2006.

냄새와 성

오스트리아의 일부 지역과 지중해 지역에서는 총각들이 처녀들 앞에서 자신의 겨드랑이 냄새를 묻힌 수건을 흔들면서 춤을 춘다(Eibl-Eibesfeldt, 1995: 604).

(발정기의 암내처럼) 특별히 성적인 냄새는 기묘하게도 이중적인 성격을 띤다. 즉, 성욕이 충만한 상태에서는 이런 냄새를 탐욕스럽게 빨아들이지만 발정기가 지나면 이런 냄새가 역겹게 느껴진다. 땀내, 특히 겨드랑이 땀내도 이와 비슷하게 이중적인 성격을 띤다(Hellpach, 1977: 42).

"곤충부터 척추동물에 이르기까지 짝짓기와 교미는 이른바 성적 페로몬을 통해 반사적으로 조절된다."(Hatt, 1996: 315) 또한 인간에 가까운 포유류의 경우에도 수태 가능성을 알리는 신호가 화학적으로 전달된다. 인간의 경우에 성행위는 성적 주기와 무관하게 이루어지는데, 이것은 구애 심리뿐만 아니라 후각 및 후각기관에도 영향을 미칠 것이다(보습코기관의 퇴화; 아래 참조). 비록 남성들이 여성의 오줌 냄새를 통해 여성이 교미할 준비가 되어 있는지를 판단하지는 않지만, 인간의 경우에도 신체 분비물의 냄새는 성행위에서 화학적 신호(페로몬)로서 일정한 역할을 할 것이다. 배란기 이전과 배란기에 여성들은 남성의 겨드랑이 땀내를 더 매력적으로 느끼는 듯하다. 또한 이 시기에 나온 질 분비물이 남성들에게 가장 매력적인 냄새를 풍기는 듯하다. 한 실험에서는 (여성보다 남성의 겨드랑이 땀에 더 풍부한) 안드로스테논을 공중전화 박스나 대기실에 뿌리자 남성들보다는 여성들이 이런 장소를 매력적으로 느꼈다. 그런가 하면 느낌이나 행동과는 약간 다른 차원의 이야기이지만 남성이나 여성의 겨드랑이 땀에 들어 있는 성분이 여성의 주기에 영향을 미칠 수 있다는 연구 결과도 있다.

동물의 비교 ▶ 보습코기관

파충류 또는 포유류에 속하는 여러 동물은 코 외에도 보습코기관이라는 것을 가지고 있다. 이것은 콧구멍 앞쪽에 감각세포들이 모여 있는 것인데 처

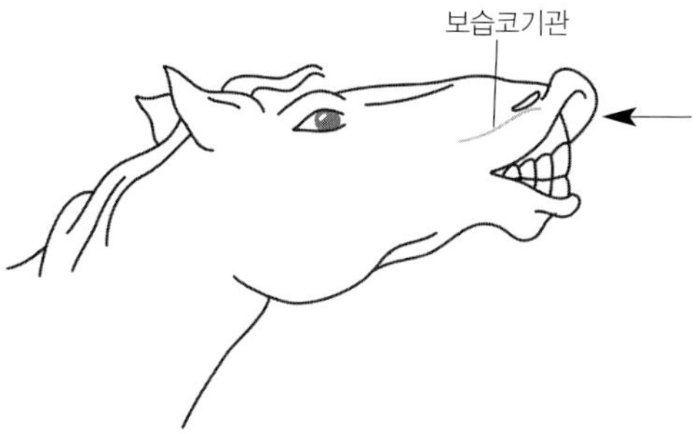

[그림 5-7] 보습코기관

음 발견한 사람의 이름을 따서 야콥슨기관이라고도 부른다. 이 보습코기관은 (신체에서 나는 많은 냄새, 특히 수태 가능성을 시사하는 오줌 성분들처럼) 크고 묵직한 휘발성 분자들에 반응한다. 말, 개, 고양이, 쥐 등의 경우에는 이 기관에서 구강으로 이어지는 통로가 있다. 그래서 예컨대 뱀이 혀를 날름거리거나 말이 윗입술을 말아 올려 콧소리를 내며 공기를 들이마시면([그림 5-7]) 냄새 성분이 들어오게 된다. 그리고 그것이 일으킨 신경흥분의 일부는 부후구에서 처리된다. 성숙한 인간이나 유인원의 경우에는 코 중격 아랫부분에 이 기관의 흔적이 남아 있지만 그것이 뇌로 연결되어 있지는 않다. 그러나 출생 전에는 이 기관이 인간의 경우에도 어느 정도 작동하는 것처럼 보인다(Evans, 2003).

대표성이 없는 표본을 대상으로 수행된 한 설문조사에 따르면, 여성과 남성의 절반가량은 향수를 뿌리지 않은 몸 냄새가 성적으로 자극적이라고 느꼈다. 그리고 1/4에 가까운 응답자는 겨드랑이 냄새를 통해 흥분을 느꼈다(Ebberfeld, 1999). 영국의 생물학자 마이클 스토더트Michael Stoddart(1990)는 성적 흥분을 일으키는 겨드랑이 분비물이 다른 포유류의 발정 냄새의 대체물로 발달했을 것이라는 주장을 제기한 바 있다. 그의 해석에 따르면, 인간에게 발정 냄새가 사라진 것과 (비교적 감추어져 있어서 은밀한 사이에서나 쉽게 맡을 수 있는) 겨드랑이 냄새가 발달한 것은 모두 (자식을 키우는 데 오랜 세월이 걸리기 때문에 진화적으로 유리한) 일부일처제에 기여한다고 한다.

사람들은 자신의 몸 냄새, 특히 겨드랑이 땀내에 대해 이중적인 태도를 취하는 듯하다. 사람들은 상황적 요인과 (신선한 땀인가 혹은 오래된 땀인가 라는) 분해과정의 문제 외에도 개인적 취향에 따라 냄새에 대한 매력을 다르게 느끼는 듯하다. 그런가 하면 사람들이 면역요인들의 냄새를 바탕으로 유전적으로 유리한 성적 상대방을 고른다고 주장하는 학자들도 있다.

예술, 매체, 광고 ▶ 겨드랑이

스토더트(1997)는 예술이나 광고에서 묘사되는 겨드랑이 모습들이 은근하게 성적 암시를 담고 있다고 말한다. 예컨대, 광고에서 묘사되는 겨드랑이는 흔히 털을 깎은 모습을 하고 있는데, 이것은 후각적인 성적 자극이 너무 노골적으로 전달되는 것을 피하기 위해서라고 말한다. (잘 알다시피, 털에는 냄새가 잘 들러붙는다.) 그러나 겨드랑이를 들어 올린 모습이 겨드랑이 냄새를 암시하기 위해서인지, 아니면 (특히 누운 자세에서 자신을 바친다는 표시로) 팔을 머리 뒤로 뻗다 보니 자연스럽게 그렇게 된 것일 뿐인지는 상대방의 코가 그림에 나와 있지 않는 한 쉽게 단정 짓기 어렵다. 하지만 어느 쪽이든 향수 광고의 목표를 달성하는 데는 별 어려움이 없을 것이다. 어쨌든 겨드랑이는 냄새의 상징적 표현에서 빼놓을 수 없는 요소임에 틀림없다.

사람들은 몸에 향수를 뿌리기 위해서, 다시 말해 자신의 몸 냄새를 뒤덮기(그러나 또한 강화하기) 위해서 전통적으로 사향, [향유고래의: 역자주] 용연 향, 비버 향 같은 동물의 (성적) 분비물이나 꽃향기, 다시 말해 식물의 번식을 돕는 유인물질을 사용했다. (재스민에 들어 있는 인돌Indol처럼 여러 식물의 방향 성분에는 배설물 냄새가 포함되어 있다.) 그 밖에 과일이나 다른 음식물 또는 조미료의 냄새도 일부 향수로 활용되곤 한다.

몸에 향수를 뿌리는 것은 매우 오래되고 보편적인 현상이지만, 향수를 둘러싼 구체적인 풍습은 매우 다양하다. 얼마 전부터는 마법 같은 매력을 지닌 페로몬 향수에 대한 환상이 광고 등을 통해 전파되고 있는데, 이것은 자연의 강력한 힘을 빌려 사람들 사이의 난해한 '성적 화학작용'을 마음대로 통제하고 싶은 오래된 소망이 현대적인 형태로 되살아난 것이라 하겠다. 그러나 스토더트의 추측에 따르면, 애당초 향수는 다른 사람을 유인하기 위해 쓰인 것이 아니라 선사시대에 여성의 수태 가능성을 알리는 냄새를 은폐하기 위해(그래서 일부일처제를 보호하기 위해) 쓰였으며, 이것이 겨드랑이 냄새처럼 성욕을 자극하는 향수로 발전한 것은 비교적 최근의 일이다. 심지어 브룬Vroon 등은 오늘날에도 여성들이 향수를 사용하는 까닭은 남성을 붙잡기 위해서라기보다 오히려 남성으로부터 어느 정도 거리를 두기 위해서일지 모른다고 말한다.

읽을거리 Ebberfeld, 1999; J. S. Jellinek, 1994; P. Jellinek, 1994; Stoddart, 1990, 1997; Vroon et al., 1996; Wyatt, 2003.

냄새의 사회심리학

사람들은 저마다 독특한 후각적 분위기 또는 체취를 지닌 채 서로에게 (때로는 너무 가깝게) 다가간다. 이때 가까이 있는 사람의 체취가 중립적으로 느껴지는 경우는 드물다. 즉, 자식, 부모, 배우자 등에게는 상대방의 체취가 친밀감과 안정감을 선사하는 반면에 낯선 사람에게는 욕망 또는 혐오감을 불러일으킬 것이다.

철학 ▶ 개인의 후각영역

철학자 게오르그 짐멜Georg Simmel은 『사회학Soziologie』이라는 저서에서 다음과 같이 간명하게 말했다. "우리가 어떤 사람의 분위기를 코로 맡는 것은 그 사람을 가장 친밀하게 지각하는 것이다. 이때 그는 말하자면 공기와도 같은 형태로 우리의 감성적이고 가장 내밀한 곳으로 파고든다." 또한 그는 다음과 같이 덧붙였다. "향수는……금이나 다이아몬드의 광채처럼 개인의 영역을 확장시킨다. 이때 근처에 있는 사람은 그곳으로 빠져들어, 말하자면 그 사람의 영역 안에 붙잡히게 된다."(1983/1908: 490) 짐멜보다 100년도 더 전에 칸트가 후각에 대해 우려를 표시한 것도 바로 많은 사람의 영역이 겹쳐서 불쾌감이 생길 수 있다는 이유 때문이었다. "가장 달갑지 않고 또 가장 없어도 될 것처럼 보이는 감각은 무엇일까? 그것은 바로 냄새에 대한 감각이다. 이 감각을 교화하거나 심지어 세련되게 만들어서 향유하려는 것은 헛된 짓이다. 왜냐하면 그것이 줄 수 있는 유쾌한 것들보다 (특히 사람들이 번잡하게 많은 곳에서) 역겨운 것들이 더 많기 때문이다."(Kant, 1983/1798: 76)

상당수의 사람은 강한 체취를 지닌 사람에 대해서처럼 향수를 뿌린 사람에 대해서도 비슷하게 불쾌한 느낌을 받는다. 한 야외실험에서는 유원지의 놀이기구 앞에서 줄 서서 기다리는 사람들 사이에 향수를 뿌린 사람 또는 향수를 뿌리지 않은 사람을 각각 심어 놓았다. 그러자 줄 서서 기다리는 사람들은 향수를 뿌리지 않은 사람보다 향수를 뿌린 사람에게 더 거리를 두었다.

자신의 체취를 풍기는 것은 현대사회에서도 잠재적인 공격으로 느껴지기 때문에 일종의 영역행동이라고 볼 수 있다. 특히 현대의 도시생활에서는 사람들끼리 심하게 부대끼는 일이 자주 일어난다. 근접학에서 다루는 주제인 사람들 사이의 적절한 거리는 (친밀한 관계에서부터 익명의 공개적인 접촉에 이르기까지) 다양한 사회적 상황에 따라 다양하게 결정되는데, 예컨대 대중교통 수단에서는 이런 거리를 적절하게 유지하지 못할 때가 많다. 그럴수록 후각적 자극의 절제가 요구된다고 하겠다. 또한 낯선 사람이 풍기는 지나친 체취는 물리적으로 편안한 거리조차 너무 가까운 것처럼 느껴지게 만들 수 있다.

몸 냄새나 향수 외에도 사람들이 매일 행하는 활동과 그 결과(예컨대 흡연, 요리, 자동차 배기가스, 쓰레기 등)로 인해 개인마다 독특한 후각적 분위기가 형성될 수 있으며, 이것이 냄새로 인한 사회적 긴장을 야기할 수 있다. 여러 시장조사에 따르면, 여성들은 무엇보다도 스스로 기분이 좋아지기 위해서 향수를 뿌린다. (그리고 실제로 이런 경향은 향수 광고의 일정 부분을 차지하고 있다.) 또한 여기에는 주위 사람들이나 도시생활의 피할 수 없는 후각적 분위기를 차단하고 싶은 여성들의 욕구가 함께 작용할 수 있다. 이렇게 볼 때 여성들이 향수를 뿌림으로써 (아마도 무의식적으로) 남성으로부터 거리 두기를 시도한다는 앞의 주장은 사회심리학적으로도 시사하는 바가 크다.

읽을거리 Classen, Howes, & Synnott, 1994; Dollase, 1994; Hauskeller, 1995; Raab, 2001.

장소의 냄새와 분위기

사람들은 학교나 병원 같은 특정 장소 또는 건물에서 지나간 삶의 감회에 대한 기억을 불러일으키는 냄새를 맡곤 한다. 건축학에서 냄새가 어떤 장소나 공간의 심미적인 느낌에 어떤 기여를 하는지에 대한 논의는 별로 이루어지지 않고 있다. 그러나 이미 고대에도 사람들은 이따금 향기를 뿌린 흙으로 벽을 바르거나 냄새가 좋은 고급 목재를 사용했던 것 같다. 예컨대, 고대 로마의 건축가 비트루브Vitruv는 『건축에 대한 열 권의 책*Zehn Bücher über Architektur*』에서 낙엽송 재목의 수지나 증발물이 치유력을 지니고 있다고 서술했다. 또한 거의 같은 제목의 『건축에 대한 열 권의 책*Zehn Bücher über die Baukunst*』을 쓴 르네상스 시대의 건축가 레온 바티스타 알베르티Leon Battista Alberti는 고대 사원에서 향을 피웠던 일과 냄새로 해충을 몰아내는 방법에 대해 이야기하고 있다.

전통적으로 건축과 도시설계의 중요한 주제였던 통풍과 배수 및 위생의 문제는 건물의 향기 또는 악취에 중요한 변수로 작용했다.

- 습지 등의 썩는 냄새는 옛날부터(그리고 알베르티의 경우에) 도시설계에서 고려해야 할 문제였다.
- 서유럽 도시들은 대체로 도시의 서부지역이 더 좋은 냄새를 풍긴다. 왜냐하면 풍향을 고려해 공장들은 주로 동쪽에 건설된 반면에 주거지역은 주로 서쪽에 지어졌기 때문이다.
- 1920년대에 건축의 혁신을 주도했던 사람들이 가장 크게 비판했던 점은 과거의 대단위 싸구려 임대주택들이 잘못된 건축양식 때문에 뿜어냈던 '퀴퀴한 냄새' 였다([그림 5-8]).

• 흔히 창문이 없는 욕실이나 화장실은 저급 주거환경의 특징으로 또는 적어도 중요한 결함으로 간주된다.

[그림 5-8] 기디온S. Giedion의 『해방된 거주 *Befreites Wohnen*』(1929)의 표지 그림

요즘에는 건축의 생물학적 측면과 환경적 특성에 대한 관심이 높아지고 있으므로 건물과 도시의 후각적 여건을 개선하려는 노력도 차츰 강화될 것으로 보인다. (1990년대에 독일 뮌헨에서 작성된 도시의 냄새지도처럼) 후각경관smellscape과 그것이 인간의 건강과 안녕에 미치는 영향에 대한 체계적인 실태조사와 후각적 환경오염 요인들의 방출 및 침입에 대한 생태학적 성찰은 후각적으로 지속 가능한 설계를 촉진할 것이다. 여기서 후각적으로 지속 가능한 설계란 냉난방 장치 등을 통해 실내 공기를 피상적으로 향기롭고 쾌적하게 만들기보다 건강한 건축 소재의 사용, 식목사업, 신선한 공기 등을 통해 주위에 좋은 냄새를 조성하려는 노력을 의미한다.

매우 간단한 생물들도 화학적 감각을 통해 환경을 검사한다. 따라서 사람들이 옛날부터 썩은 냄새 같은 악취를 페스트 같은 질병과 연결 지어 생각한 것은 그리 놀라운 일이 아니다. 그리고 옛날 사람들은 이렇게 위협적인 주변 공기를 몰아내기 위해 연기를 피우거나 (과거에 페스트를 치료하던 의사들이 착용했던 [에테르 솜이 들어간: 역자주] 부리 모양의 마스크처럼 ([그림 5-9]) 좋은 냄새로 악취를 뒤덮으려고 시도했다. 게다가 연기를 피우는 것은 여기에 사용된 물질들의 살균작용 때문에 미처 몰랐던 병원균

[그림 5-9] 에테르 솜이 들어간 마스크

까지 잡는 효과도 있었다. 그리고 참고로 덧붙이자면 '향수Parfum' 라는 단어는 '연기' 를 뜻하는 라틴어 'per fumum' 에서 파생된 것이다.

그런가 하면 연기와 향기는 전통적으로 종교 예식에서 사용되었다. 종교적인 장소나 건물의 신성한 분위기를 자아내는 데는 다음과 같은 요인들이 기여한다.

- 위로 올라가는, 다시 말해 하늘로 향하는 연기나 수증기
- 향기와 함께 선한 신들이 우리도 모르게 방 안 가득 존재할 것이며 그래서 악을 몰아낼 것이라는 생각(여기서 향기는 신의 출현을 알리는 신호가 되는 셈이다)
- 향기(다시 말해 선한 존재)가 그 자리에 있는 모든 이의 몸속으로 들어가 모두를 하나로 통일시킬 것이라는 생각
- (과잉자극을 통해 또는 약리학적 경로로) 의식상태를 변화시키는 향기의 작용

이런 생각과 효과는 특정 종교와 무관하게 여러 문화권에서 찾아볼 수 있으며, 서양의 경우에는 오늘날에도 비교秘敎 예식 등에서 활용되고 있다(향불의 분위기).

읽을거리 Ackerman, 1991; Crunelle, 1995; Kennedy, 1995; Pallasmaa, 2005; Reinsch, 1993; 종교: Kügler, 2000; Pfeifer, 1997.

냄새의 문화

100년 전에 짐멜은 사회적 문제가 코의 문제이기도 하다고 말했다. 이것은 비록 그 사이에 노동자나 실업자의 주거 및 생활 조건이 많이 개선되어 '프롤레타리아 냄새' 라는 것도 사라져 버렸지만 여전히 어느 정도 타당한 이야기다. 예컨대, 한 소비자 조사에서는 가정에서 방향제를 즐겨 사용하는 사람들이 주로 집에서 담배를 피우고 요란스럽게 요리를 하며 고졸 미만의 학력을 지닌 사람들이었다. 반면에 고학력자들은 이런 식으로 개선된 공기를 값싼 것으로 취급하는 경향이 있었다(Raab, 2001).

음식문화와 향수를 포함한 여러 생활습관은 특정 문화 또는 하위문화의 '마구간 냄새' 를 형성하는 기초가 된다. 또한 냄새는 개인의 발달에 지속적인 영향을 미치기 때문에 문화적 정체성이나 심성도 후각적인 특징을 지닐 때가 많다. 특히 이방인에 대한 적대감이나 (종종 요리에 초점이 맞춰지는) 문화적 호기심은 코의 문제를 빼놓고 이야기하기 어렵다.

문화사, 민속학, 문화인류학 등에서는 후각경관이나 냄새와 관련된 습관의 문화적 차이를 지적하곤 한다. 그러나 이런 연구 분야에서는 종종 냄새에 대한 가치평가나 감수성의 문화적 차이를 지나치게 강조하는 경향이 있다. 게다가 이런 연구들은 여러 시대에 걸쳐 영향력을 발휘해 온 (철학자의 말 같은) 이데올로기에 의존하는 경우가 많다. 하지만 이런 식으로 끌어들인 견해들이 반드시 후각세계의 실제를 반영하는 것은 아니라는 점을 간과해서는 안 될 것이다.

문화사 ▶ 둔감하면서도 과민하다?

서양 사람들이 과거의 또는 먼 나라의 후각세계에 대해 관심을 보인 것은 그저 최근의 일만이 아니다. 장 자크 루소Jean-Jaques Rousseau는 1762년에 처음 발표된 교육학의 고전 『에밀 또는 교육에 관하여*Emil oder Über die Erziehung*』(1985: 148)에서 다음과 같이 말했다. "듣자 하니 캐나다 원주민들은 이미 어릴 때부터 예민한 후각을 지니고 있어서 사냥할 때도 개 대신에 자신의 코를 이용한다고 한다." 그런가 하면 20세기 초에 철학자이자 사회학자인 짐멜은 우리 문명인들이 더 이상 후각을 통해 "원시인들처럼 객관적으로 지각하지 못하지만 주관적으로는 그만큼 더 격렬하게 후각적 인상에"(1983/1908: 490) 반응한다고 주장했다. (짐멜의 이런 주장의 배경에는 '생명감각Vitalsinn' 대 '기관감각Organsinn' 또는 '강감각sensibilitas sthenica' 대 '약감각sensibilitas asthenica'을 구별한 칸트가 있었다. 칸트에 따르면, 강감각은 우리를 불행하게 만든다.)[3]

역자주

3) 칸트의 해당 논의는 『실용적 관점에서 본 인간학*Anthropologie in pragmatischer Hinsicht*』에 나온다. 거기서 칸트는 온몸에 관련된 자기느낌Selbstgefühl 또는 신경계 전체를 자극하는 감각(예컨대 따뜻하거나 춥다는 감각, 희망이나 두려움 같은 감흥Gemüt이 일으키는 감각)을 '생명감각Vitalsinn'이라 불렀고, 신체의 특정 부위에 속하는 신경만 자극하는 감각을 '기관감각Organsinn'이라 불렀다. 또 기관감각 가운데 촉각, 시각, 청각은 비교적 객관적인(곧, 자극된 기관에 대한 의식을 활성화하기보다 외부 대상에 대한 인식에 더 기여하는) 반면에 미각과 후각은 비교적 주관적이라고(곧, 외부 대상에 대한 인식보다 유쾌 또는 불쾌 같은 향유Genuss에 더 관련된다고) 말했다. 나아가 주체가 약해서 생기는 감각(곧, 감각자극이 의식 안으로 파고드는 것에 대해 주체가 충분히 저항할 수 없어서 생기는 감각)을 '약감각sensibilitas asthenica'이라 불렀고, 반대로 주체가 강해서 생기는 감각을 '강감각sensibilitas sthenica'이라 불렀다. 그리고 전체적으로 볼 때 칸트는 순전히 주관적인 느낌에 휩싸이게 만드는 감각보다는 외부 대상에 대한 인식을 가능케 하는 감각이, 따라서 생명감각보다는 (특히 촉각, 시각, 청각 같은) 기관감각이 인간에게 더 큰 행복감을 안겨 준다고 보았다.

알랭 코르뱅Alain Corbin이 쓴 『독기와 꽃향기. 냄새의 역사*Pesthauch und Blütenduft. Eine Geschichte des Geruchs*』(1984)는 주로 냄새에 대한 이론들의 근대 문화사를 다룬 영향력 있는 책이다. 이 책에서 코르뱅은 짐멜의 주장에서 한 걸음 더 나아가 이제는 사람들이 "모든 냄새를 침묵시켜…… 탈취脫臭된 환경"(304) 속에서 살고 있다고 주장했다. 그런가 하면 더 광범한 역사를 다룬 『냄새의 힘. 코의 철학*Die Macht der Gerüche. Eine Philosophie der Nase*』(1992)에서 아닉 르 구에러Annick le Guérer는 냄새의 역사에 대한 이런 논의들을 돌아보면서 과연 "현대인은 후각장애인인가?"(1995)라는 물음을 던졌다. 그리고 이 물음에 대한 그의 답변은 독특한 감성과 감각을 지닌 현대인도 냄새의 역사를 관통하는 쾌감과 역겨움의 이중성에서 완전히 벗어날 수는 없다는 것이었다.

냄새에 대한 지각능력은 줄어들지만 냄새에 대한 정서적 반응은 격해진다는 짐멜의 주장은 냄새의 지각과 가치평가가 근본적으로 밀접하게 서로 연결되어 있다는 사실을 고려할 때 설득력이 없어 보인다. 그리고 과거의 또는 먼 문화권의 사람들이 냄새에 대해 매우 예민하면서 동시에 매우 관대했을 것이라는 생각은 과장된 것처럼 보인다. 이렇게 볼 때 냄새에 대한 문화적 비평은 좀 더 온건하게 수정될 필요가 있다. 물론 그렇다고 해서 후각능력이 (오늘날의 성인들에게조차) 특정한 (직업적) 필요 때문에 또는 (예컨대 시각을 상실한 뒤에) 전반적으로 훈련을 통해 향상될 수 있다는 점과 과거나 현재의 토착문화권에서도 이와 비슷한 향상이 가능했을 것이라는 점을 부정하는 것은 아니다. 어쨌든 현대 도시인의 후각은 더 이상 '들판'에서 생명에 긴요한 방향감각을 제공해 주는 것이 아니라 인구가 과밀한 도시생활에서 (대개 불쾌하게) 풍겨 오는 냄새들에 초점이 맞춰질 수밖에 없다. 하지만 우리가 유전적으로 물려받은 후각의 환경검사 기능은 현대의 이런 조건 속에서도 이렇게 계속 작동하고 있는 것이다.

읽을거리 Aichinger, 2003; Classen, Howes, & Synnott, 1994; Guérer, 1992, 1995.

냄새와 대중매체, 후각 디자인과 냄새 마케팅

인류학자 클라센Classen, 하우즈Howes와 시노트Synnott(1994)는 현대 대중매체에 냄새가 빠져 있는 것이 현대문명의 문제점을 대변하고 있다고 말한다. 하지만 그동안 대중매체에 냄새를 포함시키려는 노력이 없었던 것은 아니다. 비록 20세기 후반에 냄새를 풍기는 영화관이나 텔레비전을 만들려고 했던 시험연구들(아로마라마AromaRama, 스멜오비전smell-o-vision, 센소라마Sensorama)은 실패로 돌아갔지만, 오늘날의 후속 연구들은 성공에 대한 기대치를 높이고 있다. 예컨대, 다른 장치의 부속품으로 쓰일 수도 있고 후각영화관에 설치될 수도 있는 스니프맨Sniffman은 다양한 냄새를 신속하게 바꿔 가면서 상당히 미세하게 조절된 양의 향기를 개인별로 제공할 수 있다. 아마도 향기를 이용한 의사소통은 가까운 미래에 인터넷이나 이동통신과 관련된 여러 분야에서 (공간, 상품, 인쇄물 등에 향기를 뿌리는 것의 보완기술로서) 개인적으로나 상업적으로 활용될 수 있을 것이다.

예술, 매체, 광고 ▶ 후각영화관

올더스 헉슬리Aldous Huxley의 『멋진 신세계*Brave New World*』에는 '동기화된 향기오르간' 이 설치된 영화관 이야기가 나온다. 이 오르간은 "일련의 향신료 냄새를 과감하게 변조"하여 "상쾌하고 향기로운 풀잎광상곡"을 전주곡으로 내보내면서 백단향, 장뇌, 삼목, 갓 벤 건초의 향기를 퍼뜨리며 나아가 "식초에 절인 시큼한 양배추와 간헐적인 말똥 냄새"로 "섬세하고 은근한 불협화음"을 연주한다(1981: 168-169).

영화로 제작된 쥐스킨트의 『향수』의 첫 상연을 맞이해 행한 인터뷰(taz, 2006. 9. 14)에서 감독 톰 티크베어Tom Tykwer는 혹시 이번에 냄새영화를 만들 생각을 해 보지 않았는가라는 질문을 받았다. 그러자 티크베어는 그런 생각을 한 적이 없다고 답하면서 20년 전에 영화 〈폴리에스터Polyester〉를 보던 관객들이 냄새 나는 장면을 제대로 즐기기 위해 냄새 카드를 이용했던 일을 언급했다. "1980년대에 저는 영사기사로 일하면서 〈폴리에스터〉도 제가 직접 내보냈죠. 그리고 밤이 되면 완전히 더러워진 영화관에서 이 카드들을 죄다 끌어 모아야만 했어요. 정말 역겨운 일이었죠. 솔직히 말해, 저는 〈향수〉가 냄새에 대한 영화니까 어떤 식으로든 냄새가 나야 하는 것 아니냐고 그냥 어디 가서 말하는 것은 상당히 일면적이고 고루한 발상이라고 생각합니다."

작업장이나 영업소에 방향제를 뿌리는 것은 사람들의 기분에 영향을 미치고 간접적으로 행동도 조종할 수 있는 매혹적인 전략으로 보일 수 있다. 이것은 대개 사람들의 기분을 해치지 않도록 매우 낮은 농도(냄새의 인식 역치에 가깝거나 그 이하)로 냄새를 방출하는 방식으로 이루어진다. 왜냐하면 향기를 의식적으로 지각하게 되면 당사자의 기분이 상할 수도 있기 때문이다. 이를 지지하는 사람들은 영업소에 향기를 뿌리면 노동 효율이 올라가거나 고객이 그곳에 머무는 시간이 길어진다는 연구 결과가 있다고 말한다. 그러나 일부 당사자에게 가벼운 불쾌감, 두통, 알레르기 반응 같은 부정적 효과가 생길 가능성을 배제할 수는 없다. 그리고 이것이 장기적으로 사람들에게 어떤 영향을 미칠지도 매우 불확실하다. 어쩌면 이런 불확실성이 이런 서비스를 제공하는 사람들에게는 오히려 더 유리한 것일지도 모르겠다.

자동차 실내에 방향제를 뿌리는 것은 무엇보다도 운전자의 일반적인 각성상태와 관련해 선전되고 있다. 이것을 지지하는 사람들은 조명 및 음향장치와 함께 향기가 운전자를 (이런저런 방식으로 측정된 운전자의 생리학적 상태를 통해 아마도 자동적으로) 자극 또는 진정시키는 역할을 한다고 말한다. 이런 주장은 자동차가 마치 웰빙 우주선이라도 되는 것처럼 매우 감각적이면서도 미래적인 인상을 풍기며, 그래서 또한 대중매체의 관심을 끌고 있다. 그러나 신선한 공기와 때때로 휴식을 취하는 것이 운전자의 안녕과 교통안전에 더 바람직하다는 것은 의심의 여지가 없는 사실이다. 반면에 자동차업계에서는 이런 방향제에 대해 비교적 신중한 입장을 취하고 있다. 그래서 (스위치로 끌 수 있는) 방향제가 들어간 냉난방 장치를 제공하는 자동차업계는 아직 예외에 속한다. 그런가 하면 오늘날 택시를 타는 많은 손님은 액세서리 업계에서 만든 방향제가 (지각 역치를 확실히 초과해) 풍겨 대는 냄새를 맡을 수밖에 없는 처지에 놓여 있다.

방향제의 사용은 언뜻 정서적으로 강력한 디자인 전략인 것처럼 보이지만, 실제로는 윤리적인 측면에서뿐만 아니라 본의 아니게 냄새를 맡는 당사자의 건강과 관련해서도 문제의 소지를 안고 있다. 반면에 설계과정에서 (예컨대 소재를 고를 때) 냄새의 문제를 전반적으로 고려하는 것, 다시 말해 피상적인 방향기법 대신에 설계단계부터 소재의 후각적 특성을 고려하는 것은 후각적 디자인의 또 다른 주제가 될 수 있다. 잘못된 관행이 이미 퍼져 있는 상황에서 정말로 필요한 것은 이미 형성된 스트레스를 또 다른 스트레스로 상쇄하려는 악순환에 빠지지 않으면서 애당초 스트레스를 줄일 수 있는(그리고 사회적 과정까지도 고려하는) 디자인일 것이다. 그밖에 냄새와 감정의 밀접한 연관 때문에 시각, 청각, 촉각과 관련된 디자인 요소들이 간접적으로 냄새에 영향을 미칠 수 있다는 점도 간과하지 말아야 할 것이다[▶9장].

읽을거리 후각 영화관: Paech, 2000; 후각 디자인: Hanke, 1995; Götz, 2002; 냄새 마케팅: Knoblich, Scharf, & Schubert, 2003; 관련된 여러 측면: Kunst- und Ausstellungshalle der BRD, 1995, Luckner, 2002.

냄새의 예술과 교육학

만약 우리 대신에 돼지들이 자기의식적인 지능을 가졌다면, 그들의 작곡가는 음파 대신에 공기 중에 발산되는 분자들로 교향곡을 만들었을 것이다(Hass, 1987: 216).

각종 냄새와 향기의 정서적 작용을 무취한 매체로 설득력 있게 전달하는 것은 어느 정도 가능한 일이다(냄새를 묘사한 그림들). 냄새 자체는 전통적으로 예술의 표현수단이 아니었다. 그러나 현대의 개념미술가들은 때때로 향기나 (비교적) 악취가 나는 물체나 공간을 창조하기도 한다. 이런 작업은 그동안 '매도' 되었던 후각을 예술적 주제로 삼았다는 사실만으로도 그것이 전달하려는 구체적인 '감각적 인식' 과 무관하게 어느 정도 예술적인 주목을 끌 가치가 있다.

그런가 하면 향수 제조자들은 자신들의 작품이 별도의 따옴표 없이 예술로서 평가받기를 원한다. 철학자 매댈리나 디아코누Mădălina Diaconu(2005)는 향수도 (문학비평이나 음악비평처럼 신문 문예란 등에서) 관심과 비평의 대상이 될 수 있다고 말한다. 그는 냄새가 인간의 충동, 감정, 기분, 기억 등에 미치는 영향뿐만 아니라 (주로 음악의 언어를 빌려 기술되는) 냄새의 형식적 구성에 대해서도 주목할 필요가 있다고 말한다. 향수 제조자들의 교육을 모범으로 삼는 후각교육학은 혼합된 냄새를 심미적인 거리에서 음미할 줄 아는 '관객'을 육성하고자 한다. 그런가 하면 학령기 아이들에게 그들 지역의 자연 냄새를 식별할 수 있도록(더 일반적으로는 후각경관을 탐색할 수 있도록) 가르치고, 나아가 일상 속의 냄새와 다른 문화권의 냄새에 대해 대화를 나누도록 가르치는 교육 프로그램은 위의 것보다 덜 거창하지만 어쩌면 더 필요해 보인다[▸6장].

읽을거리 Bergius & Herbrich, 2002; Diaconu, 2005; Holley, 2002.

예술, 매체, 광고 ▶ 냄새를 묘사한 그림

그림은 냄새라는 주제를 표현할 수 있을 뿐만 아니라 냄새 나는 물체나 냄새를 맡는 사람들의 행동과 표정 등을 묘사함으로써 실제로 냄새를 맡을 때와 비슷한 (욕망이나 혐오감 같은) 정서를 유발할 수도 있다. 이런 정서의 유발은 예컨대 누가 무엇을 코에 갖다 대는 장면, 냄새 나는 곳에 코를 처박는 장면, 몸을 돌리거나 방어하는 몸짓을 취하는 장면, 코를 막는 장면 등에서 넓어진 콧구멍이나 찡그린 코, 편안한 얼굴이나 역겨워하는 표정(또는 극단적으로는 구토) 등을 묘사하는 식으로 다양하게 이루어질 수 있다. 좋은 냄새 또는 나쁜 냄새와 연관된 구체적인 물체나 상황 외에도 향수나 식료품 광고에서는 분위기를 묘사하려는 시도도 찾아볼 수 있다. 예컨대, 공간을 연기, 수증기, 안개, 거품, 베일 등으로 가득 채우거나 아니면 풀어헤친 또는 바람에 날리는 머리카락을 보여 주는 방법 등이 사용된다. 그 밖에도 빛의 방향,

색깔, 희미한 윤곽 등을 통해 특정 분위기를 암시할 수도 있다.

읽을거리 Jütte, 2000; Kaufmann, 1943.

요점정리를 위한 물음

- 후각이 하등감각이라는 고전적 평가의 근거는 무엇인가?
- 이런 평가는 후각의 신경해부학적 기능에 대한 지식과 얼마나 일치하는가?
- 후각의 순응은 어떻게 전개되는가?
- 그리고 이것은 어떤 의미를 지니는가?
- 후각의 상실은 심리적으로 어떤 결과를 초래하는가?
- 냄새와 기억 또는 냄새와 상상의 관계는 어떤 의미에서 비대칭적인가?
- 꿈속에서 냄새는 어떻게 경험되는가?
- 후각은 어떤 의미에서 사회적 감각인가?
- 전통 종교에서 향이나 향불이 중요하게 쓰인 까닭은 무엇인가?
- 후각의 문화사는 어떤 다양한 의미를 지니고 있는가?
- 후각의 발달에 대한 문화사적 주장의 약점은 무엇인가?
- 냄새 마케팅은 어떤 의미에서 매혹적인 전략이 될 수 있는가?
- 또 이것의 문제점은 무엇인가?
- 피상적인 방향기법을 넘어서는 후각 디자인의 전망은 무엇인가?
- 전통적인 도시설계와 건축에서 냄새는 어떤 식으로 고려되었는가?
- 시각 디자인이 후각에 영향을 미칠 수 있다는 사실은 어떻게 이해되어야 하는가?
- 예술이나 광고에서 냄새를 묘사하기 위하여 어떤 시각적 수단들이 사용되는가?

6 미각

혀로 느끼는 단맛, 신맛 등은 전통적으로 감각생리학에서 미각 또는 미지각으로 불렸다. 그러나 맛은 이것이 전부가 아니다. 맛은 다감각적 현상이며 여기에는 특히 냄새도 포함된다. 그리고 당연히 냄새는 혀가 아닌 코로 알 수 있는 것이다. 또한 단맛 같은 미지각은 정신물리학적으로도(곧, 자극 강도와 감각 강도의 관계가 문제가 될 때도) 냄새와 무관하지 않다.

신경 개요 ▶ 미각

미각의 감각세포들은 약 2천 개의 꽃받침 모양의 세포집단(미뢰gustatory bud)에 들어 있으며, 이 세포집단은 다시 혀에 있는 사마귀 모양의 여러 구조물(미각유두gustatory papillae)의 일부를 이룬다. 이 미각세포들의 특징은 다음과 같다.

- 약 10~14일에 한 번씩 재생된다.
- 여러 맛에 반응하는 수용기들을 가지고 있다. (과거에 추측했던 것과 달

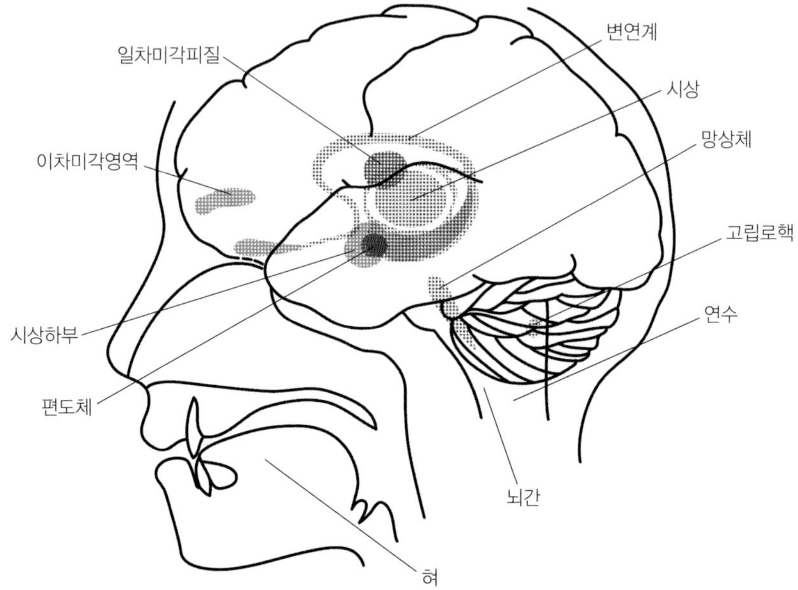

[그림 6-1] 미각 관련 뇌 주요 부위 시상면

리, 단맛, 신맛, 짠맛, 쓴맛의 수용기들은 혀에 비교적 고르게 분포되어 있다. 다만 혀 뒷부분은 특히 쓴맛에 민감하다.)

- 미각세포들은 (별도의 축색돌기 없이) 여러 뇌세포의 (미주신경nervus vagus, 설인신경nervus glossopharyngeus, 안면신경nervus facialis의) 섬유들과 연결되어 있으며 이것들이 (고립로tractus solitarius에서) 모여서 연장된 척수(연수medulla oblongata)로 이어진다.
- 다시 이곳에서 나온 미각 경로는, 한편으로 시상을 통해 뇌피질로, 곧 옆쪽 중심뒤이랑postcentral gyrus(체감각 소인간의 혀 옆)과 전두피질frontal cortex의 섬insula에 있는 일차미각피질primary gustatory cortex과 안와전두피질orbitofrontal cortex에 있는 이차미각영역secondary gustatory area으로 이어진다. 그리고 이 이차미각영역에서는 혀의 미각수용기에서 온 정보가 코나 그 밖의 감각 부위에서 온 정보와 만나게 된다[▸9장].

• 다른 한편으로 미각 경로는 후각뇌 또는 변연계(편도amygdala) 및 시상하부(타액 분비 같은 생장반응)로 이어진다. 그리고 이것들은 다시 안와전두피질의 다감각적 중추와 직접 연결되어 있다(미각에 대한 가치평가).

읽을거리 Birbaumer & Schmidt, 2006; Bösel, 2006; Brenslin & Huang, 2006; Hatt, 1996; Jacob, 2002b; Lorig, 2002; Rolls, 2002, 2004, 2005.

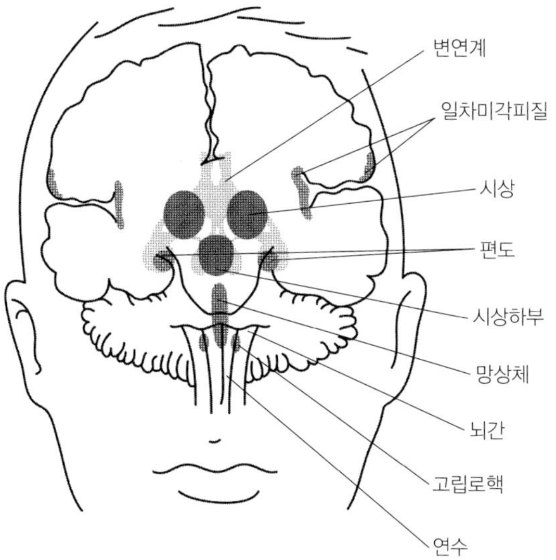

[그림 6-2] 미각관련 뇌의 주요 부위 횡단면

단맛, 신맛, 짠맛, 쓴맛의 네 가지 기본 성질 외에 알칼리맛alkalisch과 금속맛도 오래전부터 맛의 고유한 성질로 언급되어 왔다. 그리고 몇 십 년 전부터는 일본에서 도입된(그러나 이미 20세기 초엽부터 알려진) '감칠맛umami, 旨味' 이 맛의 다섯 번째 기본 성질로 간주되고 있다. (일본어 '우마미umami, 旨味' 는 '맛있는, 맛 좋은' 을 뜻한다.) 이것은 아미노산에 반응하는 수용기를 통해 전달되는 맛으로서 글루타민이 대표적인 예다. 간장, 그 밖의 양념이나 향신료 외에 토마토, 고기, 치즈도 감칠맛이 난다. 이 맛에 대해 아시아인들은 유럽인들보다 더 섬세하게 이야기할 수 있는 것처럼 보인다. 그런가 하면 최근에는 지방 맛에 반응하는 수용기들도 혀에서 발견되었다. 이것은 혀가 그저 수동적 또는 능동적 촉각을 통해 지방을 지각한다는 기존 가정과 다른 것이다.

정신물리학 매우 묽게 만든 용액의 경우에 우리는 그것이 달거나 짜거나 시거나 쓰다는 것을 알아차리기 전에 그것에서 어떤 맛이 난다는 것을 먼저 알아차린다(불특정 미각 역치). 그러다 용액의 농도를 계속 높이면 거기에서 나는 맛이 (때로는 여러 차례) 바뀌곤 한다. 예컨대, 일반 소금은 특정 미각 역치를 넘을 때 단맛이 나고 농도를 더 높여야 비로소 짠맛이 난다. 그리고 소금의 농도가 너무 높지 않은 경우에는 몇 초 후에 개별 수용기들의 완전한 순응이 일어난다. 그러나 자극을 제거하면 미각은 순식간에 회복된다. 이런 연구 결과는 혀를 고정시킨 뒤에 특정 부위를 자극함으로써 확인할 수 있다. 그러나 우리가 보통 음식을 먹고 마실 때는 (미각유두의 구조 및 거기에 있는 작은 미각 샘들과 함께) 혀가 움직이기 때문에 늘 충분히 많은 수용기가 반응할 채비를 갖추게 된다. 또한 신맛과 쓴맛의 경우에는 개별 수용기들을 고립시켜 살피더라도 완전한 순응이 일어나지 않는다.

다른 감각들과 마찬가지로 미각도 이전 경험의 영향을 받는다.

- 중간 농도의 설탕용액은 더 높은 농도를 맛본 후보다 더 낮은 농도를 맛본 후에 더 강렬하게 느껴진다.
- 단맛으로 혀를 적신 뒤에 증류수는 시게 느껴지고 신맛은 더욱 시게 느껴진다. 또 반대로 신맛에 길든 혀는 단맛의 착각을 경험하게 된다.

단맛, 신맛 등에 반응하는 혀의 수용기들을 따로따로 연구해서 얻을 수 있는 결과는 우리의 일상적인 미각경험에 대해 그렇게 많은 것을 알려 주지 않는다. (다시 말해, 오래전부터 수행되어 온 이런 연구들은 낮은 생태학적 타당성을 지닌다.) 반면에 오늘날의 풍미연구는 맛을 느낄 때 여러 감각의 상호작용, 특히 향기의 역할에 초점을 맞추고 있다. 예컨대, 향기는 단맛의 지각 역치를 낮추기도 하고 지각된 단맛의 강도를 높이기도 한다. 많은 사람이 달콤한 냄새로 지각하는 바닐라향은 실제로 맛을 더 달게 느끼도록 만든다[▸9장].

민감도의 차이 미각의 여러 역치와 역치를 넘어서는 강도에 대한 지각이 개인에 따라 일부 상당한 차이를 보인다는 사실은 오래전부터 알려져 왔다. 또한 쓴맛을 내는 특정 물질에 대해 유전적으로 둔감한 사람들이 많다는 사실도 증명되었다. 최근에는 초미각인과 비미각인을 나누는 것이 유행한 바 있다. 이 구별법에 따르면 쓴맛에 대한 상이한 민감도와 미각유두의 상이한 소질 때문에 인구의 각각 1/4이 이 두 집단에 속한다. 그러나 이렇게 획일적인 명명법은 사람들의 실제 입맛보다 흥밋거리를 찾는 언론의 요구를 더 반영하고 있는 듯하다. 예컨대, 맥주를 좋아하는 사람들은 인터넷 등에서 쉽게 접할 수 있는 이 검사에서 자기가 어느새 비미각인의 범주에 들어가 있는 것을 발견하게 될 것이다.

(혀 전체를 마취했을 때 일시적으로 나타나는 것과 같은) 미각의 완전한 상실(무미각증)은 전반적인 후각상실(무후각증)과 달리 극히 드물다. 하지만 무후각증 환자들은 종종 미각장애도 호소한다. 향기가 사라지면 향기 이상의 것들이 덩달아 사라짐에 틀림없다. 아마도 혀와 코의 감각들은 단순히 산술적으로 합해지는 것 이상일 것이다. 특히 노년기에 일어나는 민감도의 감소(미각저하)는 사람들로 하여금 쓴맛에 대해 더 관대해지고 특히

고농도의 소금과 설탕을 맛있게 느끼도록 만든다.

기본 성질이 주는 쾌감-맛은 정말로 맛있는가

단맛을 긍정적으로 평가하고 쓴맛에 거부감을 느끼는 것은 타고난 듯하다. 이런 미각적 정서의 생물학적 의미는 단맛이 나는 물질들이 대개 유기체의 에너지 공급에 많은 기여를 하는 반면에(그래서 특히 유기체의 이동에 필수적인 반면에) 쓴맛이 나는 많은 물질은 독성을 지니고 있다는 데서 찾을 수 있을 것이다.

지각의 성질 ▶ 쓴 것과 단 것

'달콤한süß/sweet' 것은 마음에 드는 것이다. 심미적인 범주로서 '달콤한'은 오늘날 일상생활에서 '귀여운, 사랑스러운' 을 뜻하며 더 고급스러운 논의에서는 '무분별한 향유', 다시 말해 '저속한 취향'을 뜻한다. 반면에 '쓴bitter/bitter' 것은 삶의 향유를 감소시키고 당사자를 '씁쓸하게 만들며bitter machen' 결국 마음이 '쓰라리게 만든다verbittern.' 1756년에 발표한 『숭고와 미의 근원을 찾아서*A Philosophical Enquiry into the Origin of our Ideas of the Sublime and Beautiful*』에서 에드먼드 버크Edmund Burke는 전혀 거리낌 없이 "단맛이 미각의 미美"(1956: 198)라고 추켜세운 반면에 쓴맛은 "운명의 쓴 잔을 남김없이 마시는"(124) 숭고한 감각의 잠재적 원천이라고 말했다.

'달콤씁쓸한bittersüß/bittersweet' 것은 서로 모순된 개념들이 결합된 모순어법의 전형이다. 그리고 많은 내복약은 적당량의 독성물질을 맛있게 만들었기 때문에 달콤씁쓸하다. 그런가 하면 성인들이 즐기는 많은 기호식품(예컨대 커피, 맥주, '신사를 위한 초콜릿' 이라는 씁쓸한 초콜릿 등)은 쓰거나 아니면 적어도 달콤씁쓸하다. 성인들이 이런 맛을 즐기는 까닭은 (얼얼하게 매운맛처럼) 어느 정도는 불쾌한 것도 죄다 받아들이려는 입의 '자극에 대한 갈증' 때문일 것이다. 또한 나이가 들면서 생기는 미각저하도 한 원인일 수 있다. 많은 연구자는 쓴맛이 단맛과 유혹적으로 결합될 때 비로소 쓴맛의 쾌감이 점차 발달할 것이라고 추측한다. 그런가 하면 (카페인, [쓴 풀잎으로 만든 혼성주로 소화를 돕는: 역자주] 허브 리큐어herb liqueur와 같이) 쓴맛 나는 특정 물질이 기분 좋은 작용을 하는 것을 일단 경험한 뒤에 그것의 맛까지 받아들이게 되는 것이라고 믿는 연구자들도 있다.

어쨌든 아이들은 쓴맛을 좋아하지 않는다. 이것은 무엇보다도 아이들이 쓴맛에 더 예민하기 때문이다(초미각인). 이 때문에 아이들은 미각이 둔해진 부모가 먹으라고 주는 양배추나 다른 채소에서도 쓴맛을 곧잘 찾아낸다.

짠맛과 신맛도 비교적 좁은 범위 안에서는 맛있게 느껴진다. 짠맛의 쾌감은 아마도 유기체가 전해질을 필요로 하기 때문에 생겼을 것이다. 반면에 신맛을 좋게 느끼는 것은 수수께끼에 가깝다. 어쩌면 신맛의 쾌감은 여러 과일에 많이 함유되어 있는 아스코르빈산(비타민C)의 공급을 촉진하는 역할을 할지 모른다. 아미노산이 맛있게 느껴지는 감각인 감칠맛은 생리학적 필요(단백질)와 분명한 연관이 있다. 그리고 음식 안의 지방이 주는 쾌감은 아마도 입의 편안한 느낌뿐만 아니라 입안의 지방수용기와도 관련이 있을 것이다. 전체적으로 볼 때 혀의 화학적 감각인 맛의 지각 양상과 가치평가에서 기준이 되는 것은 무엇이 인간의 물질대사에 필요한가, 또는 더 정확히 말하자면 인간의 물질대사가 진화해 온 조건 속에서 무엇이 필요했는가 하는 점이다.

쾌감이 이전 경험에 따라 변하는 것은 생물학적으로도 의미 있는 일인 듯하다. 예컨대, 설탕으로 배를 가득 채운 사람은 단맛을 평소처럼 그렇게 긍정적으로 평가하지 않지만(이소감각異所感覺) 짠맛에 대한 평가는 이것의 영향을 받지 않는다. 그리고 그 반대의 경우도 마찬가지다. 이것은 한편으로 다채로운 식단을 촉진하는 조건이 된다. 그러나 다른 한편으로는 (음식물이 넘쳐 나고 운동은 부족한) 풍요로운 생활조건 속에서 특히 단맛의 쾌감을 통해 많은 이의 과체중으로 이어지고 있으며 또한 미각적 쾌감의 허를 찌르는 [예컨대 달지만 저칼로리의: 역자주] 상품 개발로 이어지고 있다.

표정과 신체운동 단맛과 쓴맛에 대한 가치평가는 표정에서도 나타난다(미각얼굴반사). 곧, 단것을 먹을 때는 (아마도 그것을 만끽하기 때문에 생기는) 미소 짓는 상냥한 얼굴이 되는 반면에 쓴 것을 먹을 때는 방금 맛본 것을 뱉어내려는 듯한 씁쓸한 표정을 짓는다. 누구나 다 아는 이런 표정은 신생아에게서도 찾아볼 수 있다([그림 6-3]). 그리고 그림에는 없지만 신맛의 표정도 마찬가지다. 쓴맛의 표정이 무엇을 멀리하려는 더 포괄적인 신체운동의 일부라는 사실은 철학자 베이컨Bacon(1870: 347)도 이미 관찰한 바 있다. 그에 따르면, "쓴맛과 역겨운 맛은…… 한결같이 머리까지 흔들고 몸을 부들부들 떨게" 만들 만큼 거부감을 불러일으킨다. 아울러 역겨움의 표정은 그것을 바라보는 사람에게까지 전염되는 경향이 있다. 그리고 최근에는 이것을 뒷받침하는 뇌의 활동도 관찰되었다(Jabbi, Swart, & Keysers, 2007).

[그림 6-3] 신생아 미각 얼굴 반사반응

읽을거리 Burdach, 1988; Campenhausen, 1993; Deibler & Delwiche, 2004; Faurion et al., 2002; Jacob, 2002b; Logue, 1995; 표정: Chiva, 1985; Darwin, 2002; Piderit, 1867.

다감각적인 맛, 요리문화, 음식 디자인

> 나비는 주둥이와 다리에 맛을 지각하는 감각기관을 가지고 있다. 만약 우리도 그랬다면 우리의 음식문화는 훨씬 더 복잡해졌을 것이다(Hass, 1987: 218).

냄새가 맛에 얼마나 중요한지는 감기에 걸려 보면 절실하게 알 수 있다. 또는 코를 막은 채 음식이나 음료수를 입에 넣는 실험을 해 보아도 알 수 있다. 코가 막히면 평소에 구강과 비강을 지나던 공기의 흐름이 차단되어 향기가 뒤쪽에서 콧속으로 올라오는 것(비후방의 냄새)이 불가능해진다. 인간은 혀의 화학적 작용이 전달하는 맛의 종류보다 훨씬 다양한 냄새를 지각하기 때문에 여러 요리문화의 미묘한 차이들은 무엇보다도 코와 관계가 있다.

향기와 (혀의 화학적 감각으로서) 미각의 관계는 그저 서로를 보완하는 것에 그치지 않는다. 이미 언급했듯이, 향기는 예컨대 단맛의 지각에 영향을 미친다. 그리고 그 반대도 마찬가지다. 예컨대, 껌의 박하향의 강도는 그 껌이 얼마나 단맛을 내는가에 따라 달라진다. 그러나 이런 향기와 맛의 상호 상승작용은 둘의 조합이 익숙할 때만 나타나는 듯하다.

고추의 매운 느낌과 독주의 불타는 느낌은 구강과 비강에 있는 삼차 화학수용 때문이다. 그 밖에 음식물의 물리적 성질도 맛에 상당한 영향을 미친다. 온도가 그러하고 또 수동적 촉각과 음식물을 씹고 삼킬 때 생기는 능동적 촉각을 통해 지각되는 성질들도 그러하다. 예컨대, '매끄러운/거친' '부드러운/딱딱한' '연한/질긴' '촉촉한/메마른' '물 같은/기름 같은/걸쭉한/끈적이는' 따위의 성질들은 촉각을 통해 지각된다. 독자들은 '혀의 능동적 촉각'이라는 표현을 이상해 생각할지 모르지만 실제로 혀는 근육 덩어리다.

철학적 미학 ▶ 단맛과 쓴맛의 촉각이론

촉각이 미각에 분명하게 관여한다는 사실은 고대 그리스의 철학자 데모크리토스Demokrit도 간파했던 것 같다. 왜냐하면 그는 단맛, 신맛, 짠맛, 쓴맛이 다양한 형태의 접촉을 통해 생긴다고 주장했기 때문이다. 그리고 이 주장에 동조한 로마의 작가 루크레츠Lukrez는 『사물의 본성에 관하여*Über die Natur der Dinge*』에서 "우유와 벌꿀" 그리고 "우리의 감각을 기분 좋게 건드리는 모든 것"은 "매끄럽고 둥근 원자들로 되어 있고" 쓰게 느껴지는 모든 것은 "갈고리가 달린" 원자들 때문이라고 했다(1957: 72-73). 심지어 에드먼드 버크도 이런 촉각이론에 동참했다. 곧, 그는 설탕의 둥근 입자가 혀의 유두를 어루만져 주기 때문에 단맛이 우리의 기분을 느긋하게 만든다고 생각했다.

입안에서 생기는 수동적 또는 능동적 촉각은 음식이 입안으로 들어오기 전에 촉각적으로 어떻게 느껴지는지에 의해서도 영향을 받는다. 예컨대, 음식문화에 따라 손가락으로 또는 연장된 손의 역할을 하는 [나이프, 포크, 젓가락 같은: 역자주] 식탁용 도구로 전달되는 음식의 느낌과 음식이 입술에 닿는 느낌 등이 이에 해당한다. 그 밖에 음식의 견고함, 형태, 조직 등을 짐작케 하는 음식의 시각적 특징도 입의 느낌에 영향을 미친다. 곧, 음식의 시각적 특징은 한편으로 음식을 먹기 위한 준비 동작과 그때의 느낌에 영향을 주며, 다른 한편으로는 시각적 특징 자체로도(그래서 남이 음식을 먹여 줄 때도) 이런저런 촉각적 예상을 하게 만든다. 그 밖에도 촉각이 미각에 미치는 영향은 손이나 도구로 음식을 다룰 때 또는 음식을 깨물고 씹을 때 나는(또는 나지 않는) 소리와도 밀접한 관계가 있다. 예컨대, 누지지 않은 포테이토칩의 바삭바삭한 소리가 맛에 어떤 영향을 미치는지 상상해 보라.

얼마 전에는 끈적이는 정도(점성Viskosität) 같은 촉각적 인상이 향기의 강도에 대한 지각을 변화시킬 수도 있다는 사실이 실험적으로 증명되었다. (이때 우리가 명심해야 할 것은 비후방의 가스 압력retronasale Gasdruck이 음식의 점성에 따라 변화하지 않는다는 점이다. 다시 말해, 후각수용기에 들어오는 입력은 음식의 점성과 무관하다.)

누구나 알다시피 음식을 보기만 해도 군침이 돌거나 또는 (예컨대 음식물중독으로 인해 구토가 조건화되면) 구역질이 날 수 있다. 이처럼 음식의 형태와 색깔에 따라 음식이 먹음직스럽게 보일 수도 있고 혐오스럽게 보일 수도 있다. 또한 색깔이 향기의 지각에 영향을 미칠 수 있다는 것도 증명되었다. 예컨대, 오렌지색을 넣은 체리주스는 오렌지주스 맛처럼 느껴지고 붉은색을 넣은 백포도주는 적포도주 맛처럼 느껴진다. 앞 장에서도 이야기했듯이 구토는 음식 대신에 표정만으로도 또는 토하는 소리만으로도 유발될 수 있다. 마찬가지로 맛있게 먹는 표정과 소리 또는 만족해서 내는 소리 등도 전염성이 있다. 나아가 식탁에 오른 음식의 원산지와 가공과정에 대한 지식이나 추측, 다시 말해 주관적인 표상(그리고 그에 영향을 미치는 언어적인 정보)도 맛의 예상과 실제 지각에 영향을 미친다. 신경과학적 연구 결과에 따르면 안와전두피질이 다감각적인 맛의 지각에 중요하게 관여하는 듯하다.

요리문화 음식의 공급은 생물학적 필요조건을 충족하는 범위 안에서 문화적으로 매우 다양하게 이루어질 수 있다. 지역에 따라 획득 가능한 재료들을 바탕으로 선택되고 가공되어 특정한 배치와 순서대로 식탁에 오르는 음식물은 지역 특유의 요리 전통을 만들어 내고, 이것은 다시 한 문화의 대표적인 특징으로 자리 잡는다. 요리문화의 특수성은 문화에 따라 특징적인 지각과 행위에 결정적인 영향을 미친다. 이것은 요리문화에 모든 감각을 포괄하는 감각운동적 각인이 새겨져 있기 때문이다.

- 화학적 감각들은 쾌감과 불쾌감에 초점이 맞추어져 있다. 그래서 이런 감각들은 우리로 하여금 무엇에 다가가거나 그것을 멀리하도록 또는 그것을 받아들이거나 물리치도록 준비시키는 역할을 한다. (행동주의의 언어로 말하자면, 화학적 감각들은 일차 강화물로 작용한다.) 바로 이런 화학적 감각들이 요리문화에서는 다른 감각인상들과 뒤얽힌다. 특히 요리문화에서는 환경 속에 깊숙이 들어가 있는 '하등' 감각들의 신호가 시각의 가치평가를 좌우한다.
- 특정 음식문화의 향기에 익숙해지는 일은 (향기가 양수에 스며들 경우에) 이미 태아 때부터 시작될 수 있다. 그리고 이런 일은 아기가 태어난 뒤에 모유를 통해 계속된다. (이런 각인은 동물 실험을 통해서도 증명되었다.) 그런가 하면 냄새와 관련된 기억은 쉽게 지워지지 않는다. 또 냄새는 과거에 체험한 사태에 대한 기억을 활성화하곤 한다. 이런 사정 때문에 아이가 성장하면서 특정 음식문화에 익숙해지는 과정은 나중에 성인이 되었을 때 아늑함을 느끼는 일련의 표상이 문화적으로 형성되는 과정이기도 하다. (식탁, 그릇, 수저와 젓가락 따위) 물질적 도구들, 식사할 때 사람들의 자리 배치와 몸가짐 등이 이런 표상의 일부를 이룬다.

이렇게 볼 때 낯선 문화에 대한 관심이 유독 요리에 집중되는 것은 그리 이상한 일이 아니다. 또한 음식문화를 통해 각인되어 있는 것들은 쉽게 사라지지 않는다. 그래서 여행 등을 통해 다른 문화권을 접하게 되면 음식 기신증, 곧 새로운 음식에 대한 거부감이 일어난다. 이것은 오늘날 서양의 여러 나라처럼 다문화적인 요리 풍토가 자리 잡은 곳에서도 마찬가지다. 따라서 이방인에 대한 관심은 종종 이런 거부감을 의식적으로 극복하려는 노력과 결부되어 있다. 이때 만약 일단 용감하게 낯선 맛에 접근할 수만 있다면, 그 맛이 점차 익숙해지고 더 매력적으로 느껴지게 될 뿐만 아니라 (풍미Flavor 연구자들이 증명했듯이) 그 맛에 대한 지각도 점차 더 예민하게 바뀔 것이다.

'맛을 안다/안목이 있다Geschmack haben/have a taste for'는 말은 음식문화 이외의 분야에서도 상당히 고상한 생활양식이 몸에 배어 있음을 뜻한다. 예컨대, 출세를 꿈꾸는 사람들은 자신의 분야에서 '확실한 안목'을 갖추려고 무진 애를 쓴다. 이런 은유법은 심미안이라는 제2의 본성이 형성되는 데 '하등' 감각들이 얼마나 중요한 역할을 하는지를 생생하게 보여 준다. 또한 신문이나 잡지의 요리 칼럼을 읽다 보면 식사에 대한 이야기가 어느새 생활양식에 대한 교훈으로 자연스럽게 이어지는 것을 자주 볼 수 있다.

문화사 ▶ 요리도 예술인가

이 물음에 대해 논할 때면 흔히 위대한 사상가나 시인들의 부정적인 또는 긍정적인 답변이 열거되곤 한다. 그리고 그 출발점에는 대개 플라톤의 부정적인 답변이 놓여 있다. 플라톤은 수사학도 예술이 아니라고 했던 만큼 요리에 대한 그의 부정적인 답변도 그런대로 이해할 만하다. 어쨌든 플라톤 같은 대가들이 이 물음에 대해 논했다는 사실 자체는 그 결과가 긍정이든 부정이든 상관없이 적어도 이 물음이 그렇게 엉뚱한 것은 아니라는 점을 입증한다. 그런가 하면 신문 문예란에서는 요리를 예술작품으로 대우하고자 하는 평론가들의 눈물겨운 노력을 어렵지 않게 찾아볼 수 있다. 예컨대, 프랑크푸르터 알게마이네 차이퉁*Frankfurter Allgemeine Zeitung*(216/2006)의 문예란 '구르메비전Gourmetvision' [일종의 '미식가 코너': 역자주]에서 대하요리를 논한 위르겐 돌라제Jürgen Dollase는 다음과 같이 썼다. "대하의 향기를 부각시키기 위해 한쪽만 굽는…… 이 첫 번째 요리법에서는 연한 치즈크림과 대하즙을 이용해 차가운 오이젤리와의 매우 균질적인 결합이 설치된다.……두 번째 요리법은…… 비교적 평범해 보이지만 앞서 언급한 굽는 방법을 통해 올리브-토마토 유제액과의 독창적이고도 부가적인 화음을 만들어 낸다." 이 평론가의 마음을 사로잡은 "정말로 교육적인 굴요리"는 "굴이 그저 첨가된 듯한" 인상을 풍기지 않아서 좋다고 설명한다. 여기서도 "굴의 향기는 첫 번째 대하요리에서처럼 연속적으로 부각되어 있다."

음식 디자인 '음식 디자인Food Design' 이란 식품업계의 상품설계를 가리킨다. 여기서 설계는 식품화학적 발명의 문제이기도 하다. 예컨대, ('아주 기름진' 맛의 저칼로리 식재료 같은) 아주 새로운 원재료나 중간 재료, 생산 보조제 또는 새로운 보존기법 등이 이에 해당한다. 또한 가정에서 하는 요리와 마찬가지로 음식 디자인에서도 ('디자인' 이라는 말이 흔히 연상시키는) 시각적 특징을 포함해 인간의 모든 감각이 관여한다. 나아가 음식 디자인은 상품명, 포장, 상품 이미지까지 포괄하기 때문에 자연스럽게 포장 디자인, 상표 디자인, 광고와 연결되어 있다.

전통적으로 요리사, 빵 제조자, 과자 장수 등도 소비자의 관심을 끌기 위해 (좁은 의미의 요리법을 넘어서는) 형태와 색깔을 음식에 부여해 왔다. 음식의 형태 디자인은 매우 장난스러운 것에서부터 (공 모양의 모차르트 초콜릿, 막대기 모양의 생선튀김처럼) 최대한 단순화된 기하학적 형태에 이르기까지 다양하게 시도되고 있는데, 전자는 미지의 맛과 느낌에 대한 관심을 불러일으키는 반면에 후자는 신뢰감을 불러일으킬 수 있다. 형태와 색깔의 구체적인 작용이 어떻든, 어떤 식품이 동일한 겉모습을 하고 있다면 그 맛을 단번에 재인식하기에 편리할 것이다. 어떤 의미에서 식품의 겉모습은 그것의 포장과도 같다. 식당과 카페 또는 그 밖의 요리업소에서는 (그것이 전통적인 형태의 업소든, 세계적인 체인으로 운영되든) 실내 디자인, 서비스와 식기 등의 디자인, (식당의 또는 메뉴에 실린 음식의) 이름 짓기 등이 맛의 디자인을 위해 고려되어야 한다.

읽을거리 다감각: Burdach, 1988; Deibler & Delwiche, 2004, 7-9장; Van Toller, 2002; 요리문화: Engelhardt & Wild, 2005; Le Breton, 2006, 8장; Leroi-Gourhan, 1980; Rigotti, 2003; Teuteberg, 1996; Wierlacher, 2005; 음식 디자인: Diaconu, 2005; Gniech, 1995; Schifferstein & Hekkert, 2008, 4장과 24장; Stummerer & Hablesreiter, 2005.

맛과 성

맛과 음식 섭취와 성의 밀접한 관계는 감각들의 문화사나 음식의 문화사에서 빼놓을 수 없는 주제다. 그 밀접한 관계는 동물의 세계에서 화학적 감각들이 수행하는 역할에서 그 뿌리를 찾을 수 있다. 후각은 인간의 경우에도 이중적인 기능을 담당하고 있다. 나아가 입술과 구강과 혀는 모두 뛰어난 촉각을 지녔기 때문에 음식을 먹고 마실 때나 성적인 접촉을 할 때나 중요한 쾌락의 원천이 된다. 아기에게 성적 '구강기'가 있다는 프로이트의 주장도 (음식을 섭취하려는 충동 외에) 입의 이런 감각적이고 쾌락적인 측면에 근거한 것이다.

추상적인 차원에서 음식 섭취와 성의 한 가지 유사성은 둘 다 인간의 몸을 여는 행동이라는 점이다. 이에 대해 정신과 의사 후버투스 타일렌바흐 Hubertus Tellenbach(1987: 292)는 다음과 같이 말했다. "후각과 미각을 통해 주체는 냄새와 맛으로 나타난 세계와 하나가 된다. 사람들 사이의 소통은 입의 감각에 가장 직접적이고도 결정적으로 의존하기 때문에 그것의 영향 속에서 이루어지는 사람들 사이의 만남은 무엇보다도 요리와 성애에서 나타나는 특별한 친밀성의 특징들을 보인다."

행동주의의 좀 더 냉정한 개념들로 말하자면, 음식 섭취와 성의 공통점은 둘 다 공통된 신경망을 통해 영향력을 발휘하는 일차적인 쾌락 원천 또는 강화물이라는 점이다(Rolls, 2005).

성욕을 촉진한다는 최음제로 이용되는 음식물의 경우에 중요한 것은 맛이나 신체적 개방이 아니라 섭취한 음식의 (마법적인) 생육작용이다. 그러나 이런 작용에 대한 믿음은 많은 경우에 이런 음식의 모양이 성기나 성적 분비물을 연상시키는 데서 비롯했을 것이다.

'먹는 예술'과 맛의 교육학

20세기 중엽 이후로 현대 예술에서 음식의 준비와 소비를 주제로 한 예술적 실험은 더 이상 낯선 풍경이 아니다. 한편으로는 요리 또는 식사 자체가 예술행위로 연출되고 있으며(해프닝), 다른 한편으로는 음식, 요리도구, 그릇, 수저 등을 소재로 사용한 작품들이 전시되고 있다. '먹는 예술

Eat-Art' 의 창시자 중 한 명이자 가장 성공적인 대표자라 할 다니엘 스포에리Daniel Spoerri 같은 예술가들은 자신들의 작업이 (그들이 보기에 제대로 인정받지 못하고 있는) 요리에 대한 경의를 표시하기 위한 것이라고 말한다. 동시에 이런 예술가들은 먹으면 없어지는 자신들의 작품을 사회비판 또는 문화비판의 일환으로 이해한다. 나아가 그들의 작품은 (어느 정도 자기풍자적으로) 예술과 예술계 자체를 문제 삼고 있다.

이런 도발적인 예술은 (예컨대 식사 후에 식탁을 부조작품처럼 벽에 걸어서 지나간 삶의 흔적을 전하는 분위기를 만들어 내는 스포에리의 작품처럼) 과거 식사의 즐거움과 유쾌한 결과물의 연출로 이어지기도 하지만, 반대로 여러 가지 역겨운 것을 만들어 내기도 한다. 그리고 이런 역겨운 것의 일부는 성과 죽음이라는 주제와 분명하게 관련되어 있다. 이것은 입의 향락에 대한 전통적인 회화적 묘사에서도 향락에 대한 도덕적 비판의 형태로 종종 등장했던 주제이기도 하다.

스포에리나 페터 쿠벨카Peter Kubelka[실험영화 제작자이자 예술가: 역자주] 같은 음식 예술가들은 예술학과 교수로 활동하면서 과거의 또는 타 지방의 요리문화를 재구성하는 작업도 하였다. 여기서는 무엇보다도 관객의 기신증이 주제로 다루어진다. 이런 작업은 그동안 익숙했던 요리관습 또는 식사관습을 [브레히트Brecht의 미학이론에서 말하듯이: 역자주] 낯설게 만드는 계기로 작용하고, 나아가 맛의 교육학에서 전달하려는 교훈과도 맞닿아 있다.

맛의 교육학은 무엇보다도 미각적 향유의 다감각적 요소들에 대한 분석적 접근을 가르친다. 그래서 섬세하게 분화된 지각에 필요한 언어적 전제조건을 갖추는 데 자연스럽게 초점이 맞추어진다. 그러나 특정 환경에서 자라면서 각인된 것들을 몇 회의 수업으로 고치기란 쉽지 않다는 점을 잊지 말아야 할 것이다. 또한 음식의 풍미를 언어적으로 표현하기란 비교

대상을 아무리 많이 끌어들여도 한정될 수밖에 없으므로 미식가 교육 프로그램에서는 너무 인위적인 느낌을 주지 않도록 유의해야 할 것이다.

읽을거리 Diaconu, 2005; Heindl, 2005; Meier-Ploeger, 2005; Kunstforum, 159/160, 2002; Neumann, 2005; Puisais, 1996.

예술, 매체, 광고 ▶ 맛을 묘사한 그림

맛을 묘사한 그림들은 대부분 풍족한 삶의 그림들이다. 이런 그림들은 포괄적이고 거의 무절제한 감각적 향유와 삶의 기쁨을 연상하게 만든다. 식탁 위의 넘쳐 나는 음식들, 온갖 것들로 가득한 냉장고, 집단적 향유, 왁자지껄한 잔치, 음식으로 더럽혀진 입가처럼 무절제한 향유를 시사하는 흔적들 따위가 묘사된다. 그리고 이런 묘사의 이면에는 (전통적인 비유적 묘사나 현대예술에서 종종 등장하는) 도덕적인 훈계가 깔려 있거나 또는 (음식 광고에서처럼) 더할 나위 없는 행복이 삶의 이상으로 암시되어 있다. 풍족함(다채로움, 다양함) 대 검소함은 맛(또는 먹고 마시는 장면)을 묘사하는 그림들을 내용적으로나 형식적으로 특징짓는 차원이다. 그래서 광고에서는 그에 상응하는 아트모Atmo[곧 청각적 분위기: 역자주]가 연출되곤 한다. 그 밖에도 냄새가 맛에 미치는 영향 때문에 맛의 그림과 냄새의 그림[▸5장] 사이에는 자연스럽게 유사점들이 발견된다. 곧, 맛을 묘사한 그림들에서도 음식을 탐욕스럽게 또는 황홀하게 바라보며 먹는 장면이 강조되거나 또는 반대로 역겨워 물리치거나 피하는 장면이 강조되곤 한다.

읽을거리 Jütte, 2000; Kanz, 2004; Kaufmann, 1943; Kunstforum international, 159 & 160, 2002.

요점정리를 위한 물음

- 맛의 성질들 가운데 혀에 있는 화학적 수용기가 자극을 받아 생기는 것들은 어떤 것들인가?
- 음식이나 음료수의 향기는 맛의 지각에 어떤 영향을 미치는가?
- 이것을 어떻게 증명할 수 있는가?
- 매운 느낌과 불타는 느낌을 일으키는 자극은 어디에서 어떻게 처리되는가?

- 맛의 기본 성질들이 주는 쾌감은 어떻게 이해될 수 있는가?
- 이것은 음식 디자인에 어떤 과제를 안겨 주고 있는가?

- 미각얼굴반사란 무엇인가?
- 이것은 정서에 대한 신체심리학적 견해[▶1장]와 어떤 관계가 있는가?

- 쓴맛의 쾌감은 개인의 어떤 성장과정을 통해 발달하는가?
- 이런 쾌감의 발달은 어떻게 설명될 수 있는가?

- 먹고 마시는 것이 모든 감각과 관련되어 있다는 것을 구체적으로 설명해 보라.
- (혀를 통한) 맛의 기본 성질과 향기 사이에는 또는 향기와 기타 감각 양태들 사이에는 어떤 상호작용이 존재하는가?
- 맛의 다감각적 성질은 기능적 신경해부학의 관점에서 어떻게 설명될 수 있는가?

- 문화(귀속성)는 어떤 의미에서 특히 '맛의 문제' 인가?
- 기신증이란 무엇인가?

- 미각의 비유적 묘사에서 성과 죽음이 중요한 의미를 지니는 까닭은 무엇인가?
- '먹는 예술' 의 주요 관심사는 무엇인가?
- '먹는 예술' 의 관심은 음식 디자인의 관심과 어떻게 다른가?
- 맛의 교육학은 무엇을 목표로 하는가?
- 화학적 감각들의 성질 때문에 맛의 교육학이 직면할 수밖에 없는 어려움은 무엇인가?

고등감각 – 시각과 청각

예술, 디자인 그리고 인문학도를 위한 지각심리학

III

청각과 시각은 원거리감각이다. 이 말은 멀리 떨어진 사태의 지각을 뜻할 뿐만 아니라 특히 심리적 거리를 뜻하기도 한다. 촉각, 후각, 미각과 달리, 청각과 시각은 (동물적 운명과 대립되는) 자유와 (감정과 대립되는) 지성을 대표한다. 이런 이유에서 칸트 같은 철학자들은 청각과 시각을 고등감각이라고 부르는 것이 정당하다고 보았다. 반면에 오늘날의 많은 문화비평가에게 청각과 시각을 다른 감각들로부터 구별하여 고등감각이라고 간주하는 것은 (특히 서양 중심의) 인간 역사에서 비교적 늦은 시기에 나타난 감각의 상실로 간주된다. 그리고 시각과 청각 이외의 다른 감각에 대한 예술적 재평가 등을 통해 이런 상황이 극복되어야 한다고 주장한다.

청각과 시각이 (추상, 상상 같은) 정신화 과정과 밀접한 관련이 있음은 틀림없는 사실이다. 이 두 감각이 일상과 예술에서 지니는 의미는 어떤 특수한 문화에만 한정된 것이 아니라 인류학적 보편성에 해당하는 것이다. 그러나 이 두 고등감각에 대한 긍정적 또는 부정적 평가가 흔히 간과하는 것이 있다. 그것은 청각과 시각에서도 심리적 거리가 아니라 불수의적인 정서적 관여 때문에 생기는 특징들이 존재한다는 점이다. 그것은 다음 두 장에서 살펴보는 바와 같이 무엇보다도 시각과 청각이 신체운동과 밀접하게 관련되어 있다는 데서 찾아볼 수 있다.

읽을거리 Aichinger, Eder, & Leitner, 2003; Finnegan, 2002; Howes, 2005.

7 시각

눈은 주위 환경에서 반사되는 일정한 범위 안의 전자기파(곧 빛)가 망막에 투영되도록 조직되어 있다. 이것은 움직이는 유기체에게 매우 쓸모 있는 것이다. 빛의 가시광선이 사물의 표면에 반사되어 망막에 투영되는 과정을 통해서 시각동물인 인간은 무엇이 멀리 어디서 움직이고 있는지(그것이 친구인지, 적인지, 먹이인지 따위), 그리고 자신은 어떻게 움직여야 하는지(안전하게 접근할지, 잽싸게 접근할지, 아니면 도망갈지 따위)를 알게 된다. 이 외에 운동에 대한 시지각은 동종의 유기체들 간의 소통에 중요한 역할을 한다.

인간에게 빛은 사물과 장면을 인식하기 위한 수단일 뿐만 아니라 그 자체로 평가의 대상이 된다. 인간에게 빛 자체는 정서적으로 가장 강력한 감각 중의 하나다. 이 장에서는 먼저 빛 자체에 대한 감각을 살펴보고 이어서 빛을 통해 지각하게 되는 것들에 대해 살펴보기로 하겠다.

카메라의 구조와 비슷한 눈의 뒤쪽에는 감광세포들이 있는 망막이 있다([그림 7-1]). 여기서 눈의 홍채Iris는 렌즈의 조리개처럼 빛을 뒤쪽 벽에 투사하는 역할을 한다. 감광세포들은 세 종류의 원추세포cone cell와 간상세포rod cell로 이루어져 있다. 세 종류의 원추세포는 각각 단파, 중간파, 장파의 빛자극에 대해 가장 민감한 반면에 간상세포들은 단파와 중간파 원추세포 사이의 영역에서 특히 민감하다. 간상세포들은 햇빛이 약할 때나 달빛 아래에서만 작동하는 반면, 원추세포들은 그렇게 빛이 약하면 작동을 멈춘다.

망막의 중앙에는 원추세포들만 매우 밀집해 있고 간상세포들은 없는 곳이 있다. 구덩이처럼 패인 이곳(중심와fovea centralis)과 약간 제한적이지만 이곳 주변(황반macula)에서는 (낮에 또는 조명이 충분히 밝으면) 선명한 시각이 가능하다. 그 밖에 망막 주변부에는 간상세포들과 원추세포들이 덜 촘촘하게 분포되어 있다.

원추세포와 간상세포들 뒤(또는 보기에 따라서는 그 앞)에는 여러 종류의

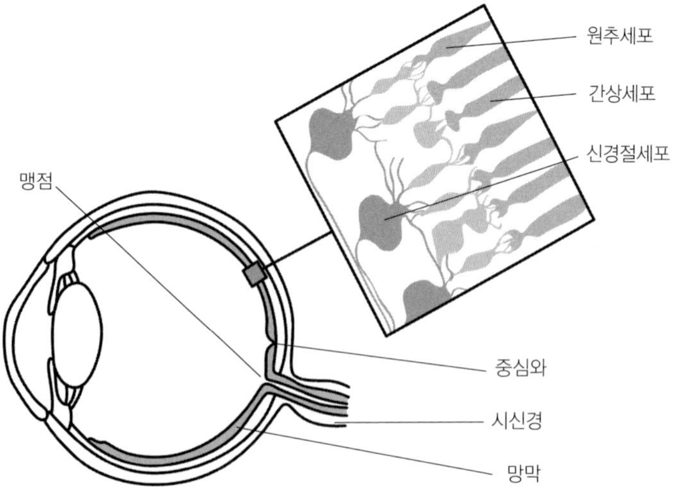

[그림 7-1] 망막의 구조

신경세포들로 된 층이 있는데, 이곳은 신경흥분을 뇌로 전달하거나 또는 서로 결합하여 시각정보를 일차적으로 처리하는 역할을 한다. 신경절세포ganglion cell들은 시각정보가 모이는 곳이며 그 말단은 시신경 섬유를 이룬다. 이 신경망은 망막에서 빛이 쪼이는 쪽(다시 말해 원추세포와 간상세포 앞쪽)에 있기 때문에 망막에 맹점이 생긴다. 왜냐하면 시신경 섬유다발이 망막을 떠나려면 원추세포와 간상세포가 넓게 깔려 있는 곳을 뚫고 지나갈 수밖에 없기 때문이다. (빛을 모으는 세포들이 최근에 발견되었는데 그 덕분에 충분한 빛이 '거꾸로' 구성된 망막을 통과할 수 있는 것 같다.)

감각기세포들이 다발을 이룰 때(그리고 더 높은 수준의 정보처리에서도) 적용되는 한 가지 원리는 외측억제를 통한 대조의 강화다([그림 7-2]). 이것은 간단히 말해 각 부위의 빛자극이 그 양쪽 옆의 빛자극의 전달을 억제해 결과적으로 밝은 곳에서 덜 밝은 곳으로 옮아가는 지점의 차이가 강화되는 것이다(동시대비; 마흐의 띠Mach band[1]).

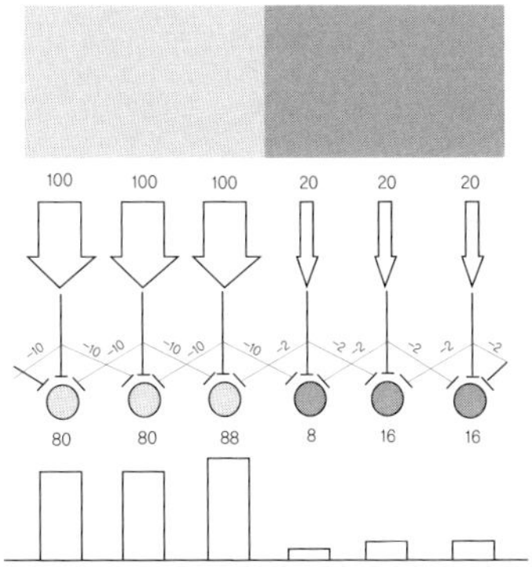

[그림 7-2] 외측억제의 기제

한 유형의 (비교적 크기가 큰) 신경절세포들은 망막 주변부(커다란 수용장rezeptives Feld)에 있는 많은 감각기세포로부터 정보를 받는다. 그리고 좀 더 작은 유형의 신경절세포들은 중심부에 있는 좀 더 적은 수의 감각기세포로부터 정보를 모은다. 첫 번째 유형의 세포들은 흥분을 약간 더 빨리 전달하며 주

역자주

1) 물리학자 에른스트 마흐Ernst Mach의 이름을 딴 마흐의 띠는 밝기가 다른 두 면의 경계선을 따라서 두 면의 대조를 더욱 뚜렷하게 만드는 띠가 있는 것처럼 보이는 착시현상을 가리킨다.

로 운동에 반응하는 반면, 두 번째 유형의 세포들은 정지된 물체의 상세한 특징을 전달한다. 그래서 전자는 결국 피질의 '어디' 경로Wo-Bahn로 수렴되는 데 반해, 후자는 피질의 '무엇' 경로Was-Bahn로 정보를 전달한다(아래 참조).

좌우 눈의 시신경은 각각 뇌의 반대편으로 연결되어 있다([그림 7-3], [그림 7-4]). 시신경이 교차하는 곳(시교차chiasma opticum)에서는 신경섬유들이 나

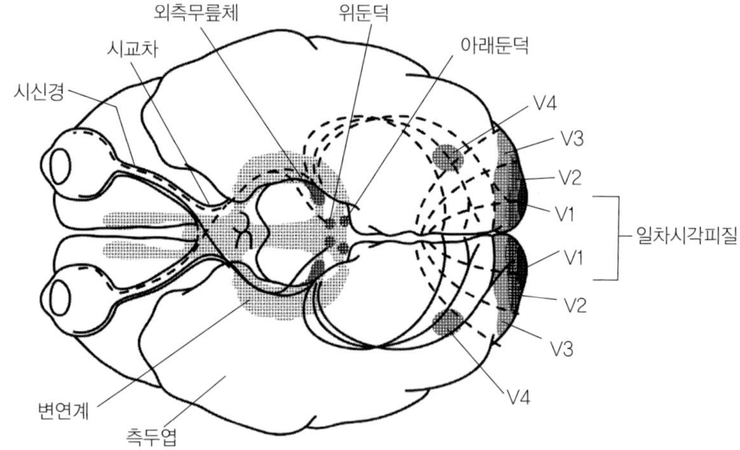

[그림 7-3] 시각관련 뇌 주요 부위 수평면

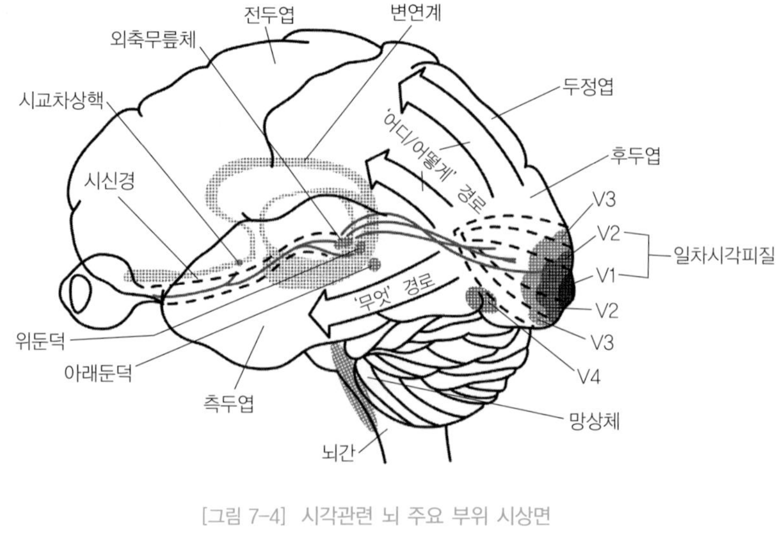

[그림 7-4] 시각관련 뇌 주요 부위 시상면

뉘어서 두 눈 시야의 두 오른쪽 절반 또는 두 왼쪽 절반이 결합해 각각 시야 절반의 반대쪽 뇌로 연결되어 있다.[2)] 뇌로 들어간 시신경은 시상의 이른바 외측슬상체corpus geniculatum laterale에서 여러 갈래로 갈라져 후두엽의 일차시각피질로 이어진다.

또한 시신경의 일부는 시상에 이르기 전에 갈라져서 눈의 운동을 관장하는 중심부(상구superior colliculus)로 들어간다. 그리고 계통 발생적으로 나머지 시각체계보다 더 오래된 것으로 추정되는 또 한 경로는 (시상하부의 시교차상핵suprachiasmatic nucleus이 분배 정거장 역할을 하는) 간뇌로 이어지거나 또는 뇌간의 상행활성계(각성수준의 조절과 정위반응에 관여하는 망상체)로 이어진다. 간뇌에서는 (무엇보다도 어두울 때 송과선에서 분비되는 멜라토닌Melatonin을 통해) 빛이 수면각성 주기에 미치는 영향과 기분에 미치는 영향이 조절된다. 또한 시상과 시각피질에서 나온 경로들은 뇌 깊숙이 놓여 있는 층들, 특히 변연계에서 흥분, 기분, 감정의 조절이 일어나는 데에도 영향을 미친다. 다시 말해, 망막에 맺힌 상을 여러 단계에서 해석해서 생긴 정보들이 여기로 모여드는 셈이다.

후두엽의 일차시각피질(V1)에서는 망막의 상이 표상된다(망막위상Retinotopie). 다만 감각기들의 밀도에 따라 상의 왜곡이 존재한다. 곧, (체감각 호문쿨루스에서 민감도에 따라 비율의 차이가 있는 것과 비슷하게) 망막상의 중심 영역은 뚜렷이 과대 표상되어 있다. 여기에는 형태의 기본 요소들에 반응하는, 예컨대 (수직 또는 수평 같은) 특정 방향의 윤곽에만 반응하는 세포들이 존재한다. 일차시각피질 다음에 있는 시각피질들에서 망막상의 처리는 형태나 색깔 따위에 따라 어느 정도 전문화되어 이루어진다. 그리고 그다음에

역자주

2) 그림에 표시되어 있지 않은 시야의 오른쪽 절반은 두 눈 망막의 왼쪽에 상이 맺히고 반대로도 마찬가지임을 잊지 말자.

는 측두엽과 두정엽의 여러 부위가 포함된 연합시각피질이 있다. 이 영역은 다른 감각들에서 온 자극과 비교가 일어날 때에도 중요한 역할을 담당한다 [▶9장].

시각피질의 주요 경로는 크게 '어디' 경로와 '무엇' 경로로 나뉜다. '어디' 경로는 해부학적 위치에 따라 (후두엽에서 뇌의 '등' 쪽을 지나 두정엽과 계속해서 전두엽으로 이어지기 때문에) 등쪽 경로dorsaler Pfad라고도 불린다. 이 경로는 공간 속에서 또는 자신의 몸과 관련해 시각적 인상들의 위치를 파악하는 데 관여하며, 나아가 전두엽의 운동 작업단위들을 통해 목표물에 따라 정확한 행동을 하는 데 필요한 정보도 제공한다. (그래서 이 경로를 '어떻게' 경로Wie-Bahn라고 부르기도 한다.) 이 경로는 시각정보의 해상도가 낮고 색의 분별이 어려우며 대조가 뚜렷한 조건에서 특히 빠르게 작동하는 듯하다.

'무엇' 경로는 (후두엽에서 뇌의 '배' 쪽을 지나 측두엽과 방추형이랑fusiform gyrus으로 이어지기 때문에) 배쪽 경로ventraler Pfad라고도 불린다. 이 경로는 사물이나 얼굴의 정체를 알아보는 능력과 관련이 있는 것으로 추측된다. 이 경로에서는 시각정보를 매우 예리하게 처리하며 색의 구별도 이루어진다. 하지만 대조에 대한 민감도는 낮은 편이며 처리 속도도 비교적 늦다.

그러나 시각 경로를 이렇게 둘로 나눈다는 것이 이 둘 사이에 아무런 상호작용도 일어나지 않는다는 뜻은 아니다. 최근에 여러 연구자는 이 둘을 중개하는 제3의 배등쪽ventro-dorsal 경로가 있을 것이라고 추측하기도 하였다 (Gallese, 2007).

전두엽의 전운동영역(F5 영역)과 두정엽에 있는 것으로 (원숭이 뇌의 개별 세포들에 대한 분리 관찰을 통해) 증명된 거울뉴런들은 해당 동물이 특정 행동을 직접 수행할 때뿐만 아니라 다른 동물의 동일한 행동을 관찰할 때도 활성화되는데, 이 뉴런들은 '어디' / '어떻게' 경로에 또는 배등 쪽 경로에 속한다. 또한 방금 언급한 영역에는 거울뉴런 외에 이른바 표준뉴런들도 있는데, 이것들은 해당 동물이 특정 물체와 관련된 행동을 수행할 때뿐만 아니라 그 물체를 바라보기만 할 때도 활성화된다.

눈을 통해 들어오는 자극들은 시각체계의 여러 작업단위Modul에서 (예컨대 형태, 색, 운동 등에 따라 전문화되어) 처리된다. 따라서 우리가 파편화된 세계를 경험하는 대신에 색과 형태와 위치 등에 대한 정보가 모두 결합되어 통일적인 세계를 경험하는 것이 어떻게 가능한가라는 근본적인 물음이 제기된다(결합의 문제[▸9장]).

읽을거리 Birbaumer & Schmidt, 2006; Bösel, 2006; Boyce, 2003; Rizzolatti & Sinigaglia, 2008; Rizzolatti, Fogassi, & Gallese, 2000; Roberts, 2002, 10, 12, 13장.

빛에 대한 감각과 조명

지각의 모든 대상 가운데 빛은 최고의 쾌감을 불러일으키는 것이다Lux inter omni apprehensioni est maxime delectabile(중세 철학자이자 자연 연구가였던 비텔로Witelo의 말; Schöne, 1954: 66).

지각심리학에서는 오래전부터 밝기의 지각과 관련된 여러 현상(예컨대 대조, 밝기항상성 등)을 실험적으로 연구해 왔다(Rock, 1985; Gilchrist, 2006). 또한 생물심리학에서는 빛이 각성과 수면의 주기 조절에 어떤 역할을 하는지에 대해서 관심을 기울이고 있다. 예컨대, 겨울우울증Winterdepression(계절성 정서장애)은 이 주기의 장애로 간주되며 인위적으로 빛을 쪼여 줌으로써 치료된다(Kasper & Möller, 2004). 빛이 어떻게 이와 같이 경험되는지에 대해서는 오늘날 심리학자들보다는 문화학자, 종교학자, 예술학자와 예술가, 건축가 그리고 디자이너들이 더 많은 관심을 기울인다. 단지 몇몇의 산업심리학자와 환경심리학자만이 이 주제를 다루고 있다.

열정/신비주의 빛에 매료되는 현상은 그동안 많이 언급되어 왔다. 문화학자 볼프강 쉬벨부쉬Wolfgang Schievelbusch는 빛에 대한 의식적 지각으로 "매우 오래전의 인간관의 하나에 따르면 빛은 구원을 가져온다."(1992: 86)고 확신하였다. 쉬벨부쉬는 또한 모든 시대와 모든 민족의 종교는 일출이 함축하고 있는 세계 부활의 원초적 경험을 다루기 위한 시도로 이해될 수 있다고 언급하고 있다. 그럼에도 빛의 황홀함은 어둠을 몰아냄으로써 생겨나는 즐거움, 즉 빛에 의해 매개되는 세계의 가시화에 의해 (충분히) 설명되지 않는다. 가시화는 의심할 여지없이 정서적 가치를 지니고 있고, 안전을 확보하고, 유령을 몰아낸다. 그러나 눈부심을 통해 세계의 가시화에 방해가 되어도, 사람들은 상황에 따라서는 빛 자체에 의해 매료된다.

심리학에서 꽤 오래된 감각과 지각의 적절치 못한 구분은 이와 같은 맥락에서 특히 주의를 끈다. 빛자극은 그것이 적응에 도움이 되는지와는 관계없이 그 자체로 가치 있는 것으로 간주된다. 즉, 빛에 의한 즐거움은 대상의 지각과는 무관하게 존재한다. 하인츠 베르너Heinz Werner(1966)는 우리가 강력한 자극에 무아경으로 몰두하는 것에서 관찰할 수 있는 바와 같이[▸10장] 이와 같은 경험을 매우 중요한 생명감각이라고 표현하였다. 변경된 의식상태에 대한 연구로부터, 향정신성 약물 복용경험, 명상과 초월기법의 실천에 대한 연구로부터(Dittrich, 1985; Austin, 1999), 간질적 발작상태(Janz, 1998)와 강렬한 꿈에 대한 기술로부터(Hunt, 1989) 빛에 대한 매혹적인 경험은 외부 자극 없이도 나타날 수 있다는 것이 이미 잘 알려져 있다. 그것이 눈을 통해 들어온 빛에 의해 생겨났든 또는 다른 경로를 통해서 생겨났든 관계없이, 적절한 빛이 주어지면 초월성(제한된 인간의 실존이 상승하는 것 같은 느낌에 대한 비전)이 구체적인 감각적 경험의 형태로 나타나는 것처럼 보인다. 따라서 빛에 대한 즐거움은 매우 강렬한 감각적 경험에 의해 초래되는, 특별한 중추신경의 흥분에 의해 나타나는 종교적 감정에 그 뿌리를 두고 있다. 그리고 이와 같은 종교적 감정에는 그에 상응하는 환상들이 동반되기도 한다(Persinger, 1987).

빛의 정서적 의미는 또한 덜 스펙타클한 상태에서도 나타난다. '밝은'과 '어두운'의 개념은 통상적으로 기분에 대한 은유적 해석으로 이해된다. 고대의 개념 '우울Melancholie(그리스어로는 우울함)'은 결핍되어 있는 생의 기쁨을 빛의 긍정적 효과에 역으로 작용하는 신체적 구조, 즉 체질로 소급하여 설명하고 있다. 기분은 명료하지 않은 순간적인 정신·신체적 상태를 나타낸다[▸10장]. 환경심리학의 창시자인 윌리 헬팍Willy Hellpach은 그의 저서 『지구심리*Geopsyche*』(1977)에서 유기체의 전체적인 몸 상태에 미치는 빛의 활성화 효과를 다루고 있다(그는 이 전반적인 상태를 토너스Tonus라고 지칭하고 이에 대한 감각자극의 효과를 감각 토너스 효과라고 명명하였다). "모든 빛은 그 자신의 자연스러운 형태에서, 즉 빛나거나 산만하거나(불명료하거나) 또는 반사된 태양 빛의 형태로 유기체를 활성화하는 방식으로 작용한다. 그리고 이는 빛의 양과 강도와 관계없이 모든 빛자극에 유효하게 적용된다."(43) 빛에 얼마나 적절하게 노출되어 있는지에 따라 기분의 상태가 영향을 받는다는 것은 오늘날 산업 관련 학문 분야에서도 이미 잘 알려져 있는 사실이다(Küller et al., 2006).

빛이 유기체를 활성화하는 효과는 아마도 망막이 호르몬 분비를 통해서 하루의 주기를 조절하는 시상하부Hypothalmus와 송과선Zirbeldrüse과 뇌간의 망상체계에 연결되어 있기 때문이다. 이 외에도 빛은 비가시적인 주파수의 영역(UV, 적외선)에서 피부를 통해 활성화와 기분에 영향을 미친다(Küller et al., 1990; Küller et al., 2006).

밝기는 초양태적transmodal 자극 특성이다. 다른 감각양식에서의 감각들도 또한 '밝은' 또는 '어두운'(밝은 또는 어두운 소리 또는 향기)으로 기술될 수 있다. 그리고 이는 빛의 활성화 효과와 서로 관련되어 있다[▸9장].

빛은 우리를 열광케 한다. 그러나 눈부심을 통해 지각을 방해하는 것과는 관계없이, 빛은 제한된 범위 내에서만 즐거운 것으로 경험된다. 강한 빛(맑은 하늘에서 직접 내리쬐는 한낮의 태양빛)을 바라보는 것은 거의 참을 수 없다는 것이 이미 잘 알려져 있다. 그리고 즉시 눈에 손상을 입을 수도 있다. 우리 눈은 홍채의 수축에 의해, 그리고 망막 감광세포의 빛에 대한 민감도를 낮춤으로써 강한 태양의 빛에 어느 정도까지는 적응할 수 있다.

예술, 매체, 광고 ▶ 태양과 역광

- 일출과 일몰: 일출과 일몰의 상황에서는 강력한 빛을 발하는 태양을 바라볼 수 있다. 왜냐하면 빛이 대기를 통과하는 긴 과정에서 빛이 걸러지기 때문이다. 에너지를 많이 포함하고 있는 짧은 파장 부분(파랑)은 대기분자에 의해 더욱 강하게 산란된다. 그렇기 때문에 하늘은 파랗게 보인다. 그런데 아침과 저녁에는 대기를 통과하는 시간이 길어지면서 긴 파장의 광선 부분이 상대적으로 지표면에 더욱 많이 분포하게 된다. 그 결과 태양과 그로부터 비춰진 대기의 먼지와 안개들이 붉은색을 띠게 된다. 이 붉은색의 빛과 그로부터 비춰진, 이미 일출과 일몰을 전후해서 아래로부터 빛을 받은 구름과 같은 지표면 위의 대상들은 그 순간에 밀려오고 또는 밀려가는 어스름함과 대조를 이룬다. 일반적으로 이와 같은 광경은 지켜보는 사람에게 전율을 느끼게 한다. 그리고 그 광

경은 사람들에 의해 그림으로 남겨지게 되었고, 그 결과 원시적인 미적 향유(키치Kitsch)의 상징이 된다.

- 역광에서의 구름: 구름의 가장자리에서 길을 트며 나타나는 태양광선의 경우에 매우 밝은 태양의 강력한 출현을 더욱 두드러지게 한다. 구름의 가장자리 부분에서 빛의 투과(반투과)는 구름 자체를 천상의 빛이 나는 물체가 되게 한다. 이를 통해 구름은 신비한 아우라를 지니게 된다. 동시에 대기의 어두운 부분에 대조를 이루어 눈에 도달하지 않는 광선이 보일 수 있게 된다. 이와 같은 빛의 투과현상은 예외적으로 대기를 가시적인 매체로 만들고, 공간을 빛의 물질로 채운다. 또한 이 모든 것이 하늘에서 이루어지기 때문에 종교화의 모티브로 자주 등장하는 것과 같이 종교적으로(신의 광채) 해석되는 경향이 있다. 역광에 위치해 있는 지상에 있는 대상들에서조차, 즉 나무 잎사귀 모양의 장식, 사람의 머리와 의상에서 스스로 빛을 발하는 것과 같은 느낌, 즉 윤곽에서 나오는 빛의 화환은 매우 인상적이다. 종교적, 정치적 의식(종교 지도자와 정치 지도자가 등장할 때 비추는 후광), 축제, 극장, 영화관에서 후광을 이용하는 상황, 즉 그 효과(윤곽 조명, 비스듬한 조명)는 관람객들에게 황홀한 분위기를 연출하기 위해 사용된다.

광택 광택은 불명료한 반사와는 대조적으로 직사광선에 의한 반사에 의해 생겨난다. 유리 광택은 불명료한 빛의 반사가 특히 작은 부분을 차지하는 특별한 경우다. 광택이 나는 표면은 사람의 주의를 끈다. 주변의 대상이나 표면(그림, 글자)에 의식적으로 주의를 기울여 지각하는 경우가 아니라면, 광택은 즐거운 기분을 불러일으킨다. 광택은 빛과 조명을 넘어 특별히 인상적인 등장을 상징하는 표현으로 사용되기도 한다('광채가 나는 화려한 등장').

오래전의 지각심리학에서는 광택이 나는 조건과 형태 그리고 광택과 조명의 구별이 활발하게 논의되었다(무엇보다도 헤링Hering, 카츠Katz, 뷜러Bühler, 그리고 경우에 따라서는 레오나르도 다 빈치Leonardo da Vinci의 관찰경험을 언급하면서). 금속 광택의 경우에는 금속 고유의 색으로부터 영향을 받는다는 것이 그것의 특별한 측면으로 입증되었다. 이와 같은 현상은 금속이 아닌 일반적인 대상의 경우에는 광택이 그 대상의 표면에서 나타나고 그 대상의 고유색을 덮어 버리지만, 금속의 경우에는 광택이 표면의 뒤, 즉 아래에서 나타난다는 사실과 일치한다. 금속의 경우에 광택은 표면을 덮는 표피적인 현상으로 나타나기보다는 깊이를 지니는 것으로 간주된다. 금속 광택의 이와 같은 특성은 빛을 발하는 물질, 아우라에서 매혹적인 광택이 나타나도록 하는 데 기여한다. 금속 광택의 이와 같은 현상은 금속-칠 광택에 이르기까지 다양한 영역에서 응용되고 있다.

오늘날 광택은 주로 눈부심의 관점, 즉 지각과 일을 방해하는 조건의 관점에서 연구되고 있다(인간공학, 즉 인간요인 연구). 모니터를 사용하는 직업에서의 관련 연구 결과에서는 어두운 색 바탕 위의 밝은 글씨와 검은색 자판이 문제가 있는 것으로 밝혀졌다(Cakir & Cakir, 2006). 인쇄물에서 그림의 질적 특성을 최대화하기 위해 광택이 나는 눈부신 재질의 종이를 사용하는데, 이것이 인쇄된 내용을 지각하는 데 방해가 된다는 것은 아이러니가 아닐 수 없다. 아마도 이 경우에 종이에서의 빛의 반사가 읽기에 방해가 됨에도 불구하고 광택이 나는 종이를 사용하는 이유는 그림을 더욱 좋은 상태로 인쇄할 수 있기 때문이고, 또한 인쇄물을 더욱 고급스럽고 품위 있게 보이도록 하는 특징을 강조할 수 있기 때문이다.

귄터 케벡Günther Kebeck은 『그림과 관람자*Bild und Betrachter*』(2006)에서

그림으로 묘사된 빛의 반사와 광택이 나는 빛은 2차원으로 그려진 그림에 입체감을 지각하도록 하는 데 크게 기여한다는 사실을 예술작품의 조작을 통해서 보여 주었다. 이와 같은 관점에서 광택은 오히려 지각에 방해가 되는 환상적인 빛의 현상 그 이상의 것이다. 광택은 음영Schatten에 더하여 공간과 형태를 파악하는데 크게 기여한다.

빛 태양, 불꽃 또는 전구와 같은 광원은 빛난다. 그리고 역광을 받고 있는 반투명의 물질과 불명료한 강한 반사광에 놓여 있는 표면(예컨대 눈 덮인 겨울 풍경)들도 빛난다. 어두운 주위 환경과 대비를 이루고 있는 상황에서는 상대적으로 약한 정도의 불빛도 주위를 밝게 보이도록 하는 데 충분하다. 그러므로 약하게 조명된 유화도 밝게 보일 수 있다(Katz, 1930; 이 그림들이 흰색의 벽에 걸려 있으면 조명의 효과는 방해를 받는다; Schöne, 1954). 어두운 주위 환경은 약한 진폭과 강도를 지닌 빛의 효과를 증가시키는 것은 물론(동시대비), 빛이 제공하는 분위기에도 영향을 준다(아래 참조).

예술, 매체, 광고 ▶ 회화-조명

예술사학자인 볼프강 쉐네Wolfgang Schöne(1954)는 『회화에서의 빛에 대하여 *Über das Licht in der Malerei*』에서 음영이 없는 중세시대 회화의 고유광(신비하고 천상의 느낌을 불러일으키는 외부광으로 이해되는)에, 음영을 통해서 하나 또는 그 이상의 광원을 암시하고 또는 그 광원을 그림 속에 나타내는 중세 이후의 회화에서 보이는 조명광을 대비시켜 설명하고 있다. 중세시대 대표적인 빛의 마술은 회화에서 금으로 바탕을 장식하고 고딕양식 성당에 채색된 유리를 사용하는 것이 대부분이었다. 쉐네가 언급한 바와 같이, 그럼에도 불구하고 빛의 마술은 단지 중세시대에 국한된 것이 아니라 르네상스 회화에서의 명암법과 인상주의 미술에서의 흔들리는 불빛에서도 나타나고 있다. 빛이 나는 성당 창에서 느끼는 매력적인 느낌은 요즘 유행하는 조명예술과 같은 네온사인 광고와의 관련성을 생각해 볼 수 있다. 디아프로젝션과 사진프로젝션은 그림에 그려진 발광력이나 인화된 사진의 발광력보다 훨씬 우세한 발광력을 그림에 제공한다. (예술사를 전공하는 학생들이 가끔 원본의 그림을 보았을 때 실망하는 것이 바로 이와 같은 이유에서다. 즉, 요즈음의 디지털화된 프로젝션에서 불명료한 조명과 초점 때문에 약화될 수 있는 효과다.)

깜박거림, 반짝거림, 가물거림, 어른거림 작은 빛을 발하는 표면이 움직이면(물, 잎), 빛을 내는 자극이 어떤 이유로 매우 짧은 시간 안에 변화한다면 깜박거림Glitzern, 반짝거림Funkeln, 가물거림Flackern 또는 어른거림Flimmern이 발생한다. 이와 같은 현상은 무의식적으로 어떤 활동, 원칙적으로 어떤 의미를 지닌 표현(예컨대 신경질적인 어른거림, 생기 넘치는 깜박거림, 그와 같은 또는 피곤한 가물거림; 애니미즘)으로 이해되는 경향이 있다. 깜박거림과 반짝거림 등의 본질적 측면에 해당하는, 변화한다는 특성 때문에 이 현상은 무의식적으로 주의를 끌게 된다(정위반응). 이 변화는 아무런 정보를 포함하고 있지 않기 때문에 이 자극에 주의를 기울이는 것은 벽난로의 불빛을 바라볼 때 잘 알려진 바와 같이 최면 또는 명상의 효과를 지닌다.

번개 번개가 치면 움직이는 불빛이 갑자기 공간을 가르며 나타났다. 다시 금방 사라진다. 번개는 무기로 그리고 분노로 가속화된다는 신화에서의 해석이 매우 특징적이다. 밤하늘에서 번개가 어둠과 합쳐지면 장엄한 광경의 특징을 강조하는 효과를 지닌다.

폭죽 여기에서도 역시 불빛은 갑자기 공간을 가르며 나타난다. 그러나 움직임은 위로 향하고, 오히려 흔들거리며 또 퍼지면서(꽃이 활짝 피는, 불꽃을 튀기며, 부풀어 오르며) 나타나기 때문에 불꽃의 움직임은 더욱 밝게 또는 유쾌하게 지각된다(다채로움이 추가된다).

안개 광택과 같이 안개도 보이지 않도록 지각을 방해하는 빛이다. 무엇보다도 빛으로서가 아니라 눈과 사물 사이에 끼어 있는 매체의 형태로 기능한다. 안개의 베일은 경치를 미적으로 지각하는 데 기여하는 것으로 알려져 있다. 미적(분위기) 효과는 공간의 조명이 대상들로 구성된 주위 환경을 부분적으로 가리는 특별한 방식과의 결합에 의해 생겨난다. 주위 대상들을 부분적으로 가리는 이 특별한 방식은 그 장면을 매우 흥미롭게 또는 섬뜩하게 만들기도 하고, 경우에 따라서는 부드러움, 즉 유순함을 암시하기도 한다. 통상 역설적으로 사용되고 있는 공연 안개 개념은 덜 섬세하긴 하지만 극적인 분위기를 연출하는 데 매우 효과적인 매체라는 것을 보여 준다.

시야를 가득 채운 안개 속에서 경험하는 완전히 동질적인 빛이나 또는 관찰자 주위를 둥글게 둘러싸고 있고(전체장) 또 안개 속을 바라보고 있는 듯한 인상을 주는 동질적으로 조명이 된 스크린의 빛은, 자극이 완전하게 박탈됐을 때(감각결핍) 나타나는 어지럼증 및 환각과 유사하게 상대적으로 짧은 시간 안에 심각한 흥분을 불러일으키는 장애를 유발한다. 안개의 경우에는 감각적 자극이 결핍되어 있는 것이 아니라 지각할 수 있는 구조가 결여되어 있는 것이다. 따라서 이 상황은 지각적 결핍으로 분류된다.

실험 ▶ 전체장

반으로 자른 탁구공을 테이프를 이용하여 양쪽 눈에 고정시킨다(이때 너무 압박하지 않도록 주의한다, [그림 7-5]). 그리고 이 반투과성 탁구공 안경을 쓰고 약 15분 동안 동질적으로 빛이 비춰지고 있는 표면을 향해 바라본다.

• 효과와 해석: 본문을 참조하라.

[그림 7-5] 전체장 실험

많은 조명예술 설치작품(예를 들어 제임스 튜렐James Turell의 작품)은 전체장에서 체험하는 자극적인 경험을 활용하고 있다.

조명 비율 주위를 둘러볼 때 우리는 항상 부수적으로 일종의 조명을 지각한다. 그리고 그 조명은 가끔 우리에게 언급할 만한 가치가 있는 것으로 보인다. 다비트 카츠David Katz(1930)는 『색 세계의 구조*Der Aufbau der Farbwelt*』에서 조명지각의 원리(대상과 공간의 가시성에 대한 대략적 지각의 원리)를 대상세계의 개별적 측면들의 지각과 대비하여 설명하였다. 개별적으로 조명은 다음과 같은 것에 의존한다.

- 빛이 직접적으로 비추는지 또는 흐릿하게 비추는지(예를 들어 직접 비추는 태양광 대 구름에 둘러싸인 빛, 스탠드의 빛 대 천장에 있는 등의 빛), 즉 직접 비추는 빛과 간접적으로 비추는 빛이 어떻게 섞이는지에 따라
- 빛이 어느 각도에서 들어오는지에 따라(경우에 따라서는 다양한 광원으

로부터)

- 대기가 맑은지 또는 흐린지에 따라(국지적인 기후, 하루 동안의 시간, 계절에 의존해서)
- 광원 또는 빛에 반사된 표면이 얼마나 밝게 그리고 어떤 색상 톤으로 조명되는지에 따라(일광에서 그리고 하루 동안의 시간과 계절에 의존해서)

다양한 요인의 조합에 의해 대상성 또는 매체(대기)의 상이한 비중, 대상들의 윤곽의 상이한 비중, 밝음과 어두움의 분포의 상이한 비중(음영 정도와 상대적 밝기)이 나타난다.

지각의 성질 ▶ 음영

우리는 카를 뷜러Karl Bühler의 구분에 따라 음영의 유형을 부가적인 음영anhängende Schatten(물체에서 빛이 덜 비춰진 부분의 음영), 대기음영(조명된 물체의 뒷부분에서 덜 밝게 비춰진 대기공간) 그리고 짙은 음영으로 구분할 수 있다. 카츠에 따르면, 주로 맨 먼저 언급된 유형의 음영—그는 이를 수반된 음영이라고 부른다—은 "대상들이 우리에게 입체감 있게 보이도록 하는 데 크게 기여한다. 이 음영은 대상들의 실제적인 모형 제작자들이다"(1930: 59). 많은 동물의 밝은 복막은 자연적인 조명에서(말하자면 위로부터의 조명하에서) 나타나는 부가적인 음영의 위치를 알아보는 것을 어렵게 만든다. 이는 위장하는 데 도움이 되는 기능을 한다는 것을 암시한다. 음영에 의해서 둥근 또는 타원형의 그림 표면은 볼록하게 튀어나온 것 또는 오목하게 들어간 것으로 보이게 된다([그림 7-6]). 그 도형이 볼록하게 튀어나온 것처럼 보이는지 또는 오목하게 들어간 것처럼 보이는지는 빛이 비추는 곳으로

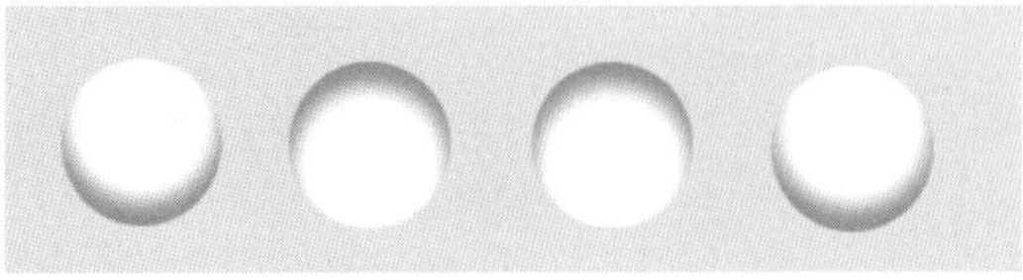
[그림 7-6] 음영에 의한 입체감 지각

가정된 광원의 위치에 달려 있고, 음영 표면을 수직으로 된 또는 수평으로 된 지표면에 위치시키느냐에 따라 결정된다(빛이 위쪽에서 비추고 있다는 가정은 지표면이 수직으로 위치해 있다고 가정할 때에만 의미를 지닌다). 제시된 그림을 180° 돌리면 오목하고 볼록한 인상이 역전된다. 서로 반대로 음영이 진 많은 표면이 나열되어 있을 경우에 어느 한 단면에서의 관점의 변화는 다른 표면에서의 인상에 영향을 준다.

얼굴에 빛을 비출 때, 아래쪽에서 빛이 비춰지면 둥근 모양의 얼굴 느낌이 생기지 않는다. 얼굴은 이와 같은 조명의 조건에서는 이상하게(무섭게) 느껴진다. 얼굴의 형태는 유지되나, 그 이외의 다른 모든 부분은 얼굴이라는 특별한 지각 대상의 관점에서 분명히 매우 이상하게 보인다. 마스크의 오목한 안쪽 면조차도 (한 눈으로 볼 경우에) 볼록한 얼굴 모습으로 보이고, 빛이 위에서 비출 때 오목하게 보이는 안쪽 면은 아래에서 비춰진 얼굴 모습으로 보이게 된다.

읽을거리 Ramachandran, 1995; Kebeck, 2006.

조명에 의해 생겨나는 전체적인 인상은 대부분 특별한 기분을 불러일으킨다. 다양한 방식으로 배열된 조명요인들은 각양각색의 풍경의 경험을 불러일으키는 데 적지 않게 기여한다. 시각적 환경미학은 단순히 물리적인, 즉 형식적 소여의 문제가 결코 아니다. 건축 이론가인 크리스티안

노르베르크-슐츠Christian Norberg-Schulz는 『지니어스 로사이*Genius Loci*』(1982)에서 풍경유형학(해안, 지중해 풍경, 스칸디나비아반도 풍경)을 무엇보다도 조명의 관계로부터 도출하였다. 건축의 양식 또한 조명을 어떻게 다루는가에 따라 크게 달라진다. 건축구조의 공간적 효과는 조명(빛)의 비례적 관계를 어떻게 만들어 내는가의 문제다('조명을 이용한 건축'; Rassmussen, 1995).

조명의 비례적 관계와 그 분위기 효과에 대한 대략적인 분류는 영화이론과 그 실천에서 주로 응용되고 있다. 하이키High-Key 대 로우키Low-Key 조명이 그 예다. 하이키는 여러 개의 광원에 의해 음영이 거의 없는 균일한 조명으로, 편안한 느낌을 주지만 너무 밋밋하게 보이기도 한다. 이와는 대조적으로, 로우키는 적은 수의 광원에 의한 풍부한 조명으로(대부분 카라바지오Caravaggio와 렘브란트Rembrandt와 같은 화가들에 의해 이태리어로 명암을 의미하는 Ciaroscuro와 동일시되었다. 상황을 더욱 입체감이 있게한다. 그러나 로우키 조명은 잠재적으로 혼란스러울 수 있으며 동시에 긴장감이 팽배하고 극적으로 보이도록 하기도 한다. 빛과 어둠의 조합이 오히려 자신의 집 같은 편안한 느낌을 주는지 또는 무섭게 작용하는지, 오히려 신뢰감을 불러일으키는지 또는 불안의 느낌을 주는지는 대상의 측면, 즉 맥락을 제외하고 본다면 빛의 색상에 큰 영향을 받는다. (키아로스쿠로라는 명암 회화기법으로 그려진 회화에서는 따뜻한 색상을 사용한 반면, 필름 느와르에서는 흑백의 색상을 사용하였다.) 에드먼드 버크Edmund Burke는 1756년 아름다운 빛과 숭고한 빛의 차이에 대한 기술에서 이미 하이키 조명과 로우키 조명의 효과를 어느 정도는 파악하고 있었다.

영화에서 사용되는 조명을 주의 깊게 살펴보면, 조명은 (하이키와 로우키와는 무관하게) 흔히 묘사된 장면의 광원에 거의 사실적으로 관여되어 있지 않다는 것을 확인할 수 있다. 설명하기 어려운 신비로운 조명은 카츠가 입증한 바와 같이 주로 그려진 그림에서 마법적인 효과를 보인다. 영화 장면의 순간적인 속성 때문에 영화에서 조명의 마법적인 측면은 일반적으로 의식적인 지각의 범위를 벗어난다.

어스름함의 지각은 그 자체로 연구할 만한 가치가 있는 주제다. 예술사학자인 하인리히 뵐플린Heinrich Wölfflin은 『예술사의 기본개념*Kunstgeschichtliche Grundbegriffe*』에서 '어스름 시간'의 효과에 대하여 언급하였다. '형태들은 희미한 불빛의 분위기로 해체된다. 그리고 구별되는 한 무리의 물체들 대신에 공통의 소리의 움직임 속으로 흘러 들어가는 한 무리의 불명료한, 더욱 밝고 더욱 어두운 대상을 보게 된다.'(1991: 41) 회색 일색으로 변화하는 것과 같이 어스름 속에서 윤곽이 해체되는 현상은 망막에서 초점지각에 관여하는 영역(중심와Fovea centralis)이 빽빽하게 밀집되어 구성되어 있기 때문인데, 이 원추세포는 희미한 조명하에서는 적절하게 기능을 수행하지 못하기 때문이다. 반면 망막의 주변부 영역에 분포되어 있는 흑백에 예민한 간상세포는 대상을 선명하게 지각하지는 못하지만 매우 어두운 밝기에서 잘 작동한다. 가까운 거리에 있는 주위 환경은 어스름 속에서는 대낮에 안개에 뒤덮여 있는 먼 거리에 있는 것과 유사하게 불명료하게 보인다. 따라서 아마도 어느 한 매체에 의해서 둘러싸여 있는 것과 같이 어스름으로 덮여 있는 것 같은 익숙한 느낌이 들것이다.

읽을거리 Arnheim, 1978; Bühler, 1922b; Kanizsa, 1966; Katz, 1930; Kebeck, 2006; 환경심리학: Cakir & Cakir, 2006; Boyce, 2003; Flynn, 1988; Hellpach, 1977; Küller, 1990; Küller et al., 2006; 환경미학: Böhme, 1998; Norberg-Schulz, 1982; 문화사: Perkowitz, 1998; Zajonc, 1994; 예술사: Schöne, 1954; 공연 조명/영화 조명: Keller, 2004; Millerson, 1991; Wiese, 1996.

디자인과 건축 ▶ 조명 대 빛

조명기술자는 조명효과보다는 빛의 인상적인 형태에 더 많은 관심을 두고 있는 디자이너들에 대해 불편한 심경을 토로한다. 램프를 구성하고 설치할 때, 오늘날까지 항상 조명은 가능한 한 눈부심이 없어야 한다는 전통적이고 기본적인 요구에 봉착해 왔다. 이는 아마도 그에 상응하는 분별없는 태도는 물론 번쩍거리고 빛나는 불빛에 대한 뿌리 깊은 매혹에 기인한다. 조명 구성과 건축의 관계에 대한 최근의 논의에서는 어느 한 양식에 국한하지 않고 태양광의 역할과 하루의 시간의 흐름과 계절에 따른 태양광 변화의 역할 그리고 각자의 사정을 고려한 디자인으로 조명계획이 (단순히 이후에 추가적으로 이루어지는 장식으로서가 아니라) 건축학적 설계의 통합적 요소가 되어야 한다는 목표가 새롭게 부각되었다. 대부분 디자인 사무실의 자체 광고에 이용되는 부지기수의 무거운 광택지의 서적들은 설득력이 있다고 알려진 이 원칙을 시각적으로 구현하려는 노력에 기인하고 있다. 계속해서 자연조명과 인공조명을 사용하여 공간을 조명하고자 하는 최근의 경향은 미학의 이론과 실천에서 논란의 여지가 없는 것은 아니다. 조명을 절제함으로서 안정시켜 주는, 즉 집중할 수 있도록 하는 조명의 효과는 예를 들어 일본의 전통적인 건축양식과 삶의 양식에서 높이 평가되고 있다.

읽을거리 Adam, 1995; Angerer, 1995; Alexander et al., 1995; Rassmussen, 1995; Zumthor, 2006b; 절제적인 조명의 미학: Tanizaki Jun'ichirō, 1993; Zumthor et al., 2006a.

색채지각

색채는 관찰자의 눈과 머릿속에서 생겨나는 주관적 현상이다. 어느 정도 해석의 여지가 있지만, 색채지각을 유발하는 외부 자극으로는 어느 특정한 주파수 영역에서의 전자기적 진동이 관련되어 있다고 할 수 있다. 그러나 특정 색의 경험이 특정한 파장의 빛에 분명하게 일대일로 대응하지 않는다는 것을 감안하면 이와 같은 주장은 제한적일 수 있다. 동시대비와 연속대비 또는 색채항상성, 즉 밝기항상성과 비양태적인 색경험이 보여 주는 것과 같이, 인간의 시각체계는 파장을 색채경험에 일대일로 대응시키지는 않는다.

신경 개요 ▶ 색상지각

인간의 눈에는 단파장의 빛, 중파장의 빛 그리고 장파장의 빛에 특히 예민하게 반응하는 (K원추세포, M원추세포 그리고 L원추세포라는) 서로 다른 세 가지 유형의 감각세포(원추세포)가 존재한다. 모든 감각세포—특히 M원추세포와 L원추세포—는 넓은 주파수의 범위에 반응한다. 그리고 M원추세포와 L원추세포의 반응곡선은 상당 부분 중복되어 나타난다([그림 7-7]). 그러므로 세 가지 유형의 감각세포를 청색(K), 녹색(M) 그리고 붉은색(L)에 부속시키는 고전적인 설명방식은 문제가

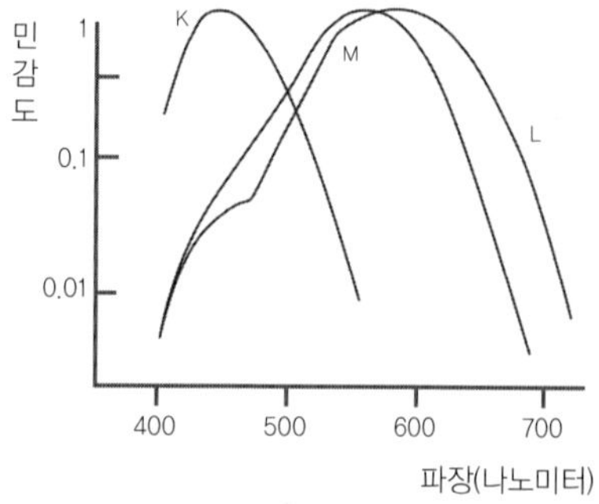

[그림 7-7] 감각세포의 민감도차이곡선

있다. L원추세포의 최대 민감성은 단색의 노랑에 상응하는 주파수의 영역에 위치해 있다. 그럼에도 세 가지 유형의 원추세포의 민감성의 차이는 이들 색상(그리고 이를 통한 모든 인간의 색경험)의 구별을 위한 기초를 구성한다. 또한 망막에서는 원추세포 신경전도의 양극적인 접속을 통해 파장을 식별하는 기제가 작용한다. M원추세포는 L원추세포에 대비되어(적색과 녹색의 식별성의 기초를 이룬다), 그리고 M원추세포와 L원추세포는 K원추세포에 대비되어(청색과 노란색의 식별성의 기초를 이룬다) 작용한다. M수용체와 L수용체의 총합은 가시적인 전체 주파수 영역을 포괄하고 또한 수적으로도 K수용체보다 더 강력하게 작용한다. 이 두 수용체의 총합은 밝기경험의 토대를 구축하는 특별한 경로에 동력을 제공한다(태양빛-어스름 속에서 또는 달빛에서 밝기는 망막의 간상세포에 의해 영향을 받는다). 특정한 한 색상에 대한 경험은 단색의 빛에 의해 또는 빛의 혼합에 의해 유발될 수 있다. 메타메리metamere 색상 개념은 이와 같은 불명료함을 나타내는 개념이다(마젠타Magenta는 이와 같은 규칙의 한 예외를 나타낸다; 본문 참조).

방금 위에서 언급한 신경세포들의 서로 대비되는 양극적인 접속은 색상의 동시대비Simultankontrast와 연속대비Sukzessivkontrast에서 분명하게 나타난다([그림 7-8]).

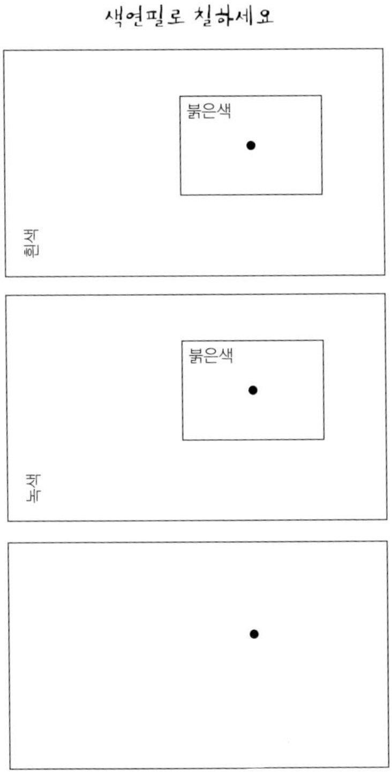

[그림 7-8] 색상대비

• 동시대비: 어느 한 색이 그 색상

에 대비되는 색상 속에 포함되어 있으면(예를 들어, 녹색 속에 적색), 그 색상은 더욱 짙게 그리고 더욱 밝게 보인다. 그렇게 보이는 것은 아마도 시각피질에서 가장자리에서의 인상을 그 표면으로 확장하는 채움기제와 함께, 변화가 나타나는 곳에서 그 변화를 더욱 두드러지게 보이도록 하는 외측억제laterale Hemmung의 한 형태에 기인한다.

- 연속대비: 만약 당신이 적색과 녹색으로 칠해진 사각형 안에 있는 점을 약 30초 동안 응시하고 난 후 곧 아래에 있는 흰색 정사각형 안에 있는 점을 바라보면, 당신은 그 보색의 잔상을 보게 된다(당신이 여기에서 적색과 녹색에서 관찰할 수 있는 현상은 노랑과 청색에서도 작용할 수 있다). 이와 같은 효과는 일정 시간 지속적으로 빛에 노출될 경우 적색과 녹색과 같이 청색과 노랑의 양극성과 협력하여 K원추세포, M원추세포 그리고 L원추세포가 적응함으로써 발생한다. 밝기수용체들의 적응(피로)이 흑백의 연속대비를 일으키는 것과 같이, 외측억제는 또한 검은색과 흰색의 표면에서, 즉 서로 상이한 회색 톤에서 동시대비를 일으킨다.

읽을거리 Compenhausen, 1993; Gegenfurthner, 2006, 2006a.

동물비교 다른 생물 종의 시각 시스템은 서로 다른 주파수 영역대의 빛에 반응한다. 대부분의 포유동물은 단지 두 개의 원추세포(단파장의 빛과 장파장의 빛에 관여하는)를 지니고 있다. 그 결과, 사람들에게서 나타나는 적색과 녹색의 구별에 상응하는 색 구별을 위한 토대가 결여되어 있다. 인간과 다른 유인원들에게 적색과 녹색을 구별할 수 있다는 것은 그들에게 영영분이 풍부한 잘 익은 열매를 더욱 용이하게 추론할 수 있도록 한다는 것이다.

다른 동물들이 경험하는 것과 같이, 그 동물들은 알아볼 수 있는 것을 우리 인간은 인지할 수 없는 것들이 있다. 지각의 주관성은 또한 우리에게 원칙적으로 다른 사람들의 색경험을 이해할 수 없도록 한다. 그럼에도 불구하고 대부분의 사람은 서로 비교 가능한 유사한 지각 스펙트럼을 지니고 있고, 동일한 외적 조건에서는 대체로 동일한 색채를 지각할 수 있다는 가정에서 출발하는 한 개별적인 지각행위 속에서 주어진 것을 잘 이해할 수 있다. 물론 다양한 형태의 색맹, 즉 색약의 하나를 겪고 있는 사람들(대부분은 남자들)은 예외일 수 있다. 이 문제는 생리학적 장치에서의 특별한 결함에 의해 발생한다.

문화비교 비언어적 연구(매칭 과제)에 의하면, 비록 모든 문화에서 모든 색의 스펙트럼에 동일한 명칭을 부여하는 것은 아닐지라도 색의 지각(색조의 구분)은 보편적인 현상이라는 것이 입증되었다(색의 구별은 색에 명칭을 부여함으로써 비로소 가능한 것이 아니라는 것이 젖먹이 유아를 대상으로 한 연구에서 입증되었다). 우리에게서 원색으로 표기되는 모든 색이 항상 어느 곳에서나 명명되는 것은 아니다. 문화비교 연구에 따르면 실제로 색 명칭의 발달은 보편적인 유사성을 띠는 경향을 보인다. (흰색, 노랑, 적색을 위한) '흰/따뜻한' 과 (검정, 파랑, 녹색을 위한) '검은/차가운'의 구별이 이루어진 후에—적색과 노랑의 색군에 대한 고유한 명칭을 시작으로—원색에 명칭을 부여하는 것으로 확장되어 간다(Hardin, 1998; Kay et al., 1997).

실험 ▶ 밝기항상성

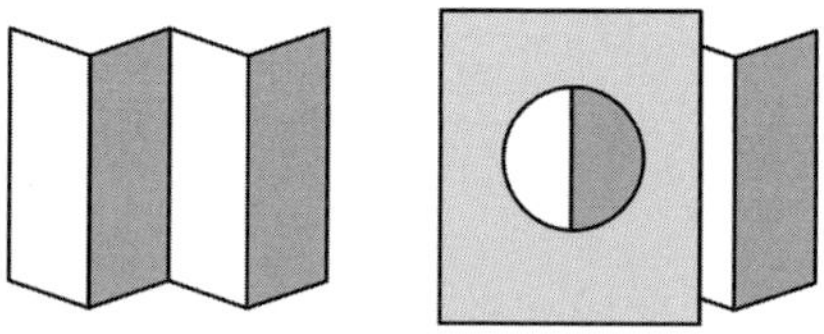

[그림 7-9] 밝기항상성 실험

접힌 단색의 상자종이(예를 들어 인쇄되지 않은 색인 카드)를 접힌 한쪽 면에 그림자가 지도록 세워 두라. 그리고 접힌 상자종이를 톱니 모양의 단면을 지닌 평면으로 보도록 시도해 보자(한쪽 눈을 사용하면 더욱 좋다). 그렇지 않으면 중앙에 구멍이 난 카드를 통해서 바라보자([그림 7-9]).

- 효과: 정상적인 지각 상황에서는 동일한 자신의 밝기, 색상을 지니고 있는, 그렇지만 서로 다르게 빛이 비춰지고 있는 면을 지각하게 된다. 그러나 여기에 공간적 느낌을 제거하면 그림자가 진 면이 어두운 표면으로 변화한다(노란색의 카드를 사용하면 색조가 급격하게 올리브 그린색으로 변화한다).
- 해석: 본문을 참조하라.

밝기항상성과 색채항상성 우리는 입체적인 물체에서 더욱 어두운 부분을 동일한 밝기의 색상에서 빛이 덜 비춰진 표면으로 지각한다. 빛의 스펙트럼 구성이 (어느 정도 선에서) 변화할지라도, 비록 지각 대상의 표면에서 반사되는 측정 가능한 빛의 스펙트럼 구성이 크게 변화했음에도 불구하고 우리는 동일한 색상을 지니고 있는 것으로 지각한다. 여기에서—이미 잘 알려진 익숙한 대상일 경우에는—기억, 즉 대상의 색상에 대한 지식이 관여한다(이전에는 기억색상이라는 말이 사용되곤 하였다). 왜냐하면 다양한 색상의 의미 없는 구성(예를 들어 조각보[작은 조각천이나 큰 조각천을 이어 붙여 한 장의 수공예로 만들어진 조각보: 역자주])도 빛의 관계가 변화할지라도 계속해서 동일한 색상을 유지하기 때문에, 지식 이외에도 그림의 서로 다른 색상영역들 간의 비교(배경과의 비교)가 색경험의 항상성에 중요한 요인으로 작용하는 것처럼 보인다. 색상은 단순히 시야의 영역에서 나오는(반사되는) 빛의 주파수에 의해서만 결정되는 것이 아니다. 이 빛이 경계를 이루는 영역의 빛반사의 구성에 어떤 관계를 맺고 있는가에 의해서도 영향을 받는다. 더욱 커다란 단색의 표면을 바라볼 때는 색채항상성이 나타나지 않는다. 색채항상성과 그 사라짐은 또한 색을 넣은 안경을 쓰고 일련의 다양한 색상을 지니고 있는 책의 표지와 흰색 벽 사이를 왔다 갔다 하며 바라보면 관찰할 수 있다. 흰색 벽은 분명히 안경의 색에 의해 조색되어 보인다. 그러나 책등의 색상은 전혀 변하지 않거나, 변화하더라도 매우 미약한 정도에서 변화한다.

감각기관을 통해 입력되는 신호의 이와 같은 교정을 통해서 우리가 세계로부터 획득하는 그림은 빛의 밝기의 변화에 크게 흔들리지 않고, 또한 감지세포에서의 적응과 밀접하게 연관된 신호의 변화에 대해서도 크게 영향을 받지 않고 항상 일정한 색상을 지각하는 경험을 한다(시각피질의 V4로 불리는 무엇 경로의 영역이 안정적으로 균형을 이루는 데 매우 중요한 역할을 수행한다). 만약 색채지각을 더욱 커다란 단색의 면에서 살펴본다면, 1925년 알레쉬Allesch의 유명한 실험에서 보여 주었던 것과 같이 비록 밝기의 관계는 아무런 변화가 없을지라도 이미 몇 초 후에 지각된 색채의 질적 특성에서 현저한 변화가 나타난다.

지각에서 다른 항상성과 같이(아래글 참조) 색채항상성, 즉 밝기항상성 현상 역시 부분적으로 과장해서 설명되고 있고 또 잘못 기술되어 있다.

예를 들어, 체키Zeki(1999)가 다양한 빛의 조건에서 그려진 모네Monet의 루앙Rouen 성당 그림을 단지 색채항상성과 밝기항상성의 초인간적인 억압에 의해 설명할 수 있다면, 또는 헐버트Hurlbert(2002)가 (축소차단막을 사용하여) 그 장면의 작은 단면을 분리해서 바라보지 않고 모네가 그 장면의 상이한 음영을 지각하는 것이 불가능하다고 한다면, 그들에게 가끔은 창문을 통해서 밖을 바라보도록 조언하고자 하는 유혹이 생겨난다. 확실히 시각 시스템은 객관적인 측정장치가 아니다. 그럼에도 불구하고 색채항상성과 밝기항상성은 일반적으로 자연적인 조건에서는 빛의 비례관계에 대한 인식에 결코 어긋나지는 않는다.

비양태적 색상 우리는 또한 가상의 색 표면을 적절한 조건하에서 비양태적 형태[3]의 특수한 경우로 생각해 볼 수 있다([그림 7-10]). 이 색 표면으로부터 반사된 빛은 스펙트럼의 측면에서는 주변의 종이로부터의 반사와 결코 차이가 나지 않는다. 여기에서 드러나는 가상의 색의 베일은 우리의 시각 시스템이 2차원의 상황을 공간적으로 그리고 입체적으로(추론 가능한 범위의 투명한 색의 층을 사용하여 관통하는 구조를 쌓아 올려서) 해석해서 지각한다는 것을 증명한다. 이와 유사한 현상이 시각적 투명성이다. 물리적으로 동일한 색

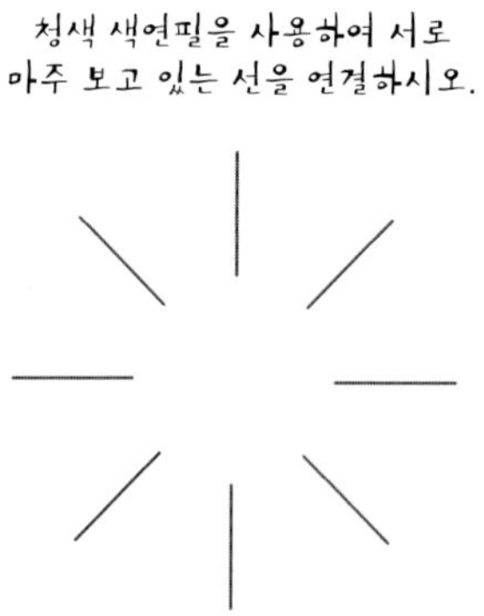

[그림 7-10] 비양태적 색상

역자주

3) 비양태적이란 감각기관들이 서로 통합되어 있어서 시각을 통해서 촉각이나 청각에서 느낄 수 있는 감각을 경험하는 것과 같이 감각의 양태를 벗어나는 형태의 지각경험을 일컬을 때 쓰는 개념이다.

의 면은 그들이 2차원적 묘사에서 다른 색의 면과 어떻게 중복되는지에 따라 투명하게 또는 불투명하게 나타난다([그림 7-11]).

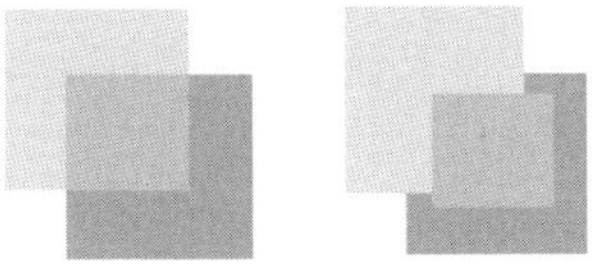

[그림 7-11] 시각적 투과성

물리적 자극(잘 익은 과일과 주위의 나뭇잎으로부터 반사된 상이한 빛 스펙트럼의 차이)에 대한 시각 시스템의 반응은 물론 물리적 변화를 무시하거나(색채항상성, 밝기항상성) 또는 그 반대로 물리적 자극을 다르게 지각하는(비양태적 색상; 동시대비) 지각 경향은 인간의 주거공간Habitat의 가능한 조건에 적응하는 생물학적으로 중요한 지각의 적응기제로 이해할 수 있다.

색 분류와 색 혼합 우리는 색을 원으로 분류하여 정리한다. 그럼에도 불구하고 우리가 적색과 청색으로 지각하는 파장은 스펙트럼의 반대쪽 극단에 위치해 있다. 이 극단 사이에는 색상환에서 단파장의 빛과 장파장의 빛이 어느 한 점에서 혼합되어 빛을 발하거나 반사될 때 지각되는 핑크와 마젠타(전통적으로, 예를 들면 괴테Goethe의 경우에 자주라고 명명된)가

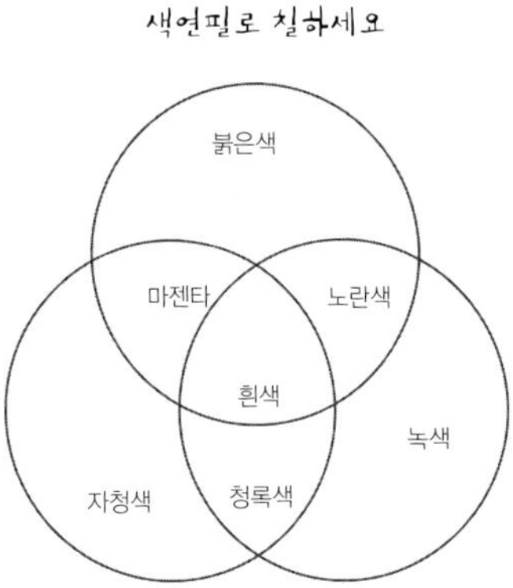

[그림 7-12] 색칠그림: 가산적 색혼합

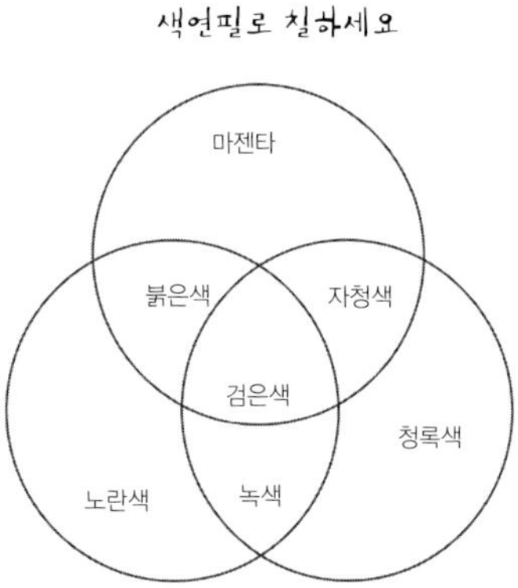

[그림 7-13] 색칠그림: 가감적 색혼합

놓여 있다. 달리 표현하면, 핑크는 붉은색 빛과 청색 빛이 더해져서 혼합되었을 때(적색과 녹색 빛의 혼합은 노랑, 청색 빛과 녹색 빛의 혼합은 청록색, 그리고 적색 빛, 녹색 빛 및 청색 빛의 혼합은 흰색 빛을 만들어 낸다) 나타나는 색상이다([그림 7-12]). 노랑과 청록색의 경우에서와는 다르게, 마젠타 색 경험을 불러일으킬 수 있는 섞이지 않은 순수한 빛의 파장은 존재하지 않는다(단일의 주파수를 지닌 이성체는 존재하지 않는다).

마젠타, 노랑 그리고 시안Cyan은 청색, 녹색, 적색 그리고 검정이 나오는 필터링에 의한 빼기 색 혼합의 출발점이다([그림 7-13]).

색 염료의 혼합에서는 그 관계가 더욱 복잡하다. 왜냐하면 여기서는 매우 인접한 반사의 더하기(구분하는 혼합 또는 시각적 혼합)와 서로 겹치는 필터 효과에 의한 빼기가 결합되기 때문이다. 색 혼합의 형태를 구분하는 것—하랄트 퀴퍼스Harald Küppers는 "최소한 11개의 색채혼합 법칙"(1992: 64)을 가정하고 있다—은 매우 임의적일 수 있다.

색은 색조(색상), 포화도(채도) 그리고 밝기(명도)의 세 가지 차원으로 분류된다. 그럼에도 이 세 가지 차원은 서로 독립적이지 않다. 예를 들면, 짙은 노랑은 짙은 파랑보다 훨씬 밝게 보이고, 회색이 섞인(어둡게 만든) 노랑은 코버트Kobbert(1986)가 입증한 바와 같이 올리브 그린, 즉 변화된 색조를 띠게 된다(밝기, 포화도, 색조의 체계적인 의존은 베졸트-브뤼케 현상Betzhold-Brücke-Phänomen으로 명명되고 있다). 3차원적 색상 분류는 확실히 실용적인 이점이 있지만, 무엇보다도 이를 색의 본질을 나타내는 것으로 오해할 경우에는 혼란을 불러일으킬 수도 있다. 이미 언급했듯이 이 차원들은 서로 독립되어 있는 것도 아니고, 특히 밝기를 흰색의 포함 정도와 동일시하는 것은 아마도 색채의 정서적 효과 측면에서 매우 중요한 역할을 수행하는 색상의 고유 밝기, 즉 색조의 광도의 역할을 등한시하기 때문이다(아래글 참조). (적색과 청색의 밝기 차이는 예외적으로 어스름한 상태에서 지각하는 상황으로 변해 가면서 그 반대로 나타난다. 이제 어스름한 상태에서 활성화되는 간상세포가 단파장의 영역에서 더욱 민감해진다. 따라서 색상이 점점 사라지면서 붉은색 표면과 비교하여 파란색 표면은 더욱 밝게 보이게 된다; 푸르키네 현상Purkinje-Phänomen).

색상과 정서 색상이 정서와 느낌을 불러일으킬 수 있다는 것은 당연한 것으로 간주된다. 그럼에도 특수한 효과와 그 원인들이 비교적 많은 연구에도 불구하고 아직 분명하게 해명되지 못하고 있다. 이는 부분적으로는 피상적인 연구방법에 그 원인이 있다. 추상적인 색효과에 대한 질문은 분명히 문제가 있다(Mausfeld, 2007). 예를 들어, 어떤 사람이 단순하게 좋아하는 색이 무엇인지, 싫어하는 색이 무엇인지 묻는다면, 또는 단순히 색의 개념을 감정, 느낌 그리고 다른 특성들과 관련지어 생각하려고 한다면, 이는 다음과 같은 물음들을 고려하지 않은 채로 생각하는 것이다.

- 응답자는 질문에 대답할 때 어떤 특별한 유형의 색(색조, 포화도, 밝기)을 마음속에 떠올리고 있는지
- 응답자는 어떤 특별한 대상이나 상황을 염두에 두고 있는지
- 정서적 효과는 어느 정도 신체적으로 체험되고 있는지(일상적인 관용적 표현과는 반대로).

판단과제를 수행할 때 색상 카드(컴퓨터 모니터에 제시된 색 그림)가 제시되는 경우라도, 마지막 두 개의 물음은 여전히 미해결된 상태로 남아 있다. 따라서 추상적인 색자극으로부터 나온 반응에 기초하여 공간적-대상적 환경의 색경험이나 인위적인 색 조합의 측면에서의 색경험을 추론하

고자 하는 것은 바람직하지 않을 것이다. 또한 이미 잘 알려진 다양한 색경험에 대한 문화사적 사실을 모으는 것도 색경험이 나타나는 특별한 방식과 환경조건을 이해하는 데 크게 도움이 되지 않을 것이다. 형태심리학자인 루돌프 아른하임Rudolf Arnheim은 이와 같은 이유로 『예술과 시지각 *Kunst und Sehen*』 개정판(1978)에서 색효과에 대해 문화사와 정신사로부터 밝혀진 사실을 책을 통해 읽는 것은 물론 색경험에 대한 경험적 연구로부터 거리를 두고 있다. 크라이틀러Kreitler와 크라이틀러Kreitler(1980)는 좋아하는 색에 대한 연구 결과가 너무나 상이하게 나타나는 것은 너무나 일반적인 물음을 제기했기 때문인 것으로 간주하였다.

실험 ▶ 색 느낌을 선으로 표현하기

어느 한 짙은 녹색, 자주색, 노랑 그리고 적색의 느낌을 깊이 생각하지 않고 추상적인 선의 그림으로 옮기도록 시도해 보자. 그리고 그 결과를 당신이 선택한 색상을 앞에 놓고 판단한 색경험의 결과와 비교해 보자.

- 결과와 해석: 9장(392쪽)에서 이 실험에서 의도한 결과를 볼 수 있다. 이 결과의 해석을 위해서는 이 장의 본문과 9장의 '초양태적 특성' 부분을 참조하라.

어느 한 또는 다른 형태의 설문조사에서 상대적으로 규칙적으로 나타나지만 회의적인 시각에서 살펴볼 필요가 있는 느낌의 특성은 코버트(1986)의 종합적인 판단에 따르면 대부분 양극적 특성에 관련되어 있다.

- 흥분된–조용한(노랑/적색 대 파랑/녹색)
- 따뜻한–차가운(노랑/적색 대 파랑/녹색)
- 명랑한–우울한/진지한(노랑/오렌지/황녹색 대 파랑/보라색)
- 지배적인/공격적인–부드러운/평온한(오렌지/적색/보라색 대 파랑/녹색).

이러한 양극적 특성이 서로 독립적인 차원에 관한 것이라는 주장은 의심의 여지가 있다. 이 양극적 특성의 배열과 의미 분석은 비록 아주 분명하지는 않지만 오히려 흥분의 정도로 나타낼 수 있는 단일 차원의 양상일 수 있다는 것이다. 각각의 색상이 상이한 정도에서 흥분을 일으키는 효과는 포화된 색조 각각의 고유 밝기, 즉 광도에 기인할 수 있다. 단파장(푸른색)의 빛은 생리학적으로 동일한 물리적 강도를 지닌 장파장(노란색 또는 적색)의 빛보다 덜 흥분하도록 한다는 사실(이는 어쩌면 단파장의 영역에서 더욱 민감하게 반응하는 원추세포의 수가 적다는 것과 관련이 있다)이 이를 지지해 준다. 이와 같은 설명은 또한 회색이 포함된 정도를 고려하여 흰색과 검정색을 평가하는 데 적합할 수 있다(Kobbert, 1986). 또한 더욱 일반적으로 빛과 어둠을 평가하는 데도 어울릴 것이다. 마지막으로, 이와 같은 단순한 양극성은 색 개념에 대한 문화를 초월한 연구에서 나타난, 밝은색(따뜻한 색으로 표기된)과 어두운색(차가운 색으로 표기된)에 대해 앞서 언급한 기본적인 대조에도 일치한다.

색을 불, 태양, 피, 하늘, 물, 채소 등과 연결시키는 것은 색의 정서적 효과를 위해 어떤 의미를 지니고 있는가? 형태심리학자들은 연합을 통해서 색의 정서적 효과를 설명하는 것에 반대의 견해를 표명하였다. 그들에 따르면, 붉은색과 청색의 서로 다른 정서적 효과는 연합, 즉 학습에 기초한 것이 아니라 색의 본연의 성질에 기인한 것이다. 그러나 이것은 중요한 환경자극의 색(더 정확하게 표현하면 반사적 특성)과 물체의 특징은 정서를 촉발하는 자극으로 진화하게 되었다는 것을 배제하지는 않는다. 다르게 표현하면, 서로 다른 색에 대한 상이한 민감성은 그 색의 생물학적 맥락에 의해 영향을 받을 수 있다는 것이다.

예를 들면, 적색, 오렌지색 그리고 노란색의 효과는 이 색들이 빛과 온기의 출처와 더불어 에너지가 풍부한 식량을 신호하는 정황에 기인할 수 있다. 붉은색이 특히 '뜨겁게' 지각되는 것은 분노가 일 때(얼굴이 빨개지는 것), 번식에서(성적 준비와 흥분의 신호로 빨개지는 것), 출생과 상처를 입었을 때 피가 피부를 붉게 변하게 하거나, 또는 신체에서 피가 나기 때문일 수 있다. 그리고 아마도 붉은색에 민감하게 반응하는 수용기의 수가 많다는 것은 이와 밀접한 관련이 있을 것이다.

이와 반대로 파란색 빛에 예민하게 반응하는 원추세포의 수가 적다는 것은 주위 환경에서 푸른색을 띠는 것이 아마도 상대적으로 덜 중요하기 때문일 수 있다. 하늘 그리고 멀리 떨어진 곳이 푸른색을 띠는 것은 유기체에게 그렇게 직접적인 생명에 관련된 중요한 의미를 지니고 있지는 않다. 다르게 표현하면, 물리적으로 보았을 때 에너지가 풍부한 단파장의 빛이 밝기의 인상을 결정하는 데 기여하는 부분이 적다는 것은 아마도 멀리 떨어져 있는 것이 생물학적으로 덜 중요하다는 것으로 설명할 수 있을 것이다(절대적으로 치명적인 하천은 아마도 색을 통해서보다는 광택과 반짝거림에 의해서 더욱 쉽게 인식될 수 있다). 색의 범위를 넘어서는 경우, 즉 어스름 속에서 지각할 경우, 망막은 비로소 단파장 빛의 큰 에너지를 이용한다. 간상세포는 단파장 빛의 범위에서 더욱 예민하게 반응한다. (푸른색 면이 붉은색 면보다 더욱 멀리 떨어진 것으로 느껴지는 것은 단파장 빛과 장파장 빛에 서로 다르게 초점이 맞추어지기 때문일 것이다. 방금 언급한 것에 의하면, '먼 곳'은 아마도 '푸른색'의 질적 특성과 연결된다.)

여기에서 오히려 피난처와 더불어 식량 찾기, 물 찾기를 위해 긍정적으로 작용하는 배경이 어떻게든 실제적으로 중요한 신호로서 주어진다면, 진화의 과정에서 학습된 채소의 녹색에 대한 중요성은 청색의 중요성과 중복될 수 있다.

한편으로는 노란색과 적색이, 다른 한편으로는 녹색과 청색이 불러일으키는 서로 다른 정도의 흥분도 그들이 자연 속에서 나타나는 상황의 생물학적 중요성에 근거하여 발생할 수 있다.

색채 구성 풍경을 감상할 때 녹색의 역할은 그럼에도 녹색의 벽 색상과 자동차 색의 효과를 예측하는 데 크게 도움이 되지 못한다. 어느 자동차에 붉은색 라커를 칠했을 때 나타나는 효과는—어느 정도 눈에 띄는 효과를 제외하고—아마도 그 대상에 고유한, 불가피한 색의 정서적 효과에서보다는 사람들이 취미로 또는 의도를 갖고 스스로 나타내고자 하는 생각에 의해 더 많이 영향을 받는다. 가공품의 세계, 특히 인간이 만든 대상과 공간의 세계에서는 색의 정서적 효과가 임의적인 상황(유행 색상)에 크게 의존하는 문화 특징적인 또는 개인적인 습관에 따라 다르게 나타난다. 색의 의미와 색 선호에 대한 다양한 연구 사이에서 불일치하는 결과들은 이를 잘 보여 준다. 의상의 경우에 붉은색 또는 노란색에서 파란색으로의 변화는 확실히 파란색 사과, 바나나 또는 소가 불러일으키는 정도의 혼란을 일으키지는 않는다. 만약 사진에서나 영화에서 유행이 지난 색의 의상을 보게 되면 그 사이 변화한 참조체계, 즉 평가체계에 비추어 자주 즐거워한다. 따라서 색채심리학자로부터 물질적 외부세계의 색채 구성에 대한 매우 세부적이고 자연과학적으로 타당한 지침을 기대하는 것은 잘못된 가정에서 출발하는 것이다.

알록달록한 색의 효과에 대해서도 언급할 필요가 있다. 강력한 색상의 대조는 민속예술이 지니고 있는 중요한 특징으로 간주된다. 특히 짙은 색은 설문조사에서 흥분시키는 색으로 조사된다(Suk, 2006). 알록달록한 대상과 장면들은 오래전부터 생명감이 충만한 것으로 간주되었다(이와 대조적으로 장례 의식에서는 오히려 흰색과 검은색이 많이 나타난다).

디자인 ▶ 사무실 색상

사무실과 그 안에서 일하는 사람들은 오히려 전통적으로 단조로운 색상을 보이고 있다. 그러나 여성의 의상과 넥타이는 예외다. 이는 아마도 딱딱한 배열과 경직된 태도를 보완하는 것처럼 보인다. 환경학자들은 노동환경에서 가능한 한 알록달록한 색상을 지양하도록 권고한다(Küller et al., 2006). 기업의 CICorporate Identity에서 알록달록한 색상을 사용하는 구글Google 기업에서 놀이의 즐거움을 주는 움직임을 제공하는 것—무엇보다도 라바램프[유색 액체가 들어 있는 장식용 전기 램프: 역자주]와 그물침대—은 사무실 색채 디자인 구성을 보완한다(NZZ 167, 2007).

생리학적으로 입증 가능한 알록달록함의 흥분을 불러일으키는 효과는 또한 스트레스를 유발할 수 있고(Küller, 1990), 활기를 불어넣어 주는 긍정적 효과의 부적 측면으로 '시끄러운' 것으로 부정적으로 평가될 수 있다. 예술이론에서는 전통적으로 알록달록함은 물론 색상(그 정서적 효과 때문에)도 형태와는 대조적으로 오히려 원초적이고 진지하지 않은 구성매체인 것으로 잘 알려져 있다(Batchelor, 2002; 이는 서양적 사고에서 색채에 대한 두려움을 나타내는 현상을 초래하였다). 그럼에도 불구하고 색은 회화와 다른 2차원적 표현에서 정서적 측면을 넘어서 입체감을 나타내는 데 매우 중요한 보조매체로 작용한다(Kebeck, 2006).

읽을거리 Bachmann, 2006; Falk, Brill, & Stork, 1990; Gegenfurthner, 2006, 2006a; Hoffman, 1998; Kobbert, 1986; Roberts, 2002, 8장과 15장; Schawelka, 2007; Steinbrenner & Glasauer, 2007; Suk, 2006; Tunner, 1999; 예술사: Batchelor, 2002; Gage, 1989; 구성: Lidwell, Holden, & Butler, 2004; Rodek, Meerwein, & Mahnke, 1998.

대상지각: 대조, 형상, 형태－장면

색은 주위 환경을 용이하게 구조화하도록 하고, 특히 중요한 대상을 쉽게 인식하도록 한다. 그럼에도 불구하고 우리는 주위 환경에서 색의 도움 없이 밝기의 대비만으로도 잘 적응할 수 있다. 사물의 가장자리나 공간적으로 층이 진 대상들에서 나타나는 것과 같은 밝기와 어둠의 대비는 이미 갓 태어난 아기들에게서도 시선을 끈다. 사실 대비는 우리가 빛을 보거나 또는 어떤 것을 지각하기 위해 필요한 기본적인 전제조건이다. 시각 시스템은 이미 망막의 수준에서 빛자극을 처리할 때에도 물리적으로 주어진 자극의 강도 차이와 질 차이를 강조한다(동시적인 밝기대비와 색채대비). 특별한 조건에서는 지각을 위한 직접적인 물리적 소여가 존재하지 않는 곳에서도 우리는 대비, 즉 가장자리(주관적인 윤곽)를 지각하기도 한다. 비양태적 형태의 경우([그림 7-14]), 한 장면에서 객관적으로 주어진 대비는 (감춰져 보이지 않는) 대상을 드러나 보이도록 할 수 있다. 왜냐하면 이 대비는 물리적으로는 존재하지 않는 가장자리가 눈에 확 들어

[그림 7-14] 주관적 윤곽

[그림 7-15] 루빈의 컵

오도록 하기 때문이다.

어떤 것을 본다는 것은 대비에 기초해서 하나의 통일체를 구성한다는 것을 의미한다. 이것은 어떻게 가능한가? 이 문제에 관해서 전경과 배경의 구분에 대한 문제는 매우 고전적이다. 이 전경과 배경의 구분은 주로 유명한 역전 도형인 루빈의 컵([그림 7-15])을 예시로 나타난다. 덴마크의 심리학자인 에드가 루빈Edgar Rubin은 20세기 초 자신의 연구에서 검은색 틀의 바탕에 흰색의 긴 다리가 달린 잔의 그림을 사용하였다. 틀이 없이 윤곽을 표시하는 것만으로도 지각갈등을 불러일으킨다. 선의 폐쇄성Geschlossenheit은 대상의 측면을 더욱 부각시킨다. 왜냐하면 선이 그 대상의 윤곽을 구성하기 때문이다(폐쇄성은 게슈탈트 요인으로 간주된다). 그리고 이와 더불어 형태심리학자들이 입증한 바와 같이 선 그림의 경우 오목한 형태는 대상으로서보다는 배경으로서 지각되는 경향이 있다([그림 7-16]).

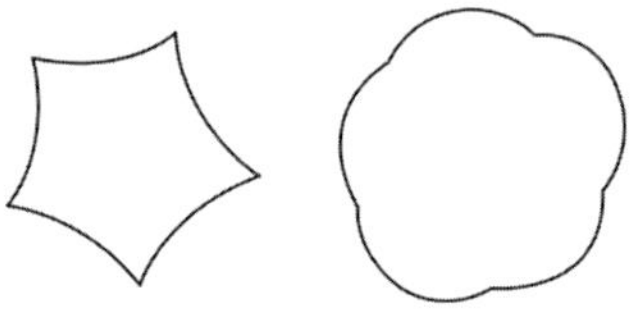

[그림 7-16] 오목한 형태를 배경으로 지각하려는 경향성

그럼에도 불구하고 루빈의 컵에서 볼 수 있는 대칭의 볼록한 둥근 아치 형태는 어느 대상의 윤곽으로부터 우리에게 잘 알려져 있다. 그 윤곽은 수직축을 중심으로 대상을 회전시켰을 경우에도(또는 빙 둘러보아도) 변화하지 않고 유지된다. 그리고 이는 대상을 구체적으로 파악하여 이해하는 데에도 도움을 준다. 우리는 또한 윤곽선의 구불구불한 곡선은 단지 그 용기의 장식에도 기여한다는 것을 알고 있다. 그럼에도 우리의 시선은 이 구불구불한 곡선에 머문다. 그 곡선들은 잔의 도형과 경쟁하여 전경

이 되는, 아마도 지각의 가장 탁월한 대상인 인간 얼굴의 형상을 포함하고 있다. 이 인간 얼굴의 형상은 아무래도 폐쇄된 대상에 대한 더 이상의 언급 없이 그 선을 무시하도록 하는 것처럼 보인다.

그럼에도 우리가 심리학 서적에서 나오는 도형이나 또는 단순화해서 제시하는 2차원의 도형을 바라보는 것이 아니라면, 역전 도형은 우리가 세상을 보는 바와 같이 그렇게 분명하게 드러나지는 않는다. 그래픽디자이너가 도형의 구성을 다양한 조건(밝은/어두운, 위/아래, 오목/볼록, 큰/작은)에서 다양하게 시험해 보는 것은 당연히 매우 흥미 있는 일일 것이다(특히 Zwimpfer, 1994). 그러나 자연적인 조건에서 어떤 것을 볼 때에는 이와 같은 요인이 충분히 관찰되고 경험되지 못한다. 그 반대로 단순화된 그래픽에서 확인할 수 있는 흥미로운 요인들은 일상적인 3차원의 지각의 과정에서는 도외시된다. 주위 환경을 바라볼 때 우리는 다음과 같은 근거Anhaltspunkt에 기초하여 지각한다(부분적으로 이와 같은 근거들은 사진이나 그림에서도 존재할 수 있고, 루빈의 컵을 사용할 경우 하나 또는 다른 관찰방식을 촉진할 수 있다).

- 흰색과 검은색 이외의 색상
- 내부 구성, 표면의 결
- 맥락(예를 들어 꽃병/책상, 머리/몸의 맥락에서)
- 음영 그리고 또한 윤곽의 이면에서 돌출되어 있음을 나타내는 빛이 나는 부분
- 양 눈 조망의 편차(가까운 곳에 있는 대상들 때문에 일반적으로 입체적으로 보이는)
- 우리가 움직일 때 나타나는 관점의 변화(머리의 작은 움직임에서부터 신체의 변화된 모습을 거쳐 돌아다님에 이르기까지)

• 대상 자체의 움직임

3차원성은 단순히 양쪽 눈의 조망 차에 의해서 우리의 시각 시스템에 구축된 것은 아니다. 한쪽 눈을 사용하여 볼 때에도 우리의 움직임에 의해 매번 상이한 조망 속에서 공간이 나타난다(그리고 우리는 전의식적으로 우리 스스로의 움직임 안에 있기 때문에 변화된 외적 모습에도 불구하고 항상 안정된 주위 환경을 지각한다[▶4장]). 아마도 움직임을 통해 시각 속에 구축된 공간성은 고정된 그림들이 제공하는 것과 같이, 또한 개별적인 조망 속에서도 유효하다. 우리는 고정된 평면적 구조 속에서도 공간적인 층(전경과 배경)을 부여하여 지각하고자 하는 경향을 지니고 있다. 형태심리학자들에 의해 가정된 좋은 형태의 법칙—즉 가능한 한 단순한 형태로 지각하려는 경향성—은 특히 복잡한 윤곽([그림 7-17])은 언제나 중복에 의해 나타난다는 진화론적으로 형성된 추측에 기인할 수 있다.

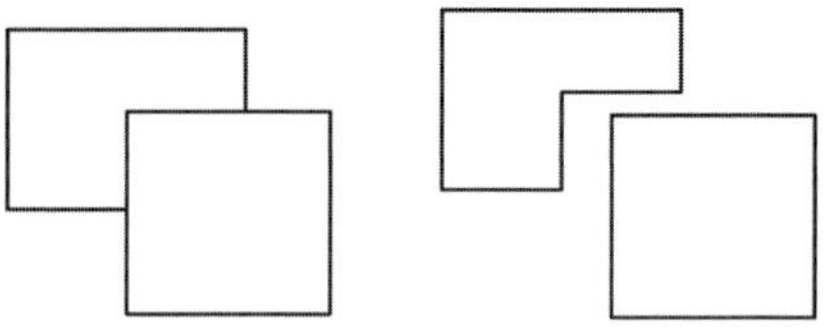
[그림 7-17] 좋은 형태의 법칙

지각의 성질 ▶ 게슈탈트 법칙

게슈탈트 법칙은 어떻게 구성해야 하는지에 대해 언급하지 않는다. 이 법칙은 또한 관계성에 대한 엄격한 공식들도 아니다. 그럼에도 불구하고 이 법칙은 어떤 것을 설명한다. 게슈탈트 법칙은 단지 자극들의 군집화에서, 통합적인 도형의 지각에서 발생하는 어떤 경향성을 기술한다. 형태심리학에서조차 '법칙' 이라는 용어 대신에 게슈탈트 요인이라는 용어를 주로 사용한다. 근접성의 요인은 대략 서로 인접한 현상들이 서로 묶이는 경향이 있다는 것을 나타낸다. 유사성의 요인은 유사한 자극들이 서로 함께 묶인다는 것을 암시한다. 종이와 연필을 사용하여 또는 바둑알과 같은 돌을 사용하여 다각도로 살펴보면서 두 요인이 서로 경합하도록 실험해 볼 수 있다. 표면조직(예를 들어 나뭇결)에 따라 주위 배경에 대하여 대상의 윤곽의 경계를 정하는 과정에서 통상 근접과 유사성은 서로 보완하여 작용한다(경우에 따라서는 유사한 방향에 의해, 말하자면 공통의 운명의 요인에 의해 촉진된다). 물론 경계를 지을 때, 즉 통합체를 구성할 때 폐쇄성의 요인(즉 관통하는 윤곽)은 중요한 역할을 수행한다. 윤곽에서의 어느 정도의 불완전함과 틈, 즉 불규칙성은 무시된다. 프래그난츠 경향성 또는 좋은 형태의 법칙에서 지각은 자극으로서 무엇이 주어지느냐에 관계없이 완전한 대상의 가능성으로부터 출발하는 것처럼 보인다. 그리고 불완전한 틈은 암묵적으로 주관적 또는 객관적 시각조건에 의해 기인한 것으로 간주된다.

그럼에도 불구하고 프래그난츠와 좋은 형태의 개념은 단지 지각의 유연성만을 나타내는 것은 아니다(예를 들면 직각, 즉 수직으로부터의 이탈에 대해). 프래그난츠와 좋은 형태의 용법은 형태의 질적 특성을 평가하는 데에도 기여하고, 또한 쉽게 이해할 수 있는 현상(원형의 형태)을 더욱 아름답게 지각하도록 하는 데에도 관여한다. 여기에서 지각을 더욱 어렵게 하는 것(즉 프래그난츠 경향을 촉발하는 것)도 미적으로 매력적일 수 있다는 것을 고려할 필요가 있다[▸10장].

대부분의 요인은 주어진 환경요건에서 유전적으로 결정되는 시각적 표현일 수 있다. 몇몇 요인—연속성의 요인(연속성의 법칙 또는 매끄러운 경과의 법칙으로 명명되기도 함)—은 아마도 움직임의 생물학적 중요성과 관련이 있다. 경험의 요인, 즉 (객관적) 태도의 요인은 다른 측면에서 설명될 수 있고, (일종의 보편적으로 생각되는 경향에 대한 비상구로서) 문화의 조건, 개인의 학습사 그리고 현재의 상황에 의해 형성되는 기대의 역할을 반영하고 있다.

읽을거리 Metzger, 1966; Rausch, 1966.

어떤 대상을 지각할 때, 우리는 원칙적으로 그 대상 자체만을 지각하기보다는 대상이 위치해 있는 장면에서 작용하고 있는 그 대상을 지각한다. 이것이 바로 시지각을 환경과 관련하여 기술하고 행위와 관련하여 고찰하고자 하는 중요한 이유다. 이 책의 도입부에서 언급한 바와 같이, 20세기 후반부의 심리학에서, 특히 제임스 깁슨James Gibson은 이와 같은 관점을 강력하게 주장하였다. 지각을 환경과 관련하여 이해하는 것에는 환경 속에서 관계를 맺고 있는 공간은 물론 이 공간 속에서 마주하는 대상에 대한 문화적으로 또는 개인적으로 형성된 종 특유의 의미를 이해하는 것도 포함된다. 깁슨은 여기에서—대상의 요구 특성이라는 형태심리학적 개념에 따라서—환경의 제공성Affordanzen이라는 개념을 사용하였다.

최근의 지각에 대한 신경 인지적 접근의 연구들은 지각 대상들이 대상 자체로서의 역할 이외에 지각을 증가시키는 맥락으로서의 역할을 하고 있다는 것을 보여 주고 있다. 이 연구들에 따르면—소위 점진적 발생[4]에 대한 고전적 연구에 기초하여—불명료한 시각적 인상들은 시각 시스템의 이전 단계(분명하게 지각할 수 있는 대상)를 유추하여 바라보도록 함으로써 맥락을 통해 이해된다는 것이 입증되었다(Fenske et al., 2006). 다시 말해서, 행위 가능성을 지니고 있는 세상의 각 단면들은 해당 시각피질의 모듈에서 망막으로부터 들어온 정보에 대해 시각구조의 의미 독립적인 분석

역자주

4) 점진적 발생Aktualgenese은 처음의 전체적인 모호한 인상으로부터 점진적으로 명료하고 세부적인 지각에 이르는 지각의 발생을 설명하는 개념이다.

이 분명한 개요를 획득했을 때 비로소 이해되는 것이 아니다. 그보다는 여기에서 상황에 대한 이해가 시각자극의 분석에 매우 유익하게 작용한다.

이와 같은 결과는 다음과 같이 잘 알려진 지각이론의 유효한 적용 가능성에 대해 신중을 기하도록 한다.

- 데이비드 마David Marr의 계산이론: 이 이론에 따르면, 대상에 대한 지각은 눈으로부터 들어오는 정보를 상향적bottom up 처리하고, 이어서 이 처리 결과를 대상에 대한 내부의 3차원 모델과 비교하여 재구성하는 것으로 간주된다.
- 비더만Biederman의 지온Geon(기하학적 이온) 이론: 이 이론은 대상을 3차원 모양들로 배열하기 위해 입력된 정보를 공간적인 기본 형태로 표상한다고 가정한다. 여기에서 나타나는 시각적 인상은 36개의 주춧돌 세트의 구조물에 의해 구성된다. 그러나 뵐트호프Bülthoff (2003)가 언급한 바와 같이 이들의 조합에 의해 나무와 같은 특정 대상물을 알아보는 것은 쉽지 않다. 그럼에도 불구하고 가방, 전화기, 스탠드를 지온을 통해 묘사하는 것은 대상지각의 주제에 대한 교과서적 아이콘이 되고 있다.
- 트라이스먼Treisman의 특성통합이론: 이 이론은 (시각피질에서 형태, 색상, 공간 그리고 움직임을 처리하는 엄격하게 분리된 모듈에 대한 가정을 기초로 하여) 세부적으로 분석된 요소 특성들은 나중에 의식적인 시각적 분석처리 단계를 거친 후에야 비로소 대상지각으로 통합된다고 가정하고 있다. 이와 같은 이론과는 반대로 형태심리학자들에 의해 가정된 대상 인식에서 전체의 우선성을 입증하는 실험들이 또한 논의의 장으로 제시되고 있다(Kimchi, 2003).

의도가 있는 맥락의 상황에서는 유전된 그리고 학습된 기대는 어느 정도는 지각에서 하향적top down 처리방식으로 작용하는 것처럼 보인다. 하향적 처리방식이라는 말 대신에 역행투영backward projection이라는 용어가 사용되기도 한다. 측두엽과 두정엽에 자리 잡고 있는 사물, 공간 그리고 행위를 위한 기억으로부터 후두엽의 일차 및 이차 시각영역의 방향으로 역으로 처리된다. 지각학습에 대한 최근의 연구 결과에 의하면, 지식과 능력에 기초하여 수행된 지각 연습은 직업훈련(엑스레이 사진 판독 또는 예술가와 디자이너의 조형 기초훈련)에서 볼 수 있는 바와 같이 심지어 일차시각피질에서 기본적인 분석 시스템의 구조를 변경시킬 수 있다는 것이 입증되었다(Fahle, 2006). 즉, 지각에서 의도가 관여되어 있다면, 이는 특히 감각적 처리는 신체행위의 내적 활성화와 복잡하게 얽혀 있다는 것을 의미한다. 이와 유사하게, 예를 들어 볼프강 프린츠Wolfgang Prinz를 중심으로 한 연구집단은 감각과 운동의 공통의 코드common code를 가정하고 있다(Wohlschläger & Prinz, 2006). 대상의 지각에서 내적 행위를 위한 신경학적 상황 증거로서 최근에 발견된 표준뉴런이 있다.

무대 장면의 예로 설명하면, 작용(경험)의 세계는 다른 배우들, 무대 그리고 소품들—동물(그리고 무엇보다도 사람), 식물, 지질학적-지리학적 소여 그리고 기상학적-대기적 소여, 물질문명—로 구성되어 있다. 여기에서 매우 중요한 것은 다른 행위자들의 지각이다.

읽을거리 Arnheim, 1978; Aschersleben, 2008; Barth, 1989; Costall, 2007; Gibson, 1973, 1982; Guski, 1996; Hoffmann, 1993; Kaufmann-Hayoz & van Leeuwen, 2003; Metzger, 1966; Müsseier, 2008; Noë, 2004; Rubin, 1921; Wohlschläger & Prinz, 2006; Zwimpfer, 1994.

동물과 인간의 운동지각

동물은 움직인다. 사람을 포함하여 동물들은 우리에게 매력적일 수도 있고 위협적일 수도 있다. 우리 인간의 지각은 많은 측면에서 움직임에 맞춰져 있다. 망막의 주변부 신경은 특히 움직이는 자극에 예민하게 반응한다. 우리는 일반적으로 주변부에서 지각된 움직임에 대하여 (이 움직임이 우리 자신의 움직임의 결과로 나타나는 것이 아닌 한) 주의를 기울이고, 이 움직이는 물체에 초점을 맞추게 된다(정위반응; 광고 또는 인터넷에서 이와 같은 선천적인 반응들이 이용된다). 여기에서 움직이는 대상은 움직이지 않는 배경으로부터 두드러지게 전경으로 떠오르게 된다. 물체에 초점을 맞추는 것은 물체의 거리, 물체의 종류, 즉 정체, 물체의 상태와 의도에 대한 평가를 포함하여 움직인 그 물체를 더욱 정확하게 보는 것을 가능하게 한다. 그리고 경우에 따라서는 시야가 움직임을 따라간다.

물체가 빠르게 접근하는 것은 그 물체 형상의 갑작스러운 크기의 확대에 의해 알아차릴 수 있다. 시각 시스템은 어느 한 물체의 갑작스러운 크기 확대는 일정한 크기의 물체가 다가오는 것에 상응하는 크기의 변화에 비교하여 그 가능성이 매우 희박하다는 것을 가정하고 있다. 갓 태어난 아기들조차 스크린에 비춰진 원반의 도형을 갑작스러운 크기로 확대하여(부풀어 오름) 위협적인 충돌을 모사하면 놀람반응 또는 방어반응을 보인다. 영화매체는 아주 오래전부터 이와 같은 놀람의 효과를 이용하고 있다.

빠른 접근이 충돌과는 무관하게 위험을 내포하고 있다는 맥락으로부터 추측하면, 전투 준비태세를 보이거나 도망을 가거나 또는 움직이지 않고 가만히 있는 것과 같은 반응을 통해서 위험에 대처하는 반응을 보인다(움직이지 않고 가만히 있기는—죽은 듯이 가만 있기 반사와 유사하게—잠재적인 공격자가 움직임에 민감하게 반응한다는 상황을 고려한 것이다).

움직이지 않는다고 해서 사람과 동물이 전혀 눈에 띄지 않는 것은 아니다. 실제로 많은 동물 종의 신체(그리고 얼굴)는 규칙적인 특징(대칭)을 통해서 눈에 띈다. 아마도 동물의 영역과 식물의 영역에서 대칭을 이루는 것에는 대칭적인 선은 기본적으로 전경 구성을 촉진한다는, 즉 게슈탈트 요인으로 작용하도록 한다는 생물학적 이유가 놓여 있다(Shepard, 1991). 위장은 전경과 배경의 구분을 모호하게 함으로써, 그리고 강한(비대칭적인) 내적 대조를 통해서 우리 눈의 식별력을 감소시킨다.

거리를 판단하는 것과 종, 즉 움직이는 대상의 정체를 알아채는 것은 서로 밀접하게 관련되어 있다. 대상의 인식과는 직접적으로 관련이 없는 거리판단 단서들은 대상의 정체를 판단하는 것을 용이하게 한다(사람들이 파리를 보고 코끼리를 보았다고 추론하지 않도록 한다). 이와는 반대로, 만약 그것이 무엇과 관련되어 있는 것인지를 알거나 예상할 수 있다면 더욱 크게 보이거나 더욱 작게 보이는 외적인 모습은 대상의 거리에 대한 정보를 알아차리도록 한다.

특징적인 운동 대상의 정체를 인식할 때, 운동의 방식은 중요한 역할을 한다. 잘 알고 있는 사람이 멀리 떨어져 있을 때 그의 걸음걸이를 보고 그가 누구인지 알 수 있다는 것은 일상적 경험으로부터 잘 알려져 있다. 1970년대에 스웨덴 심리학자인 요한슨Johansson은 운동의 지각을 그 외의 다른 외적인 모습으로부터 분리하는 것을 가능하게 하는 실험방법을 도입하였다. 단지 관절 부위에 빛을 비춰서 보일 수 있도록 하는 그래서 정지상태에서는 (영화의 정지 영상에서와 같이) 불가사의한 모습을 보여 주는 실험 참여자들은 그들이 걷거나 춤을 추거나 또는 다른 운동을 수행하면 즉각적으로 쉽게 사람으로 인식하게 된다. 이와 같은 실험에서는 인상적인 연극 공연의 모범적 사례에서 흔히 볼 수 있는 것과 같이 운동은 또한 상대적으로 신뢰할 만한 수준에서 나이, 성별 그리고 기분에 대한 추론을 가능하게 한다는 것이 입증되었다. 심지어 그와 같은 운동을 위해 얼마나 많은 힘이 들어가야 하는지도 추론할 수 있다. 그리고 어떤 동물의 종에서는 오로지 운동을 통해서만 그 동물의 정체가 인식될 수 있다. 점-빛-패러다임point-light-paradigma은 이제 생물학적 운동(바이오 모션)에 대한 연구를 넘어서 애니메이션 영상motion capture을 제작하는 데에서도 응용되고 있다.

실험 ▶ 감정을 선으로 표현하다

깊이 생각하지 말고 분노, 즐거움, 슬픔, 공포를 추상적인 선으로 표현하고자 시도해 보자.

- 결과: 9장(392쪽)에서 이 실험에서 나타난 결과를 볼 수 있다. 결과 해석을 위해 이 장의 본문, 1장 그리고 9장의 '초양태적 특성' 부분을 참조하라.

추상적 표현 몇 개의 광원으로 축소된 사람과 동물의 통합적 운동만이 특징적인 표현적 특성을 포함하고 있는 것은 아니다. 분노, 슬픔, 즐거움 또는 불안과 같은 정서들은 또한 더욱 분리된, 즉 추상화된 움직임 속에서도 지각된다. 가령 몸짓의 역동에 대한 추상적 묘사에서, 추상적 애니메이션 영상에서, 심지어 움직임의 한 단면을 나타내는 움직임이 없는 흔적에서도 정서적 표현들이 지각된다(표현적인 스케치 그림에서: Kobbert, 1986; Jilg, Piesbergen, & Tunner, 1995; Maluma와 Takete[5)]). 기본적으로 사람들은 개별적인 기하학적 형상들의 코레오그라피를 각각 특정한 의도(접근, 피함, 자신을 감춤, 결합 등)를 추구하는 특징들의 상호작용으로 지각하는 경향을 보인다. 이를 1944년에 하이더Heider와 짐멜Simmel은 단순한 실험적 애니메이션 영상을 사용하여 입증하였다.

잠재적인 운동으로서 자세 1장에서 언급한 바와 같이, 이미 매우 오래전부터 내적 동반운동은 표현지각의 기제로 가정되었다. 이에 대한 신경학적 대응물로 오늘날 거울뉴런이 언급되고 있다. 또한 그림으로 고정된 신체의 자세는 관찰자로 하여금 어느 정도 분명하게 운동 또는 행위를 지각하거나 느낄 수 있도록 한다. 특히 신체의 자세가 운동의 시작을 보여 주는(함축적 순간), 즉 실제 상황의 운동 흐름에서 운동감을 특히 잘 나타내는 긴장의 순간을 잘 구현하면, 이는 특히 잘 작동한다(Ennenbach, 1989; Wilson, 2006; Reed, Stone, & McGlodrick, 2006). 동반운동 이론가, 즉 감정이입 이론가들은 동반운동이 신체적으로 느낄 수 있는지(Vischer, Groos), 아니면 단순히 마음의 현상인지(Lipps: '내적 행위')에 대한 물음에 대해 서로 의견이 분분하다. 신경학의 연구 결과에 따르면, 순전히 마음

역자주

5) 'Maluma'와 'Takete'라는 두 단어는 모두 사전에 없는 신조어다. 그런데 Maluma에서는 따뜻하고 온화하고 부드러운 감정이 느껴지는 반면, Takete에서는 차갑고 날카로운 금속성 이미지가 배어 나온다.

의 동반운동(근육에 어떠한 영향을 주지 않으면서 뇌의 운동영역에서 활성화되는)은 물론 신체적으로 입증할 수 있는 운동들도 존재한다. 아마도 (충분하고 분명한) 중추신경에서의 운동 시뮬레이션은 동반운동의 미적 체험을 일으키기에 충분하다. 당연히 눈에 띄는 시뮬레이션은 (느낄 수 있는) 근육운동을 일으킬 가능성이 충분하다[▶1장과 10장].

애니미즘(물활론) 우리의 지각 시스템이 다른 동물들과 우리 인간의 운동을 지각하고 해석할 수 있도록 배열되어 있다는 것이 애니미즘(영혼 불어넣기) 현상을 설명한다. 애니미즘은 움직이는 외적 모습과 다른 많은 형태를 비반성적으로 지각하는 것을 동반한다. 원시인과 아이들에게서 애니미즘적 표현지각의 경향이 노골적으로 표출되고(Werner, 1953; Piaget, 1988), 예술의 영역에서 우리 문화의 성인들도 자유롭게 이와 같은 경향을 드러낸다. 디자인(자동차의 디자인을 비롯하여)과 건축예술 역시 표현적 특성을 지각하려는 이와 같은 경향을 고려하고 있다(Arnheim, 1980d).

게슈탈트 요인 운동의 흔적으로 간주되는 선으로 묘사한 그림이 운동을 지각할 수 있도록 한다는 것은 형태심리학자들이 연속적인 곡선의 요인 또는 연속성의 법칙이라고 불렀던 것([그림 7-18]의 A에서와 같이 결합된 선은 B에서 보이는 것과 같이 분리된 선으로 지각된다. C와 같이 지각하는 것은 부자연스럽게 느껴진다)이 운동의 경험을 통해 지지되거나 또는 운동이나 그 흔적에 선천적으로 반응하는 타고난

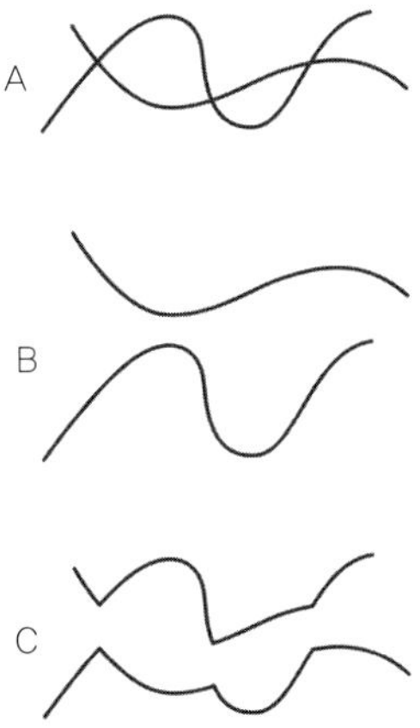

[그림 7-18] 연속성의 법칙

선물이라는 것을 암시한다. 공통 운명의 게슈탈트 요인이 녹아들어 있는 모습의 한 부분은 생물학적 운동에 직접적인 관련을 맺고 있다. 움직이지 않고 가만히 있을 때 이질적인 배경으로부터 자신을 위장하는 데 도움이 되는 알록달록한 표피를 지니고 있는 동물은 움직이자마자 쉽게 자신의 모습을 드러낸다(동일한 방향으로 향하는 운동은 무질서하게 배열된 장면이 전경으로 드러나도록 한다). 그리고 (예를 들면 좁은 틈을 가지고 있는 나무로 된 울타리를 통해서) 상당히 많은 부분이 가려져 있는 경우에도 변함이 없는 일정한 움직임은 단편적인 부분들로부터 전경을 구성하도록 한다.

스트로보스코프 운동 한 광원이 사라지고, 다른 어떤 곳에서 연이어 다른 한 광원이 나타난다면—어떤 시공간적인 프레임이 전제되면—이는 움직이는 연속적인 점으로 지각된다. 형태심리학자인 베르트하이머 Wertheimer에 의해 파이 현상Phi-Phänomen이라는 개념으로 구현된 이 효과는 일상생활 속에서 흔히 접하는 연속적으로 반짝거리는 불빛 연쇄반응과 네온사인 광고로 잘 알려져 있다. 또한 이는 우리 모두가 잘 알고 있는 바와 같이 영화지각의 중요한 기초를 구성한다.

터널 효과와 시각적 대상 인식 만약 한 대상이 스크린 뒤로 사라졌다가 (어느 정도의 시간적인 프레임을 갖고) 다른 장소에서 다시 나타난다면, 우리는 (아마도 굽은) 운동 궤적을 지각한다. (이와 같은 확신은 주관적인 윤곽에서와 같이 비양태적 지각으로 간주된다. 그러나 이 경우에는 고유하지 않은 시각을 의미한다.) 특히 언급할 만한 가치가 있는 것은 사라졌다가 다시 나타날 때 형태 또는 색상이 바뀌어도 마치 거기에서 동일한 대상이 움직이는 것과 같이 지각한다는 것이다. 운동은 여기에서 어떤 대상의 정체를 인식하는 데, 또는 그 대상의 외적 모습을 구성하는 데 결정적인 역할을 수행한다(Michotte, Thinès, & Crabbé, 1966).

인간과 동물의 이면에 있는 자연적인 운동은 시간적 흐름이 장소의 고정성과 결부되어 있다는 사실에 의해 특징지어진다. 이는 바람이 불 때 생기는 나뭇잎, 가지 그리고 나무줄기의 운동에서 분명하게 드러난다. 그러나 물리적으로 장소의 변화가 일어나는 스스로 흐르는 물이 고인 장소에서도 지각된 움직임은 변화하지 않는 어떤 것과 결부되어 있다. 이와 마찬가지로 대기적 현상의 운동도 대부분 연속성과의 관계 속에서 드러난다. 구름, 빗방울 또는 눈송이들은 기본적으로 개개의 독립체로 지각되는 것이 아니라 움직임으로 가득한 대기로서 경험된다(예외적인 현상은 다가오는 구름전선). (또한 불꽃의 움직임과 같이) 특히 물과 식물의 움직임이 유희적으로 지각된다는 것은(용어의 사용이 증명하듯이), 움직임을 물활론적으로 이해하려는 경향의 특별한 경우로 이해될 수 있다. 이 움직임은 그것이 어느 곳을 지향하고 있지 않기 때문에 (동물과 인간의 유희적 움직임과 춤에 유사하게) 그 자체 이외의 어떤 목적을 지니고 있는 것 같지 않다. 따라서 이와 같은 운동은 사람들의 주의를 끌기는 하지만 행위의 필요를 일깨우지는 않는다. 그러므로 이와 같은 현상은 환경미학에서, 그리고 몽환적이고 명상적인 상태를 유도하는 경우에 중요한 역할을 수행한다. 모빌은 자연현상의 놀이를 주거공간 속으로 들여놓은 것으로 이해할 수 있다. 네온사인 광고와 조명예술은 흥분을 불러일으키는 움직임의 효과와 같이 유희적 효과를 추구한다.

읽을거리 생물학적 운동: Jansson, Bergström, & Epstein, 1994; Knoblich et al., 2006; 동반운동/거울뉴런: Ennenbach, 1989; Groos, 1902; Lipps, 1903, 1897; Meltzoff, 2002; Reed, Stone, & McGoldrick, 2006; Rizzolatti & Sinigaglia, 2008; Vischer, 1927; Wilson, 2006.

동물과 사람의 얼굴지각

이미 잘 알려진 바와 같이, 우리는 될 수 있는 한 모든 가능한 시각적 배열 속에서 (동물과 인간의) 얼굴을 지각하려는 경향을 보인다. 구름, 갈라진 틈 또는 벽에 나타난 울퉁불퉁함, 즉 음영과 같은 무정형적인 구조들은 이미 레오나르도 다 빈치가 언급한 바와 같이 쉽게 사람 얼굴 모습(파레이돌리아[6])으로 지각된다. 그것들은 또한 잠을 잘 때에도 마음속에 떠오른다(최면상태 그림). 얼굴 도식은 너무나 강력해서 작은 단서 하나만으로도 마음속에 떠올리게 하는 데 충분하다. (우연히) 사람들이 완성한 사물들—집, 자동차에서부터 집게 또는 하수구 덮개에 이르기까지(무엇보다도 Robert & Robert, 2005)—에서 나타나는 얼굴의 프로필과 앞모습에서 눈으로 작용할 수 있는 하나 또는 두 개의 점을 발견하는 것만으로도 얼굴 인식을 위해 필요한 결정적인 단계가 행해졌다는 것을 알 수 있다. 이 눈으로부터 우리는 얼굴의 모습을 구성한다. 그러고는 대충 코와 입을 나타내는 기호들이 결정적인 눈에 관련되어 사람 얼굴을 구성한다. 코와 입 중에서 어느 하나만 있어도 얼굴의 모습은 거의 피할 수 없게 된다. 여기에서 일반적으로 입이 얼굴 모습을 구성하는 데 더욱 중요한 역할을 한다. 종이와 연필을 사용한 실험에서 얼마나 쉽게 점이 눈이 되고, 이어 그려진 선이 얼굴 또는 몸이 되는지를 확인할 수 있다.

역자주

6) 모호하고 흐릿한 자극에서 일정한 패턴을 추출해서 연관된 의미를 추출해 내는 심리현상 혹은 일종의 환각이나 착각을 나타내는 말

실험 ▶ 점-시선

A1) 루빈의 컵을 그려 보라. 그러고 나서 컵 옆의 공간 양쪽에 코가 이마와 마주하는 부분의 높이에 점을 그려 넣으라. A2) 이번에는 입가 언저리 또는 턱의 높이에 A1에서와 같이 점을 그려 넣으라. B1) 임의의 수직적인 구불구불한 선 또는 번개 모양의 선 옆에 한 점을 그려 넣으라. B2) 그 선의 다른 쪽에 또 다른 점을 그려 넣으라. C) B1에서와 같이 선의 양쪽 면에 더 많은 점을 그려 넣으라. D1) 선으로 무정형의 닫힌 형상을 그리고 임의의 장소에 점을 하나 그려 넣으라(변형된 형태로는 원, 타원, 사각형, 삼각형). D2) 그러고 나서 두 번째 점을 추가해서 그려 넣으라.

- 결과: A1) 얼굴의 프로필을 지각하려는 경향을 강화한다. A2) 만약 어느 한 점에 초점을 맞추면 거꾸로 서 있는 얼굴 프로필을 지각할 수 있다. 종이를 천천히 180° 돌리면 얼굴의 프로필은 약 90° 에서부터 이상한 모습을 보이기 시작한다. B1) 하나 또는 그 이상의 대안적인 얼굴 프로필을 발견한다. B2) 이것은 오른쪽에서 왼쪽으로 각각 뒤집어진 얼굴 프로필의 역전 도형이 된다(그리고 그렇게 보기를 원한다면 미숙한 프로필로 보일 수도 있다). C) 이것은 초점을 어디에 맞추는가에 따라 얼굴 프로필을 새롭게 구성할 수 있다. D1) 여기에서 대부분 어렵지 않게 하나 또는 여러 개의 얼굴 또는 프로필의 모습을 하고 있는 완전한 동물(외계인, 코믹 형상)을 발견할 수 있다. D2) 일반적으로 D1에서의 모습과 아무런 관련이 없는 비뚤어진 안면 얼굴 모습이 나타난다.
- 해석: 이 절의 본문을 참조하라.

갓 태어난 아기들은 실제 얼굴을 보면 눈에 초점을 맞추고, 또한 두 개의 검은 점을 바라보고 미소를 짓는다(두 개의 점이 동그란 원에 의해 또는 타원에 의해 둘러싸여 있는지와 관계없이). 입과 타원형의 머리 형태, 즉 더욱 완전한 얼굴 도식은 생의 초기 몇 개월 안에 중요한 의미를 획득한다. 개별적인 얼굴 특징들은 약 6개월 후에 지각 가능하게 된다(E. J. Gibson, 1969). 학령기가 될 때까지는 아이들의 얼굴지각은 성인들이 얼굴을 인식하는 전체적인 방식(아래 참조)과는 구별된다(Tanaka & Farah, 2003; Schwarzer, Zauner, & Corell, 2003). 어린아이들의 경우에 얼굴 재인은 안경이나 헤어스타일 그리고 머리에 쓰는 것에 의해 매우 쉽게 현혹될 수 있다. 눈으로 간주될 수 있는 점에 주의를 기울이는 능력은 매우 일찍 주어진다(아마도 선천적일 수 있다). 더욱 완전한 얼굴 도식을 구성하고 개별적인 얼굴 특징을 더욱 효과적으로 알아보는 능력의 발달에는 신경계의 성숙은 물론 학습과정 역시 중요한 역할을 수행한다.

사람들이 나이가 들어 가면서 익숙한 유형의 얼굴(자신이 성장한 문화의 인종 얼굴)을 더욱 쉽게 구별할 수 있는 것은 분명 학습의 결과다. 장기간 낯선 얼굴의 세계 속에서 살아가야 하는 사람들에게서는—전통적으로 선교활동의 경우에서와 같이—개별적인 얼굴의 특징을 알아보는 데 있어서 새로운 참조체계가 형성된다.

영혼의 창 (고정되어 있는) 그림을 보고 있는 성인의 눈운동을 기록한 연구 결과에 의하면, 강력한 대비 이외에 특히 눈이 시선을 끄는 데 매우 중요하다(얼굴을 크게 확대했을 때에는 눈 이외에 특히 입이 사람들의 시선을 끌었다). 눈은 지각에서 매우 중요하다. 왜냐하면 움직임과 같이 눈이 행위자를 드러내 주기 때문이고, 그 눈의 운동과 방향 덕택에 잠재적인 의도를 이해할 수 있기 때문이다. 무엇보다도 다른 사람들과의 상호작용 가운데 시선 처리의 방식에서 보이는, 시선이 드러내는 의도적 의미 때문에 눈을 영혼의 창이라고 말하기도 한다(어두운 빛을 반사하는 선글라스는 이와 같은 기본적인 의미에서 비사회적이라고 할 수 있다).

고대의 시선방출이론과 사악한 시선에 대한 공포가 보여 주는 바와 같이 자신의 시선과 누군가에 의해 주시되고 있다는 느낌은 이 창을 어느 정도까지는 행위의 원천, 즉 출발점으로 이해하는 것(시선의 물리적 또는 형이상학적 힘에 대한 생각)이 가능하다는 것을 보여 주고 있다.

눈을 묘사할 때 마법적 의미를 부여하는 것은 많은 문화에서 나타난다(Eibl-Eibesfeldt & Sütterlin, 1992; König, 1975). 눈에 띄는 눈의 위협적인 효과는 때때로 동물의 왕국에서 자신의 형태를 위장하는 것을 보완하는, 그에 상응하는 무늬를 지니게 되는 이유를 설명한다.

실험 ▶ 거꾸로 된 얼굴 그림

(예를 들어 잡지의) 인물사진에서 직각의 형태로 눈과 입에 해당하는 부분을 가위로 오려 내라([그림 7-19]) (가능한 한 이가 보일 수 있도록 입을 벌린 사진, 예를 들면 웃는 입의 사진을 사용하라). 그 얼굴을 판지 위에 올려놓거나

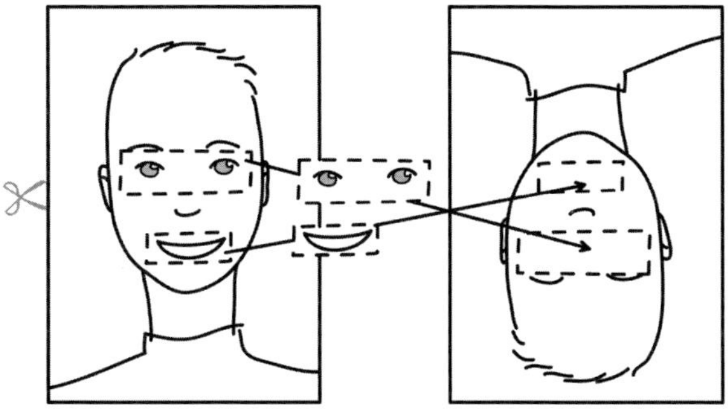

[그림 7-19] 거꾸로 된 얼굴 그림

풀로 칠해 붙이라. 이제 거꾸로 놓이도록 얼굴을 돌리라. 그리고 오려 낸 부분을 돌리지 말고(거꾸로 보이지 않도록) 다시 얼굴에 붙이라. 인물사진을 바라보고 그 사진을 다시 정상적인 위치로 돌려놓으라(이제는 당연히 입과 눈이 거꾸로 놓이게 된다). 이어서 그 그림을 천천히 다시 한 번 거꾸로 돌려 보라. 그리고 어떤 각도에서 인상이 변화하는지 주의를 기울여 보라.

• 효과와 해석: (이 절의 이어지는 본문을 참조하라.) 이 효과는 처음에 전 영국 수상인 마거릿 대처의 사진을 사용하여 증명되었기 때문에(Thompson, 1980), 이 효과를 대처 효과 또는 대처화라고 부른다.
거꾸로 된 얼굴을 지각하는 것이 어렵다는 것은 이미 오래전부터 잘 알려져 있었다(Yin, 1969). 그리고 이 어려움은 거꾸로 된 안경을 사용한 실험에서도 입증되었다(Kohler, 1966). 만약 얼굴이 거꾸로 놓이면, 그 얼굴의 표정 또는 그 사람을 알아보는 것이 얼마나 어려운지 직접 확인해 보라.

얼굴양식, 즉 얼굴 모듈 1990년대 이후부터 얼굴지각에 대한 연구의 물결이 일고 있다. 연구는 주로 얼굴이 다른 대상들과는 다른 특별한 방식으로 이해되는지 또는 뇌 속에 얼굴지각에 관여하는 특화된 모듈이 존재하는지의 문제에 초점이 맞추어져 있다. 심리학적 그리고 신경학적 발견들이 이와 같은 연구를 촉발하는 시발점이 되었다.

• 거꾸로 서 있는 크게 왜곡된 얼굴을 바라보면, 앞에 놓여 있는 것이 얼굴이라는 것을 지각할 수는 있지만 그 배열이 왜곡되어 있다는 것

을 인식하지는 못한다[▶실험].

- 원숭이 뇌의 측두엽(더욱 정확히 말하면 하측두inferotemporal피질)에서 원숭이에게 같은 종의 온전한 얼굴의 앞모습 사진이 제시되었을 때 특히 활성화되는(그리고 그 그림에서 눈이 생략되지 않는 한에서 또한 사람의 얼굴 앞모습에 대해 상대적으로 강하게 반응하는) 세포들이 발견되었다. 다른 뉴런들은 얼굴의 옆모습에 최적으로 반응하였다.
- 이미 오래전부터 인간 뇌의 측두엽Schläfenlappen의 특정한 영역(하측두피질에 걸쳐 있는 방추회Gyrus fusiformis)에서의 부분적인 손상은 특히 얼굴 인식을 약화시킨다는 것이 잘 알려져 있다(안면실인증). 이제 뇌에서의 신진대사 활동을 기록하는 새로운 방법의 도입으로 우리가 얼굴을 알아보아야 할 때 건강한 사람들에게서 이 영역이 특히 활성화된다는 것이 입증되었다.

이와 같은 배경지식을 기초로, 우리는 (얼굴이 똑바로 서 있는 한) 개별적인 얼굴의 특징들을 처리할 때 하나씩 처리하기보다는 전체적으로(또는 구성적으로) 처리하는 얼굴 모듈을 지니고 있는 것으로 가정하고 있다. 돌잘Dolezal(1982)이 거꾸로 보이는 안경을 쓰고 체험한 경험은 이제까지 기술한 것과 대조되는 연구 결과를 보여 주었다. 그는 실험을 시작한 후 처음에는 그가 잘 알고 있었던 사람의 얼굴을 전혀 알아볼 수 없었다. 그러나 그는 상당히 오래전부터 더 이상 눈에 띄지 않았던 그녀의 부러진 코뼈를 보고 그녀를 알아볼 수 있었다(여기에서는 각각의 얼굴에 고유한 특징적인 배열을 지각하는 대신에 얼굴의 한 구성요소를 알아보게 되었다).

각각의 얼굴에 고유한 특징적 배열을 정확하게 지각하는 것이 똑바로 선 얼굴 그림에서만 국한된다는 것(예를 들어, 약 90°부터 대처효과Thatcherisierungen는 더 이상 나타나지 않거나 훨씬 적게 나타난다)은 이 얼굴지각

양식이 후천적인 경험에 의해 영향을 받는다는 사실로 설명될 수 있다. 한 개인의 얼굴을 빠르게 알아보는 것은 생명에 관련된 매우 중요한 능력으로 상당히 큰 기억장소를 요구한다. 그러므로 일상적 행위에서 그렇게 중요한 역할을 하지 못하는 왜곡된 얼굴과 낯선 얼굴 유형들은 이와 같은 처리방식으로부터 제외된다(그 대신에 이 유형의 또는 저 유형의 얼굴로 분류된다). 타나카Tanaka와 파라Farah(2003)가 가정한 바와 같이, 친숙한 주변의 얼굴들과는 다르게 사물과 특히 단어들은 오히려 분석적으로(구성요소별로) 지각된다.

특히 얼굴 인식과 대상 인식 차이의 측면에서 측두엽이 손상된 환자를 대상으로 한 연구 결과는 서로 일치하지 않는다. 그리고 한편으로—비록 논란의 여지가 없지는 않지만(McKone & Robbins, 2007; Gauthier & Bukach, 2007)—건강한 개 전문가, 새 전문가 그리고 자동차 전문가들을 대상으로 한 연구는 얼굴 모듈이 또한 다른 대상들의 지각에서도 활성화될 수 있다는 것을 입증해 보이고 있다. 이것은 또한 상이한 유형의 컴퓨터로 생성된 상상의 형상(소위 그리블Greebles [그림 7-20])을 구별하도록 훈련을 받은 피험자들에게서도 나타난다.

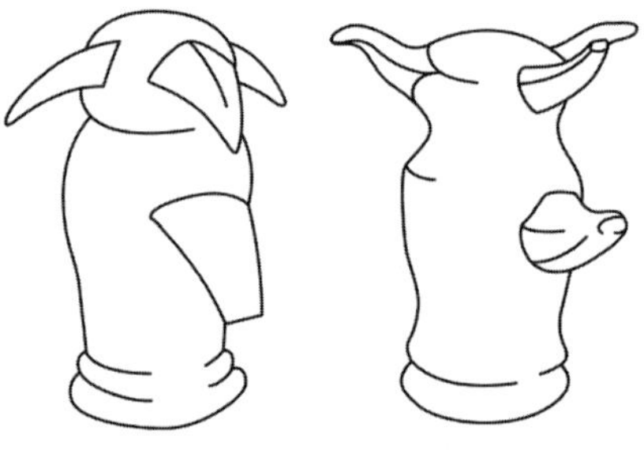

[그림 7-20] 그리블

가능한 추론은 동일한 집단에 소속된 개체를 상이한 조건하에서 빠르고 확실하게 알아차릴 수 있는 어려운 과제를 수행하기 위해 발달한 특화된 처리양식이 존재한다는 것이다. 이와 같은 유형의 시각은 또한 그럼에도 우리에게 친숙하게 된 다른 대상들에게로 확대될 수 있다. 여기에서 (개와 새는 물론 자동차 또는 그리블에서 나타나는 것과 같이) 사람 얼굴과 어떠한 유추가 전제되어야 하는지의 문제는 아직 밝혀지지 않았다.

풍자만화 효과 얼굴 특징을 과장하면(그 과장이 어느 정도 선에서 이루어지면) 얼굴에 대한 인식이 용이해진다. 이는 특히 개인적으로 또는 미디어를 통해 친숙하게 된 얼굴을 인식하는 데 효과적이다. 그 사람의 얼굴 특징—말하자면 평균 얼굴의 모습으로부터 벗어난 특징—을 강조하고 있는 풍자만화는 원래 얼굴의 비를 지니고 있는 만화보다 더욱 빠르게 인식된다. 그들은 또한 더욱 적절하거나 또는 더욱 유사하게 보인다. 풍자만화로 그려진 사진—평균의 얼굴로부터 벗어난 얼굴 특징을 잡아내고 임의로 더욱 강화할 수 있는 디지털로 그림 작업을 할 수 있는 소프트웨어의 도움으로 쉽게 만들어질 수 있는—은 역시 더욱 빠르게 인식될 수 있다. 그럼에도 풍자만화에서와는 다르게 그 사진은 원본사진보다 더 유사해 보이지는 않는다(Perret et al., 1995).

지속적인 특징과 얼굴 표정 어느 개인의 얼굴 모습은 우리에게 항상 일정하게 보이는 것이 아니라 상황에 따라서 다양하게 변화된 형태로 보인다. 말을 할 때, 식사할 때, 그리고 정서를 표현할 때 얼굴은 그 형태가 수시로 변화한다. 개개인의 얼굴 특징을 알아채기 위해서는 이와 같은 변형된 형태로부터 추상해야 하는 것인가? 핵스비Haxby와 동료들(2000)의 신경인지 개념에 의하면 일정하게 유지되는 지속적인 구조와 (상호작용에 중요한) 얼굴 표정은 서로 다른 모듈로 분석된다. 지속적인 구조의 분석에는 무엇-시스템이, 특히 방추상회fusiform gyrus가, 얼굴 표정의 분석에는 어디/어떻게-시스템이 담당한다(더욱 정확하게 말하면, 지속적인 구조의 분석에는 측두엽에 경계를 둔, 측두엽의 뒤쪽 위 고랑에 있는 뉴런이 담당한다). 그럼에도 얼굴 표정과 개별적인 구조적 특징을 구별하는 것이 알려진 바와 같이 그렇게 항상 성공적이지는 않다. 호흐베르크Hochberg(1977)는 얼굴 특징의 측면에서 인물의 특성적 평가(인상적 특징 평가)는 (웃을 때 보이는 주름에 따른 표정의 변화와는 독립적으로) 지속적인 특징을 표정으로 해석하는 것(예를 들면 넓은 큰 입을 웃음으로)에 의해 결정된다고 추측한다. 특히 움직이지 않는 그림의 경우에 더욱 그러하다. 잘 알려진 예가 브룬스빅Brunswik과 라이터Reiter(1937)가 실험적으로 보여 준 도식적 얼굴에서 비율의 단순한 변화가 일으키는 얼굴 표정 변화에 관한 연구다([그림 7-21]).

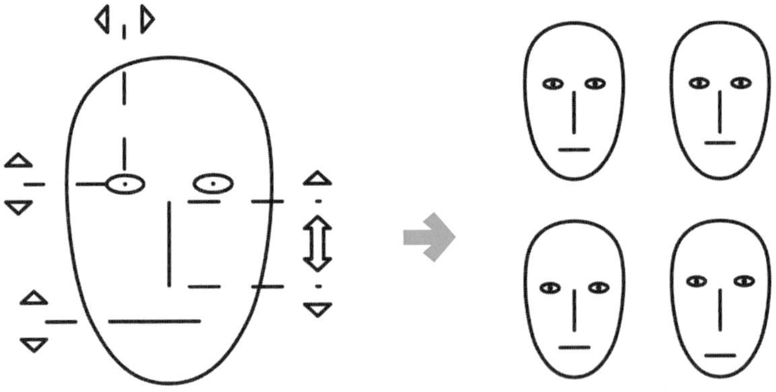

[그림 7-21] 가변적인 도식의 얼굴
(Brunswik & Reiter, 1937에 따라 변형)

풍자만화-효과와 표현 풍자만화는 구조와 표현의 혼합(예를 들어 놀라움과 공포를 느낄 때의 비정상적으로 큰 눈, 웃을 때 과도하게 큰 입)을 촉진하면서, 동시에 얼굴 인식의 지각을 더욱 용이하게 한다는 것에 일종의 역설이 존재한다. 호흐베르크(1977)와 곰브리치Gombrich(1977)의 연구에 기초하여 움직이지 않는 풍자만화에서 운동요소를 지각하는 것이 풍자만화의 효과가 의존하고 있는 지렛대가 아닌지 곰곰이 생각해 볼 필요가 있다. 만약 과장된 특징들이 얼굴 표정 변화의 계기로 이해될 수 있다면—왜냐하면 그들이 지속적인 특징과 얼굴 표정에 대한 즉각적 이해를 촉진하고 그 사람의 실제적인 표정에 대한 기억을 불러일으키기 때문에—그것은 그림지각을 어느 정도 강화하는 데 기여할 수 있을 것이다. 여기에서 운동, 즉 정서의 관여는 어쨌든 풍자만화로 그려진 사람의 얼굴을 더욱 빠르게 그리고 긴급하게 알아보는 데 기여할 수 있을 것이다. 아마도 풍자만화는 얼굴에 정서적 색채를 띠게 하기 때문에(동반운동을 불러일으키기 때문에) 더욱 눈에 띄게 된다.

개인의 독특한 얼굴 표정 사람의 얼굴을 알아보는 데 얼굴 표정의 변화가 결코 방해되지 않는다는 것은 기존의 연구 결과와 일치한다. 실제로 걸음걸이와 같이 얼굴 표정 또한 각 개인에게 고유한 양식을 지니고 있고, 개별적으로 공간적이고 시간적인 안정적 특징을 지니고 있다. 예를 들어, 서로 다른 많은 사람의 웃는 모습을 개별적으로 (컴퓨터로 생성된) 평균 얼굴의 모습에 적용해 보면 이와 같은 획일적인 공통적인 부분에도 불구하고 여전히 개인의 얼굴 표정은 인식 가능하다(Knappmeyer, 2004). 또한 개인의 얼굴 표정의 특징 측면에서 디지털 컴퓨터 그래픽으로 작업해서 얼굴 스타일의 특징적인 부분을 강조하면 기본적으로 얼굴 인식이 더욱 용이해진다는 것도 이미 잘 알려져 있다(운동성의 풍자만화 효과).

예술, 매체, 광고 ▶ (풍자만화로서) 동물 얼굴

동물의 얼굴 모습과의 막연한 유사성은 특정 인물의 얼굴에 인상학적 특징을 부여하는 원천으로 작용한다. 따라서 동물 얼굴과의 유사성이 풍자만화의 주제로 자주 활용된다는 것은 이미 잘 알려져 있다. 예를 들어, 소의 머리로 양식화해서 표현하는 어떤 사람의 얼굴 특징은 그의 내적 정신적 상태에 대한 우리의 생각에 영향을 준다. 그러나 소의 되새김질과 같은 반복적인 행위에 대한 우리의 생각은 어디에서 생겨나는 것인가? 우리의 관점에서 보았을 때 거의 변화하지 않는 단조로운 소의 삶에 대한 지식으로부터 생겨나는 것인가? 곰브리치(1977)는 무엇보다 감정이입, 특히 동물의 지속적인 특징에 대해 세간에 떠돌아다니는 표현에 대한 왜곡된 공감이 동물의 얼굴 모습을 한 성격적 특징을 설명한다고 추측한다. 곰브리치는 "내가 동물원을 방문해서 하마의 집에서 족제비의 우리로 옮겨 갈 때 나의 근육반응이 변화하는 것을 확인할 수 있었다. 그것이 어떻든 간에 동화, 어린이책, 전설과 예술 속에서 비교할 수 없이 탁월하게 문서로 명시되어 있는, 인간의 얼굴 인상에 대한 사람들의 반응에 기초해서 추측해 보면, 동물에 대한 우리의 반응이 우리 자신의 신체의 반응과 밀접하게 관련되어 있다는 것은 분명해 보인다."(46)고 믿고 있었다.

얼굴의 범주적 지각 변화가 실제 얼굴에서 나타나는 한 그 얼굴을 인식하는 것은 문제가 되지 않는다. 분노 또는 패닉 상태의 공포에서와 같이 상당히 왜곡된 상태에서도 그러하다. 영화, 비디오클립 또는 광고에서 특수효과로 간주되는 바와 같이, 끝에 다른 인간 또는 동물의 얼굴이나 또는 완전히 다른 유형의 대상이 나타나는 마법적인 모핑Morphing은 매우 이상하게 느껴진다. 얼굴 인식에서의 확실함—여기에서 어느 지속적인 얼굴의 핵심적 형태에서의 확실함—은 거짓으로 판명난다. 서로 다른 두 사람의 일련의 인물사진을 단계적으로 서로 유사하도록 변화시키면 변화된 중간단계의 얼굴사진을 각각 처음에 출발했던 얼굴사진에 부속시킨다. 이와 같은 변화에도 불구하고 확고하게 부속시켜 지각하는 것을 범주적 지각이라고 부른다. 형태심리학자들은 여기에서 객관적 태도의 요인이 작동하는 것으로 이해하고 있다(다양하게 해석될 수 있는 그림에서 출발점에서 시작하여 어느 곳으로 지향해 가는지를 볼 수 있다).

지각의 성질 ▶ 모핑[7)]

잘 알지 못하는 사람의 전면 얼굴과 측면 얼굴은 쉽게 알아볼 수 없기 때문에, 이사벨레Isabelle와 하인리히 뷜트호프Heinrich Bülthoff(2003)는 변화하는 모습이 연속적인 그림의 장면으로 제시되면 모핑에서 한 사람의 전면 모습에서 (아주 다르지 않은) 다른 사람의 옆면 얼굴 모습으로 변화할 때, 끝까지 동일한 사람을 보고 있다고 생각한다는 것을 보여 주었다. 어떤 사람을 이와 같은 방식으로 알게 된 피험자에게는 대안적으로 제시된 그 사람의 실제 옆모습 사진은 낯설게 느껴진다. 여기에서 연속적인 순서, 즉 운동은—앞에서 언급한 터널 효과의 변이에서와 같이—형태가 변화하는 상황에서 현재는 물론 지속적으로 일정하게 지각하려는 경향성을 촉진한다.

읽을거리 Hochberg, 1977; Knappmeyer, 2004; Logothetis, 2006; Perret et al., 1995; Peterson & Rhodes, 2003; Solso, 2003, 5장; 예술사와 문화사: Gombrich, 1977, 1986; Bächthold-Stäubli, 1987, 1권, 핵심어 '눈'; 동물행동학: Eibl-Eibesfeldt, 1995; König, 1975; Morris, 1993; Tomasello & Carpenter, 2007.

역자주

7) 모핑이란 어떤 형체가 서서히 모양을 바꿔 다른 형체로 탈바꿈하는 기법으로, 인간의 모습에서 늑대의 모습으로 변화하는 경우를 생각해 볼 수 있다.

인간과 동물의 아름다움 지각

……개는 개에게 가장 아름다운 피조물이고, 소는 소에게, 당나귀는 당나귀에게, 그리고 돼지는 돼지에게 가장 위대한 피조물인 것처럼 보인다 (Epicharmos von Syrakus: Richter, 1999: 65).

다른 사람을 바라볼 때, 우리는 그를 어느 한 유형의 사람을 대표하는 것으로 또는 개인으로 인식한다. 또한 비록 단지 일시적이기는 할지라도 우리는 그 사람의 외모를 평가한다. 심리학자들은 상당히 많은 연구에서 특히 얼굴지각의 정서적 또는 미적 측면을 깊이 있게 다루었다.

이 미적 측면에 대한 대부분의 연구는 움직이지 않는(간혹은 움직이는) 그림으로 제시된 얼굴 또는 신체에 대한 평가에 관한 것이다. 그림은 현재를 살아가는 우리에게는 매우 당연한 것으로 간주되기 때문에, 이 상황은 그렇지 않으면 오로지 다른 사람과의 직접적인 만남(대면 상황Face-to-face-Situation)에서만 나타나는, 즉 대부분 관찰자와의 직접적인 상호작용을 포함하는 장면의 한 모습을 제공한다는 점을 쉽게 간과한다. 이와 같은 그림 관찰의 관점에서 그의 얼굴과 신체가 관찰자에게 상호작용하는 상대방으로서 시선을 주고받는 사람의 외모를 어떻게 경험하는지에 대한 평가는 단지 제한적으로 예측할 수 있다. 개인적으로 친밀한 관계에 있는 주변의 인물에 대한 사진은 그것이 그와의 관계에서 상호작용의 본보기로서 특징적인지 아닌지에 따라 평가된다. 정치인과 연예인과 같은 사람들의 사진을 볼 때는 항상 TV나 영화에서 보았던 (실제의 또는 연기된) 삶의 상황 속에서 그들의 행동이 함께 떠오른다. 알지 못하는 사람의 사진은 얼굴과 신체의 모습에서 특별한 표정이 없는 경우에는 특별한 의미가 없는 것으로 지각된다. 그런데 표정이 있는 몸짓의 단서들이나 해부학적 구조상의 특징을 표정으로 오인하는 것이 간접적으로 표정에 영향을 줄 수는 있다.

매력에 대한 최근의 연구는 칸트가 『판단력 비판*Kritik der Urteilskraft*』에서 제기한 '중간적인 것이 아름답다.'는 명제를 실험적으로 입증해 보이고 있다. 칸트는 이 명제를 얼굴과 신체의 표준 관념은 모든 지각된 그리고 기억된 개별적인 얼굴과 신체들을 자기도 모르게 정신적으로 서로 겹쳐 보이도록 함으로써 생겨난다는 가정에서 도출하였다. 그는 그에 상응하는 외적인 그림을 기계적으로 생성하는 것이 가능하다고 간주하였다. 얼굴에 관한 한, 그것은 오래전부터 여러 번 구현되었다. 우선 사진들을 겹쳐서 복사한다. 이와 같은 방식으로 다윈Darwin의 조카인 골턴Galton이 이미 19세기에 범인 몽타주를 작성하는 것을 착안하였다. 이제는 기술의 발달에 힘입어 디지털 방식을 사용하여 평균적인 얼굴 모습을 재현한다. 평균적인 얼굴 그림을 평가하도록 하면, 즉 더욱 많은 사진이 중복될수록 더욱 매력적으로 평가된다는 결과가 일관성 있게 나타났다(사용된 개별 사진들이 더욱 매력적일수록 더욱 그러하였다). 그럼에도 칸트는 중용의 아름다움을 인간 얼굴의 아름다움의 문제에서 모든 경우에 유효한 것으로 간주하지는 않았다. "중용은 기본적 척도이고 아름다움의 기초인 것처럼 보인다. 그러나 오래전부터 알려져 왔듯이 그것이 아름다움 자체는 아니다. 왜냐하면 아름다움에는 어떤 특징적인 것이 요구되기 때문이다."(Kant, 1983: 249) 그리고 매력 연구에 대한 최근의 실험 결과에 따르면 평균적인 얼굴의 매력은 특히 아름다운 개별적인 얼굴의 매력을 능가하지는 못하였고, 실험적 조작에 의해 만들어진 평균 얼굴도 이와 마찬가지였다(다음 참조).

얼굴지각에서 평균효과와 전형효과를 어떻게 설명해야 하는가? 왜냐하면 한편으로 지각은 이전의 경험, 즉 일종의 사전 지식에 의해 용이하게 촉진된다는 명제가 있기 때문이다(점화를 통한 지각유창성perceptual fluency durch priming). 이전에 한번 본 것은 더욱 쉽게 눈에 들어온다. 이와 같은 경제성은 그 자체로 보상적인 것이다. 그리고 이와 관련하여 단순노출mere exposure의 효과에 대해 언급할 수 있다. 이 단순노출의 효과는 예를 들면 개별적인 얼굴의 평가에서도 나타난다. 일반적으로 이전에 어떤 이유에서 피험자들에게 한번 보여 준 그림은 이전에 전혀 보지 못한 새로운 그림보다 더 좋게 평가된다. 그럼에도 평균적인 얼굴의 매력은 그 얼굴에 포함되어 있는 개별적인 얼굴들과의 이전의 접촉 유무와 무관한 것처럼 보인다(Rhodes et al., 2005b). 어쨌든 얼굴은 확실히 각 유형의 얼굴들과의 일종의 재회라고 주장할 수 있을 것이다. 실제로 이 평균 얼굴들에 대한 선호는 친밀감의 느낌과 관련이 있다. 친밀감은 인간의 얼굴을 더욱 마음에 들도록 하는 것은 물론 시계, 자동차(Halberstadt & Rohdes, 2003), 그리고 그의 양식적 특징을 분류할 수 있는 예술작품들과 같이 생명이 없는 대상들에 대한 선호 또한 증가시킨다는 것이 실험적으로 입증되었다[▸10장].

다른 한편으로 평균적인 정상적인 모습은 건강함과 좋은 유전자를 지니고 있는 것으로 보이고, 그에 상응하는 배우자의 선택은 아마도 성공적인 번식을 가능하게 한다는 것으로 평균에 대한 긍정적 효과를 설명할 수 있다. 평균적인 그림이 만들어지는 그림의 평균화 과정에서는 안색과 얼굴의 형에서 보이는 불균일한 부분이 사라진다. 실제로 이 불균일한 부분은 그에 상응하는 부정적인 느낌을 불러일으킬 수 있다. 불균일성은 점점 나이가 들면서 얼굴에서 증가하기 때문에, 평균적인 얼굴은 경우에 따라서는 어느 정도 더욱 젊게 보이도록 하기도 한다. 대칭성의 증가는 규칙성을 증가시키는 데에 기여한다. 매력적인 개인 얼굴에서 나타나는 대칭성의 긍정적 효과는 대칭성이 변이에 대한 저항력을 지닌 신호로 작용할 수 있다는 것에 기인한다(왜냐하면 대칭성은 최후의 생존을 위해서 전제되어야 하는 강한 혼합된 유전자 풀을 나타내 주기 때문이다). 물론 대칭성은 일반적으로 즐겁게 지각된다. 대칭성은 유기체의 형태를 특징적으로 나타낸다. 우리의 시지각은 분명히 이와 같은 대칭성에 맞추어져 있다. 대칭적인 대상은 열쇠와 같이 사전에 주어진 탐색 도식의 자물쇠에 딱 들어맞기 때문에 더욱 즐겁게 지각된다. (이는 친숙한 것이 선호되는 것은 이전의 경험으로 설명하는 것과 유사하다. 여기에서는 물론 선천적으로 주어진 경향성의 의미에서도 그러하다.)

그럼에도 사전 경험에 의한 친밀감의 미적 효과나 대칭적 형태에 대한 선천적인 민감성에 의한 미적 효과는 제한적이다. 너무나 잘 알려진 얼굴들은—많이 사용되는 일상용품과 예술품과 같이—기본적으로 흥미를 끌지 못한다. 그리고 아주 완벽하게 대칭적인 형태들이 완전히 이해될 수 있을 때 기본적으로 지루하게 작용하는 것과 같이, 평균적인 얼굴은 탁월한 아름다움의 어떤 것이 결여된 느낌이 든다. 이 평균적인 얼굴은 눈에 확 띄거나 깊은 인상을 주지는 못한다.

미용, 헤어 디자인과 안경 디자인은 통상 패션과 같이 독특함의 인상과 함께 동시에 친밀함, 즉 균형과 조화의 인상을 촉진한다. 또한 미용 이외의 영역에서도 디자인은 쉽게 사용할 수 있고 동시에 흥미롭고, 어느 정도 새로운 것을 만들어 내려고 노력한다("가장 앞서가는, 그러나 아직은 수용 가능한"; Hekkert, Snelders, & Wieringen, 2003 참조). 예술, 특히 현대 예술은 심지어 난해함을 다룬다. 그 난해함은 그럼에도 전문 예술가들에게는 통상 친숙하게 느껴질 수 있다.

칸트는 『실용주의적 관점에서의 인간학*Anthropologie in pragmatischer Hinsicht*』에 대한 강의에서 아름다운 것으로 지각하는 데 요구되는 특징적인 것으로 선량함과 쾌활함의 표현을 언급하였다. 이 선량함과 쾌활함의 표현은 왜곡된 얼굴 형태를 호의적으로 공감할 수 있도록 하여 결코 추하게 보이지 않게 한다. 판단력 비판에서 칸트는 아름다움의 표준 관념으로부터 도덕적인 것의 표현에 관계하는 아름다움의 이상을 구분하였다. 이미 에드먼드 버크Edmund Burke는 『숭고함과 아름다움에 관하여*Vom Erhabenen und Schönen*』에서 다음과 같이 가정하고 있다. 완성된 인간의 아름다움을 드러내기 위해서는 "외적 형태의 부드러움, 유려함 그리고 세세함이 필요함은 물론 고상하고 사랑스러운 특성을 드러내 보여야 한다"(1953: 158). 또한 이와 같은 관점에서 철학적 미학은 최근의 연구에 의해 지지되고 있다. 얼굴의 아름다움은 분명히 사회적 요소를 필요로 한다.

얼굴의 아름다움의 사회적 요소는 웃음이 얼굴을 더욱 매력적으로 보이도록 한다는 평범한 현상에서 직접적으로 잘 표현되고 있다. 만화에서 논의된 표정 해석의 의미에서 신체 구조적으로 부여된, 화보에 나오는 미인들이나 많은 여배우에게서 관찰할 수 있는 과도하게 큰 입은 웃는 모습으로 지각하도록 하고, 이를 통해 사회적 태도에서 매력적으로 보이도록 한다(Grammer, 1995). 우리는 이것을 줄리아 로버츠 효과Julia-Roberts-Effekt라고 부른다.

실험적으로 특정한 측면에서 평균적인 얼굴에 변화를 주면 더욱 긍정적으로 평가되도록 할 수 있다. 여성의 평균적인 얼굴은 광대뼈의 인위적인 강조를 통해서(성숙함의 신호로서, 또한 모나리자의 미소에서처럼 미소효과로 알려진 바와 같이), 눈을 크게 확대함으로써, 이마의 크기를 작게 함으로써, 그리고 얼굴의 아랫부분을 상대적으로 더욱 짧게 함으로써 이와 같은 효과를 얻을 수 있다(Perrett, May, & Yoshikawa, 1994). 이와 같은 조작은 매우 효과가 있을 수 있다. 왜냐하면 그것은 사회적 표현을 변화시키기 때문일 수도 있고, 다른 방식으로 관찰자의 마음을 더욱 따뜻하게 데워 줄 수도 있기 때문이다.

- 눈 크기의 확대는 그 자체로 관심과 개방의 표정 또는 눈인사의 느낌과 결부될 수 있도록 한다(Grammer, 1995). 눈을 위로 추켜올리는 것(눈이 더욱 크게 보이도록 함)과 눈썹을 위로 향하도록 그리는 것은 잘 알려진 화장기법이다. 큰 눈은 또한 얼굴을 더욱 빛나도록 한다.
- 다른 조작들과 함께—광대뼈를 튀어나오도록 하는 것은 예외로 하고—눈의 크기의 확대는 매우 잘 알려진, 보호 본능을 유발하는 아동도식을 연상케 하는 변화를 불러온다(인간생물학의 용어로는 사회적 행위를 선천적으로 유발하는 기제Angeborener Auslösender Mechanismus: AAM로 기능하는 것이다). 여성에게 있어 최상의 아름다움은 충분히 성장한 여성성의 신호(두드러진 광대뼈, 또한 미소의 효과 때문에 마음에 드는)와 사회적 행위를 유발하는 아동성의 표정이 서로 통합될 때 나타난다.

두드러진 턱을 지니고 있는 남성의 얼굴은 여성에게 매력적으로 보인다. 이는 두드러진 턱을 지닌 얼굴이 높은 수준의 테스토스테론을 지니고 있다는 것을 신호하기 때문이다. 핸디캡 이론에 따르면, 그 얼굴이 매력적인 이유는 그와 같은 높은 수준의 테스토스테론은 원래 면역체계에 불리하게 작용하기 때문에, 만약 두드러진 턱을 지니고도(그리고 다른 두드러진 제2의 남성적 성적 특징을 지니고도) 살아남을 수 있다면 그것은 매우 건강한 것으로 해석될 수 있기 때문이다. (공작이 자신의 거추장스러운 깃털을 지닐 수 있는 것과 같이) 이 테스토스테론 수준을 지닐 수 있을 정도로 이미 매우 건강하다는 모토에 따라서 핸디캡 이론의 제창자는 남성의 얼굴에 난 수염이 싸움에서 불리하게 작용할 수 있다는(싸움에서 상대방에게 수염을 잡힐 수 있다) 측면에서 두드러진 수염을 또 다른 장애요소로 간주하였다. "만약 어떤 사람이 수염을 기른다면, 그는 이를 통해 자신감을 드러내 보이고 있다." (Zahavie & Zahavie, 1998, 358)

그럼에도 여성적인 평균 얼굴에 대한 차이를 과도하게 강조하면서 남성의 평균 얼굴을 과도하게 남성적으로 보이도록 하면 그 얼굴의 매력 정도는 더 떨어진다. 반면에 유사한 방식으로 만들어진 여성성을 강조한 얼굴은 여성의 평균 얼굴보다 더 매력적으로 보인다. 이 실험에서 특히 주목할 만한 가치가 있는 것은 남성의 평균 얼굴도 여성성을 강조함으로써 더욱 매력적으로 보인다는 것이다(Rhodes, Hickford, & Jeffery, 2000). 비록 정상적인 남성성의 얼굴 특징이 배우자의 선택에서는 어느 정도 중요한 역할을 하지만, 기본적으로 매력도는 오히려 남성성의 얼굴 특징을 과도하게 강조함으로써 더 떨어진다(이는 또한 분명히 신체, 즉 보디빌딩에도 그대로 적용된다). 인위적으로 여성성을 강조함으로써 평균적인 남성 얼굴의 매력도가 증가하는 것은 전형적인 남성 얼굴은 덜 아름답고(그래서 덜 호의적이고 덜 사회적이고) 그렇기에 지배적으로 보인다는 것과 관련이 있을 수 있다. 아름다움과 숭고함을 표현한 고전적인 초상화에서는 특히 남성적인 특징들은 아름답기보다는 오히려 숭고한(말하자면 무서움을 불러일으키는) 것으로 보인다. 이는 아마도 다음과 같은 여성의 배우자 선택기제에 기인한 것으로 보인다. 남성들은 적정한 정도의 남성적 특징을 지니고 있을 때 더욱 크게 영향을 끼치는 것으로 작용할 수 있다. 강한 턱, 수염, 그리고 공작의 날개에서와 같이 남성 호로몬의 결과로 나타나는 여러 특징은 아마도 핸디캡 이론이 매우 중요한 것으로 간주하는 이론적 고려와는 무관하게 지배적인 느낌을 갖도록 하는데, 이는 오히려 더 불리하게 작용한다.

남자와 여자는 또한 몸짓과 머리운동의 측면에서 서로 차이가 난다. 여자의 머리와 얼굴은 남자의 머리와 얼굴보다 더욱 움직임이 많다(남자와 여자의 얼굴 움직임과 몸짓을 중성의 애니메이션 모델로 옮겨 나타내면, 어떤 움직임과 몸짓이 여성인지 또는 남성인지 우연수준 이상으로 분별할 수 있는 것으로 밝혀졌다; Morrison et al., 2007). 중성의 얼굴 모델로 옮겨졌음에도 불구하고 특히 여성적인 것으로 밝혀진 일련의 몸짓과 머리 움직임은 더욱 생동감이 있는 것으로 평가되었다. 매우 여성적인 스타일은 동시에 특히 매력적으로 보인다. 이와는 반대로 매우 잘 알아볼 수 있는(또한 움직임이 거의 없는) 남성적인 몸짓과 머리 움직임은 그렇게 매력적으로 보이지는 않는다. 움직임의 지각이 (최소한) 내적 동반운동을 촉발한다는 것을 고려한다면 분명해 보인다. 생동감 있는 여성의 몸짓과 머리 움직임의 매력은 아름다움의 사회적 요소를 포함하고 있다. 또한 움직이지 않는 그림도 이와 같은 움직임의 느낌(▸함축적 순간)을 전달할 수 있다. 도이펠하르트 Deuflhard(2008)는 최근에 이것을 보티첼리Botticelli의 〈비너스의 탄생Geburt der Venus〉의 예에서 드러내 보이고 있다. 그리고 그는 여기에서 수염은 거꾸로 얼굴 표정을 위장하도록 하고, 그 결과 남자 얼굴의 무표정한 얼굴 모습을 더욱 강화한다는 것에 주의를 환기시켰다.

칸트는 친숙한 얼굴의 유형에 표준 관념의 개념을 도입하였다. 그에 의하면, "흑인은 필히 얼굴 형태의 아름다움에 대해서 백인과는 다른 표준 관념, 그리고 중국인은 유럽 사람과는 다른 표준 관념을 지니고 있어야만 한다"(1924: 76). 물론 나오미 캠벨 효과Naomi-Campbell-Effekt라고 부를 수 있는, 일련의 연구에서 입증된 개별적인 혼혈 얼굴의 매력에 대한 경험은 이와 같은 가정에 일치하지 않는다. 그리고 인위적으로 제작된 혼혈 얼굴은 특히 매력적으로 간주되기도 한다. 만약 코카서스인(유럽인과 이 유럽인의 북아메리카 후손을 일컫는)과 동양인의 사진을 평균 얼굴 그림으로 합성하면, 이 합성된 평균 얼굴들은 코카서스인과 동양인에게서 각각 자신들의 얼굴 유형의 사진들보다 더욱 매력적으로 평가된다(Rhodes et al., 2005a). 아마도 혼합에 대한 특별한 매력은 낯선 사람의 눈에 띄는 효과와 함께 평균적인 것(매끄러움, 대칭성, 친숙함)은 더욱 쉽게 기억된다는 사실에 기인하고, 그 결과 이와 같은 혼합은 친숙하면서 동시에 새로운 느낌을 불러일으킨다.

신체 형태와 신체운동 일반적으로 젊음과 건강함의 신호는 매력적인 것으로 작용한다. 이것은 피부와 머리의 모습 이외에 특히 자세와 움직임과 같은 역동적 특성에서도 그렇다. 어린아이에게서는 서투름이 귀엽게 보이고, 어느 정도까지는 운동 아동도식으로 작용한다. 성인 연령대에서는 성 특유의 특성 강조(아래 참조) 이외에 탄력성, 목표지향성 그리고 유동성의 부족이 특징적이다. 여기에서 평균으로부터의 이탈은 거부감을 불러일으키거나, 위협적으로 느끼거나(아마도 이탈은 자신의 건강, 즉 정상성에 대한 잠재적 상실을 떠올리게 하기 때문에), 동정심을 유발하는 것으로 작용한다. 이는 우리가 신체장애인을 아무런 감정 없이 마주하는 것이 어렵다는 일상적 경험에서 잘 나타난다. 이와 같은 보편적인 현상은 걸음걸이와 자세의 아름다움에서 문화적 차이를 배제하지 않는다(동양의 사회에서 품위 있는 노령양식에 대한 존중; Montepare & Zebrowitz-McArthur, 1988). 신체와 얼굴의 젊음은 특히 여성의 배우자 선택에서보다 남성의 배우자 선택에서 중요한 역할을 한다. 이에 반해 여성들에게 성숙의 신호는 오히려 자녀를 더욱 안전하게 양육할 수 있다는 것으로 이해될 수 있다.

일련의 성 특유의 특성은 일반적으로 배우자의 선택에서 어떤 역할을 수행한다. (물론 배우자의 선택이 이 특성들에 의해 전적으로 결정되는 것은 아니다. 그럴 경우 상당히 많은 사람이 배우자 없이 살아가야 할 것이기 때문이다.)

- 대부분의 여성의 눈에 남자들은 어느 정도 최소한의 신체적 크기를 지니고 있어야 하고, 적당한 정도에서 근육이 눈에 띄게 발달되어 있어야 한다. 많은 여성이 과도한 근육질의 남자들을 그렇게 선호하지는 않지만 '튼튼하게 발달한 엉덩이' 는 선호한다는 것은 언급할 만한 가치가 있다. 대둔근gluteus maximus은 가장 큰 근육이고, (인간관계에서 위협적으로 작용하지는 않지만 사냥에는 쓸모 있는) 이동운동 능력을 나타내는 신호로 작용한다. 더욱이 상대적으로 허리와 엉덩이 사이즈가 너무 차이가 나지 않아야 하고, 또 상대적으로 어깨가 넓어야 (T자형) 남자들은 더욱 매력적으로 보인다.
- 남자들은 일반적으로 자신보다 상대적으로 더 큰 신체를 지니고 있는 여성들에게 끌리지 않는다. 여성에게서 성적 성숙을 상징하는 가슴과 엉덩이 부분에서 동그란 형태를 보이는 어느 정도 최소한의 지방조직은 매력적으로 보이도록 한다. 엉덩이 부분에 비하여 날씬한 허리(모래시계형)는 또한 여성을 매력적으로 보이도록 한다.
- 상이한 걸음걸이 양식: 오히려 무겁고 공간을 크게 차지하는(어깨를 강조하는) 남성적인 걸음걸이 방식과 오히려 좁고 유연하게 움직이는 (엉덩이를 강조하는) 여성적인 걸음걸이 방식이 대표적인 것으로 언급될 수 있다(이와 같은 차이는 페미니스트 쪽에서는 억압의 상징으로 간주되기도 한다).

날씬함 또는 풍만함이 매력적으로 보이는가는 남성과 여성 모두에게서 진화 역사적으로 주어진 식량의 조달과 밀접하게 관련되어 있는 것처럼 보인다. 의상은 잘 알려진 바와 같이 (예를 들면 후프스커트나 어깨를 강조한 옷에서와 같이) 성 특유의 신체 형태를 감추거나 또는 강조한다. 이와 더불어 의상은 신발(예를 들면 카우보이 부츠, 하이힐, 운동화)과 함께 걸음걸이의 양식을 강조하거나 또는 고르게 하는 데 기여한다.

읽을거리 Bates & Cleese, 2001; Deuflhard, 2008; Grammer, 1995; Hassebrauck & Niketta, 1993; Heij, 1996; Kersten, 2005; Naumann, 2006; Richter, 1999.

사물의 얼굴과 몸체

자동차와 집과 같은 대상들이 얼굴을 상기시키는 것을 넘어서, 타자기와 안락의자와 같은 사물의 앞면 또는 특징적인 조망에 대해서 언급하면, 우리는 그 사물의 '얼굴' 에 대해서 말한다. 이러한 사물의 특징적인 조망들은 흔히 잠재적인 행위(쓰다, 앉다)에 관련되어 있고, 행위자에게 지향된 것으로 간주한다. 자동차는 여러 특징적인 조망, 즉 얼굴을 보여 준다. 자동차의 전면은 행위자에게 일시적인 얼굴을 부여한다. 측면은 자동차를 타고 내리는 것을 가능하도록 하기 때문에 특징적인 한 조망을 나타낸다. 마지막으로, 자동차에 타고 있는 사람에게 제시되는 특징적인 조망의 측면들이 있다. 이 조망의 측면들은 운전대, 팔걸이, 전면의 창, 전면의 창틀과 같은 자동차의 특징들에 대한 조망을 보여 준다. 손으로 사용하는 대상들, 즉 더 좁은 의미에서 공구들은 손잡이와 작용 면이 잘 드러나 보이도록 하면 그것들이 무엇인지를 즉각적으로 알아볼 수 있다. 일반적으로 시야가 전면에서 비스듬하게 물체에 투사되었을 때(중간 정도의 옆모습 또는 3/4 조망), 망치, 타자기, 안락의자, 자전거, 자동차 등의 얼굴에 해당하는 부분들은 광범위하게 그 모습을 드러낸다.

물체지각에 대한 연구에서 어느 한 물체를 최적으로 인식할 수 있도록 하는 조망을 표준 조망이라고 한다. 물체가 표준 조망으로 제시되었을 때가 위에서 내려다보는 조망이나 아래에서 올려다보는 조망으로 제시되었을 때보다 그 물체의 특징이 더욱 잘 (빨리) 인식될 수 있다는 연구 결과들이 제시되었다. 이와 같은 연구결과는 계산이론이나 지온이론과 같이 지각을 행위와는 독립적인, 컴퓨터 유추에 의한 정신적 3차원 모델의 구성으로 설명하는 이론을 비판적으로 바라보도록 한다(Bülthoff & Ruppertsberg, 2006). 표준 조망으로 제시됐을 때 더 잘 알아볼 수 있는 것은 이 경우에는 본다는 것이 행위를 모방하는 것과 밀접하게 관련되어 있다는 것을 보여 준다(표준뉴런).

실제로 수하물을 투시하여 조사할 때 대상이 비표준적인 조망으로 제시될 경우에는 그 대상을 인식하는 데 어려움이 발생할 수 있다(Schwaninger, 2005). 오늘날의 많은 장비는 표준 조망으로 제시하더라도 그 대상의 특징을 드러내는 얼굴이 잘 드러나지 않는 경우가 많다. 왜냐하면 그 장비의 기능(장비가 전달하는 행위)은 케이스, 즉 누름단추의 보편적인 외형 속에 숨겨져 있기 때문이다. 사용성usability의 요소로 지각 가능성은 여기서는 디스플레이(아이콘), 즉 행위를 유발하는(전화기를 이전의 형태로 도식적으로 표현하는; Schönhammer, 2004c) (만화와 같은 표준적인) 표현으로 변화하였다.

예술적 표현에서 중요한 특징 중의 하나가 표준적인 관점으로부터 벗어나 대상을 묘사하는 것이라는 주장이 자주 언급되었다(단지 이와 같은 방식을 통해서만 “사물을 새로운 방식으로 보도록” 가르칠 수 있다; Zaidel, 2005). 이와 같은 주장은 논란의 여지가 있다[▶10장]. 그러나 의심할 여지없이 바우하우스 교사인 모홀리-나기Moholy-Nagy의 사진에서 볼 수 있는 바와 같이 ‘위에서 내려다보기’ 와 ‘아래에서 올려다보기’ 와 같은 정상적이 아닌 특별한 관점은 관람자들로 하여금 더 오랫동안 자세히 들여다보도록 하거나 또는 수수께끼를 푸는 즐거움을 느끼도록 한다.

대상의 가치평가 대상들이 행위와 밀접하게 관련되어 있다는 것은 그 대상들이 자신의 신체의 행위 가능성을 증가시키는 데 기여한다는 것을 의미한다. 이에 대한 설문조사 결과는 일상생활에서의 관찰경험을 입증해 주고 있다. 일상생활에서의 관찰경험에 따르면, 남자들은 전형적으로 사물을 그 자체의 관점에서 평가한다. 이에 반하여 여자들은 사물들에서 그 사물이 전달하는, 또는 대상 자체를 (생명이 있는) 상호작용의 대상으로 지각하는 사회적 관계를 지각한다(Csikszentmihalyi & Rochberg-Halton, 1989). 이와 같은 성별 차이는 남자와 여자의 사물에 대한 랭킹 리스트에서의 차이에 잘 반영되어 나타난다. 또한 동일한 유형의 사물들은 남자와 여자에 의해 서로 다른 이유에 근거해서 평가된다는 것에도 남녀 차이가 잘 반영되어 나타난다. 그리고 이와 같은 남녀 차이는 남자와 여자를 타깃으로 한 자동차 광고의 서로 다른 카피와 시각적 연출양식에 반영되고 있다(Schönhammer, 1999a).

읽을거리 Hoffmann, 1993; Reed, Stone, & McGlodrick, 2006; Schönhammer, 1999b.

지각의 성질 ▶ 큐비즘Kubismus

인간, 동물 그리고 사물에 대한 많은 표현방식은 사람들이 실제 세계 속에서 한 번에 볼 수 있는 것보다 더 많은 것을 보여 준다. 이와 같은 표현방식은 지각의 용이함을 의미하는 것인가? 큐비즘 그림은 정보를 압축적으로 포함하고 있기 때문에 높이 평가되는가? 많은 심리학자와 신경과학자는 그렇다고 추측한다. 라마찬드란Ramachandran(2005)은 얼굴의 정면 모습과 측면 모습에 반응하는 뉴런들이 동시에 활성화함으로써 신경활동이 급격하게 증가한다는 것에 기초하여 이를 논증하고 있다. 솔소Solso(2003)는 큐비즘 그림이 기억의 작용방식에 부합한다고 믿고 있다. 그럼에도 불구하고 아른하임

Arnheim(1978)과 마틴데일Martindale(1999)의 연구에서와 같이 이와 같은 그림이 일반 관찰자들에게 얼마나 당혹스럽게 작용하는지를 생각해 본다면 이것은 오히려 왜곡을 통해서, 즉 애매하게 함으로써 지각을 더욱 어렵게 할 수 있다는 것을 의미할 수도 있다. 그리고 그것은 (많은 관찰자의 눈에는) 그 자신의 고유한 매력을 지니고 있을 수도 있고, 큐비즘 예술가들에 의해 아마도 의식적으로 예술작품으로 제시되었을 수도 있다(정신질환 환자들의 예술에 대한 공감은 분명히 어떤 특별한 의도를 지니지 않을 수 없다; Thévoz, 1997). 지각 연구자들은 위대한 예술을 마음에 드는 생각을 위한 뱃머리 장식으로 간주한다는 관점의 견지에서 문제를 과도하게 단순화하는 경향이 있는 것처럼 보인다.

또한 아른하임이 주장하는 바와 같이 이집트 예술의 표현방식(얼굴은 측면이나 눈은 정면의 모습으로, 그리고 상체는 정면, 다리는 측면의 모습으로 묘사된다)은 큐비즘의 표현방식과는 차이가 있다. 이 인물들은 우리에게 부자연스럽게 보이지만 왜곡되어 보이지는 않는다(측면의 얼굴 모습에 정면의 모습을 한 눈의 비현실적인 배치는 눈에 잘 띄지 않는 경향이 있다). 여기에서 측면 얼굴 모습과 정면 얼굴 모습의 결합은 특히 중간 정도의 측면 얼굴 모습의 이해하기 쉬운 관점을 예견하는 것처럼 보인다.

장면scene지각

주변 환경에 대한 시지각—청각과 미각과 결부되어 있고[▸5장과 8장] 신체지각과 연결되어 있는[▸1~4장]—은 원거리에서 자원, 길 그리고 거주조건을 식별하고 평가하는 데 기여한다.

자원 초목은 과실의 출처로서, 그리고 다른 동물의 거주장소Aufenthaltsort와 물의 상황적 증거로서 색과 결 및 광택에 의해 또는 (반짝거림과 어른거림과 같은) 정적인 운동감에 의해 식별된다. (그것이 희생물이든 혹은 다른 포식자든, 식량의 원천으로서 동물—노획물 또는 짐승의 죽은 고기—은 움직임과 흔적에 의해 식별된다. 우리 조상들은 하늘 상공에서 빙빙 돌고 있는 독수리들에 의해 죽어 가는 동물의 위치를 알아낼 수 있었다.) 우리의 지각은 분명히 이와 같은 기초적인 자원들(식물군Flora과 동물군Fauna)에 초점이 맞추어져 있다. 자연환경 지각의 미적 차원은 풍경과 정원을 오로지 미적인 이유에서 잘 관리하고자 하는 낙원paradise의 관념에 대한 전통에서 잘 나타나고 있다. 그리고 또한 건축예술에서 식물 장식이 자주 나타나고 비옥한 들판이 그림 속에 자주 묘사되는 것도 이와 같은 이유로 볼 수 있다 (자원의 존재 유무 이외에 접근 가능성의 측면이 여기에서 중요한 역할을 한다; 아래 참조).

거주장소 인류의 역사에서 높은 곳에 위치해 있어 쉽게 접근할 수 없는 장소, 튼튼한 장벽에 의해 후방이 안전하게 보호될 수 있는 장소, 그리고 (나무와 바위에 의해 피난처를 제공함으로써) 언제든지 안전하게 망을 볼 수 있는 곳을 제공하는 장소는 상대적으로 안전한 것으로 간주되었다. 적으로부터 보이지 않으면서 나는 적을 볼 수 있도록 하는 장소와 같은 생존에 유리한 측면을 지니고 있다고 할 수 있다. 요즘 사람들 역시 이와 같은 가시성의 양극단의 관점에서 장면을 평가한다. 전망-피난처 이론Prospect-Refuge-Theorie에 따르면(Appleton, 1975) 풍경에 대한 정서적·미적 평가와 풍경에 대한 그림 모티브의 선택 또한 이와 같은 방식으로 설명된다.

문화사 ▶ 전망(조망)

『르네상스 문화Die Kultur der Renaissance』에서 야콥 부르크하르트Jacob Burckhardt(1976)는 전망에 대한 미적 논의의 출발이 시인 페트라르카Petrarca가 몽방투Mont Ventoux를 등반한 후 기술한 경험에 기인한 것으로 간주하였다. 이를 근거로 요아힘 리터Joachim Ritter(1974)는 풍경미학이 르네상스 시대에 급격하게 증가한, 자연을 지배하고자 하는 욕구의 결과라는 이론을 제시하였다. 이 이론에서는 자연으로부터 거리를 두고자 하는 것과 자연을 바라보고자 하는 동경은 동전의 양면과 같다고 간주한다. 그리고 이와 관련된 서로 양립할 수 없는 일련의 역사적 사실이 언급되었다. 부르크하르트는 고대 사람들은 전망을 가치 있는 것으로 평가하지 않았다는 것을 입증해 주는 증인으로 아우구스티누스Augustinus를 지목하였다. 아우구스티누스는 『고백론*Confessiones*』에서 바로 전망에 대한 동시대인들의 열광에 대해 비판하였다(아우구스티누스는 대조적으로 기독교적 믿음의 내면성을 더욱 중시하였다). 실제로 중세의 회화에는 풍경이나 조망이 거의 묘사되어 있지 않다는 것을 볼 수 있다. 그러나 이는 아마도 그 당시 동시대인들이 전망을 가치 있는 것으로 높이 평가하지 않았다는 것을 입증해 주기보다는, 오히려 그리스도교의 영향하에서 당시 통용되었던 그림 묘사의 관례와 관련이 있는 것으로 보인다. 전망에 대한 이와 같은 논의에 의하면, 그림의 모티브를 특별한 역사적 지각양식에 기초하여 추론하는 것은 문제를 너무 단순하게 이해할 가능성이 있다는 것을 예시적으로 입증해 주고 있다(Schönhammer, 2000).

길 자원의 제한은 미지의 세계(장면)에 대한 탐색을 불가피하게 한다. 그러므로 조망(정위작용)을 충족시켜 주는 위치 이외에 조망의 가능성을 시사하는 장면(그리고 그에 상응하는 그림)은 흥미로운 것으로 인식된다. 말하자면 가시성을 기대하게 하기 때문에 그것은 매력적으로 보인다. 구불구불한 길을 들여다보는 것은 이와 같은 무엇인가를 볼 수 있을 것이라는 기대가 있기 때문이다. 르네상스 건축가인 알베르티Alberti에 의해 기술된 이와 같은 상황의 미적 특성을 영국의 환경심리학은 '신비한mystery'이라는 속성으로 특징짓고 있다.

발아래 바닥이 얼마나 안전한가는 결(재료의 질을 나타내는 것으로)과 모서리(낭떠러지를 나타내는 상황 증거로)에 의해 나타난다. 시각절벽을 이용한 잘 알려진 실험은 시각적으로 인식 가능한 낭떠러지를 회피하는 것은 선천적인 반응이라는 것을 증명하였다(E. J. Gibson, 1969; Fischer, 1995). 또한 시각장에서 갑자기 커지는(루밍) 대상으로부터 물러서는 선천적인 반응은 빠른 운동에 의해 발생할 수 있는 충돌을 방지하도록 한다.

운동학습의 과정에서 사람들은 시각적으로 경사와 계단을 자신의 운동 가능성에 관련시키는 능력을 습득한다. 시각은 또한 주위 환경에서 좁은 길에 접근하면서 상대적으로 일찍 그 길이 통과 가능한지, 또는 부딪히지 않기 위해서 어깨를 얼마나 강하게 그리고 일찍 돌려야 하는지를 평가할 수 있도록 한다(이와 같은 평가는 또한 범주적 지각으로 분류된다; Guski, 1996). 자동차에 의한 운동장치의 확장은 그에 상응하는 지각의 목록영역을 보완한다(예를 들어, 자동차를 운전하는 경우 어느 주어진 공간이 충분히 주차할 수 있을 정도로 넓은지를 시각적으로 평가하고 판단한다).

정위작용Orientierung 주위 환경의 분명한(특히 보일 수 있는) 특징들은 사람들이 그가 어디에 있는지를 확인하게 하고 상이한 영역을 서로 관련시키는 것을 가능하게 한다. 그러므로 주위 환경을 바라볼 때 사람들은 일반적으로 길에 대한 관계 속에서 눈에 띄는 지점(랜드마크)을 기록하려고 노력한다. 그러므로 장면들은 일종의 개별적인 얼굴(조망)들이 된다(얼굴이 없는 풍경—바다, 사막—에서는 별들이 도움을 제공한다). 눈에 띄는 특성을 지니고 있는 장면들은 즐거운 느낌을 불러일으키는 데 반하여, 단순하거나 변화가 없는 상황들(사막에서부터 현대의 주거문화에 이르기까지)은 기본적으로 불안을 불러일으킨다[▸4장].

주위 환경을 자신의 운동의 틀 속에서 지각한다면 주위 환경의 세부적인 것들이 더욱 잘 드러난다(더욱 잘 인식된다). 실제로 피험자들은 단지 영화나 사진의 도움으로 그 장면을 경험하기보다 가상현실의 도움으로 능동적으로 몸을 움직이면서 그 장면을 체험하였을 때 특정 장면의 알려지지 않은 측면을 더욱 잘 정렬할 수 있었다(Bülthoff & Bülthoff, 2003). 일련의 연속되는 의도적인 시각적 측면들은 가상세계의 관례적인 배치에서 균형감각적, 고유 수용적 그리고 시각적 자극의 통합이 결여되어 있기 때문에[▸4장] 생기는 방향감각의 상실에도 불구하고, 연속적으로 주어지는 시각적 측면들로부터 완전히 독립적인 그림으로 지각되기보다는 지각세계[8]를 구성한다.

거리 자기 자신의 몸의 움직임(정위반응)은 이미 언급한 다른 행위자의 움직임과 똑같이 거리평가를 불가피하게 한다. 거리 추측에는 다음과 같

역자주

8) 지각세계Merkwelt의 개념은 세계에서 우리의 눈앞에 있는 사물은 단순히 형태를 띠고 있는 공간을 점유하고 있는 객관적 세계, 물체로 보이는 것이 아니라 항상 주체에 따라 다르게 보이는, 의미의 세계로 구성된 세계라는 것이다. 시퍼렇게 선 칼날이 단순히 얇고 긴 금속체로 보이는 것이 아니라 섬뜩하게 보이는 것도 우리의 시각세계가 의미의 세계, 즉 지각세계이기 때문이다.

은 것들이 관련되어 있다.

- 두 눈을 사용한 지각에서 두 망막 지각상의 차이(양안시차 또는 양안부등)
- 자신이 움직일 때 배경에 나타나는 대상들의 운동의 지연(운동시차)
- 수정체가 초점을 맞출 때 나타나는 근육운동(조절)
- 눈의 정렬(수렴)
- (관찰 지점에 따라 다르게 나타나는) 가려짐
- 시야에서의 높이(지평선에의 근접)
- 대상의 크기에 대한 지식
- 거리의 증가에 따라 나타나는, 점점 더 조밀하게 변화하는 표면구조의 단계적 층(결의 기울기)
- 투시원근법(평행하는 소실선의 수렴)
- 대기원근법(스스로 빛을 내지 못하는 대상들은 거리가 증가하면서 청색으로 보인다. 왜냐하면 대상과 관찰자 사이에 대기의 산란된 청색 빛의 파장이 점점 더 모여들기 때문이다. 빛을 내는 물체는 거리가 증가하면서 오히려 붉은색 빛을 띤다. 왜냐하면 빛을 내는 물체가 방출하는 단파장 빛의 더 많은 부분이 대기 속으로 확산되기 때문이다.)

처음 네 개의 기준과 관찰 지점에 따른 가려짐의 변화는 고정되어 있는 그림에서는 나타나지 않는다(입체의 그림들은 양안시차를, 움직이는 그림은 운동시차와 가려짐의 변화를 함께 포함한다). 그림에서는 거리를 나타내는 지표들이 서로 일치하지 않도록 하여 색다른 경험을 불러일으키도록 연출할 수 있다.

폰조 착시Ponzo-Täuschung([그림 7-22])는 분명히 거리(깊이)를 나타내는 '시야에서의 높이'와 '투시원근법'의 결합에 의해 생겨난다. 폰조 착시는 또한 지각 대상의 크기는 떨어져 있는 거리의 상대적 관계 속에서 지각된다는 것을 증명해 보이고 있다. 뮐러-라이어 착시도 그렇게 이해될 수 있는지—그레고리Gregory (2001)는 화살표 모양을 밖으로 돌출한 또는 안으로 들어간 가장자리의 신호로 해석하고 있다—는 의문의 여지가 있다. 결국 이 착시는 화살표가 있는 끝 부분이 다른 형태를 띠는 경우에도 작용하고, 또한 원근적 묘사에 익숙하지 않은 맹인으로 태어난 사람이 촉각을 사용하는 경우에도 작용한다[▸3장].

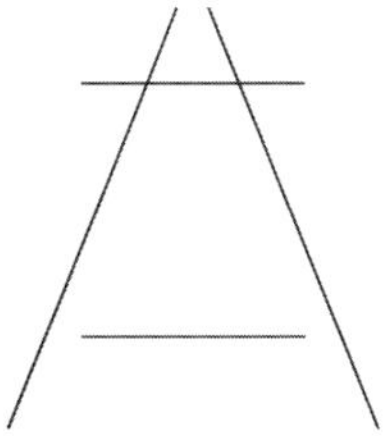

[그림 7-22] 폰조착시

잘 알려진 에임즈Ames의 3차원적 공간([그림 7-23])은 관찰 지점이 고정되어 있기 때문에 원근법적으로 보이는 퇴각하는 후면이 전면에 평행한 것으로 보이도록 되어 있다. 이 에임즈의 3차원 공간은 초점 조절로부터 제공되는 정보와 시야축의 변화된 수렴각으로부터 제공되는 정보와는 어긋나게, 그리고 대상과 사람의 지각에서 변화된 망막상의 크기가 망막상의 확장 또는 축소에 기인하기보다는 떨어진 거리에 기

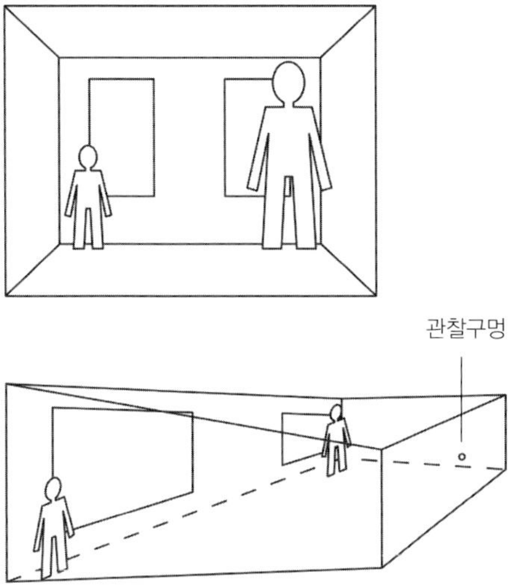

[그림 7-23] 에임즈의 3차원 공간

인한다는 확신으로부터 제공되는 정보와는 어긋나게 (현혹시키는 왜곡된) 관점을 관철시켜 나가도록 한다. (그리고 이는 대부분 성공적이다. 만약 이 공간에서 움직이고 있는 특히 가까이 있는, 사람을 관찰한다면, 기본적으로 크기항상성은 더욱 강력하게 작용한다.)

크기항상성 잘 알려진 대상과 행위자는 다른 각도에서 바라보았을 때 너무 멀리 떨어져 있지 않는 한 더욱 작은 것으로 보이는 것이 아니라(높은 건물에서 내려다보았을 때 사람이 개미와 같이 보이거나 자동차가 장난감처럼 보이는 것과 같이) 더 멀리 떨어져 있는 것으로 지각된다. 이는 아마도 움직임이—자신의 또는 대상의—외현적인 크기의 변화를 가역적으로 변화시킬 수 있다는 경험에 기인하는 것처럼 보인다.

형태항상성 대부분의 대상은 바라보는 관점에 따라 서로 다른 외관, 즉 윤곽을 보여 준다. 그렇지만 관점에 따라 보이는 모습이 변화함에도 기본적으로 그 형태를 크게 벗어나지 않는 것처럼 보인다. 사람들은 이와 같은 변화를 오히려 게슈탈트 변경(변형)으로 지각한다. 대상들이 보이는 모습의 변화가 움직임을 통해 가역적이 될 수 있다는 것은 학습을 통해 후천적으로 습득한 결과이고, 아마도 선천적으로 타고난 기대에 기인할 수도 있다.

그리고 이와 같은 확신은 사람과 대상들이 분명한 관계 속에서 상대적으로 안정적인 지속적 형태를 유지한다는 경험과 기대에 의해 동반된다. 모핑은 일반적으로는 형태항상성에 대한 기초적인 경험에 어긋나고, 특수하게는 얼굴과 동물 신체의 제한된, 즉 일시적인 변화에 대한 기본적인 경험에 어긋난다. 이와 같은 착시 그림 이외에—일반적 규칙으로부터 벗어난 낯선 그리고 매혹적인 예외로서—(아메바 또는 해파리와 같이) 단순한 생명체 또는 비눗방울, 푸딩 또는 용암(그리고 용암으로 만든 전등)과 같은 대상들도 광범위한 게슈탈트 변경을 보여 준다.

시각적인 형태 변경의 가역성은 때에 따라서는 (깁슨Gibson의 의미에서) 불변성의 개념으로 표시되기도 한다. 그럼에도 불구하고 이 개념은 넓은 (애매한) 의미의 폭을 지니고 있다. 형태항상성의 기초로서 움직임과 지각의 협응작용은 몰리누의 문제Molyneuxproblem[9)]가 생기는 것이 시각에 대한 단편적인 이해에 기인한다는 것을 암시하고 있다. 대상의 외적 모습과 움직임의 상호작용 관계에서 촉각은 어느 정도 시각 속에 구축되어 있다.

형태항상성에 대한 논의는 무엇보다도 아른하임 또는 호흐베르크가 언급한 바와 같이 오해를 불러일으킬 소지가 있다. 특히 크기 또는 형태의 항상성은 상당히 많은 일상적 상황 속에서 또는 특정한 실험실 조건에서 나타나지 않을 수 있기 때문이다. 또한 항상성 자체는 불분명한 현상이다. 잔을 대략 옆에서 바라보면 그 잔의 열린 부분이 동그란 형태를 지니고 있다는 것을 볼 수 있다. 그러나 순간적으로 그 동그란 형태가 타원의 형태로 보이기 때문에 그렇게 지각한다고 마음속으로 상상할 수도 있다. 록Rock은 대상을 보는 이와 같은 방식을 항상성의 '주요 양식' 에 대비하

역자주

9) 몰리누의 문제는 맹인이 갑자기 눈을 뜨게 되면 무엇을 볼 수 있는지에 대한 사고 실험 문제다. 문제는 다음과 같이 기술될 수 있다. 만약 맹인으로 태어난 사람이 구형과 육면체와 같은 형태의 차이를 느낄 수 있다면, 그들에게 볼 수 있는 능력이 주어질 경우 시각을 통해 이들 대상을 그와 유사하게 구별할 수 있을까?

여 '부가적 양식'으로 분류하였다. (밝기항상성 또는 색채항상성이 조명의 변화에 대한 지각에 대립하지 않는 것과 같이) 형태항상성 역시 변화된 지각상을 인식하고 있다는 것을 배제하지는 않는다.

일상적 지각에서 변화된 지각상을 쉽게 간과한다는 증거로서 실험 참가자들이 비스듬하게 제시된 원에서 경험하는 인상을 오히려 원에 더 가깝게 지각한다는 것을 들 수 있다. 특히 실험 참가자들이 이것이 원의 원근적 시각에 관한 것이라는 것을 알게 되면 더욱 그러하다(Ropar & Mitchell, 2002). 그럼에도 불구하고 컵을 위에서 내려다보는 조망에서 측면에서 보는 조망으로 변화하면서 그 컵의 열려 있는 입구의 모습을 시야에 유지한 채로 컵을 바라보면, 컵의 형태가 변형된다는 인상을 갖지 않고도 분명히 컵의 열려 있는 입구의 모습이 점점 타원형의 모습으로 보이기 시작한다는 것을 관찰할 수 있다. 그리고 애니메이션 영화에서 형태항상성에 일치하게 그림이 그려진다면([그림 7-24]) 아마도 어느 정도의 긴장감이 발생할 것이다.

[그림 7-24] 형태항상성

읽을거리 Gibson, 1981; Guski, 1996; 풍경/주거공간: Appelton, 1975; Hellbrück & Fischer, 1999; Kaplan & Kaplan, 1989; Nasar, 1988; 거리/항상성: Arnheim, 1978; Campenhausen, 1993; Hochberg, 1983; Rock, 1985; Kebeck, 2006.

문화사 ▶ 원근법

많은 문화학자는 원근적 시각이 르네상스 시대의 투시원근법적 표현방법의 (재)발견에 기초한 지각의 특성이라고 생각한다. 미술사학자인 어빈 파노

프스키Erwin Panofsky(1927)가 처음으로 제안한 상징적 형태로서의 원근법에 대한 논의는 오늘날까지 지각의 근본적인 측면에 대한 문화의 힘을 나타내는 대표적인 형식으로 매우 흥미 있다. 원근법의 그림이 존재하지 않는 문화에서 처음으로 원근법으로 그려진 그림을 보았다면 그 그림이 제시하는 것을 실제로 이해할 수 없지 않을까? 아마도 이를 입증한 것으로 알려진 자주 인용된 연구(Hudson, 1960)는 호흐베르크가 언급한 바와 같이 원근법의 주제와 관계없이 그림을 처음 보는 사람들에게도 상당한 혼란을 불러일으킬 수 있는 그림 자료(양식화된 스케치)를 실험에 사용하였다. 이 외에도 호흐베르크는 우리의 서구문화에서 어린아이들이 사진은 물론 원근법적 묘사를 직관적으로 이해한다는 것을 입증하였다(거의 두 살이 될 때까지 그림을 보지 못하도록 한 아이를 대상으로 한 준실험에서도 동일한 결과가 나타났다; Hochberg & Brooks, 1962).

이 문제는 다음과 같이 설명할 수 있을 것이다. 크기항상성과 형태항상성에도 불구하고 인간은 선천적으로 원근법적으로 보기 때문에 사진이 제시하는 바와 같이 투시원근법적으로 묘사된 그림들이 많이 나타난다는 것이다. 그럼에도 투시원근법으로부터 벗어난 표현들이 그림에서 용인되기도 하고 구성적으로 매우 의미 있게 간주되기도 한다. 왜냐하면 2차원적 그림의 지각은 3차원적 상황으로부터 현저하게 구별되기 때문이다(관찰 지점으로부터 벗어난 상대적인 움직임에 따라 나타나는 조망의 변화, 두 눈으로 보는 시각, 전체적인 주위 환경의 지각 대 그림 표면의 지각; Pirenne, 1970; Zimmer, 1997; Groh, 2005). 멀리 떨어진 대상들이 사진에서는 원칙적으로 매우 놀랄 정도로 작게 보이는 것은 우리의 지각이 자연적인 상황에서 정확하게 원근법적으로 작용하지는 않는다는 것을 보여 준다. 이와 같은 혼란스러움은 오히려 실제 상황 속에서는 더욱 풍부한 거리정보가 이용될 수 있다는 상황에 기인한다.

사진이 묘사하고 있는 것을 인식하기 위해서는 특별히 문화 특수적 지각

방식을 학습할 필요는 없다. 필요한 것은 (이미 르네상스 시대에 알베르티에 의해 선호되었던) 원근법적으로 묘사된 그림을 활용하여 지각을 연습하는 것이다. 원근법적으로 스케치하거나 그림을 그리는 행위에서는 일상적인 지각에서 주어지는 항상성을 간과하는 방식의 보기를 실천해야 한다. 그렇게 함으로써 일상적인 시각에 일치하는 매우 사실적으로 보이는 그림이 나타난다(동일한 대상의 그림을 그릴 때 전문가와 초보자의 뇌활동 그림에서 나타나는 차이는 매우 사실적인 그림을 그릴 때 주어지는 특별한 주의의 상관 개념으로 이해될 수 있다; Solso, 2003).

자폐아 실험 참가자들은 비스듬하게 제시된 원을 사용한 실험에서 원의 비스듬한 모습에 관한 것이라는 지식으로부터 영향을 덜 받았고, 그림을 오히려 타원형으로 지각하는 경향을 보였다. 이 결과에 따르면, 자폐아 실험 참가자들에게 하향 처리, 즉 대상들의 도식은 지각에서 덜 중요한 역할을 하는 것처럼 보였다. 이와 같은 상황을 몇몇의 특수하게 그림 그리는 재능을 지니고 있는 자폐아 아동(특별한 재능을 지니고 있는 정신장애자들인 서번트Savants)과 관련지어 볼 수 있을 것이다(Sacks, 1997). 이미 언급한 바와 같이 사실적인, 즉 원근법적인 묘사에서 항상성을 배제하는 것은 일반적으로는 어느 정도의 노력이 필요하다. 그러나 이것이 이와 같은 특별한 재능을 위한 유일한 근거가 아닐 수 있다는 것은 자폐적 장애는 매우 흔한 반면에 자폐아가 그림을 특별히 잘 그리는 재능은 매우 드물다는 것에서 잘 드러난다. 언어와 결부된 개념적 사고의 결여가 자폐아들의 경우에서와 같이 구석기시대의 사람들이 사실적인 묘사를 하게 된 주요 원인이라는 또 다른 추측은 서번트의 그림 그리기 능력이 언어의 상당한 습득과는 관련이 없다는 사실에 의해 반박된다.

읽을거리 Gegenfurtner, 2006b; Hochberg, 1977; Hochberg & Brooks, 1962; Pirenne, 1970.

보는 것 없이 보기

이 제목에서와 같은 역설(신경학자인 올리버 삭스Oliver Sacks의 잘 알려진 사례들에 대한 자주 인용된 대표적 상징)은 특히 눈에 띈다. 왜냐하면 언어는 기본적으로 지각의 상이한 수준 또는 양상을 드러내 보이기 때문이다. 여기에서 이 역설적인 표현은 매우 상이한 지각의 양상을 나타낸다.

① 의식적인 참여 없이 처리되는 시각 시스템의 작용(일상적이고 습관화된 행위, 거꾸로 된 안경의 효과, 맹시의 기제)
② 맹점[▶294쪽 실험], 흐릿한 주변시, 급속 안구운동Saccade 및 이중그림에 의해 지각하지 못하는 것
③ 눈앞에 제시된 사물을 간과하는 것(변화맹)

행위에서의 지각 우리는 모두 매일 행위를 한다. 우리는 의식하지는 못하지만 행위하면서 지각한다. 그리고 우리가 지각한 것은 우리의 행위에 직접적으로 관여되어 있다. 예를 들어, 매우 익숙한 길을 걸을 때나 차를 타고 갈 때 시각은 매우 다양한 방식으로 우리의 의식으로부터 분리되어 있을 수 있다. 우리는 이와 같은 잘 알려진 현상을 특히 배측 어떻게/어디 시스템dorsales Wie/Wo-System의 작용방식에 기인한 것으로 보고 있다. 시몬스Simons, 미트로프Mitroff와 프랜코너리Franconeri(2003)는 주위 환경에 대한 의식적 지각과 비교하여 무의식적 지각은 특히 더욱 세분화되어 있을 수 있다고 추측하고 있다. 그렇지 않을 경우 오류행동은 매우 흔히 발생할 수 있기 때문이다. 우리는 아마도 우리가 의식하지 못하는 것을 특히 정확하게 지각하고 있을 수 있다.

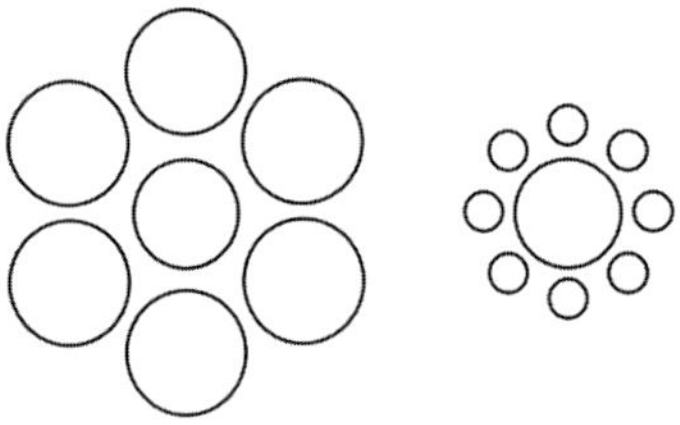
[그림 7-25] 에빙하우스 착시

의식적인 지각과 무의식적으로 처리되는 행위에서의 지각 사이의 구분은 특히 에빙하우스 착시Ebbinghausschen Täuschung([그림 7-25])에 의거하여 실험적으로 입증되었다. 특수한 실험조건에서 도형의 크기를 엄지와 검지를 사용하여 손으로 잡게 했을 때에는 의식적 지각의 조건에서 나타나는 착시가 나타나지 않았다. 굿데일Goodale(2000)은 이와 같은 결과로부터 의식적 지각의 결과로 떠오른 지각의 목표가 전자보조공학과 유사한 방식으로 행위의 수행을 위해 자신의 고유한 지각을 사용하는 일종의 반자동 로봇에 의해 변형된다고 추론하고 있다. 지각의 이 두 측면이 어떻게 하나로 서로 협력하여 작용할 수 있는지는 아직 밝혀지지 않고 있다. 시각적 운동지각이 배측 경로에 의해 처리된다는 것으로부터 반드시 그것이 의식으로부터 원칙적으로 또는 계속해서 배제된다고 추론할 수 있는 것은 아니다.

거꾸로 된 안경 이것은 인위적으로 세상이 거꾸로 보이도록 만든 특수한 안경이다. 이 안경을 쓰고 보면 세상은 거꾸로 보인다. 그럼에도 불구하고 계속해서 이 안경을 쓰고 생활하다 보면 어느 정도의 연습을 통해서 (자전거를 타는 것과 같은 행위를) 비교적 안전하게 수행할 수 있다. 이미 언급한 바와 같이, 이는 자신의 행위를 전제한다는 것을 주목할 필요가 있다. 만약 어떤 사람이 수동적으로 움직인다면, 이 새로운 상황에 실질적으로 적응하는 데 아무런 진전을 이루지 못한다(Held, 1986). 이와 같은 새로운 견해가 점점 자명한 것으로 간주되고 있음에도 거꾸로 된 안경을 착용한 사람들이 실제로 눈으로 보는 것은 이전의 익숙한 주위 환경의 모습이 아니라 여전히 거꾸로 된 세계라는 것이다. 세계상과 행위의 이와 같은 분리는 시각 시스템의 의식적인 부분과 무의식적인 부분(여러 번에 걸쳐 언급한 경로들)이 어느 정도까지는 서로 독립적으로 존재할 수 있다는 것을 입증해 주는 증거로 이해할 수 있다. 이와 같은 분리는 그에 따른 희생을 감수하도록 한다. 승차하고 하차할 때 또는 승선한 후와 하차한 후에 다감각적 균형감각 시스템들이 각각의 사정에 따라서 어지러움증과 같은 장애를 보인다[▸4장].

거꾸로 된 안경을 쓰고 얼마간의 시간이 지나면 거꾸로 된 세상을 이전에 보았던 것과 같이 똑바로 뒤집어서 경험한다는 보고를 가끔 볼 수 있다. 그런데 이는 매우 의심스럽다. 실제로 콜러Kohler(1951)의 실험 참여자들은 대상과 직접적으로 접촉하는 순간 일시적으로 시야의 모습이 똑바로 보인다는 보고를 하였고, 심지어 완전하게 똑바로 선 모습이 오랫동안 지속되기도 한다고 보고하였다(17). 그럼에도 코텐호프Kottenhoff(1961)와 돌잘Dolezal(1982)이 직접 참여자로 참가하여 더 세심하게 수행한 실험은 시야의 모습이 원래의 위치로 돌아올 가능성을 배제하고 있다. 코텐호프와 돌잘은 거꾸로 보이는 모습이 얼마간의 시간이 지나면서 덜 낯설게 느껴지고, 더 이상 지속적으로 주의를 끌지 못하게 된다는 것을 강조하고 있다. 아마도 콜러(1966)가 이후의 개요 논문에서 언급한 바와 같이 안경을 끼고 적응된 편안한 느낌이 실험 전의 시야의 모습으로 돌아온 것으로 잘못 해석될 수 있다는 것이다. 그것은 또한 볼쉴래거Wohlschläger와 프린츠Prinz(2006)가 최근에 콜러의 실험 참여자들의 보고에 관하여 종합한 감각운동적 조절의 영향하에서 일어나는 지각의 적응일 수 있다.

맹시 이 개념은 후뇌의 일차시각피질의 손상에 의해 시야 전체에서 또는 부분적으로 전혀 볼 수 없는 장애에서 나타나는 현상을 나타낸다. 뇌손상에 의해 전혀 볼 수 없음에도 불구하고 이 환자들은 전혀 보이지 않는 시야에서 그 자극의 위치를 감지할 수 있다는 것이다(실험자의 요구에 따라 시야를 그 방향으로 향하거나 또는 가리킬 수 있다). 이와 같은 암묵적 지각은 대뇌피질 하부의 영역으로부터 사잇길을 통해 시각적 정보(특히 자극의 위치와 관련된 정보)가 시각중추의 이차시각영역에 도달함으로써 가능한 것으로 설명되고 있다. 사람들은 대뇌피질의 시각중추가 손상된 원숭이가 시각적으로 외부 환경에서 방향감각을 발달시킬 수 있는 정도를 훈련을 통해 습득할 수 있다. 상당히 오랜 시간에 걸쳐 연구에 참여해 온 환자 역시 "비록 그녀는 아무것도 볼 수는 없지만 일상생활 속에서 더욱 잘 적응하고, 장애물을 피하고, 더 많이 볼 수 있게 되었다."라고 보고하고 있다(Stoering, 2006: 102).

실험 ▶ 맹점

한 면이 약 1cm 길이인 정사각형 판지를 철사나 얇은 막대기에 고정시키라(일시적 수단으로 두드러지게 색이 칠해진 끝 부분을 지닌 연필을 사용할 수 있다). 오른쪽 눈을 감고 왼쪽 눈을 사용하여 책의 오른쪽 가장자리에 있는 글자에 초점을 맞추라. 책에서 눈까지의 거리는 약 30cm 정도를 유지하라. 이제 철사, 즉 막대에 붙어 있는 정사각형의 판지를 왼쪽에서 초점을 맞추고 있는 글자가 있는 줄의 높이를 유지한 채 그 글자를 향해 움직이라. 그러면 정사각형의

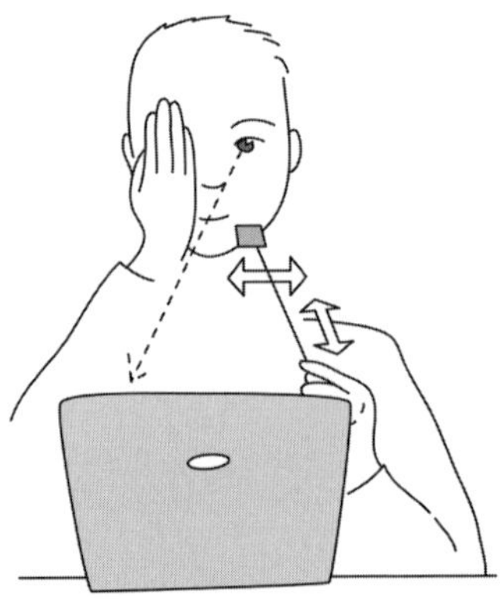
[그림 7-26] 맹점 위치 찾기 실험

판지가 사라졌다가 오른쪽을 향해 계속해서 움직이면 다시 나타난다([그림 7-26]). 만약 이렇게 맹점의 위치를 확인했다면, 책의 페이지와 평행하게 모든 방향으로 사각형의 판지를 조금씩 움직여 맹점의 크기를 평가할 수 있다(사각형의 판지를 눈에 더 가깝게 할수록 보이지 않는 시야의 영역은 당연히 더욱 작아진다). 그 효과는 배경이 더 밝을수록 더 분명하게 나타난다(흰색의, 밝게 조명된 면; 예를 들면 모니터 위에 있는 책 페이지).

• 설명: 이 절의 이어지는 본문을 참조하라.

망막의 맹점을 우리는 특수한(실험적) 상황에서 한 눈을 사용하여 지각할 수 있다[▸실험]. 양쪽 눈을 사용할 때는 양 눈의 맹점이 시야의 동일한 위치에 귀착되지 않는다는 사실은 맹점에 의해 생겨나는 문제를 보완하기 위해서다. 그러나 한 눈을 사용할 때 나타나는 시스템의 고유한 결점은 아마도 묵과됨은 물론 원칙적으로 채워진다(특히 지각의 장면이 아마도 어떤 것이 지각될 것이라고 기대할 수 있을 때; Ramachandran & Blakeslee, 2001; 동시색채대비와 비양태적 색채에서 유사한 채우기가 일어난다). 주변시야 지각에서 흐릿한 상과 눈의 지속적인 움직임은 또한 맹점을 의식하지 못하도록 하는 데 기여한다.

주변시야에서의 흐릿함은 또한 주위 환경에서 정상적인 지각의 경우에는 눈에 띄지 않는다. 만약 한 점에 초점을 맞출 때에만, 그리고 쉽지 않기는 하지만 자신의 눈을 그 장소로부터 돌리지 않으면서 동시에 시야의 다른 장소로 자신의 주의를 향할 때에만 초점지각의 범위를 넘어서 흐릿하게 보이는 불완전한 주변시야의 특징을 인지할 수 있다(흐릿하게 보이는 것 이외에 색채지각도 상대적으로 불완전하게 나타난다). 비록 주변시야는 부정확할지라도 장면에 대한 전체적인 개요를 전달하는 데에는 충분한 것처럼 보인다. 이 장면의 전체적인 개요에 기초해서 필요한 경우 변화가 나타나는 영역을 이해하고 그곳에 초점을 맞출 수 있다. 이와 같은 배경에 기초하여 주관적으로 매 순간 전체 지각장에서 일어나는 것을 정확하게 지각하고 있다는 인상을 갖게 된다.

지각의 성질 ▶ 모나리자의 미소

모나리자는 주변시야로 볼 때에만 미소를 짓는가? 이것이 바로 마거릿 리빙스턴Margaret Livingstone(2002)이 모나리자의 신비한 미소의 비밀을 밝혀낼 수 있다고 주장하는 아이디어다. 모나리자의 그림을 컴퓨터 그림 작업을 통해 (완전히 또는 근사하게) 주변시야에 의해 보이는 바와 유사하게 보이도록 흐릿하게 제시했을 때가 매우 세밀하게 제시되었을 때보다 모나리자의 미소가 훨씬 더욱 분명하게 나타난다는 것이다. 매우 세밀하게 제시되면 주변시야에서 나타나는 어렴풋한 낮은 대조가 사라지게 된다. 그러므로 우리가 완전하게 마무리하지 않은 그림을 바라볼 때 얼굴을 똑바로 보지 않고 비스듬히 보면 미소를 예감할 수 있다는 것이다.

그럼에도 이와 같은 견해는 난점을 지니고 있다. 만약 우리가 모나리자의 얼굴, 즉 눈 또는 입에 초점을 맞춰 똑바로 쳐다보아도 역시 모나리자의 미소가 나타난다는 것이다.[10] 그리고 모나리자 미소의 수수께끼를 해명하는 데 기여하는 것으로 간주되는 이 가설은 리빙스턴이 분명하게 강조한 바와

역자주

10) 리빙스턴에 따르면, 모나리자의 미소는 중심시야보다는 주변시야로 보았을 때가 더욱 잘 보인다. 따라서 모나리자를 똑바로 쳐다보는 경우 모나리자의 신비한 미소는 사라지는 반면, 눈과 같은 얼굴의 다른 부분을 볼 때 미소가 더욱 뚜렷해진다는 것이다.

같이 주변시야의 시각이 기본적으로 표현을 지각하는 데에서 초점지각보다 더 우세하다는 사실에 따라 의문시된다. (그렇다면 레오나르도 다빈치의 〈모나리자Mona Lisa〉에서 고유한 독특함은 어디에 있는가?)

주변시야의 시각이 특히 움직임에 아주 민감하게 반응하기 때문에 일종의 (일반적으로는 의식되지 않은) 표정의 풍자만화 효과를 불러일으킬 수 있다는 것은 크게 틀린 말이 아니다. 그럼에도 사람은 현실 속에서 그리고 그림을 볼 때 원칙적으로 특히 자주 눈과 입에 주의를 기울인다는 사실은 표현을 지각하는 데에서는 오히려 주변시야의 시각이 기본적으로 더 우세하다는 리빙스턴의 주장에 배치되는 것처럼 보인다. 최근에 또한 어느 사람의 얼굴 표현이 풍부한 표정을 나타내는지 또는 중간 정도의 표정을 나타내는지를 성공적으로 확인하기 위해서는 입 주변의 모습이 분명하게 처리되어야 한다는 것이 제안되었다(Schyns & Gosselin, 2003).

리빙스턴의 설명은 상당히 큰 인기를 얻었다. 실제로 그녀의 설명방식은 암시하는 바가 크다. 매우 흐릿하게 처리됐을 때(사람들은 낮은 공간 빈도 또는 저역 필터링에 대하여 말한다), 그리고 중간 정도로 처리됐을 때 관찰자에게 미소가 눈에 들어오는 것은 대비가 풍부한 뺨의 음영에 의해 입 언저리에서 눈 언저리에 이르기까지 웃는 얼굴 모습Smily이 생겨나기 때문이다. 이에 반해 그림이 매우 상세하게 묘사되어 있으면 웃는 얼굴 모습이 나타나지 않는다. 그러나 그 미소가 개방적, 호의적인지 또는 아이러니하고 거리감이 있는지 정확히 알 수 없는 것은 바로 이 버전에서 가장 잘 나타난다. 이와 같은 결과는 스마일리 효과smiley-effect에 의해서도 설명될 수 있다.

많은 사람은 과로의 순간에 또는 술에 취한 상태에서 나타나는 이중그림에 대해 잘 알고 있다. 이중그림은 손가락 끝을 시야에 위치시키고 의식적인 노력 없이 자연스럽게 초점이 맺히도록 하면(예를 들어 반 팔 정도의 거리를 유지하여) 언제든지 만들어 낼 수 있다. 손가락 끝에 초점을 맞추면서 배경에 있는 대상들에 주의를 기울이면(예를 들어 팔을 쭉 뻗어 동일한 선상에 다른 팔의 손가락을 위치시키면), 이 대상들은 이중으로 보인다. 정상적인 지각에서는 이 이중의 상들이 일반적으로 무시된다.

급속 안구운동 Saccade 여러 차례 요구한 바와 같이, 사람들은 어떤 것에 초점을 맞추고 동시에 시야의 다른 곳에도 주의를 기울이도록 할 때그것을 무리한 요구로 경험한다. 그것은 부수적으로 또 다른, 일반적으로 내적 관점으로부터는 인지하지 못하는 지각의 특성, 즉 (다른 사람의 눈에는 어렵지 않게 알아차릴 수 있는) 지각의 도약적 측면을 증명해 보인다. (대략 1초에 3회 정도 발생하는) 초점의 이동 시 눈의 초점이 움직이는 것을 주의 깊게 관찰한다면 눈의 운동을 충분히 인지할 수 있지만, 우리는 시각적으로 카메라를 빠르게 움직일 때 나타나는 것과 같은 줄무늬 모양의 흔들림을 전혀 지각하지 않는다. 우리는 눈의 빠른 도약(급속 안구운동)으로 나타나는 것을 일상적인 지각에서는 주위 환경의 안정된 시각상의 다양한 측면에 집중하는 것으로 경험한다. 우리가 자신의 급속 안구운동을 알아채지 못하는 것은 그 운동이 짧은 시간에 이루어지기 때문이기도 하지만, 도약이 일어나는 시간 동안에는 지각의 역치가 매우 강하게 억압되기 때문인 것으로 간주된다(급속 안구운동 억압; 한번 거울 앞에 서서 자신의 얼굴의 상이한 지점에 초점을 맞추는 사이에 자신의 눈운동을 관찰하고자 시도해 볼 수 있다. 동시에 이 거울을 보고 있는 다른 사람에게는 이 눈운동이 쉽게 관찰될 수 있다). 사실 우리가 눈과 머리, 즉 신체의 운동에도 불구하고 안정된 주위 환경을 경험한다는 것은 결코 당연한 것이 아니다[▸4장].

변화맹 Change Blindness 두 유사한 장면 사이에서의 변화는 쉽게 간과될 수 있다(이는 제시되는 장면들 사이에 매우 짧은 시간 동안 검은색 스크린을 삽입하여 노출시키는 방법을 사용하여 실험적으로 분석되었다). 최근 몇 년 동안 변화맹에 대한 연구가 매우 많이 진행되었다. 이 연구 결과에 의하면, 우리의 지각은 선택적이라는 사실(사실적으로 기록하는 사진을 찍는 것과는 혼동될 수 없는)이 입증되었다. 그럼에도 이 결과는 과도하게 과장되어 해석되지 말아야 한다. 비록 우리가 상세한 부분을 모두 인식하지는 못하지만, 주위 환경을 시각적으로 잘 이해하고 있다는 느낌은 결코 단순한 상상이 아니다. 만약 우리가 의식적으로 지각한 장면이 세부적으로 작은 부분에 이르기까지 단지 환상에 불과하다면, 세부적인 부분들에서 서로 차이가 나는 장면에 대한 재인은 실제 연구에서 드러나는 바와 같이 그렇게 성공적이지 못할 것이다(주위 환경에 대한 시각적 장기기억; Henderson & Hollingworth, 2003). 우리는 아마도 주변의 대상을 지각할 때 주요 특성을 파악하며 기억한다. 반면에 우리에게 관심을 끄는 대상의 위치를 파악하고 그 대상의 세부적인 부분을 파악하는 것 이외의 많은 상세한 부분은 의식하지 못하고 넘어간다. 그럼에도 여기에서 우리는 어떤 것을 보지 못하고 넘어갔다는 인상을 받지는 않는다. 왜냐하면 전체적인 개요와 시각도야의 결합에 의해 원칙적으로 시야에서 모든 세부적인 부분이 접근될 수 있기 때문이다(이와 같이 세계를 실질적으로 잘 이해하고 있다는 의미에서 일반적으로 기술되는 바와 같이 세계는 외적 시각기억으로 작용한다. 그럼에도 매우 세부적인 부분들을 정확하게 묘사하는 사진의 매력적인 특성에 의하면, 이와 같은 기억은 의식적으로 일시적일 수 있다는 것을 보여 준다; 아래 참조). 여기에서 기본적으로 현재 우리의 관심사로부터 주의를 끌지 못하는 중요하지 않은 것을 의식하지 못하는 것은 소음과 같은 다른 감각영역으로부터의 영향 이외에, 특히 이미 언급한 움직이는 물체에 대한 무의식적인 주의(정향반응)에 따른 것으로 간주된다.

변화맹과 선택적 주의에 대한 실험에서 매 시간 관찰자의 주의가 어떻게 조절되는지의 문제가 아마도 시각경험에서 많은 것이 의식되지 못한다는 것보다 더욱 흥미를 끌 수 있다. 만약 지각에 대한 BBC의 다큐멘터리 특집 프로그램에서 시청자가 방송 중에 자주 원숭이로 분장한 행위자를 알아보지 못했다는 사실을 보게 되면, 마술을 부리는 사람이 능숙한 손놀림으로 관찰자의 주의를 다른 데로 돌리는 잘 알려진 상황보다 더 당황스러울 이유는 아무것도 없다.

간략하게 표현하면, 보는 것 없이 보기의 다양한 유형의 형태는 우리가 각각의 상황에서 서로 다른 방식으로 전체적인 개요를 유지하면서 그때그때 잠재적으로 자신에게 중요한 것을 놓치지 않고 보도록 하는 데 기여한다. 즉, 지각에서 간과하기는 시지각이 실제적으로 기능하기 위해 필요한 한 전략으로 간주할 수 있다.

읽을거리 Aschersleben, 2008; Henderson & Hollingworth, 2003; Heuer & Jäncke, 2006; Ramachandran & Blakeslee, 2001; Simons, Mitroff, & Franconeri, 2003; Wohlschläger & Prinz, 2006.

시각적 상상, 환각, 꿈 그리고 (그림)지각

시각적 상상 뇌졸중의 결과로 대뇌피질이 손상되면 시각능력의 손상이 초래되는데, 이는 또한 시각적으로 상상하는 능력에도 영향을 준다. 시각피질영역이 상상으로 마음속에 그림을 떠올리는 데에도 직접 관여하고 있다는 것은 건강한 사람의 뇌사진을 통해 확인할 수 있다. 또한 뇌에서 발생하는 자기장의 활동을 변화시켜서 의도적으로 시각피질영역의 기능을 방해하여 상상의 기능을 저해할 수 있다는 실험 결과에서도 뇌의 시각피질영역이 시각적으로 상상하는 능력에도 밀접하게 관련되어 있다는 것을 확인할 수 있다. 그럼에도 불구하고 일반적으로 상상으로 그림을 떠올리는 것은 시지각으로부터 구별된다. 이와 같은 구분을 위한 기준점으로 작용하는 준거로는 마음의 눈으로 상상한 그림이 포함할 수 없는 지각의 (잠재적인) 매우 풍부한 상세함과 실제적인 지각에서 나타나는 눈운동, 머리운동 그리고 신체운동과의 관련성, 마지막으로 마음으로 그림을 상상할 때 요구되는 정신적인 노력 등이 있다. 성인에게서는 매우 드문 형상적 기억의 사례에서조차, 즉 본 것을 마치 사진과 같이 기억하고 회상해 내는 능력의 사례에서, 상상에도 요구되는 정신적 활동과 마음속의 그림 탐색작용은 실제적인 신체의 움직임과 관련되어 있지 않다는 상황이 상상을 지각으로부터 구별하는 기준이 된다.

이와는 반대로, 특별한 조건에서는 실제로 지각한 그림을 상상한 것으로 인식하도록 하는 것도 가능하다. 실험 참여자에게 흰색의 화면을 응시하면서 한 대상, 즉 바나나를 상상하도록 요구하면 화면에 투사된 그 대상에 대한 흐릿한 그림을 자신이 상상한 것으로 간주한다(퍼키 효과Perky-Effekt).

상상할 때 전뇌영역이 실제의 대상을 지각할 때보다 더욱 활발하게 작용한다는 결과는 상상할 때 나타나는 활동의 경험에 일치한다. 실제로 전뇌의 특정한 부위가 손상된 사람은 볼 수는 있지만 마음속의 이미지를 전혀 상상해 낼 수 없었다. 이와 같이 뇌의 특정 부위의 손상으로 인해 상상할 수 없을 때, 다루기 힘든 문제를 지각하는 과제에서 실제 대상에 대한 지각은 장애를 겪는다(Farah, 2000).

코슬린Kosslyn과 톰슨Thompson(2000)은 시각적 상상의 초기단계는 대상과 장면의 인식에 중요하게 작용하고, 마음속에서 상상으로 떠올린 그림은 언어적으로 또는 추상적 형식으로 기억되어 있지 않은 정보를 포함하고 있다는 가정에서 출발한다. 이 마음속의 이미지가 언어적으로 머릿속에 지니고 있지 않은 어떤 것을 우리에게 제시해 줄 수 있는지의 문제가 지난 20세기에 이미지 논쟁Imagery-Debatte의 주요 대상이었고, 또한 최근의 신경과학적 지식에 의해 지속되고 있다(특히 Kosslyn, 1994; Pylyshyn, 2003). 이해, 즉 인지적 기능을 위해 상상이 어떤 중요한 기능을 하고 있는지에 대해서 심리학자들은 이미 오랫동안 논쟁을 벌이고 있다.

하여튼 (그림으로 제시된 두 개의 3차원 물체가 회전되었을 때 서로 일치하는지를 결정해야 하는 과제에 의해 잘 알려진) 심상회전에서와 같은 공간적 상상은 무엇 경로보다는 어디/어떻게 경로 그리고 운동영역을 더욱 활성화한다는 것, 그리고 내적 이미지를 지각하기보다는 오히려 심적으로 떠올린 운동의 지각과 더욱 관련되어 있다는 것을 확인할 수 있다. 이와 같은 결과는 공간지각과 사고는 비록 시각으로부터 출발할지라도 운동의 형식으로 진행된다는(주위 환경을 탐색할 때 눈운동을 통해 중재된다는; Restat, 1999) 생각을 지지해 주고 있다[▸3장]. 그리고 이와 같은 추측은 운동에 대한 시각적 상상은 동시에 진행되는 신체적 운동(몸짓)에 의해 영향을 받을 수 있다는 것에 의해 지지된다(Newell, 2004). 그리고 엄지손가락극장[11]에서 왼쪽으로 또는 오른쪽으로 돌아가는 것으로 지각될 수 있도록 원의 형태로 배열된 점들에 대한 이해는, 그 점들에 대한 자극 배열을 바라볼 때 손을 어떤 방향으로 돌아가도록 하느냐에 따라 변화될 수 있다는 것에 의해서도 지지된다(Wohlschl ger & Prinz, 2006).

코슬린과 톰슨(2000)은 대상을 마음속으로 생생하게 그려 낼 수 있도록

역자주

11) 그림이 그려진 종이책을 엄지손가락을 사용하여 빠르게 넘기면 영화와 같이 움직이는 장면의 착시가 나타나는 것.

하는 또는 재인할 수 있도록 하는 구상적인 내적 이미지(묘사적인 심상)를 운동에 대한 시각적 상상으로부터 분리하였다. 주위 환경에서 방향을 찾을 때나 길을 계획할 때에는 이 두 가지 종류의 상상이 상호작용할 수 있다[어떤 지역을 식별하는 데 목표물로서 적당한 사물(랜드마크)에 대한 지각적 이해는 항상 방향과 거리에 대한 관계 속에서 이루어진다]. 구상적인 그림과 길, 즉 운동에 대한 상상이 서로 밀접하게 연관되어 있는 것이 지니는 생존적 가치는 명백해 보인다. 이와 같은 조합이 우리의 마음에서 얼마나 유익하게 사용될 수 있는지는 잘 알려진 길에서 눈에 띄는 지점들에 개념을 연결하는 것이 연설의 내용을 머릿속에 기억하는 오래된 기억술의 하나라는 것에서 알아볼 수 있다(로시 기법).

환각 Halluzinationen 불수의적인 생생한 마음속의 이미지를 외적인 실제의 그림이라고 간주하는 것을 우리는 일반적으로 환각이라고 한다. 이를 경험한 사람이 이와 같은 마음속의 심상을 지각과 혼동하지 않는 한에서 제한적으로 준환각이라는 말을 사용한다.

이 둘은 신경심리학에서 시각적 자극 출현의 개념에서 다루어진다. 이 자극의 출현은 단순한 기하학적 도형에서부터 복잡한 장면에 이르기까지 다양한 모습을 보인다. 그 출현이 다양한 시각적 특성(색상, 움직이는 또는 고정된 형태, 불빛, 얼굴)에 국한된다는 것은 시각 시스템에서 다양한 모듈의 선택적 활동에 기인하는 것으로 간주될 수 있다. 그럼에도 불구하고 가끔 잠이 드는 단계(최면의 이미지)에서 나타나는 얼굴과 신체는 또한 시각 시스템의 이전 단계(망막에서 일차시각피질까지)에서 오는 희미한 자극에 대한 불수의적 해석에 기인하는 것으로 간주된다(거대한 바위 벽면에 나타나는, 즉 사물 시각화인, 착시적인 얼굴에서와 같이).

시각적 환각은 중추시각 시스템의 손상 그리고 눈의 손상에 의해서도 나타난다(찰스-보넷 증후군Charles-Bonnet-Syndrom). 또한 감각적 박탈 또는 지각적 박탈에 의한 일시적인 상황에서도 나타난다. 이에 대한 그럴듯한 설명은 감각정보의 유입이 차단되면 시각적 정보를 처리하는 이후의 뇌영역이 분리되어 독립적으로 작용하기 때문인 것으로 간주된다. 이에 더하여 간질병, 편두통, 약물의 영향에 의한 망상체의 장애, 정신분열증, 파킨슨병 그리고 알츠하이머 치매에서도 시각적 환각이 나타난다. 불수의적인 시각적 출현이 규칙적으로 현실로 간주되는 정신분열증적 상태에서는 이와 같은 허위지각이 흔히 감각운동적 통합의 장애와 함께 나타난다. 감각운동적 통합의 장애는 예를 들면 자신의 의지와 관계없이 저절로 나타나기도 하고[▸2장] 자기 자신의 운동이 외부의 의지에 의해 조절되고 있다는 느낌에서 나타나기도 한다[▸3장] . 내적 심상이 아주 생생할지라도, 이들 환자에게는 이 내적 심상을 지각으로부터 구별하는 위에서 언급한 준거, 즉 지각과 수의적 운동의 상호 관련성이 결여되어 있다.

잠과 꿈 ▶ 꿈속의 그림은 어떻게 보이는가

시각적 출현은 꿈이 만들어지는 데 있어서 주재료다. 그럼에도 불구하고 이 꿈의 이미지가 어떻게 보이는지에 대해서는 알려진 것이 많지 않다. 꿈의 이미지에 대한 통상적인 논의는 시각적 출현의 실제적 특성보다는 어느 정도 연출의 단위 특성에 관련되어 이루어지고 있다. 특별히 인상적인 감각적 경험(빛이 나는 불빛, 어지러운 느낌 또는 떨어지는 느낌)을 제외하고는, 일상적인 꿈에 대한 보고에서나 많은 학문적인 꿈의 보고서에서도 꿈의 감각적 특성에 대한 주의 깊은 논의가 이루어지지 않고 있다. 이는 부분적으로 꿈의 감각적 측면을 생생하게 의식 속으로 떠올리는 것이 쉽지 않기 때문일 수 있다. 그럼에도 예를 들어 주방의 장면이 보였는지와 어떻게 보였는지, 무슨 소리를 들었는지와 어떻게 들었는지, 냄새가 났는지와 어떤 냄새가 났는지, 또는 꿈속에서 사건이 주방에서 일어났는지 등에 대해 더 이상의 물음이 제기되지 않았다.

가끔은 학문적으로 논의된 꿈에 관한 서적에서 꿈 장면에 대해 자연스럽게 작성된 그림들이 나타난다(프로이트 전집 12권에 나오는 유명한 늑대 꿈에 대한 이미지; Freud, 1940; 또는 홉슨Hobson에 의해 1988년 재현된 '기관사engine man'의 꿈 일기에서의 이미지 스케치). 그럼에도 거기에서 특별히 꿈의 시각적 특성에 대해 어떤 진술을 이끌어 낼 수 있을 정도의 이미지에 대한 논의가 이루어지지 않았다. 이는 또한 스틸레스Stiles(1927)의 꿈에 관한 기록의 경우에서, 또는 꿈 실험실에서의 꿈 이미지 스케치와 백일몽 이미지 스케치에 대한 정신분석학적 접근의 비교에서도 마찬가지다(Hau, 2002). 레흐트샤펜Rechtschaffen과 부히이나니Buchignani(1992)는 꿈 실험실에서 REM 단계에서 깨운 실험 참여자들에게 한 이미지에 대한 100개 이상의 채도, 밝기, 그림의 뚜렷함, 초점의 정도에서 서로 다른 일련의 그림을 제시하고, 막 꾼 꿈의 시각적 특성에 상응하는 이미지를 선택하도록 요구하였다. 이 연구 결과에 따르면, 꿈의 시각적 이미지는 색이 약하며, 배경은 거의 간과되고 있고, 동시에 오히려 희미하게 보이는 특징을 지니고 있다. 그러나 이와 같은 결과는 셀리그먼Seligman과 옐렌Yellen(1987)이 가정한 바와 같이 꿈속에서는 오히려 깨어 있을 때 마음속으로 상상한 이미지에 상응하는 더욱 생생한 환상과 그림들이 규칙적으로 서로 교차하며 나타난다는 것을 완전히 배제하지는 않는다. 최근에 스위스 신경심리학자인 소피 슈바르츠Sophie Schwartz는 특히 그녀 자신의 꿈에 대한 프로토콜에 기초하여 건강한 사람의 꿈은 많은 영상장애와 그림과 행위가 서로 통합되지 않은 채 작용한다는 것(예를 들면, 단지 시야의 반쪽에서만 색이 나타나고, 사람과 대상이 중복해서 나타나고, 사람과 장소의 실제 모습과 나타남이 일치하지 않는다)을 확인하였다. 이와 같은 영상장애와 그림과 행위가 통합되지 않은 꿈의 특징은 신경학적으로 장애가 있는 사람의 그림에서 잘 알려져 있고, 꿈 수면에서 시각 시스템의 개별적 모듈의 선택적 또는 비정상적 활성화를 암시한다고 이해할 수 있을 것이다(Schwartz & Maquet, 2002; Schwartz et al., 2005).

잠정적으로 우리가 꿈의 이미지로부터 그려 낼 수 있는 그림은 예술가들 그리고 특히 영화 제작자들이 몽환적인 느낌을 암시하기 위해서 시도하는 방법에 큰 영향을 받는다. 이는 또한 상당히 상투적으로 느껴질지라도 그러하다. 영화 속에 나오는 꿈의 상황은 많은 꿈 이론가에 의해서와 같이 영화평론가에 의해서도 꿈의 경험과 동일한 것으로 다루어진다. 꿈 같은 느낌에 대한 강렬한 암시가 아닌 인상적인 꿈 비전의 기록에 관한 것으로 잘 알려진 화가의 꿈 그림은 뒤러Dürer가 1525년에 그린 〈노아의 홍수 꿈Sintflutraum〉이다(Dinzelbacher, 2002).

읽을거리 Strauch & Meier, 2004; Schwartz et al., 2005; 예술과 영화에서의 꿈: Gamwell, 2000; Heraeus, 1998; Petrić,1981; Damasio, 2006; Kruse & Wulff, 2006; Schönhammer, 2007.

꿈 자는 동안 사람들은 일반적으로 마음속에 떠오르는 이미지를 우리가 지금 실제로 살고 있는 환경에 대한 지각으로 이해한다. 지금 잠을 자고 있고 꿈을 꾸고 있다는 것을 암시적으로 마음속에 생생하게 그려 내는 것은 잠에서 막 깨려고 할 때, 특히 깊은 강렬한 꿈에서 나타나고, 역설적으로 그 꿈의 강한 현실적 특징을 동반한다. 강렬한 꿈의 한 특징, 특히 자신이 꿈을 꾸고 있다는 의식을 포함하는 그 특징에는 경외감을 불러일으킬 수 있는 장관을 이루는 (알록달록한) 빛의 환상이 나타난다는 것이다.

깨어 있는 상태에서 나타나는 이와 유사한 빛의 환상은 (깨어 있음의 정도를 조절하는) 뇌간의 망상체의 병리학적인 과도한 활동성에서 규칙적으로 나타난다. 이 외에도 생생한 꿈은 특히 각성된 REM 단계에서 발생하고, 이 수면 단계의 동력은 망상체의 활동 추진력에 기인하는 것으로 간주된다. 이것은 (폭발과 폭죽과 같은) 그에 상응하는 꿈의 이미지는 십중팔구 실제적인 시각적 자극의 출현에 대한 지각적 해석이라는 것을 의미한다. 이와 같은 방향에서 잠, 즉 꿈과 간질 및 편두통(이 두 상태에서는 과도하게 흥분된 대뇌피질이 중앙시각 시스템을 지배한다; Sacks, 1994, 1996)에서 나타나는 시각적 경험에 대한 공통적인 접점들은 이해될 수 있다. 꿈의 시각적 출현은 부분적으로는 다른 감각영역에서의 환상에 의해, 그리고 잠을 자는 동안의 운동신경 충동에 의해 유발되는 상상에 의해 영향을 받는다.

그림지각과 상상 자주 언급한 바 있는 지각에서 하향 처리과정의 개입은 비록 우리가 의식하지는 못하지만 아마도 우리에게 상상의 초기단계(형태항상성 지각의 예에서와 같이)가 규칙적으로 지각에 참여하고 있다는(그리고 이전 장에서 언급한 지각에서의 틈을 채워 주는) 상황에 대한 또 다른 표현이다. 그림을 지각할 때는 실제의 대상을 지각할 때와 비교하여 외부 자극이 상대적으로 빈약하기 때문에, 케벡Kebeck (2006)이 셰퍼드Shephard(1984)와 관련하여 논평한 바와 같이 이와 같은 상황에서는 상상이 더욱 중요한 역할을 요구할 수 있다. 사물 시각화는 시각적 자극이 극단적으로 빈약하게 구조화된 조건에서 나타나는 이와 같은 경향의 극단적인 사례일 수 있다.

읽을거리 Lohmar, 2008; 상상: Engelkamp & Zimmer, 2006; Kosslyn, 1994; Pylyshyn, 2003; Restat, 1999; 환각: Czycholl, 2003; Jaspers, 1973; Ramachandran & Blakeslee, 2001; Zihl, 2006; 꿈: Schönhammer, 2004a; 그림지각: Kebeck, 2006.

그림매체

그림을 바라보는 사람은 일반적으로 행위를 해야 할 필요를 느끼지 않는다. 여기서 본다는 것은 삶의 스트레스로부터 벗어나 즐기는 것이고, 고풍스럽게 표현하면 '바라보는 것Schauen' 이다. 이미 앞에서 논의된 바 있는 숨어서 엿보는 것 또한 그렇다. 다른 사람으로부터는 관측되지 않으면서 어떤 것을 보고자 하는 생물학적으로 결정된 이 욕구는 그림이라는 매체가 그 내용과는 관계없이 매력적으로 보일 수 있도록 하는 데 기여하는 부분이다. 또한 조망은 안전한 곳으로부터 바라보는 것이다. 이와 같은 상황은 (입체적인 작품을 포함하여) 그림지각에 유사하다. 그림지각에서는 많은 유형의 그림의 경우에 장면을 축소하여 압축함으로써 전체 장면을 한눈에 조망할 수 있는 상황이 제공된다.

얼굴과 신체를 가까이서 바라볼 수 있다는 측면에서, 그림을 관찰하는 상황은 좁은 의미에서 관음증적이라고 할 수 있다. 그 외에는 다른 사람의 얼굴과 신체를 가까이서 보기 위해서는 다른 사람들과의 상호작용과 그들이 자기 자신을 보도록 허락하는 것을 전제해야 한다. 그림에 묘사된 사람의 눈빛이 관찰자에게로 향해 있는 것처럼 보인다면, 대부분 관찰해도 된다는 동의인 승낙이 암시되어 있다고 할 수 있다.

행위를 묘사하고 있는 운동이 없는 고정된 그림은 행위의 개별적 국면에 부여한 시간을 통해서 실제 상황과 구별된다(물론 이는 슬로모션에서도 유효하다). 회화에서 전통적으로 움직이지 않고 인위적으로 자세를 취해야 하는 모델들은 대략적으로 이와 같은 일시적인 순간을 포착하는 것을 가능하게 한다. 운동의 많은 측면은 주지하다시피 매우 짧은 노출시간으로 촬영한 사진을 통해서 사람들의 눈에 보일 수 있다. 이는 물론 관찰자들에게 전혀 역동적으로 보이지 않는 운동의 스냅사진(예를 들면 공중에 떠 있는 축구선수)을 만들어 내기도 한다. 왜냐하면 이 스냅사진은 운동의 생산적 순간을 포착하지 못하고 있기 때문이다.

움직임이 없는 고정된 장면으로부터 완성된 사진이나 영화에서도 지각의 선택적 특성으로 인해 그림에서 제공되는 것을 넘어 더 많은 새로운 것을 발견할 수 있다. 움직임이 없는 또는 움직이는 사진을 만들어 낼 수 있다는 것은 주어진 상황을 뛰어넘어 위에서 언급한 외적인 시각적 기억을 확장할 수 있다는 것을 의미한다. 이와 같은 지각의 확장은 한편으로는 그림의 제작에 더 많은 관심을 기울이도록 하는 것을 함축하고 있다. 그런 점에서 사람은 카메라 뒤에서 주위 환경에 대한 자신의 지각을 제한받기도 하고, 또한 아마도 자신의 지각에 카메라 없이는 알 수 없었던 지각의 한 관점을 제공하기도 한다. 이와 같은 모순은 사진과 비디오를 개인적으로 상반되게 평가하는 원인들 중의 하나다. (움직임이 없는 그림들은 일반적으로 회상하고 상상하는 것에서는 찾아보기 힘든 정밀함을 지니고 있고, 인생의 흐름으로부터의 한 순간을 포착할 수 있도록 한다. 이와 같은 특징은 우리의 경험을 더욱 풍부하게 해 주는 것으로 이해될 수도 있지만, 소외, 대상화, 즉 메마름의 형태로 경험될 수도 있다.) 움직임을 제공하는 비디오 또는 영화에서의 이미지는 한편으로는 사진의 이와 같은 모순을 더욱 강화하고, 그럼에도 불구하고 동시에 그들이 변화하는 순간순간의 상황을 제시함으로써 오히려 실제의 상황으로 지각될 수 있는 한에서 이 모순을 더욱 약화시키기도 한다. 움직임 덕분에 영화에서의 이미지들은 삶에 더욱 밀접하게 결부되어 있는 것같이 느껴진다. 그렇기 때문에 영화는 소리나 음악이 없으면 더욱 낯설게 느껴진다[▶8장].

영화는 한편으로는 (예전의 춤공연과 곡예공연에서와 같이) 특별한 움직임을 통해, 다른 한편으로는 (이야기, 소설, 연극에서와 같이) 이야기 속으로 빠져들게 함으로써 관객의 마음을 사로잡는다. 얼굴, 몸짓 그리고 자세에 카메라를 가까이 밀착하여 촬영할 수 있기 때문에, 영화에서는 무대에서 주로 볼 수 있는 과장해서 연기하는 행위를 할 필요가 없다. 영화에서 관객들은 어느 정도까지는 몸을 감추는 마법의 외투를 쓰고 실제의 삶에 매우 근접한 생생한 사건의 한가운데 서 있게 된다.

영화가 만들어졌던 초창기부터 저명한 심리학자들은 기회가 있을 때마다 영화의 지각심리학 이론을 제공하였고, 거기에서 카메라 행위(초점수준, 줌, 이동, 흔들림, 회전)의 효과와 컷, 즉 화면 구성을 자연스러운 지각의 상황과 비교하여 설명하였다. 영화에서의 지각이 실제 주위 환경에서의 지각과 비슷해 보이도록 하기 위하여 제임스 깁슨James Gibson(1982)이 즐겨 사용하였던, 카메라 이동의 당혹스러운 효과는 이미 언급한 바 있다[▶ 4장]. 그 외에 여기서는 관객들이 이전에 (설정 쇼트establishing shot를 통해서) 이해할 수 있었던 상세한 부분들에 대한 장면을 급속 안구운동 억압 때문에 비디오 아마추어에 의해 즐겨 사용되는 흔들림보다 더욱 자연스럽게 지각된다는 것을 확인할 수 있다. 운동하는 물체를 추적하는 데 유용하게 사용되는 기법으로서 흔들림은 이와는 반대로 실제로는 눈의 완만한 연속적인 움직임에 상응한다. 자연스러운 지각의 상황에서 다른 사람의 시선이 자신의 시선을 돌리도록 동기화하듯이(주의를 공유함으로써), 행위자(배우)의 시선은 관객들에게 그 장면을 경험하도록 한다. 이를 위해 카메라가 반드시 그 시야가 그 장면을 동기화하는(주관적 시점subjective camera[12]의 의미에서, 즉 시점 쇼트point of view shot[13]의 의미에서) 그 사람의 관점을 취할 필요는 없다.

자연스러운 지각에서와는 다르게, 스크린이나 모니터 화면을 바라볼 때에는 사건에 대한 거리가 (외관상으로) 증가하거나 감소한다면 초점의 수준(조절)과 눈의 위치 배열은 서로 조율하여 변화하지는 않는다. 이것과 움직임이 없는 고정적 신체의 배열은 보이는 것이 아무리 현실의 실제적인 것에 가깝게 보일지라도 영화에서의 지각을 실제적인 주위 환경의 지각으로부터 구분하게 한다(텔레비전을 시청할 때는 작은 시야가 신체의 움직임을 더욱 방해한다). 특히 시간적으로 제한되어 있지 않은 텔레비전을 시청하는 경우에는 움직임이 없는 몸의 상태가 지속적으로 유지된다. 특히 시청자에게 그 컷을 의도적으로 가까이 제시하는 것 없이 신속하게 변화하는 장면(정위반응)에 주의를 기울여야 하는 경우 더욱 그러하다(비디오 레코더에 녹화된 프로그램을 재생하면서 비디오를 급속하게 이동시킬 때, 자연적인 지각의 활동은 몸의 움직임과는 무관하게 추상적인 형태로 그 모습을 드러낸다).

읽을거리 움직임이 없는 고정된 그림/사진: Arnheim, 2004; McCloud, 1994; Schuster, 1996; Sontag, 1980; 영화: Arnheim, 2002; Gibson, 1982; Grodal, 1977; Hochberg & Brooks, 1978; Kracauer, 1985; Münsterberg, 1996 ; Schwender, 2006; Tan, 1996.

역자주

12) 특정 연기자의 시점을 표현하는 촬영기법. 연기자의 심리적 투시를 대변하기 위해 카메라가 그의 눈이 되므로, 기울어진 각도로 불안을 표현할 수도 있고 수직 · 수평의 이동촬영으로 등장인물의 주의 관찰을 나타낼 수도 있다. 또 들고 찍거나 궤도촬영을 함으로써 해당 인물의 보행을 나타낼 수도 있다.

13) 등장인물의 시점으로 보이는 장면. 사건을 조망하는 객관적 시점이 아닌 사건 참여자인 인물의 눈에 보이는 주관적인 장면을 말한다.

예술, 매체, 광고 ▶ 시각을 묘사한 그림

모든 그림은 본다는 것을 내포하고 있다. 그러므로 그림과 그것을 만들어 내고 보여 주는 매체(스크린, 사진기, 모니터) 그리고 그림을 제작하는 사람(화가, 사진사)은 지각의 알레고리로 이용되었고 또 이용되고 있다. 그 특별한 예가 그림이나 그 그림의 맥락으로부터 어느 한 사람의 관점에 관한 것임을 추측해 낼 수 있는 그림이다. 그림이나 사진에서는 관습적으로 외부로부터 관찰되는 바라보는 행위를 보여 줌으로써 암시되었다(예를 들어 풍경 속에 있는 관찰자, 그림, 창문 또는 거울 앞에 서 있는 관찰자; 화가, 장면, 그려지고 있는 그림). 보는 것을 그림으로 급진적으로 포착하려는 유명한 시도는 물리학자이자 지각 연구자인 에른스트 마흐Ernst Mach(1987)로부터 수행되었다. 그의 자화상은 자신의 한쪽 눈으로부터 나와서 코와 콧수염을 지나 앉아 있는 관찰자의 높이 치켜올려진 발을 거쳐 방 안으로 향하는 시선을 보여 준다(제임스 깁슨[1982]은 이 그림을 변형시켰다. 우리 또한 그렇다([그림 7-27]). 그럼에도 불구하고 그 그림은 주위 환경에 대한 일상적인 시각과는 다르게 보인다. 여기서는 오히려 영화의 한 장면에 관한 그림들이 자유롭게 주관적인 관점

[그림 7-27] 자화상: 자신의 시각을 묘사한 그림

에서 제시되고 있다.

영화를 관람할 때 관객은 그에 상응하는 화면 구성을 통해서 스크린에 보이는 것이 주인공의 시각을 묘사한다는 생각을 갖는 데 익숙해져 있다(주관적 시점, 시점 쇼트). 흐릿함, 슬로모션, (카메라의 회전을 통해) 비스듬하게 옆으로 누움 또는 갑자기 장면이 사라지는 것Blackout을 관찰자는 주관적 시점 기법에서 행위자의 현재 기분상태에 기인한 것으로 생각한다.

명시적으로 지각장애를 직접 경험할 수 있도록 하기 위한 목적으로 제작된 그림들이 있다(예를 들면 편두통 환자들에게서 나타나는 번쩍번쩍 빛나면서 시야에 장애가 나타나는 섬 휘성 암점Flimmerskotome; Sacks, 1994). 유명한 예술가들의 작품들은 여러 번 그 작품을 만든 사람의 시각 시스템에서의 장애를 드러내 보이는 방식으로 제작되었다. 이와 같은 견해는 전혀 근거가 없는 것은 아니다. 그럼에도 이에 대한 가장 유명한 예로 엘그레코El Greco의 긴 손가락을 그의 난시를 통해 설명하고자 하는 시도는 분명히 잘못된 추론이라는 것을 알 수 있다. 그리고 이는 명백히 실제적 사실관계(자신의 손에 대한 정상적인 비율로 그려진 스케치)에도 모순된다.

대부분의 그림은 누군가에 의해 만들어지는 것이기 때문에, 그것을 만든 사람의 주관성의 흔적을 추적하는 것은 당연한 것일 수 있다(한 아마추어 사진의 경우 그 사진을 선택하게 된 동기에 대해 논의하는 것은 가능한 일이다). 그럼에도 그림은 기본적으로 그것을 그린 사람이 본 것과 같이 보인다고 주장하는 것은 매우 위험할 수 있다. 예술사의 기술에서 실제로 그림의 묘사방식을 지각방식으로 추론하여 설명하려는 오류가 종종 발생한다(조망, 원근법).

이에 대한 특별한 예가 인상주의를 우리가 어느 순간 지각한 시각적 인상(망막적 인상)을 그대로 재현해 내는 것이라고 해석하는 것이다. 피레네Pirenne(1970)가 언급한 바와 같이, 지각경험과는 반대로 소위 눈의 순수한 지각만을 고려하여 이해하는 것은 어리석은 일이다. 만약 마거릿 리빙스턴

(2002)이 (모나리자의 미소에 대한 그녀의 견해와 같이) 모네의 1878년 6월 30일, 축제가 열린 파리의 몽토르게이 거리Rue Montorgeuil in Paris, Festival des 30. Juni 1878를 주변시야와 관련해 설명하려고 시도한다면, 그녀 또한 그녀 이전의 다른 사람들과 같이 오류를 범하게 된다. 리빙스턴이 언급한 바와 같이 인상주의 그림방식이 정확하지 않고 흐릿한 것은 주변시야의 시각에 의한 개별적인 순간적 시각경험에 상응한다고 해서 반드시 그 그림을 눈의 순간적인 인상을 구현하는 것으로 볼 필요는 없다. 이는 (우리가 실제로는 얼마나 불명료하게 지각하는지를 증명해 보이고자 하는 교과서 그림들이 암시하는 것과는 다르게) 우리가 주의를 집중해서 보려고 노력할 때에만 주변시야의 부정확성을 지각할 수 있다는 사실에도 모순된다. 일반적으로 우리가 일상적으로 지각하는 것은 모든 다른 시각과 같이 주변시야의 부정확성을 알아차리지 못한다. 어느 누구도 그림에 묘사된 방식과 같은 방식으로 지각하지 않을지라도, 짐작컨대 리빙스턴이 논의한 바와 같이 그림은 그림 장면에 대한 정확한 지각의 불가능성으로 인해 관람자들에게 분위기의 시각적 경험을 상기하도록 할 것이다.

읽을거리 도상학: Jütte, 2000; Kaufmann, 1943; 예술가들의 시각장애: Mühleis, 2005; Trever-Roper, 2001; Zaidel, 2005; 주관적 시점: Branigan, 1984.

요점정리를 위한 물음

- 우리는 어떤 근거에서 빛에 대한 열정과 신비주의에 대해 이야기하는가?

- 광채는 어떻게 생겨나는가?
- 어떤 측면에서 광택은 양가적 감정을 드러내는가?
- 광택과 음영은 어떤 공통점을 지니고 있는가?
- 그림에서 묘사된 광원은 왜 빛을 발하는 인상을 불러일으킬 수 있는가?

- 전체장Ganzfeld은 무엇이고, 어떤 효과를 지니고 있는가?
- 예술사학자인 뵐플린이 회화적 여명의 시간에 대해서 말한다면 이는 무엇을 의미하는가?
- 이 현상의 심리학적 기초는 어디에 있는가?
- 하이키High-Key 조명과 로우키Low-Key 조명은 무엇을 의미하는가?
- 이 조명 형태는 분위기에는 물론 공간지각과 대상지각에 어떻게 작용하는가?

- 색채 표기는 역사적으로 문화적으로 상이하게 적용되었음에도 불구하고 색채 민감성은 보편적으로 동일하다는 것을 지지해 주는 것으로는 어떤 것들이 있는가?

- 비양태적 색상, 밝기항상성과 색채항상성은 무엇을 의미하는가?
- 이 현상은 색채지각의 어떤 근본적인 특성들에 대해 암시하는가?

- 색상, 채도 그리고 명도에 따른 색의 배열은 무엇을 함축하고 있는가?

- 왜 색의 정서적 의미에 대한 진술은 다양한 측면에서 문제가 될 수 있는가?
- 색상의 자체적인 밝기 특성은 그 정서적 효과에 어떻게 기여하는가?

- 유행색의 현상이 색 구성의 효과에 대한 학문적 논의의 관점에서 시사하는 바는 무엇인가?

- 2차원적인 그림에서 전경과 배경의 지각은 어느 정도에서 지각과 운동의 상호작용 결과라고 할 수 있는가?

- '우리는 기본적으로 장면의 맥락에서 지각한다.'는 주장은 무엇을 의미하는가?

- 지각의 어떤 특성에서 움직이는 물체의 특별한 생물학적 의미가 표출되는가?

- 점-빛 패러다임point-light-paradigm의 도움으로 지각의 어떤 측면이 밝혀질 수 있는가?

- 함축적 순간이란 무엇을 의미하는가?
- 회화의 영역 속으로 녹아든 이 개념은 오늘날 어떤 방식으로 소위 거울뉴런과 관련을 맺게 되었는가?
- 지각이 특히 얼굴에 잘 반응한다는 것은 어디에서 잘 나타나는가?

- 무엇이 얼굴지각의 특별한 방식, 즉 특별한 모듈에 대해서 암시하는가?

- 캐리커처 효과는 무엇인가?
- 이 효과는 어떻게 성취되는가?

- 인위적으로 생성된 평균적인 얼굴이 상대적으로 매력적으로 보인다는 것은 어떻게 설명될 수 있을까?
- 중용(평균)의 아름다움은 어떻게 능가될 수 있는가?
- 혼혈의 얼굴에서 생겨나는 특별한 매력은 무엇을 말해 주는가?
- 사물의 표준 조망이란 무엇을 의미하는가?

- 지각에서 이 표준 조망이 지니고 있는 의미는 어떻게 설명될 수 있는가?
- 주위 환경, 즉 체류장소는 어떤 일반적인 조건에서 매력적으로 보이는가?

- 에임즈의 공간은 어떤 깊이 암시 정보들이 상호작용하는가?
- 크기항상성과 형태항상성이란 무엇인가?
- 이 현상들은 어떻게 설명될 수 있는가?

- 의식되지 않는 행위 관련 시지각이 존재한다는 것을 어떤 근거로 주장할 수 있는가?

- 우리는 왜 다른 사람의 급속 안구운동을 관찰할 수 있지만, 거울을 보고는 자신의 급속 안구운동을 관찰할 수 없는가?
- 이것은 영화지각을 위해 어떤 의미를 지니고 있는가?

- 마음속으로 떠올린 심상은 어떻게 주관적으로 실제적인 지각으로부터 구별할 수 있는가?
- 상상은 왜 주위 환경을 바라볼 때보다 그림을 지각할 때 더욱 중요한 역할을 수행하는가?

- 무엇이 그림매체를 내용으로부터 독립적으로 매력적이게 보이도록 하는가?

- 조망에 대한 가치평가 또는 원근법적 지각을 특수한 문화역사적 발달의 결과로 이해하는 주장은 어떤 근거에 의해 지지되는가?
- 이들 각각의 주장의 취약한 점은 어디에 있는가?

8 청각

유기체는 멀리에서 발생하는 것을 간접적으로 소리를 들어서 이해한다. 이는 어떤 것이 발생할 때 생겨나는 진동이 공기 분자를 움직이게 하고, 이로 인해 소리Schall가 발생함으로써 일어난다. 소리는 청각 감각기관인 귀에 적합한 자극이다(신축성이 있는 매체 공기, 물의 진동). 이와 같은 진동은 파장이 퍼져 나가는 방향(종파장)으로 소리의 압력이 진동하면서 그 매체의 분자 밀도가 응축되었다가 희박해지는 과정을 주기적으로 반복하면서 발생한다. 대부분의 사람에게는 초당 약 20~20000회 진동하는 소리의 파장(20Hz에서 20kHz)이 소리로 경험된다. 더욱 느리게 진동하는 파장은 초저주파라 하고, 더욱 빠르게 진동하는 파장은 초음파Ultraschall라고 한다. 더 간단히 말해서, 느리게 진동하는 파장은 깊은 소리로, 빠르게 진동하는 파장은 높은 소리로 느껴지고, 진동하고 있는 매체 분지의 양은 소리의 강도로 경험된다[심리음향 어휘집].

실험 ▶ 실험적으로 청각장애 또는 시각장애 체험하기(I)

시각과 청각이 어떻게 특별한 방식으로 환경에 관계 맺는 방식에 영향을 주는지를 알아보기 위해 실험적으로 번갈아 가면서 두 감각 중 어느 하나를 차단해 볼 수 있다. 눈가리개나 수면안대를 착용하여 시각을 차단하거나, 귀마개나 또는 건설현장에서 소음을 차단하기 위해 사용하는 귀에 쓰는 장비를 착용하여 청각환경으로부터 자신을 상당 부분 분리시킬 수 있다(머릿속에서의 소리는 반대로 이 상황에서는 뜻하지 않게 더욱 분명하게 지각된다). 당신이 집을 떠나거나 눈을 가린 채로 계단을 오르내려야 한다면, 굴러 떨어져 사고를 당하지 않기 위해서는 동반자의 도움이 절대로 필요하다.

• 효과와 해석: 청각장애를 갖고 생활하는 느낌; [실험 ▶ 실험적으로 시각장애와 청각장애 체험하기(II), 353쪽].

우리는 청각을 통해 소리를 발생시키는 어떤 것이 일어나고 있다는 것을 안다. 우리는 빗방울 소리를 듣고, 돌이 떨어지는 소리, 발소리, 숨소리, 웃음소리, 울음소리 등을 듣는다. 소리를 통해서 각각 소리를 내는 물체의 물리적(신체적) 특성(예를 들면, 큰 물체는 깊은 소리를 내고, 작은 물체는 높은 소리를 낸다)과 사건이 발생하는 특별한 역동적 과정(때림, 문지름 등)을 알아차릴 수 있다. 우리에게 익숙하지 않은 사건과 관련이 있는 것으로 지각하는 소리는 불안을 유발한다. 공상과학 영화와 특별한 유형의 장르 영화들은 정체가 분명하지 않은 소리의 불유쾌한 효과를 규칙적으로 사용한다(Flückiger, 2007). 생태학적 관점을 지향하는 심리학에서는 특별한 소리와 음향의 느낌(어떻게 들리는지)이 발생하는 사건의 정체에 대한 소리(무슨 소리가 나는지)보다 덜 중요하게 지각된다는 것을 강조하고 있다. 그럼에도 불구하고 어떤 사건과 대상의 정체에 대한 소리를 음향 및 소리의 구조와 대비하여 너무 일방적으로 강조하는 것은 바람직하지 않다. 우리의 귀에 들리는 것이 어떻게 들리는지는 기술 가능하고 또 자연스럽게 기록된다. 특히 초인종을 울리다, 쏴쏴 소리를 내다, 쉿쉿 소리를 내다, 시끄러운 소리를 내다 등과 같은 의성어 동사들이 이를 증명한다. 지각된 소리를 말로 표현하는 것이—대부분의 어린아이가 처음으로 내는 소리의 하나인 '와우와우' 와 같이—가끔은 그 소리 출처 자극의 이름을 명명하는 데도 기여한다.

범주적 지각 특히 언어적 의사소통에서 듣기는 항상 충실하게 물리적 자극에 따라 발생하는 것이 아니라 부분적으로는 자신의 분류에 따라 변형되어 나타난다. 두 얼굴의 모핑Morphing에서 보이는 얼굴 모습의 편차를 어느 정도 무시하거나 한 얼굴 또는 다른 한 얼굴을 지각하지 그 중간 형태의 얼굴을 독립적인 얼굴로 지각하지 않는 것과 같이, 우리는 바ba/추zu/파pa에서와 같이 계속되는 청각적인 이행의 과정에서 그 사이에 물리학적으로 주어진 소리의 스펙트럼을 듣는 것이 아니다. 어느 정도까지는 하나의 소리, 그런 다음 중간 단계의 이행과정 없이 다른 소리로 전이하여 듣게 된다. 이와 같은 단순화의 실용적인 중요성은 소리의 범주화가 발생하는 것은 각각 친숙한 언어나 또는 방언의 소리구조에 의존한다는 사실에서 잘 나타난다.

신경 개요 ▶ 청각

소리로 지각 가능한 공기 압력의 변화는 두개골 양쪽 반구의 내이Innenohr

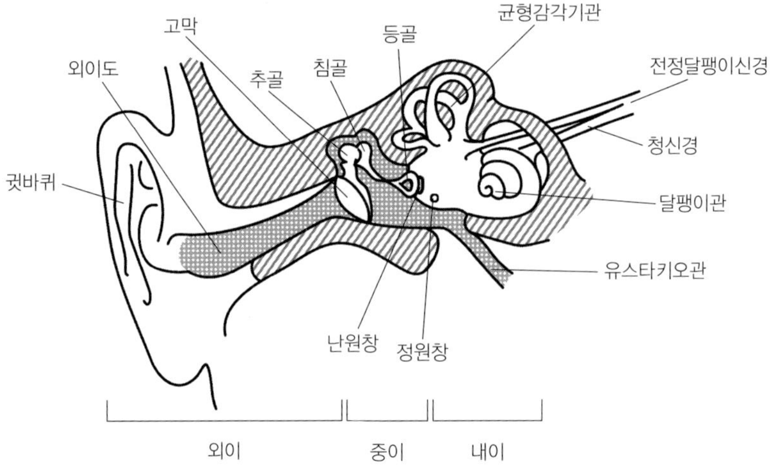

[그림 8-1] 청각기관의 구조

([그림 8-1])에서 전기적인 신경충동으로 변환된다. 먼저 중이Mittelohr가 고막에서 발생하는 공기압의 진동을 이소골Gehörknöchelchen(추골Hammer, 침골Amboß, 등골Steigbügel)을 거쳐 내이(난원창ovales Fenster)의 예민한 막으로 전달해 줌으로써 공기압의 미세한 변화가 결국 액체로 가득 찬 내이에서 지각 가능한 효과를 발생할 수 있도록 한다. 외부에서 고막까지 나 있는 외이도Gehörgang는 중이를 보호하고, 공명기관Resonanzkörper으로 넓은 영역의 가청 주파수를 더욱 강화하는 기능을 수행한다. 귓바퀴는 특정한 주파수대의 소리(목소리)에 특히 민감하게 반응한다. 귓바퀴의 특이한 형태를 통해 외이는 음원의 위치를 알아내는 소리의 방향을 지각하는 데 중요한 역할을 한다.

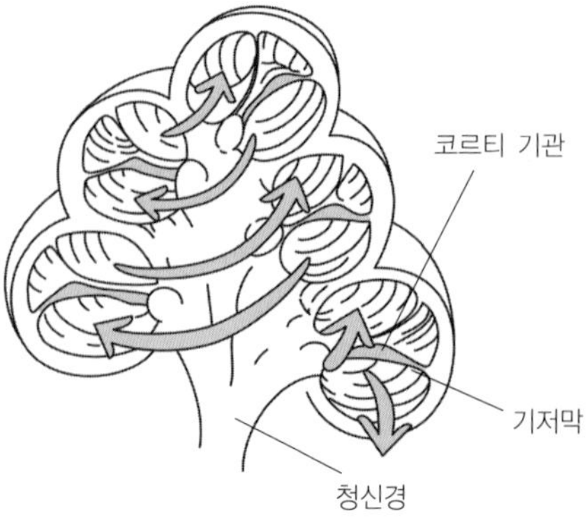

[그림 8-2] 와우각

외림프액Perilymphe으로 채워진 내이는 와우각Hörschnecke (Cochlea: [달팽이를 뜻하는 라틴어: 역자주]) 이외

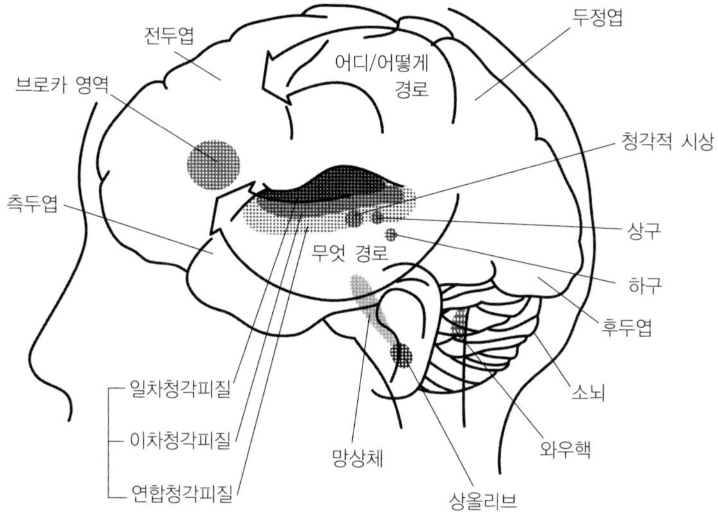

[그림 8-3] 청각관련 뇌 주요부위 시상면

에 평형감각기관을 포함하는[▸4장] 분기된 빈 공간(뼈로 된 미로)이다.

와우각은 3개의 방으로 구성된([그림 8-2]) 달팽이 모양으로 둥글게 감겨진, 얇은 가죽으로 구성된 구조다. 수용세포는 중간에 위치한 방의 탄력적인 기저막Basilarmembran 위에 위치해 있다. 이 수용세포 위로 아치 모양의 물체가 부풀어 있다. 이 물체는 기저막이 움직일 때 수용세포의 감각섬모(유모세포Stereozilien)를 휘게 하는 기능을 수행한다. 운동이 신경충동으로 변환되는 이 기능적 단위를 코르티 기관Cortisches Organ이라고 한다.

등골에서의 운동은 와우관의 난원창에서 기저막을 따라 진행파를 유발한다. 정원창에 압력이 다시 중이에 가해진다. 기저막은 와우각의 끝부분에서보다 중이에 연결된 반대쪽 첨단 부분에서 더욱 폭이 좁고 뻣뻣하기 때문에, 여기에서는 더욱 빠르게 진동하는 파장에 의해, 그리고 와우각의 끝부분에서는 더욱 느리게 진동하는 파장에 의해 구부러진다. 여기에서 어느 한 파장이 와우각을 통해 이동하면, 코르티 기관은 그 파장의 주파수에 따라 와우각의 특정한 장소에서 특히 강하게 자극된다. 그 외는 주파수에 따라 변화의 추이에 따른 시간적 형태의 틀이 변화한다. 각각 파장의 주파수에 따라 감각세포는 와우각을 따라 특별한 공간적 · 시간적 형태의 틀로 신경충동을 일으킨다.

코르티 기관에는 두 유형의 유모세포Haarzelle가 있다. 하나는 뇌로 신경섬유가 뻗어 나가는 구심성Afferenzen 세포이고, 다른 하나는 뇌로부터 신경충동이 도달하는 원심성Efferenzen 수용세포다. 그리하여 뇌에서의 정보 처리의 과정은 이 유모세포가 일종의 근육과 같이 기저막의 긴장상태를 변화시키고 이를 통해 코르티 기관의 위치에 따른 감응성을 조절하는, 즉 향상하는 기능을 수행한다. 이에 따라 외적 자극을 상황에 맞게 수용하도록 조절하는 것이 가능하게 된다.

구심성 감각세포와 원심성 감각세포는 청각신경에서 다발로 함께 묶여 있다. 대뇌피질로 향하는 경로에서 첫 번째 접속장소는 뇌간에 있는 (뇌 양측의)

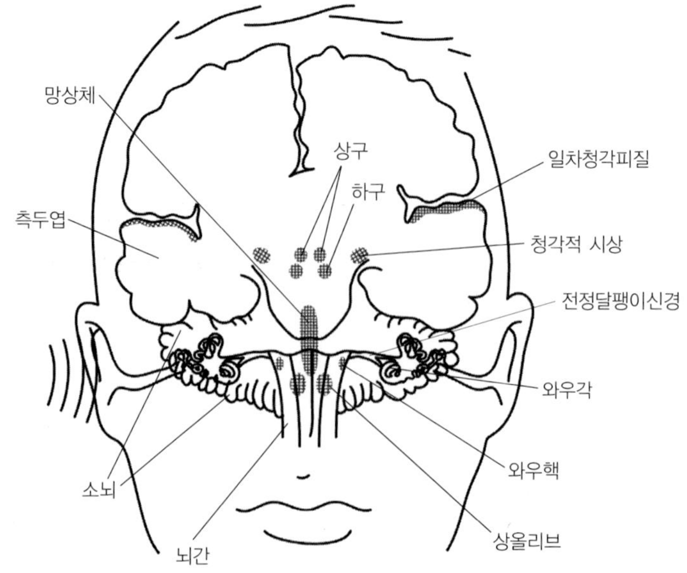

[그림 8-4] 청각관련 뇌의 주요부위 횡단면

와우핵Cochleariskern이다. 두 번째 접속장소, 즉 좌측 상올리브oberen Oliven와 우측 상올리브oberen Oliven로 향하는 경로에서 양쪽 귀로부터 들어오는 입력정보는 두 갈래로 갈라진다. 좌우 상올리브에서 좌우측 귀로부터 들어오는 자극의 강도와 시간의 경과가 비교되어, 소리의 방향을 지각하는 데 크게 기여한다.

중이에 있는 작은 근육으로 와우핵의 직접적인, 원심성의 연결은 더욱 큰 소리의 강도에서 내이를 보호하기 위해(등골반사Stapediusreflex) 이소골에서의 연결을 차단하도록 한다. 그러나 이와 같은 선천적인 보호기제는 디스코텍에서와 같은 극단적으로 큰 소리 압력에 대해서는, 아무런 역할을 하지 못한다. 와우핵을 거쳐 귀로부터 들어오는 정보는 소뇌Kleinhirn(운동 조절Bewegungssteuerung)와 상행망상활성계(망상체formatio reticularis; 각성수준, 정위반응과 공포반응) 속으로 들어온다.

계속해서 청각 경로는 뇌의 양쪽 반구에서 중뇌의 소위 하구inferioren Colliculi로 향한다. 하구에 인접해 있는 상구로의 연결은 대상의 촉각적, 시각적 그리고 청각적 정보를 분류하여 각각 해당 영역으로 전달하는 데 중요한 역할을 수행한다. 간뇌에 있는 청각적 시상에서 또 다른 전환을 거친 후에 청각 경로는 결국 좌우 측두엽에 있는 일차청각피질(두정엽과 전두엽의 경계에 있는 외측열의) 속으로 흘러 들어간다.

이미 와우각이 소리 주파수의 차이를 서로 다른 위치에 분류하여 묘사하는 것과 같이, 신경세포들은 이미 언급한 장소의 시각 경로에서 해당 주파수에 대한 민감도에 따라 분류된다(음위상 지도tonotopic map[1]). 상올리브핵에서부터 대뇌피질에 이르는 경로에서 음원의 위치 측면에서 자극에 대한 평가가 계속해서 이루어진다. 또한 이미 특별한 음원의 경우에 특징적인 주파수의 혼합

역자주

1) 청각구조에서 형성된 주파수 지도로, 같은 특성 주파수를 가진 뉴런들이 함께 집단을 이루고 있으며 인접한 특성 주파수를 가진 뉴런들은 서로 가까이 있다.

과 정보의 흐름에 대한 형태들이 기록된다. 일차청각피질은 아직 단순한 소리들을 기록한다. 일차청각피질에 인접한 이차청각피질과 그에 연결되어 있는 연합청각피질의 신경세포들이 더욱 복잡하게 발생하는 소리에 의해 반응하기 시작한다. 그것이 음원의 위치에 관한 것인지 또는 어느 소리 또는 음향의 인식에 관한 것인지에 따라 소리의 자극은 전두엽, 두정엽 그리고 후두엽의 다양한 영역에서 계속해서 처리된다. 음원의 위치 인식과 음원의 정체 인식에서 분석의 경로는 시각의 무엇 경로와 어디 경로와 중복된다[▸7장]. 청각의 무엇 경로는 소리 내어 명확히 발음하는 운동기능을 매개하는 전두엽의 한 영역(브로카 영역)을 포함한다. 청각적 거울뉴런은 조율이 된 소리를 들을 때는 물론, 다른 사람의 행위에서 일어나는 소리에서 활성화된다.

대뇌의 우반구는 오른손잡이에게서 음원의 위치를 파악하는 데 좌측 반구보다 더욱 우세하다. 그리고 우반구는 (비음악가들에게서) 음악에 더욱 강하게 반응한다. 이와는 반대로 좌반구는 언어 이해에서, 그리고 더 일반적으로는 소리와 음향의 구성관계 분석에서 더욱 우세한 반응을 보인다.

대뇌피질에서 와우각으로 거꾸로 향하는 연결 경로를 하향 청각 경로라고 표시한다. 아마도 특히 대뇌피질에서 시상으로의 연결은 주변의 소리들로부터 순간적으로 흥미를 끄는 소리를 걸러 낼 수 있도록 하는 데 기여하는 것으로 보인다. 뇌가 소리를 들을 때 상대적으로 적은 수의 수용기세포의 활성화로부터 정보를 이끌어 내야 한다는 것(망막에서의 빛에 예민한 세포의 수는 훨씬 더 많다)은 (시각에 비하여) 청각의 특별한 경험 의존성과 관련되어 있다.

읽을거리 Altenmüller, 2006; Birbaumer & Schmidt, 2006; Bösel, 2006; Gallese, 2007; Goldstein, 2008, 11장; Guski, 1996, 4장; Rizzolatti & Sinigaglia, 2008, 6장; Roberts, 2002, 2-4장; Schröger, Kaernbach, & Schönwiesner, 2008.

경고 의미 우리는 어두운 곳에서는 물론 밝은 곳에서도 사방에서 소리를 듣는다. 청각은 이와 같이 보이지 않는 위험에 대해서도 주의를 기울이도록 한다. 후각과 같이 청각은 특별히 경고의 의미를 포함하고 있다. 주변에서 발생하는 기대하지 않은 어느 소리는 무의식적으로 주의반응을 불러일으키고 그곳에서 일어나고 있는 것을 눈으로 파악하기 위해 접근반응을 일으킨다(정향반응). 일반적인 흥분(경계반응의 증가) 이외에 이와 같은 반응은 음원, 즉 가능한 위험 또는 매력의 위치를 알아내려는 반응을 불러일으킨다.

방향지각 위치 파악은 한편으로는 양쪽 귀로부터 오는 자극의 비교에 의해(바이노럴binaural 요인), 다른 한편으로는 이미 한쪽 귀에 기록된 소리 구성의 방향 의존적, 거리 의존적 편차에 의해(모노럴monaural) 이루어진다. 청각 시스템은 한 음원이 왼쪽에 위치하는지 혹은 오른쪽에 위치하는지([그림 8-5])를 양쪽 귀에서의 차이에서 알아낸다. 그 차이는 다음과 같은 요인에 의해 평가된다.

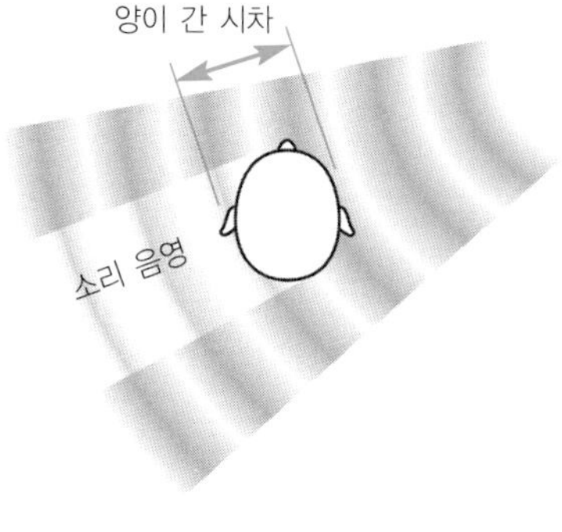

[그림 8-5] 양이 간 시차에 의한 소리 방향지각

- 강도(충분히 큰 소리의 음영은 무엇보다 높은 주파수의 소리에서만 머리에 의해 발생한다)
- 소리 구성(소리는 각각의 주파수에 따라 머리에 의해 차이가 나는 서로 다른 소리로 분류된다)
- 자극의 시간적 순서(양쪽 귀에 도달하는 서로 다른 거리의 차 때문에 생겨나는 위상의 전이)

머리의 방향과 일직선상 인근에서 들려오는 소리의 입사각은 1~3° 정도의 정확성을 지니고 결정된다. 이 일직선상으로부터 측면으로 점점 벗어나면서 정확성은 떨어진다. 정상적인 상황에서는 정확성이 떨어져도 크게 문제가 되지는 않는다. 왜냐하면 소리의 위치를 정할 때는 머리의 움직임이 함께 작용하기 때문이다. 귓바퀴의 불규칙적인 형태는 어떤 것이 앞에서 또는 뒤에서, 위에서 또는 아래에서 일어나고 있는지를 결정하는 데 중요한 역할을 한다. 소리는 직접적으로 외이도에 도달하기도 하지만 간접적으로 귓바퀴의 다양한 부분에서 반사되어 들어오기도 한다. 여기에서 소리들이 앞에서 또는 뒤에서, 아래에서 또는 위에서 들어오는지에 따라 차이가 난다. 소리가 어디에서 오는지에 따라 각각 혼합된 주파수의 특정한 부분이 더욱 강화되거나 약화된다. 그리고 입사각에 따라 뒤에 들어오는 소리의 구성이 변화한다. 이와 같은 기준은 넓은 폭의 소리에 관한 것이라는 것을 전제로 한다. 그렇기 때문에 단일의 주파수로 구성된 소리는 정확하게 소리의 위치를 정하는 것이 쉽지 않다. 음원에 대한 시각적 정보가 청각적 정보로부터 크게 벗어나면, 우리는 우리가 보는 곳으로부터 소리가 들려오는 것으로 지각하는 경향을 보인다. 그러므로 복화술자는 청중들을 속일 수 있는 것이다[▸9장].

거리지각 우리는 우리에게 익숙한 소리와 음성으로부터 그 음원의 거리를 추정할 수 있다. 왜냐하면 높은 주파수의 소리 강도는 깊은 주파수의 소리 강도보다 더욱 빠르게 줄어들기 때문이다. 그러므로 우리에게 잘 알려진 목소리는 거리가 증가함에 따라 더욱 깊게 들린다. 따라서 영화에서 시각적으로 멀리 떨어져 발생하는 장면이 그 행위가 일어나는 가까운 곳에서 녹음된 소리에 의해 동반되면 당혹스러운 느낌이 든다. 비행기 소리와 같이 한 음원이 빠르게 접근하거나 멀어져 가는 것은 주파수의 증가

(음원이 관찰자에게 다가올 때)와 감소(음원이 관찰자로부터 멀어질 때)에 의해 파악된다(도플러 효과Doppler-Effekt).

정체 인식 예를 들어, 우리는 산책을 할 때 우리 주위에서 들려오는 소리 세트에서 나뭇잎 부딪히는 소리, 시냇물 흐르는 소리, 새들의 노랫소리, 우리와 함께 걷고 있는 사람들의 발소리, 우리가 말하는 소리, 자동차 지나가는 소리, 멀리서 비행기 날아가는 소리 그리고 그 외의 많은 소리를 알아볼 수 있다. 일정한 시간에 우리의 귓속으로 들어오는 혼합된 파장의 소리를 의미 있는 소리의 단위로 구별해 내는 것은 어떻게 가능한가?

우리가 주변의 소리들을 들을 때는 그것을 의미 있는 단위로 구별하는데—통상 이것을 청각적 스트리밍auditive Streaming 또는 청각풍경 분석auditory scene analysis이라고 부른다—이때 앞에서 언급한 소리의 위치를 결정하는 것이 크게 도움이 된다. 왜냐하면 동일한 방향에서 오는 소리는 동일한 사건에서 기인하는 것으로 여겨지고, 동일한 음원으로부터 나오는 것으로 간주되기 때문이다. 특히 소리의 구성 성분들이 동시에 함께 동일한 방향으로 그 소리의 방향이 바뀔 때는 더욱 그러하다. 분명한 장소의 변화는 시각에서와 같이 청각에서도 배경으로부터 두드러져 보이는 전경의 물체지각을 더욱 용이하게 한다. 어디에 대한 지각은 이 경우에 확실히 이미 무엇에 대한 암시를 포함하고 있다. 이미 예기치 않은 접촉의 주제[▸2장]에서 그리고 시각에 대한 논의[▸7장]에서 확인한 바와 같이, 지각은 아마도 특히 움직임에 예민하게 반응한다. 그 움직임에는 어느 정도까지는 다음과 같은 협의가 내포되어 있기 때문이다. 즉, 움직이는 것은 어쩌면 위험한 생명체일 수 있다.

만약 우리가 앞에서 언급한 소리 세트의 요소들을 모노서라운드 스피커로 듣는다면(산책에 대한 라디오 방송 보도에서와 같이), 우리는 어느 정도까지는 그 소리 세트의 요소들을 식별할 수 있을 것이다. 소리의 방향에 의한 구분 이외에 여기에 시각에서 살펴본 바와 같이 게슈탈트 조직화 원리에 상응하는 몇 가지의 형식적 원리가 작용하고 있는 것을 알 수 있다.

- 시간적 근접(시간적으로 인접하여 동시에 들리는 것은 함께 속해 있는 것으로 지각된다.)
- 유사성(유사하게 소리 나는 것은 함께 속해 있는 것으로 지각된다. 조화로운 음의 구조에서는 알아차릴 수 없는, 동시적인 소리의 혼합에서 돌출된 소리와 차이는 서로 다른 음원으로부터 나오는 소리로 지각된다.)
- 소리의 강도와 주파수에서 동일한 방향으로의 변화는 유사성에 따른 조직화의 특별한 형태로 간주된다(공통 운명의 요인).

동일한 시간대에 귀로 들어오는 소리로부터 사건들을 식별하는 데에는 시각이 매우 중요한 역할을 한다. 그렇게 우리는 우리와 함께 걸어가는 사람의 걸음걸이를 본다(따라서 그 사람의 발소리를 듣는 것은 결코 우리를 불안하게 하지 않는다). 그리고 그들이 말을 하면 그들의 입술이 동시적으로 움직이는 것을 볼 수 있다. 많은 참석자와의 대화를 모노서라운드로 듣게 되면, 그리고 그 소리들에 부가되는 시각적인 자극들이 제시되지 않으면, 그 소리는 매우 혼란스러운 것으로 간주된다. 그 밖에도 소리와 시각적 자극이 일치하지 않도록 제시될 때에 만약 소리가 약간 늦게 제시되면 거의 방해가 발생하지 않는다. 그러나 소리가 시각적 자극에 앞서 제시되면 그 반대로 분명하게 매우 혼란스럽게 지각된다. 소리의 느린 전파 속도 때문에 우리는 소리를 듣는 것보다 약간 일찍 입술의 움직임을 지각한다. 방해가 되는 소리의 경우에서와 같이 불리한 조건에서 우리는 입술의 모습을 보고 더욱 잘 들을 수 있다. 만약 우리가 실험적으로 입술의 움직임과 소리를 서로 일치하지 않도록 배열하면 소리의 지각은 실제적인 청각적 자극과 입술운동의 자극으로부터 타협을 시도한다. 즉, 만약 가-가ga-ga의 입술 움직임을 보여 주고 여기에 바-바ba-ba의 소리를 들려주면, 실험 참여자는 다-다da-da의 소리를 듣게 된다(맥거크 효과McGurk-Effekt [▸9장].

우리 스스로 말하는 것은 우리 자신의 움직임에서 발생하는 소리와 마찬가지로 우리 자신의 몸의 움직임과 관련이 있다. 우리가 스스로 말하는 것을 듣는 것은 정확하게 발음하는 것을 가능하게 하고 더욱 용이하게 한다. 우리의 발소리를 듣는 것은 우리의 걸음걸이를 더욱 안전하게 하는 데 도움이 된다. 우리는 이를 실험적으로 유도된 귀가 먹은 상황에서, 또한 헤드폰을 머리에 쓰고 길을 가는 상황이나 가령 지하실에서 갑자기 전기가 나가 깜깜하게 된 상황이나 귀마개를 걷어 내어 소리를 잘 들리게 하는 것은 이 순간 공간 이동에 안정감을 제공하는 것(아래 참조)은 물론, 탈지면 위에서 걷는 것과 같은 느낌을 제거하는 데 도움이 된다.

자신의 행위에 대한 청각적 피드백은 물론 자신이 들은 것과 본 것의 동시적 흐름은 덜 신비한 방식으로 현재의 소리세계의 혼란스러움의 한 부분을 해명하는 데 도움이 된다. 또한 자기 자신의 신체의 행위(음성적 행위, 걸음걸이, 또는 때리기, 박수치기, 문지르기, 긁기)가 특정한 소리의 형태와 관련되어 있다는 상황은 우리가 그에 상응하는 청각적 장면을—비록 그것이 다른 사람들의 행위의 결과에 의해 발생하는 소리라고 하더라도—우리 내적인 작용의 기제에 의해 인식할 수 있도록 하는 데 기여한다. 말소리 이해의 관점에서 이것은 이미 수십 년 전부터 잘 알려져 있다(언어 이해에 대한 운동학적 이론). 우리는 아마도 특히 이 말소리가 우리에게서 그 소리를 발음하게 하는 신경충동을 촉발하기 때문에 그것을 인식하게 된다. 그 사이에 주로 말하기 운동을 조절하는 뇌의 영역(브로카 영역)은 말소리를 듣기만 해도 활성화된다는 것이 입증되었다. 그리고 청각 시스템에서도 거울뉴런들이 발견되었다. 이와 같은 동시적 운동은 또한 후천적 학습의 결과일 수 있다. 성인들이 갓 태어난 아기와 나누는 대화를 통해 알 수 있는 바와 같이(아래 참조), 갓 태어난 아기는—그들이 표정을 모방하는 것과 같이—태어나는 순간부터, 목소리를 지각할 때 그것을 흉내 내려고 노력한다(이는 특히 모음 '아a'에 대해서 그렇다).

소리 식별의 특별한 형태가 칵테일 파티 현상Cocktailparty-Phänomen의 범주에서 잘 알려져 있다. 우리는 또한 시각적 정보의 도움 없이도 여러 사람의 말소리가 섞여 있는 혼란스러운 소리에서 어느 한 사람의 목소리를 식별하고, 그 목소리가 전달하는 것을 추적할 수 있는 능력을 갖고 있다. 이는 많은 유사한 음원 중의 하나에 선택적으로 청각적으로 주의를 집중할 수 있는 능력에 관한 것이다. 어떤 것을 선택하여 주의를 집중할 것인지는 의식적으로 불려지면 또는 무의식적으로 발생할 수 있다(예를 들면, 자신의 이름이 불릴 경우 이로써 선택적 집중이 발생한다). 소리가 어디에서 들려오는지 알지 못하는 경우에는 소리의 식별이 거의 불가능하다.

읽을거리 Bregman, 1990; Fowler, 2004; Guski, 1996, 7장; Handel, 1989; Hauser, 1996; Lewald, 2006; Moore, 2005; Schröger, Kaernbach, & Schönwiesner, 2008

정신물리학 ▶ 심리-청각적 어휘집

다음에 기술되어 있는 개념은 본문에서 다루지 않은 청각의 정신물리학Psychophysik에 관한 몇 가지 물음에 대해 유익한 설명을 제공할 것이다.

- 진폭Amplitude: (소리의) 진동을 기술할 때 평형 위치(중심점)로부터 최대

로 움직여 간 변위 또는 거리(소리의 강도에 관여한다)

- 청력검사Audiometrie: 청력Gehör의 민감도를 측정하는 방법. 예를 들면 연령의 증가로 인한 청력의 저하에서 민감도의 변화에 따른 청력 측정장비의 최적의 적응조건(일반적으로 더욱 높은 주파수의 영역에서 더욱 크게 증폭된다)
- 주파수대 폭Bandweite/-breite: 한 소리의 주파수대의 폭. 고역통과 필터Hochpassfilter와 저역통과 필터Tiefpassfilter가 있어 각각 지정된 주파수의 범위만이 통과되도록 한다.
- 주파수Frequenz: 한 소리의 파동에서 진동의 수. 1Hz=초당 1회의 진동
- 퓨리에 분석Fourieranalyse: 이 분석의 원리를 발명한 사람의 이름을 따서 만든, 복잡한 소리의 파형을 그 속에 함유된 사인파로 분해하는 수학적 분석방법
- 소리Geräusch/sound, noise: 소리는 좁은 의미에서 불특정 소리의 높낮이와 음색을 지니고 있는 소리로 정의된다. 일상적인 언어 사용에서 소리는 또한 울리는 소리, 스펙트럼 분석을 포함한다.
- 근음Grundton: 한 소리의 가장 깊은 소리의 톤. 이는 그 소리의 높낮이를 결정한다. 역설적으로 예를 들면 전송기법 때문에, 전화에서와 같이 주음이 결여될 때에도 그러하다. 상음의 유형과 경과는 근음을 함께 듣도록 한다.
- 조화Harmonische: 한 음향의 구성요소인 근음(1. 조화Harmonische)과 그 근음의 상음(두 번째부터 x번째까지 음의 조화는 근음 빈도의 정수 배다)은 소리가 나는 물체에서의 그때그때의 특별한 공명의 조건에 기초하고 있다.
- 엔빌로프 곡선Hüllkurve: 엔빌로프 곡선은 한 소리 사건의 진폭의 시간적인 경과과정을 기술한다(소리시작 단계Attack, 최초의 감쇠 단계Decay, 지속

단계 그리고 릴리스 단계Release로 분류된다)

- 동음선Isophone: 지각된 소리의 강도는 소리의 진폭은 물론 주파수에 의해 영향을 받는다. (폰phon으로 측정된) 같은 강도의 소리의 곡선(동음선)은 상이한 주파수의 소리들이 같은 강도의 소리로 지각되기 위해서는 어느 정도의 소리 압력을 지니고 있어야 하는지를 보여 준다. 중간 정도의, 특히 언어 사용에서 중요하게 작용하는 주파수에서 민감도가 높다.
- (울리는) 소리Klang: 동물들이 내는 소리와 악기의 소리들을 (울리는) 소리라고 한다. 근음과 상음들로 구성된 복잡한 구조의 음. 사인파 소리와 사인파는 더욱 단순하다. (퓨리에 분석Fourieranalyse, 소리)
- 음색Klangfarbe: 같은 높이의 소리와 같은 강도의 소리들이 피리에서 나오는 소리인지, 피아노에서 나오는 소리인지를 인식할 수 있도록 하는 것이 음색이다. 개인의 목소리 또한 음색에서 차이가 난다. 이와 같은 차이는 특히 특별한 상음과 상음의 에너지 그리고 시간적 음의 전개에 기인한다.
- 소리의 강도Lautstärke, 된소리의 크기Lautheit: 지각한 소리의 강도와 관련이 있다. 이는 주관적인 현상에 관한 것이다. 소리의 강도(프리온Prion, 손Sone)는 물리학적으로 규정된 크기(소리압의 수준, 주파수)에서의 경험에 관련되어 있다. 우리는 자주 폰은 소리 강도의 단위이고, 손Sone은 소리의 크기에 관련되어 있다는 말을 듣는다. 두 개의 상이한 강도의 단위를 언어적으로 고정하려는 시도는 도움이 되기보다는 오히려 혼란스러울 수 있다.
- 차폐masking: 다른, 이전의, 동시에 발생하는, 이후의 소리 사건(일종의 방해신호)에 의해 한 소리(소위 유용한 신호)의 청취 가능성을 낮추는 것(역치를 높이는 것). 만약 두 개의 신호가 동일한 방향에서 나오면 대략 화

자가 청자와 자동차 지나가는 소음이 들어오는 열린 창문 사이에 있으면 차폐는 더욱 크게 작용한다.

- 상음Obertöne: 조화Harmonische
- 폰Phon: 소리의 강도, 즉 소리의 크기를 측정하는 단위. 폰은 동일한 정도의 소리 강도의 지각을 불러일으키는 1000Hz 톤의 소리압 수위에 관련되어 있다. (동음선Isophone)
- 상위효과Präzedenzeffekt(하스 효과Haas-Effekt, 최초의 수위파의 법칙Gesetz der ersten Wellenfront): 50ms까지의 시간 차에서 소리의 울림지각을 억제하는 것과 같이 한 소리가 최초로 화자에게 도달하는 그 방향에서 음원의 위치를 정하는 것. 이는 영화에서 전면 스피커와 측면 스피커에서의 소리 배열에서 적절한 시간 타이밍을 구사하여 측면의 소리가 더욱 클 때에도 소리가 앞에서 나는 것으로 지각하도록 하는 데 중요한 역할을 한다.
- 떨림Rauhigkeit: 시간적으로 동시에 울리는 유사한 두 사인파 톤의 차이가 증가하면서 소리의 울림은 (불쾌하게) 떨림의 느낌으로 변화한다. 이 떨림의 느낌은 또한 두 개의 소리가 이미 상이한 것으로 지각되는(불협화음Dissonanz) 주파수 범위의 영역에서도 지속된다. 두 소리의 차에 대한 소위 주파수 범위 임계치를 넘어설 때에 비로소 두 사인파 톤의 소리는 (유쾌하게) 매끄럽게 울리게 된다(협화음Konsonanz).
- 소리압 수준Schalldruckpegel/sound pressure level: SPL: 데시벨dB로 측정된다. 음파의 진폭에 의해 결정된다. (소리의 강도Lautstärke)
- 맥놀이Schwebung: 매우 유사한 주파수의 소리에서 주기적인 위상의 변위는 소리의 강도가 고동치는 하나의 소리를 듣도록 한다.
- 사인파음Sinustöne, 사인파 파장Sinuswellen: 단지 하나의 주파수로 진동하는 인공적으로 만들어진 음파

- 손Sone[2]: 소리의 강도, 소리의 크기를 측정하는 단위. 전화에서 사용될 때와는 다르게, 여기서는 한 소리가 다른 소리보다 몇 배 더 크게 들리는지에 관한 것이다. 한 손Sone은 40dB의 소리압의 수준을 보이고 있는 1000Hz 톤에서 소리 크기의 지각과 관련되어 있다. 소리 크기의 지각은 10dB이 증가하면 두 배로 뛴다(여기에서 다음에 주의할 필요가 있다. 기하학적 척도 때문에 10dB의 증가는 소리압에서 10배의 증가를 의미한다. 이는 단지 소리의 크기가 2배로 증가한 것으로 지각된다).
- 스펙트로그램Spektrogramm, 스펙트럼 구성spektrale Zusammensetzung: 주파수와 그 물리적 강도(소리압 수준)를 소리 사건의 시간적인 경과의 과정으로 나타내는 것. 특히 소음Geräusch에서 적용됨
- 음의 높이Tonhöhe/Pitch: 사인파 톤의 주파수에 의해 완전하게 결정되는 것은 아니지만, 이 주파수와 함께 변화하는 지각된 소리의 특징. 진폭의 변화 또한 음의 높이를 약간 변화시킬 수 있다. 사인파 톤의 음의 높이를 결정할 때에는 불확실성이 나타나는 반면, 울리는 소리에서 상음의 복잡한 구조는 근음의 소리지각을 용이하게 한다.
- 백색소음weißs Rauschen: 동일한 강도(소리압 수준)에서 모든 가청 주파수를 포함하고 있는 최대의 넓은 폭의 소리 (주파수대 폭Bandweite, Bandbreite)

읽을거리 Fastl & Zwicker, 2007; Hellbrück & Ellermeier, 2004; Moore, 2005; Roederer, 2007; Raffaseder, 2002.

역자주

2) 음의 감각적인 크기를 나타내는 척도를 말한다. 주파수가 1000Hz로 음압 레벨이 40dB 세기의 음과 감각적으로 같은 크기로 들리는 음을 1손이라고 한다.

목소리와 의사소통

동물의 세계에서는 매우 다채로운 형태의 소리에 의한 의사소통이 존재한다(매미 울음소리, 이를 갈아 소리내기, 혀로 소리내기 또는 혀를 차서 소리내기, 휘파람 소리, 두드려 소리내기, 손을 마주쳐 소리내기 등). 새와 포유동물에서 목소리는 알림의 수단으로 매우 중요한 역할을 수행한다. 인간은 말로 설명하여 세계를 어느 정도 재현할 수 있는 반면, 다른 동물들, 즉 하등의 동물들은 특정한 상황을 위한 신호(예를 들면, 땅 또는 하늘에서 나타나는 공격자를 암시하는 서로 다른 형태의 다양한 경고음들)의 레퍼토리 수준에 머무르고 있다. 이에 더하여 사람과 다른 동물들에게서 조율이 된 소리는 다른 사람 또는 동물들(특히 동일한 종의 구성원들)에게 개별적인 상태와 동기 상황을 청각적으로 경험할 수 있도록 하는 기능을 한다. 이와 같은 기본적인 소리에 의한 의사소통은 인간에게서 언어적 의사소통이 나타나기 이전에 이미 형성되었고, 또한 언어적 의사소통에서도 여전히 사용되고 있다.

엄마, 즉 양육자와 유아 상호 간의 몸짓-얼굴 표정에 의한 의사소통과 음성에 의한 의사소통을 분석해 보면 아주 정교하게 동조를 이룬 상호 간의 모방놀이가 일어나고 있다는 것을 알 수 있다. 이와 같은 유형의 대화의 이전 단계(원시적 대화Protokonversation)에서 성인들은 자신들의 목소리를 유아들의 소리 크기와 형태로 바꾸어 유아들의 자연스러운 발성의 멜로디와 리듬을 모방한다(영어에서는 이와 같이 노래하는 듯한 서툰 말투를 엄마말투Motherese라고 부른다). 이는 유아들의 발성의 생성을 강화하는 것은 물론, 유아들이 어른들의 소리를 따라서 말할 수 있도록 하는 틀을 생성한다. 이와 같은 준대화(사람들은 이를 이중주Duett라고 말한다)에서 소리와 마찬가지로 얼굴 표정과 몸짓의 지각은 서로 그리고 또한 발음운동과 복잡하게 관련되어 있다. 시각, 청각, 운동충동 그리고 자신의 신체 움직임에 대한 지각의 통합(시각적–청각적–운동적–고유감각적 조정)은 나중에 습득하는 모국어의 소리구조에 대한 이해를 지원하고, 결국 문화적으로 특수한, 표현이 풍부한 신체적 언어 속에서 성장 · 발달하여 그에 익숙해지는 것을 가능하게 한다. 이와 같은 상호적인 작용은 직접적으로 정서적 조정을 가능하도록 한다.

목소리의 사용은 현재의 상태와 의도만을 드러내는 것이 아니다. 주지하는 바와 같이, 개인은 자신의 목소리를 통해서 자신이 누구인지 인식 가능하게 된다(막 태어난 갓난아기들도 목소리를 통해서 자신의 엄마를 알아본다). 이는 얼굴 표정의 이중적인 기능에 일치한다. 즉, 얼굴 표정은 한편으로는 개인의 특징을 드러내고 다른 한편으로는 비개인적인 기분상태를 묘사하는 기능을 수행한다[▸7장].

비록 성인들은 서로 언어를 사용하여 대화를 할지라도, 그들의 목소리는 비언어적인 수준에서 서로 의사소통한다. 언어의 억양 또는 운율은 동일한 문장에 매우 다른 의미를 부여할 수 있다. 이는 단지 질문과 진술을 구분하는 것과 같은 문법적 차이에만 해당하는 것이 아니다. 분노, 슬픔 그리고 불안과 같은 정서들은 보편적으로 언어의 운율적인 측면에서 경험할 수 있다('사람들이 어떻게 말하고 행동하느냐는 무엇을 말하느냐보다 더욱 중요하다.'). 분노는 대략 깊은 소리의 높낮이에서, 급격한 소리의 변화 그리고 어느 정도 높은 소리 강도에서 알아차릴 수 있다. 기분 좋은 정서는 기본적으로 변화가 많은 선율적인 말하기를 동반한다. 그리고 기분 좋은 흥분은 특히 높은 소리의 높낮이와 결부되어 나타난다. 사랑의 감정은 속삭임의 언어에서 특히 부드러운 흐름 속에서 나타난다. 화가 나 말할 때는 입술이 안쪽으로 향하고, 사랑스럽게 말할 때는 입술이 둥그런 형태를 띤다(순음화). 혐오스러움은 (거부적이고 떨어져 나가는 혐오의 얼굴 표정에서와 일치하게) 소리의 높낮이나 말의 억양에서보다는 짧은 목구멍에서 나오는 소리와 설음에서 알아볼 수 있다. 어떤 사람이 우리가 이해할 수 없는 말을 할 때조차도, 우리는 흔히 감정과 느낌을 정확하게 지각한다.

말의 준음악적 측면은 기본적으로 사회적 의미를 지니고 있다(실제로 운율은 음악의 선구자, 즉 원초적인 음악Protomusik으로 간주된다). 언어 이전의 목소리에 의한 의사소통은 정서와 기분을 전달하고, 서로에게 영향을 주는 것을 가능하게 한다. 왜냐하면 청각은 동반운동을 동반하기 때문이다. 한 실험에서 베아트레체 드 겔더Beatrice de Gelder와 얀 브루멘Jean Vroomen(2000)은 즐거운 억양 또는 슬픈 억양을 한 어느 목소리를 각각 상반되는 얼굴 표정을 하고 있는 그림과 함께 제시하였다. 그 결과, 얼굴 표정에 대한 평가는 언어적으로 표현된 정서의 방향으로 변화하였다. 이와 같은 영향은 또한 역으로도 작용한다. 신경학적 연구 결과에 따르면, 이와 같은 영향은 일차적으로 인지적 수준에서의 조정에 관한 문제라는 것을 시사한다. 청각적이고 시각적인 표현지각에서 제3의 공통요인이 지각에서 활성화되는 행위 도식, 즉 즐거움과 슬픔에 대한 추상적인 운동표상이다(de Gelder, Vroomen, & Pourtois, 2004).

집단 결속의 측면에서 음성에 의한 의사소통은 정서적인 측면, 즉 사회적 보건체육을 보충하는 것으로 간주된다(인간에게 수다 떨기는 사회적 접합제로서 서로 치고받고 싸우는 것을 대체한다는 가설의 의미에서 사회적 유대관계 형성을 위한 수다 떨기vocal grooming로 이해될 수 있다[▸2장]). 목소리가 표현하는 것과의 정서적 공명은 아마도 모든 문화에서 음악이 매우 중요한 기능을 하고 있다는 것의 중요한 토대를 구성한다.

읽을거리 Bråten, 2007; Papoušek & Papoušk, 2003; Eibl-Eibesfeldt, 1995; Vaissère, 2005; Johnstone & Scherer, 2000; 동물들의 청각적 의사소통: Hauser, 1996; Tenbrock, 1996.

음악과 춤

……오케스트라 지휘자는 기계적으로 박자를 맞추는 것에 만족하지 않는다. 그보다 그들은 지휘봉을 갖고 선율의 움직임을 따라간다. 이와 같은 특징적인 그림을 그리는 듯한 팔 움직임과 손 움직임은 음악을 듣는 사람들이 음악을 이해하는 데 매우 중요한 역할을 한다(v. Hornbostel, 1986: 79; 원본, 1903).

목소리가 유기체의 긴장상태에 의존해서 변화하는 것과 같이, 그리고 그 소리를 듣는 사람들이 표현된 심리적 상태에 동조하는 것과 같이, 그렇게 음악은 그 음악을 듣는 사람들에게 신체적으로 몰두하도록 한다. 유사 이래로 음악은 마음을 안정시킬 수 있다는 것(자장가) 또는 흥분시킬 수 있다는 것(군가)이 잘 알려져 있다. 최근의 측정도구는 음악의 신체적 효과(심박률, 피부저항), 호르몬 효과(예를 들면 조용한 음악에서 테스토스테론 수준의 저하), 면역학적 효과(능동적인 음악활동을 할 때 타액에서 면역 글로블린A의 증가) 그리고 음악의 운동효과들을 보여 주고 있다.

여기에서 간과할 수 없는 것이 음악적 리듬의 효과다. 이 음악적 리듬은 불수의적으로 운동충동을 불러일으킨다. 인간은 이 리듬의 변화가 의식되지 않을 경우에도 리듬의 변화를 (손가락) 움직임을 통해 추적한다는 것이 실험적으로 입증되었다(Hasan & Thaut, 2004; Thaut, 2005). 그렇기 때문에 음악은 상당히 많은 사람의 움직임의 악센트를 동기화하는 데 적합하다. 그것이 자기목적적인 공동체 의식을 위해서든, 성적인 접근의 의식화된 형태에서든, 또는 집단적 작업과정에서의 조정에서든 그러하다(카를 뷔허Karl Bücher가 『일과 리듬*Arbeit und Rhythmus*』에서 묘사한 일을 주제로 한 노래에 대한 풍부한 전통이 이를 잘 보여 준다).

육체적으로 많은 노력이 요구되는 일의 처리과정은 리듬이 있는 음악에 의해 동반될 때 훨씬 힘들이지 않고 진행될 수 있다. 음악은 스스로 움직이고자 하는 의지행위를 회복시켜 준다. 이와 같은 무아경의 효과(황홀함으로서 무아경의 글자 그대로의 의미에서 음악은 운동을 통제하는 기능을 떠맡는다)는 타인들과의 동기화의 내적 측면, 즉 함께 음악적으로 유도된 운동에서 개인들의 일시적인 몰입의 내적 측면이다. 음악적 리듬은 또한 운동 통제에 대한 신경학적 장애를 보정하는 데에도 적용할 수 있다(예를 들어 파킨슨병을 앓고 있는 환자들에게서 행동을 촉발하는 인자로서 기능할 수 있다).

음악심리학자이자 음악인류학자인 에리히 모리츠 폰 호른보스텔Erich Moritz von Hornbostel이 수백 년 전에 강조한 바와 같이, 멜로디는 육체적인 운동을 추동한다. 신체운동의 방향은 멜로디 운동과 항상 동일한 방향으로 발생한다. 올라가는 멜로디에서 우리는 머리, 팔, 발 그리고 흉부를 들어 올리는 경향을 보인다. 이에 반해 떨어지는 멜로디에서는 팔다리를 늘어뜨리고 숨을 내쉬는 동작을 보이는 경향이 있다(von Hornbostel, 1986: 79).

직관적으로 매우 분명하게 보이는 소리의 움직임과 신체운동 간의 일치는 현재 객관적으로 입증하려는 연구가 진행되는 주제다(Davidson, 2002, 2005; Schögler & Trevarthen, 2007). 음악, 운동 그리고 정서의 관련성은 만프레드 클리네스Manfred Clynes(1989)에 의해 얼마 전부터 연구가 진행되고 있다. 그는 실험 참가자들에게 서로 다른 정서를 상상하고 상이한 음악작품의 특징을 마음속에 그리도록 한 후에 이를 손가락 동작과 팔 동작을 사용하여 표현하도록 했다. 그러고는 그 동작의 역동성을 단순한 측정장비(우세한 손의 가운뎃손가락으로 건반 또는 키를 만질 때 작용하는 수평, 수직의 압력을 기록하였다)를 사용하여 측정하였다. 이와 같은 절차는 감정과 색상을 추상적인 선의 운동으로 바꾸어 묘사하는 (단지 종이와 연필을 요구하는) 실험과 유사하다[▸7장]. 여기에서 일반적으로 기쁨, 분노 또는 슬픔을 나타내기 위해 나타난 결과는 동일한 특징을 지니고 있는 음악의 멜로디 운동(이와 같은 음악의 전형적인 무용수의 움직임)과 일치하는 것으로 나타났다[▸9장].

또한 철학자 존 듀이John Dewey는 다음과 같은 사실을 확인하고 이를 멜로디 운동에 관련지었다. "음악은 예를 들어 떨어짐과 숭고한 상승의, 소란스러움과 물러남의, 가속과 정체의, 긴장과 이완의, 사물의 갑작스러운 쇄도와 점진적인 조용한 침입의 진정한 본질을 전달한다. 표현은 그것이 사람들과의 관련성으로부터 자유로울 때는 추상적이지만, 그 반대의 경우에는 매우 직접적이고 구체적인 것이다." (1988: 242, R. Sch에서 인용)

최근에 음악의 표현적 의미는 소위 의미점화를 통해서 입증되었다. 예를 들어, 넓음의 개념은 비좁은 구속과 관련이 있는 문장보다는 멀리 조망하는 것에 관한 문장에 더 잘 어울린다는 것이 뇌에서 전기적 활동을 보여 주는 영상을 통해 확인할 수 있었다[어울리지 않는 문장과 단어가 제시되었을 경우에만 400ms 후에 특징적인 부적인 진동(N400)이 나타난다]. 이 상술한 효과는 문장 대신에 목표 개념에 더욱 근접한 또는 더욱 거리가 먼 것으로 가정되는 음악작품을 제시할 때도 동일한 효과가 나타난다. 이와 같이 해서 음악작품(실험에서는 리하르트 슈트라우스Richard Strauss의 〈살롬Salome〉에서의 한 구절이 사용되었다)에 예를 들어 넓음의 의미가 부여될 수 있다는 것이 객관적으로 입증되었다(Koelsch & Fritz, 2007). 넓음의 개념의 경우에, 그 단어의 의미를 —멀리 보는 행위와 그와 관련된 신체운동을 위한 큰 활동의 여지를 말하는 것으로—그 개념 자체의 소리와 그 소리의 조음운동(예를 들어, 드러내보이는 개방적 운동)과 밀접하게 관련이 있다는 것이 충분히 가능하다. 넓음 개념의 음성학적 또는 발음 운동요소는 좁음의 개념과 서로 바꾸어 가며 발음을 해 보면 쉽게 마음속에 떠올릴 수 있다. 소리와 단어의 표현적인 운동 특성은 수십 년 전에 에르틀Ertl(1969)에 의한 폭넓은 연구를 통해 입증되었다.

리듬과 멜로디의 직접적인 신체적 효과는 음악과 춤이 원래 하나의 기원을 갖는 통합체라는 것을 암시한다. 이는 어쩌면 많은 원시 민족의 경우 음악과 춤을 나타내는 개념으로 오직 하나의 개념만이 존재했다는 것에서 더욱 구체적으로 드러난다. 최근에 스포츠 과학자들은 운동훈련의 도움요소로 운동의 청각적 응답을 고안해 냈다(운동의 청각화). 만약 최적의 운동의 흐름과 밀접하게 연관되어 있는 소리의 흐름을 따라 말하도록 노력하면 운동을 더욱 잘 수행하도록 하는 데 도움이 된다는 것이다. 그리고 이는 신체운동, 즉 신체 느낌과 소리의 운동의 유사성에 기인한다(Effenberg, 2004).

만약 오늘날 많은 사람이 자신의 기분을 조절하기 위해 규칙적으로 음악을 즐겨 듣는다면, 그것은 아마도 결국 소리에 의한 의사소통의 정서적 의미(다음 세대 또는 성인집단 구성원들과의 정서적 조절)에 기인한 것으로 간주된다. 이와 같은 소리에 의한 의사소통의 의미가 아마도 음악의 원초적인 형태를 나타내고 있다. 독립적인 활동으로서 음악과 춤은 긴 역사의 흐름 속에서 본질적으로는 공동체적 행위였다. 음악을 하고 춤을 추는 것의 사회-정서적 의미는 아마도 인간 음악성(집단의 동기화)의 진화를 설명한다(Cross, 2001). 또한 개별적으로 음악을 즐기는 것은 어쨌든 음악이 사회적으로 관여된 기능과 일정 부분 간접적으로 관련되어 있다(Huron, 2001). 악기로 연주되는 기분 좋은 음악을 듣는 것이 특히 후두 부위의 운동을 조절하고 통제하는 것을 담당하는 뇌의 영역을 활성화한다는 연구 결과는 음악이 목소리, 즉 말하기와 관련되어 있다는 것과 같이 음악의 사회적 특징에 대한 언급이라고 이해할 수 있다(Koelsch & Fritz, 2007). 우리는 내적으로 우리가 무의식적으로 듣게 되는 음악에 조율하는 것처럼 보인다. 음악지각의, 일반적으로 청각의 신경해부학적 토대의 강한 경험 의존성은 음악(언어적 억양과 같이) 그리고 음악과 결부된 운동적 측면들이 삶에서 경험하는 것들에 의해 문화 특수적으로 크게 영향을 받는다는 것을 보여 준다(Altenmüller, 2006). .

근본적인 사회-정서적 상황들이 개별적으로 어떻게 음악적 구조 속에 나타나는지에 대해서는 아직 분명하게 밝혀진 것이 없다. 그래서 예를 들어 장조 대 단조Dur vs. Moll의 효과에서 결합 대 분리의 경험(또는 분리를 극복하고자 하는 갈망)이 반영되는지, 그리고 어떻게 반영되는지에 대하여 추측해 볼 수 있다(장조와 단조를 즐거운 것으로 또는 슬픈 것으로 이해하는 것은 템포를 통해서 그리고 멜로디의 변화를 통해서 상대화할지라도 규칙적으로 나타난다; Cook, 2002). 긴장 구성의 상이한 형태들—음악학자들에게 구성을 분석하는 데 매우 중요한 측면—이 정서적 색채를 띤 인간 상호적 관계의 커리어그래피로 이해될 수 있는가? 판크셉Panksepp(1998)은 음악 감상에서 즐거운 전율(소름Chills/Gänsehaut)을 오싹한 느낌인 한기로 (그리고 이에 동반되는 뇌의 엔도르핀 대사의 효과) 설명하고 있다. 오싹한 느낌의 한기는 우리가 듣는 것(가령 점점 강하게 증가하는 바이올린 소리)이 이별의 느낌을 불러일으키는 경우에 나타난다. 음악적으로 유도된 전율이 사회적 의미를 지닐 수 있다는 상황적 증거로는 판크셉의 시각에서는 한편으로는 (어린아이들의) 비탄의 목소리가 오싹한 느낌을 주는 음악과 유사하다는 것, 여성들이 이와 같은 음악 효과에 특히 감응하기 쉽다는 것, 그리고 다른 한편으로는 전쟁의 영웅행위, 즉 국가를 위해 개인을 희생한 것을 칭송하는 음악은 규칙적으로 감상자들에게 전율을 느끼게 한다는 것이 있다. 또 다른 연구자들은 음악적으로 유도된 소름은, 변연계의 보상중추의 흥분과 관련이 있다는 것을 입증해 보이고 있다.

읽을거리 Altenmüller, 2006; Bråten, 2007; Eibl-Eibesfeldt, 1995; Hesse, 2003; Miell, MacDonald, & Hargreaves, 2005; Pfleiderer, 2006; Panksepp & Bernatzky, 2002; Papoušek, 2003; Spitzer, 2003

소리환경과 실내음향 장치

들판이나 공원을 산책할 때 들을 수 있는 소리는 아마도 큰 도로에서 나는 소리, 도심의 보행자 도로에서 듣는 소리, 또는 차가 다니지 않는 주거 지역에서 듣는 소리와는 구별된다. 소음, 즉 소리의 그때그때의 혼합은 장소의 유형을 특징짓는다. 영어로 혼합된 청취할 수 있는 소리의 특징을 사운드스케이프Soundscape, 소리환경Lautsphäre 이라고 한다. 머레이 셰퍼Murray Schafer의 연구를 통해 유명하게 된 이 개념은 소리환경의 개념으로 독일어화되었다. 셰퍼는 무엇보다도 특히 주위 환경의 기초음(도시에서 나는 도로 소음과 같이 배경을 구성하는 지속적으로 들리는 소리)을 신호음(예를 들어 사이렌 소리와 같이 주의를 불러일으키는 소리)과 정위소리(마을 교회의 종소리와 같이 "전례가 없는 유일한 공동체 소리"; Schafer, 1988: 316)와 구별하고 있다.

일상생활 속에서 소리환경이 의식적으로 지각되는 것은 오로지 예외적인 경우다. 청각적인 주위 환경에서 주의를 기울이는 것은 대부분 이미 긍정적인 또는 부정적인 평가를, 특별히 유쾌함과 불쾌함을 포함하고 있다. 맹인과 같이 특수한 장애를 지니고 있는 사람들은 주위 환경의 청각적 특징을 항상 의식하고 있다. 정상적인 사람에게서는 이와 관련하여 지각의 낯설게 보기가 도움이 된다. 여행 보도 라디오 프로그램 또는 오리지널 톤O-Ton-라디오 드라마, 눈을 가리고 스스로 보행하기, 그리고 단지 다양한 상황 속에서 들을 수 있는 것으로 무엇이 있는지를 마음속으로 상상하고 메모하고자 하는 의지(여기에서 주위 환경에 대한 지각은 경우에 따라 미적 체험이 되기도 한다[▶10장]) 등이 도움이 된다.

시골 주변을 산책할 때 도시에 거주하는 사람들에게는 시골의 특별한 청각적 특징들이 쉽게 인식된다. 이는 시골의 청각적 특징들이 일상적인 습관적 특징과 구별되기 때문이기도 하지만, 또한 시골(또는 충분히 큰 공원)에서의 소리환경이 지각 가능성의 측면에서는 물론, 특히 구체적인 지각 대상들 때문에 더욱 쉽게 지각된다.

지각 가능성 자동차 엔진과 타이어의 매우 시끄러운 넓은 주파수 범위에 걸쳐 퍼져 있는 소음은 다른 소리의 출처로부터 오는 소리들을 덮어버리는 경향이 있다. 이와 같은 시끄러운 소리들이 많이 나는 도로에서와는 다르게, 시골이나 공원에서는 기본적으로 깊은 층으로 구성된 세분화된 소리환경이 제공된다. 그리고 여기에서는 (강한 바람 또는 사나운 폭포에 의해 영향을 받는 상황을 제외하고는) 다양한 음원과 그 음원의 위치들이 지각 가능하다. 도시와 도시 외곽의 주거지역은 이와 같은 청각적 특성의 관점에서 대로의 소리환경과 시골, 즉 공원의 소리환경의 사이에 위치한다. 활기가 넘치는 도시의 보행자 도로에서는 소리세계의 식별 가능성과 지평이, 비록 차가 많이 다니는 시끄러운 도로에서 나타나는 것과 같이 뒤죽박죽이 되지는 않지만 곤란을 겪는다. 셰퍼는 지각 가능성의 차이와 관련하여 언급하면서, 청각적 매체의 재생적 질에 대한 통상적인 표현에 유추하여 하이파이 소리환경과 로우파이 소리환경에 대해 말하고 있다. 주위 환경을 뛰어난 청각적 지각 가능성을 지니고 있는 것으로 간주하는 가치평가는 가시적 세계의 조망, 선명한 조명 그리고 풍부하나 혼란스럽지 않은 구조화된 것에 대한 매력과 유사한 것으로 평가된다[▸7장과 10장]. 추상적인 청각적 지각 특성의 중요한 요소는 자신에 의해 생성된 소리를 탐지하여 들을 수 있는 정도다. 자신의 움직임에 대한 피드백과 바닥, 즉 길의 특성에 대한 참조로서 자기 자신의 발걸음 소리와 사람들이 말하는 소리를 듣는 것이다.

지각 대상 농촌의 소리환경은 그곳에서 들을 수 있는 것이 삶에서 매우 중요한 자원을 암시하기 때문에 매우 매력적이다. 그래서 예를 들면 졸졸 흐르는 시냇물 소리, 나뭇잎 부딪히는 소리 그리고 새들의 지저귐 소리에서는 물, 식물, 동물들의 소리를 들을 수 있다. 또한 이와 같은 생명에 관련되어 있는 정보는 이미 언급한 바와 같이[▸7장] 우리의 눈에 매우 매력적으로 보인다. 매우 중요한 자원에 관한 소리를 들을 수 있는 것은 전통적으로 환경 구성과 도시 구성에서 중요한 역할을 한다. 분수를 만드는 것은 항상 눈과 귀를 위한 디자인이었다. (자동차가 많이 다니는 장소를 보행자 도로 지역으로부터 구분하는 뮌헨 스타쿠스에서와 같이) 시끄러운 자동차 소리를 죽이기 위해 분수를 설치하여 어느 정도 소리가 크게 나는 물 흐르는 소리를 제시한다. 그렇게 한다고 해서 주변 환경에 대한 지각 가능성이 더 좋아지는 것은 아니다. 그럼에도 불구하고 생물학적인 이유에서 더욱 매력적인 소리가 전면에 떠오르게 된다. 주거지역에서의 도로와 같이 도시의 보행자 도로는 소위 우리가 생활하는 가운데 자연스럽게 생겨나는 소리의 매력으로 사람들의 목소리와 걸음걸이 그리고 다른 신체적 활동의 소리들을 제공한다. 비록 과도하게 많은, 즉 너무나 근접하게 들을 수 있는 생활 장면에서 발생하는 많은 소리는 위협적으로 작용할 수 있을지라도, 그 소리들은 흔히 (앞에서 언급한 자연의 소리들과 같이) 생명력과 더불어 익명적인 사회적 안녕감을 제공한다.

자연에서 나는 소리와 사회 속에서 나는 소리는 하루 동안의 시간 변화에 따라 그리고 계절에 따라 다르고, 또한 자연적으로 주어진 상황의 지역적 특수성에 따라, 물리적 환경 또는 건축방식 그리고 사회조직과 정신상태의 지역적 특수성에 따라 다르다. 이는 관람객을 특수한 시공간적 상황 속으로 들어오도록 하기 위하여, 그리고 특별한 감정을 전달하기 위하여(영화 특수 용어에서 분위기Atmo는 소리환경의 이와 같은 기능을 나타낸다) 흔히 대중 전달매체에 의해(단순한 양식의 형태로) 이용되는 특별한 시간적 · 공간적 청각적 분위기를 형성하도록 한다.

실내음향 장치 초원, 사막 또는 눈 덮인 들판에서 우리는 주로 음원으로부터 직접 귀에 도달하는 소리(1차 음향Primärschall)를 듣는다. 번잡한 도시의 도로나 닫힌 공간에서는 직접적 음향 이후에 벽, 천장, 바닥에서 그리고 대상들로부터 반사된 다양한 소리가 따라온다. 특히 이는 벽이나 천정과 같은 표면의 물질들이 예외적으로 모래나 눈과 같이 그 소리를 광범위하게 흡수하지 않을 경우(음향을 죽이는 공간에 있는 스펀지 제품과 같이)에 그러하다. 그러므로 목소리, 발소리 또는 다른 소리들은 공간이 열려 있는지 또는 닫혀 있는지, 어느 정도 열려 있는지 또는 닫혀 있는지, 그 공간이 얼마나 큰지, 어떤 재료로 만들어졌는지, 그 공간이 비어 있는지 또는 가구로 채워져 있는지에 대한 근거를 제공한다. 예를 들어, 맹인들은 음향고도계의 원리에 따라 자신의 걸음걸이를 통해 발생한 소리의 반사를 공간지각에 이용한다(맹인의 공간감각). 실내음향 장치는 소리환경의 한 요소다. 그러므로 청각적 분위기는 매체에서 장소 특징적인 그리고 시간 특징적인 음원을 통해서는 물론 공간의 구조와 재료를 통해서 상황을 전달한다. 실내음향 장치의 고전적 주제는 강당과 특히 콘서트홀에서 공명하는 음을 최적화하는 문제다. 한편으로는 메아리에 의한 울림(즉 너무나 큰 시간적 지연을 갖고 반사하는 음)을 피하는 것이다. 왜냐하면 너무나 큰 시간적 지연을 갖고 반사하는 음은 혼란스럽게 느껴지기 때문이다. 다른 한편으로는 울림의 시간적 지연을 너무 짧지 않게 하도록 하는 것이다. 왜냐하면 시간적 지연이 너무 짧을 경우 소리는 숨이 막혀 질식할 듯한 느낌을 주기 때문이다. 재료의 선택을 통해서, 그리고 건물의 내부 구조를 통해서(좁은 또는 넓은 범위의 주파수 영역에서) 어느 정도 소리가 반사되거나 흡수되도록 해야 하는지의 문제가 또한 (큰 공간의 사무실, 카페 등) 실내음향 장치 디자인의 주제가 되고 있다.

읽을거리 Schafer, 1988, 1993; Truax, 2001; 건축: Pallasmaa, 2005; Rasmussen, 1959, 10장.

철학 ▶ 청각의 본질

임마누엘 칸트Immanuel Kant(1983)와 같은 철학자, 헬무트 플레스너Helmuth Plessner(1980), 게오르그 짐멜Georg Simmel(1983), 에르빈 슈트라우스Erwin Straus(1956, 1960), 루트비히 빈스방거Ludwig Binswanger(1955)와 같은 철학심리학자 또는 사회학자들은 대체적으로 청각의 본질은 (시각과 비교하여) 수동성, 현실성 그리고 집합성을 통해 규정된다는 생각에 동의한다. 그 근거는 ① 해부학적 구조(귀는 덮개를 갖고 있지 않다)로부터 시작해서, ② 시각장애인, 경우에 따라서는 청각장애인에 대한 비교심리학으로부터, ③ 언어용법

(찌르는 듯한 눈빛 대 예속)으로부터, ④ 보는 것(지속되는 것; 예술의 영역에서 그림, 조각, 건축물), 듣는 것(사라지는 것; 예술의 영역에서 음악)의 객관적 특성에 대한 대조로부터, ⑤ 일상생활, 미술관 또는 콘서트에서 (개인적이고 능동적인 대 사심이 없고 수동적인) 주의의 정렬에 대한 관찰을 거쳐, ⑥ 시각에서 조용하게 거리를 두고 관조하는 것과 대비되는 청각의 무의식적인 운동의 결과에 이르기까지 다양하다. 이와 같이 오늘날 널리 수용되고 있는 청각과 시각의 대비효과 측면에서 청각과 시각의 관계는 자세히 살펴보면 그렇게 분명하지 않다는 것을 알 수 있다. ⓐ 예를 들어, 칵테일 파티 현상에 대한 연구가 입증하는 바와 같이 청각은 선택적이다(선택적 지각). 예외 없이 수동적이고 동일하게 차단되는 것이 아니라, 부분적으로 수동적이고(자신의 이름) 부분적으로는 의식적이고 통제 가능하다(누가 무엇을 말하고 있는지). ⓑ 역으로 시야에서의 움직임 역시 자동적으로(수동적으로) 주의반응을 불러일으킨다. ⓒ 흉내, 제스처 그리고 거동은 이들에 주의를 기울이는 모든 사람에게서 밖으로 드러나 보이거나 감추어져 보이지 않는 동반운동을 불러일으킨다[▸7장]. ⓓ 움직이는 모습은 시지각에서도 일시적이다(영화 대 움직이지 않는 그림). 청각의 본질로 간주되는 것은 오히려 움직임의 지각을 특징짓는 초양태적transmodal인 것처럼 보인다. 사실 청각은 항상 움직임과 관련되어 있다는 사실을 통해서 시각으로부터 구별된다. (개인은 다양한 움직임의 정보, 즉 소리들 속에서 의식적으로 또는 무의식적으로 중요한 의미 있는 정보를 선택한다. 여기에서 다음과 같은 것을 고려해 볼 필요가 있다. 즉, 일정하게 유지하는 소리는 오히려 정지한 것으로 간주된다(즉 무시된다). 그와는 반대로 갑자기 조용해지는 것은 주의를 기울이도록 한다. 균형감각기관이 변화하지 않는 속도에 반응하는 것이 아니라 정적인 또는 부적인 가속에 반응하는 것과 같이 말이다[▸4장]).

청각장애인이 경험하는 생활감정

……말하기를 좋아하고 사교적이고, 또 식탁에서 즐거워하는 시각장애인을 흔히 볼 수 있는 것처럼 청각을 상실한 사람이 사회생활을 하면서 짜증내지 않고 의심하지 않으며 만족스럽게 행동하는 사람을 만나는 것은 쉽지 않다(Kant, 1983/1798: 78).

청각이 얼마나 많이 소속감과 생기발랄함의 느낌을 전달하는지는 실제로 눈이 멀거나 귀가 먹은 사람들의 경험과 실험적으로 조작된 청각장애인과 시각장애인 체험들이 잘 보여 주고 있다. 청각적 감각을 상실한 사람들은 제외되고 소외된 느낌을 호소한다. 그들은 들을 수 있었을 때 공간적 깊이 및 그 안에 소속되어 있음의 느낌과 삶에 참여하고 있다는 느낌이 얼마나 주위 환경으로부터 오는 소리를 들을 수 있는 것에 크게 의존하고 있는지를 의식하지 못하였다. 7장에서 움직이는 외현적인 모습은 기본적으로 그렇지 않은 줄 알면서도 살아 움직이는 것으로 또는 풍부한 표현을 지니고 있는 것으로 지각된다는 것에 대해 논의하였다(물활론, 인상지각). 소리는 항상 움직임에 기인한다는 것을 마음속에 떠올려 보면 생기발랄함과 기분이 청각과 밀접하게 관련되어 있다는 것은 놀라운 일이 아니다.

비록 청각 또는 시각을 잃어 시각적으로 또는 청각적으로 단절된 세계에 대한 경험을 해 본 적이 없는 대부분의 건강한 사람에게는 시각장애가 심각한 장애인 것처럼 보인다. 그리고 청각장애인들은 스스로 적극적으로 행할 수 있는 반면, 시각장애인들은 실제로 주위 환경에서의 자유로운 움직임이 매우 심각하게 제한된 것처럼 보인다. 그럼에도 불구하고 귀가

들리지 않는 증상의 단계와 눈이 보이지 않는 증상의 단계를 모두 경험한 환자들은 청각장애를 겪는 것보다는 시각장애를 겪는 것이 오히려 낫다고 생각한다. 실제로 청력의 약화와 청각의 손실은 규칙적으로 외로움과 불신의 증상을 동반한다. 반면 눈이 먼 사람들은 매우 잘 알려진 침착함과 친절함을 드러내 보인다. 선천적으로 청각적 장애를 지니고 태어난 사람은 주위 환경에서 일어나는 일에 무의식적으로 관여되어 있다는 느낌이 결여되어 있다. 그럼에도 불구하고 그들의 생활감정은 그에 상응하는 상실의 경험을 통해 형성되어 있지는 않다. 즉, 그들의 경우 주위 환경에서 일어나는 삶에 참여하고자 하는 욕구는 처음부터 다른 감각들이 전달하는 것에 맞추어져 있다.

실험에서 시험 삼아 눈을 가리고 생활해 본 사람은 일반적으로 자신을 도와주고 안내해 주는 다른 사람과 특별히 연계되어 있는 듯한 경험을 한다. 이와 같은 실험에서 특히 주목을 끄는 것은 소리환경을 통해 주위 환경의 삶(자연에서 나는 소리, 목소리, 활동들)이 깊숙이 개입되어 있는 듯한 느낌을 갖는다는 것이다. 그 반대로 실험적으로 유도된 귀먹음은 고립되어 있는 느낌을 경험하도록 한다. 비록 그 상황의 가상적인 특성 때문에 당연히 유희적인 자극이 그 낯선 불쾌함을 잊게 할 수 있고, 그렇지 않았으면 오히려 청각적으로 부담이 되는 상황 속에서 조용하게 쉴 수 있어 즐거워할 수 있음에도 불구하고 고립의 상황 속에서 고통을 경험하였다.

고요함은 소리를 듣는 사람에게는 다의적으로 경험된다 고요함은 인간과 자연이 휴식을 취하는 순간과 결부되어 있기 때문은 물론, 잘 알려진 폭풍전야와 같은, 혹시 매복하고 있을지도 모를 공격자의 소리에 귀를 기울이고 있으며 대화가 차단된 고통스러운 상황에서 긴장감이 넘치는 순간과 결부되어 있기 때문이다. 결국 (지속되는) 고요함은 죽음을 상징한다(영화에서는 흔히 죽음을 시각화하는 슬로모션 시퀀스에 의해 통지되거나 또는 동반된다; Flückiger, 2007).

읽을거리 Handl, 1989; Hauskeller, 1995; Myers, 2005, 5장 3절; Sacks, 1990; Southworth, 1969.

지각의 성질 ▶ 실험적으로 시각장애와 청각장애 체험하기(II)

사우스워스Southworth(1969)는 보스턴에서 한 실험을 실시하였다. 그 실험의 목적은 실험 참여자가 장애체험의 경험을 습득하는 것만이 아니었다. 그보다 그 실험에서는 실험적으로 유도된 시각장애 조건과 청각장애 조건 그리고 장애가 없는 정상적인 지각조건에서 주위 환경 지각의 차이를 체계적으로 기술하는 것이었다. 실험 참여자들은 도시의 서로 다른 여러 지역을 통해 이전에 지정한 경로를 걸어가면서 주변 환경에서 지각하는 것을 직접적으로 테이프에 녹음하는 것이었다(시각장애 조건에서의 실험 참여자들은 실험에서 휠체어를 타고 다녔다). 그 결과에서는 본문에서 대략 기술한 차이들이 입증되었다. 인위적인 청각장애의 경우에는 움직이는 시각적인 외현적 모습들이 더욱 강하게 인지되었고, 동시에 불합리하고 초현실적인 것으로 경험되었다. 정상적인 조건하에서는 주로 동시에 보고 들을 수 있는 모습들이 기록되었다. 냄새, 온도 그리고 바람은 정상적인 조건에서는 거의 의식되지 못하였다(이러한 것들은 특히 볼 수 없었을 때 가장 많이 언급되었다).

소음과 건강

모든 사람은 소음이 무엇인지 잘 알고 있다. 그럼에도 소음을 정의하는 것은 쉽지 않다. 통상적으로 소음을 정의하는 공식인 '소음은 어느 정도 소리의 강도를 지니고 있는 방해가 되는 소리다.'라는 확실히 전형적인 소음의 상황을 특징적으로 잘 드러내 보이고 있다(활주로, 디스코텍 주변 지역). 그러나 자동차 소음은 그 소음으로부터 방해받고 있다고 느끼지 않는 사람들에게도 병이 나게 한다는 것이 입증되었다. 그리고 자주 디스코텍을 즐겨 찾는 사람들은 비록 시끄러운 음악이 그들을 즐겁게 하지만 청력에 손상을 입는다.

소음 무감각 특정한 소리의 강도에서부터는 내이에 있는 감각섬모가 지속적인 손상을 입는다. 시끄러운 기계장치에서 일하는 것 외에 음악 소비(디스코텍, 자동차 스테레오 장치, 헤드폰 등)는 흔히 청력 감소와 이명Tinnitus의 원인으로 지목된다. 그렇다면 왜 사람들은 극단적으로 강한 소리의 강도를 보이는 음악에 자발적으로 노출되는가? 왜냐하면 소리가 큰 음악은 행복감을 일깨우기 때문이다. 다른 감각의 영역에서 나타나는 것과 같이 강한 자극에 의한 도취, 신경학적 측면에서 뇌간에서의 각성 시스템의 예외적인 자극(여기서는 친숙한 소리를 통한 '좋은 진동good vibration'과 관련되어 있다) 등이 그 예다. 아마도 어느 정도의 소리 압력—소위 로큰롤 역치—에서부터 평형감각기관이 작용하기 시작하는 것이 소리가 큰 음악이 도취되게 하는 효과를 불러일으키는 데 기여하는 것처럼 보인다(McAngus-Todd & Cody, 2000).

소음 스트레스 차량이 많이 지나가는 도로 인근에 사는 사람들은 자동차 소음에 의해 방해받는 것으로 지각하든 그렇지 않든 관계없이 심장 순환기 시스템에서 더욱 높은 위험에 노출되어 있다는 것이 입증되었다. 이는 청각의 생래적인 경고기능과 관련이 있는 지속적인 긴장(신체적인 활동 준비성)에 의해 설명된다(아마도 지속적인 긴장은 자동차 소음 자체로부터 기인한 것이 아니라 그 소음에 의한 잠재적인 경고자극에 대한 약화된 지각 가능성에 기인한다).

소음은—수면 전과 수면 동안에—수면(잠들기)을 방해하거나 수면의 질을 떨어뜨리는 결과를 동반한다. 특히 강도와 질에서 익숙한 배경의 소음으로부터 크게 벗어나는 자극들이 잠을 깨워 수면을 방해하는 것으로 나타났다. 잠이 방해되었을 경우에는 정신적인 수행능력을 포함하여 신체적 · 심리적 상태가 저해된다.

자동차 소음은 언어의 이해 가능성을 약화시킨다. 그것은 대화를 힘들게 만들고 대화를 제한한다. 교실이 시끄러운 도롯가에 위치해 있는 아이들의 경우 언어적 발달이 늦어지는 것을 발견할 수 있다. 시끄러운 소음으로 인한 인지적 장애로는 집중적인 사고로부터 벗어나기 등이 있다.

소음은 친밀한 상호적 관계를 유지하는 데 불리하게 작용한다(여기에서 시끄러운 음악에 도취해 있을 때 함께하는 무한한 기쁨은 예외로 작용한다). 이와 같은 실험적으로 입증된 일상적 경험은 지속적인 경고상태의 결과로 나타나는 흥분된 기분의 상태로부터 어렵지 않게 설명된다. 대화조건의 악화는 불리하게 작용한다(목소리를 높이는 것은 오히려 불친절한 것으로 작용한다).

사회적 소음 상대적으로 조용한 자극들도 방해가 될 수 있다. 간접대화, 특히 전화 통화 또는 예를 들면 전화 벨소리와 같은 신호음은 말의 원초적인 사회적 의미 때문에 아무런 의미도 없는 대화의 행위에 불수의적으로 주의를 기울이지 않을 수 없게 한다. 말하기와 듣기가 지니고 있는 사회적 기능은 오늘날 공동생활의 조건에서 주의를 다른 곳으로 돌리게 하는 불쾌한 일로 변화한다. 사람들이 극단적이지 않은 소리 강도의 수위에서도 낯선 음악으로 방해받는 느낌이 드는 것은 이와 같은 관점에서 이해된다. 그리고 여기에서 음악은 음성에 의한 의사소통으로서의 독립적인 기능을 수행하는 것으로 이해된다. 공장 또는 자신의 집에서는 불쾌한 것으로 간주되는 요컨대 낯선 사회적 소음은 그럼에도 산책을 할 때는 활기 넘치는 분위기를 자아낸다. 사람이 사회적 소음을 방해가 되는 것으로 느끼는지 아닌지는 순간적인 활동에 의해 달라지고, 또 그가 그 영역을 방어하기 위해 마음의 준비를 하고 있는지에 따라 달라진다. 만약 그렇다면 다른 사람으로부터 들려오는 사회적 소음은 원칙적으로 권력의 문제가 된다. 그 반대의 경우도 유효하다. 즉, 많은 소리 압력의 수위에서 객관화할 수 있는 소음은 실제적으로 어떤 사람이 자신의 힘을 증명하기를 원하기 때문에 생겨난다. 또한 그렇기 때문에 소음은 도취하게 할 수 있다. 그럼에도 불구하고 소음을 초래하는 사람은 흔히 자신의 행위를 통해 발생하는, 자신들에게는 당연히 동반되는 소음이나 순간적인 기분에 따라 선택한 울리는 소리를 다른 사람들이 함께 들어야 한다는 것, 그리고 강제적으로 함께 들어야 하기 때문에 그것이 다른 사람에게는 통제력 상실을 의미한다는 것을 전혀 고려하지 않는다.

소음 퇴치 규칙적이고 덜 현저하고 특별한 의미가 없는 소리들은 덜 규칙적이고 시간의 흐름, 소리의 강도 및 구성에서 그리고/또는 알려진 의미에서 들쑥날쑥한 소리들보다 덜 방해가 된다. 그래서 (예를 들어 에어컨 돌아가는 소리에서와 같은) 졸졸졸 물 흐르는 소리는 방해가 되는 소리를 차단하는 데 사용될 수 있다. 물 흐르는 소리나 바닷가에서 들려오는 파도 소리를 통해서 소음을 차단하는 경우에는 소음을 내는 것이 의외로 긍정적으로 평가되기도 한다.

만약 소음으로 고통을 받는 사람들이 창문을 닫아 놓고 살거나 소음을 차단하는 귀마개를 하거나 또는 주파수 위상의 전위를 통해 소음의 일정 부분을 중화시키고자 한다면, 소음으로부터 진정되기는 하겠지만 잠재적인 신체적 안락함을 희생해야 하는 결과가 초래된다(이물질을 몸에 지니고 다녀야 하고, 신선하지 못한 공기를 마시며 살아야 한다). 또한 그들은 일상적 지각 상황의 낯설음을 감수해야 하는데, 이는 결국 번거로운 방식으로 주의를 기울이도록 하고 결국 행위의 자유를 제한하는 결과를 초래하게 된다. 자신의 오디오 장비에 의한 반향은 개인적으로 낯선 소음으로부터 자신을 보호할 수는 있지만, 동시에 타인에게는 소음공해를 증폭시키고 자신의 귀에는 너무 많은 일을 하게 하는 위험을 내포하고 있다. 헤드폰을 쓰고 음악을 들음으로써 외부의 낯선 소음을 차단하려고 하면 잠재적인 청력 손상의 위험이 따른다. 구두에 의한 그리고 서면을 통한 항의, 이의 제기는 일시적으로는 참을 수 없을 정도의 고통으로부터 벗어나도록 하는 데 도움이 될 수 있다. 그러나 이는 성공할 가망이 의심스럽다고 느낄 때 스트레스를 유발한다. 긴장완화 기법이나 신체적인 활동은 최소한 정신물리학적 스트레스 효과를 저지하고 잠이 들게 하는 데 도움이 된다. 그리고 사회적 소음에 대한 용인할 수 있는 태도 또한 긴장 완화에 도움이 된다. 그러나 어떤 사람들에게는 그것이 이론적인 측면일 뿐일 수도 있다. 소음공해가 지속되는 기간 동안 장소를 바꾸는 것 또한 다양한 이유에서 대부분 피해자의 지평 또는 가능성의 범위를 벗어난다.

읽을거리 Guski, 1987; Hellbrück & Ellermeier, 2004; Hellbrück & Fischer, 1999; Hellbrück & Guski, 2005.

청각매체

좁은 의미에서 보청기를 제외하고, 사람들은 특정 소리가 만들어진 장소와 시간으로부터 분리되어 있는 그 소리를 듣기 위하여 청각적 매체를 사용한다. 머레이 셰퍼는 이와 같은 분리를 스키초포니Schizophonie라고 명명하고 있다. 문화 비평적 시각에서 나온 그의 언어적 유희는 적절하지 못한 것처럼 보인다. 왜냐하면 대부분의 사람에게 당연한 것으로 간주되는 전화, 라디오의 사용에 대한 그의 극단적인 병리적 해석은 각각의 지각 상황을 이해하고자 하는 관심보다는 오히려 당혹스러움과 저항을 불러일으킨다.

전화가 서로 다른 장소에 묶여 있는 사람들의 장소와 목소리를 현실적으로 직접 연결해 주는 것은 목소리 교환의 친밀한 관계를 신체적인 현존으로부터 분리하도록 한다. 직접성, 즉 근접과 떨어짐의 결합은 단순한 정보의 교환에 기여하는 전화 통화에서 예를 들어 확장된 종결 의식과 같은 고유의 대화 형태를 형성하도록 한다. 한편으로 신체적으로 현존하지 않는 상황에서 직접적으로 목소리를 통해 의사소통할 수 있는 가능성은 서로 멀리 떨어져 생활하고 있는 친숙한 사람들을 서로 연결해 주는 욕구를 충족할 수 있도록 한다. 이와 같은 관점에서 전화는 그리움의 심리학에서 일정한 역할을 담당한다. 다른 한편으로 이와 같은 배열은 상당히 많은 의무, 즉 구속력을 허락(또는 요구)하고 있고 현대 도시 거주자들의 개인주의적 경향과 맞물려 있다. 기술적으로 이미 오래전에 가능하게 된 영상 통화가 오늘날까지 실현되지 못하고 있는 것은 언급할 만한 가치가 있다. 아마도 소리에 의한 의사소통은 시각적인 보완이 없어도 충분한 것처럼 보인다. 이와 더불어 시각적 요소가 결여되어 있는 것은 가끔은 어느 정도 장점이 될 수도 있다. 제3자가 대화에 참여하고 있다면, 그 사람이 신체적으로 직접 참여하는 실제 상황에서는 심리학적으로 특수한 상황이 발생할 수 있다. 대화에 참여하지 않는 사람은 대화 상대가 직접 참여하고 있는 대화보다는 전화 통화에 의해 더 방해가 된다. 청각적 빈자리는 불수의적으로 주의를 집중하도록 한다.

소리 녹음 이것은 삶에서 목소리 그리고 특히 음악을 임의로 자유롭게 사용할 수 있도록 한다. 이는 개인적(집에서 또는 길을 가다가 자신이 수집한 목록을 듣는 것)으로, 대중매체(라디오)에서, 공간 구성적(상점, 식당, 일터, 병원에서의 배경음악-소위 배경음악으로 사용되는 녹음된 음악인 무작Muzak)으로, 또는 축제적인 상황(디스코텍, 큰 장이 서는 광장)에서 기분을 조절하는 것을 가능하게 하고, 또한 그에 상응하는 것을 제공하도록 한다. 녹음된 소리를 들려주는 것은 자연에서 들리는 소리와 사회적 소리 그리고 특히 음악을 자신이 원하는 높낮이로 조성하여 제공할 수 있다는 장점이 있다. 그리고 이와 같이 조성된 소리는 방해가 되는 청각적 자극을 드러나지 않도록 하는 기능을 할 수도 있고, 예외적으로는 그 반대로 술을 마실 때 시끄러운 음악을 제공하여 더욱 큰 소리로 말하도록 강요하면서 이를 통해 생기 있는 분위기를 만들어 내는 것과 같이 원하는 소리를 자극하는 기능을 수행할 수 있다. 어찌되었든 소리 녹음을 사용하여 긍정적인 기분을 불러일으키는 잘 알려진 응용방법들은 셰퍼와 다른 문화비평가로부터 소리환경의 왜곡으로, 즉 무효화로, 개인적인 현실 도피 또는 소아증(퇴행)으로 비판받고 있다.

라디오 라디오는 녹음된 것(음악, 라디오 드라마, 작품 낭송 등) 이외에 최신의 정보를 제공한다. 이를 통해 소리 높낮이의 조율을 향한 욕구는 물론 정보를 제공하는 의사소통의 욕구를 충족시켜 준다. 그와 같은 실제적인 시사성은 함께하고 있다는, 사회적으로 관여하고 있다는 느낌을 강화한다. 라디오는 어느 정도 마을 광장에서 이루어지는 장황한 이야기를 집 안으로 끌어들여 온다. 이는 라디오에서 듣는 녹음된 음악에도 영향을 준다. 라디오에서 듣는 음악은 대체행동을 불러오는 의식의 비상과 결부되어 있을 수 있는 자신의 수집작품을 듣는 것보다 더 사회적 사건으로 간주된다. 라디오가 생겨난 이래로 상호적 라디오 의사소통의 이상적인 형태가 존재하고 있다. 상호적 의사소통의 이상적인 형태는 전화의 도움으로(그리고 최근에는 인터넷 때문에), 그리고 아마도 청취자와 전문적인 화자 사이에서 부득이하게 발생한 비대칭적 의사소통 관계 때문에 제한된 범위에서 실행되고 있다. 라디오는 주로 부수적으로 이동된다. 사회적 분위기가 개별적인 정보의 전달보다도 더욱 중요하다. 텔레비전은 라디오와 같이 부분적으로는 최신의 정보를 전달하는 매체다. 두 매체의 심리학적 효과는 상이한 지각적 상황에도 불구하고 중복되는 부분이 있다. 실제로 텔레비전은 바라보도록 하는 요구 특성을 지니고 있음에도 부수적으로 이용된다.

영화 무성영화는 기본적으로 음악이 동반된다. 볼 수는 있지만 소리가 들리지 않는 자동차의 움직임(너무 멀리 떨어지지 않은 경우에)은 영화에서 주인공들이 소리 내지 않고 말하거나 행위하는 것과 같이 낯설게 느껴진다. 우리가 일상생활 속에서 그와 동일한 장면을 직접 목격한다면 그 장면에 대한 소리를 듣는 것처럼 느껴진다. 소리 없이 행위하는 것이 얼마나 이상하게 보이는지는 텔레비전의 소리를 끄고 보면 경험할 수 있다. 우리가 보는 것은 사운드트랙에 의해 크게 영향을 받는다는 것이 많은 실험을 통해 입증되었다[▸9장]. 무성영화에서 음악을 동반하는 것은 소리 없이 일어나는 불합리하게 보이는 행위의 문제를 감추고 또 일어나고 있는 행위를 더욱 극적으로 보이도록 하는 데 크게 기여한다. 여기에서 소리,

즉 움직임에 대한 음악적 표현이 발달하게 되었고, 또는 19세기의 표제음악으로부터 이끌어 내게 되었다. 그리고 소리가 있는 유성영화에서도 소리와 움직임의 추이에 대한 음악적 기술이 완전하게 사라지지 않고 있다. 영화음악의 영화론적 의미, 즉 표현적 의미는 그럼에도 영화음악이 더 이상 소리와 말소리의 결여를 보완하기 위해 사용되지 않는 한 활동의 여지를 지니고 있다. 연극배우들의 과도한 얼굴 표정과 행위들이 오히려 방해가 되듯이, 음악적 표현을 과도하게 적용하는 것은 아무런 도움이 되지 않는다. 유성영화에서 원래의 또는 양식화된 주위 환경의 소리는 공간적 거리감, 지역적 · 역사적 색채효과 및 채색 및 분위기 있는 느낌을 전달한다. 음악 또한 이와 같은 기능에 기여한다. 이 외에도 영화음악은 영화에 틀을 제공하고, 행위를 구분하고, 줄거리의 전개를 미리 알 수 있도록 하고, 사건 발생의 정서적 의미를 전달하고, 즉 여운을 남기게 하고, 사람들로 하여금 주요 모티브를 동반하도록 하고, 그 순간의 감정을 표출하도록 하는 기능들을 수행한다. 여기에서 음악은 비록 영화 줄거리의 진행에 대부분 비현실적인 첨가물에 불과할지라도 기본적으로 실제적인 극의 진행 배경을 이룬다. 영화는 단지 예외적으로만 영화의 줄거리와 밀접하게 관련 있는 음악에 국한하여 사용한다(배우가 레코드판을 올려놓는 것과 같이). 오늘날 많은 관람객을 불러 모으는 대부분의 영화는 일종의 음악극이다. 여기에서 음악이 오페라와 오페레타, 뮤지컬, 또는 볼리우드 영화[3]에서와 같이 극의 중심이 되는 것은 아니다.

역자주

3) 볼리우드는 인도 '뭄바이'의 옛 이름 '봄베이Bombay'와 '할리우드Hollywood'의 합성어로 인도영화산업을 뜻한다. 볼리우드 영화는 대부분 남녀 간의 애절하면서도 격정적인 사랑을 주제로, 주인공이 난관을 극복하고 성공하는 해피엔딩으로 이루어지는 뮤지컬 형식의 영화가 많다.

컴퓨터 게임 무엇보다도 고정관념적인 행위 피드백과 성공 피드백(루프Loops, 행위의 수행을 알리는 소리Action-Sounds)을 생각나게 하는 컴퓨터 게임은 그것을 만든 사람의 의도에 따라 강하게 유성영화와 결부시킬 수 있다. 그럼에도 불구하고 이는 특히 음악의 사용 관점에서 보면 놀이행동이 상대적으로 매우 빠르게 진행되는 연출방법 때문에 그렇게 쉽지는 않다.

비디오클립 고전적 영화의 개념과 다르게 (공감각적 체험을 넌지시 암시하는 추상적인 애니메이션을 통해[▶9장]) 실험적으로 음악작품을 영화에 적합한 방식으로 해석하는 오래된 전통이 존재한다. 비디오클립[팝음악에 맞춘 짧은 비디오 영화: 역자주]으로 음악을 그림으로 표현하는 것은 상업적으로 큰 성공을 거두게 되었다. 여기에서 상당히 다양한 많은 방식으로 제시되는 비디오클립의 시각적 매력은 팝송에 추가적으로 관심을 끌도록 하는 데 크게 기여하였다. 형식적인 측면에서는 일련의 정향반응을 유발하는 영화의 톡톡 튀는 율동적인 장면의 컷들이 사용된다. 내용적으로는 모든 유형(그리고 다양한 영화 장르)의 인상 깊은 그림들이 적용되었고, 가수들은 인상 깊게—흔히 성적으로 유혹하는 춤과 카메라 포즈를 통해서—영상으로 표현된다. 여기에서 요염한 프리젠테이션은 일시적으로 추가적인 관심을 불러일으킨다(어려운 조건에서 관음증적 엿보기).

헤드폰 청각매체의 역사에서 헤드폰은 처음에는 소리를 증폭하는 기술의 부족으로 인해 우선은 개인적으로 라디오를 듣는 데 이용되었다. 그리고 후에 자신의 집에서—다른 사람을 방해하지 않고—음악을 듣기 위해 헤드폰이 사용되었다. 그 후 워크맨Walkman과 그 후속 제품이 개발되어 강력한 음악 소비가 확산되었고, 걸으면서 또는 다른 이동 형태의 활동을 하면서 음악을 들을 수 있게 되었다. 일반 사람들에게는 공공장소에서 헤드폰을 끼고 있는 사람들은 통상 불쾌감을 유발하였다. 왜냐하면 인위적으로 제작된 노래들은 생물학적으로 주어진 청각적 개방성과 소통을 방해하기 때문이다. 스스로 헤드폰을 끼고 길을 가고 있는 사람의 (자신의 소파에서와는 다르게 주의를 기울여야 하는) 주위 환경에 대한 지각은 시각적 참조체계와 청각적 참조체계의 계속적인 분리를 통해 (영화에서와 같이) 자주 소외를 경험한다. 주위 공간으로부터 오는 청각적 정보는 크게 제한되기 때문에, 그리고 특히 뒤에서 오는 차량을 고려하면 매우 위험한 순간들이 자주 발생할 수 있다. 이와 더불어 청각과 움직임의 일상적인 협응작용이 단절된다. 머리의 움직임은 이전과 같이 상대적으로 변화된 상황에 적절하게 대응하지 못하게 된다. 공간은 떠돌고, 머리의 움직임과 함께 돌아간다(인공머리 기술을 이용하여 소리를 녹음하는 장치가 만들어지지 않는 한, 소리의 출처는 헤드폰을 쓰고 있을 경우에는 조용히 앉아 있을 때에도 역시 머릿속에 위치해 있게 된다). 이와 같은 감각운동적 연결의 풀림은 주위 환경으로부터 오는 소리가 지속적으로 차단되었기 때문에 위치와 방향을 알아차리기 위해 이제 시각에 집중해야 하는 상황임에도 잠재적으로 당혹스럽게 느껴진다. 그러나 이와 같은 당혹스러움은 그 상황을 추가적으로 흥미롭게 만든다. 움직임을 영상으로 기록하는 기술(추적장치tracking)의 도움으로, 그리고 헤드폰에서 나오는 소리를 그에 상응하게 정렬하는 컴퓨터 프로그램의 도움으로, 오늘날 헤드폰이 전달하는 청각적 공간에서는 원칙적으로는 자기 자신의 움직임이 고려될 수 있다. 이와 같은 방식으로 가상세계 시스템은 완성되어야 한다(실제로 초창기의 3차원 가상 시뮬레이션에서는 낯선 소리가 없는 장면 속으로 빠져드는 느낌이 들었다).

읽을거리 일반: Schafer, 1988, 1993; Truax, 2001; 전화: Forschungsgruppe Telefon-kommunikation, 1989, 1990; Rutter, 1987; Schönhammer, 2004c; 라디오: Arnheim, 2001;

음악과 매체: Blaukopf, 1994; Münch & Eibach, 2005; 영화: de la Motte-Haber & Emons, 1980; Flückiger, 2007; 컴퓨터 게임: Raffaseder, 2002; Süß, 2006; 뮤직비디오: Behne, 1987; Emons, 2005; Schlemmer-James, 2006; 헤드폰: Gibson, 1973; Schönhammer, 1989.

사물의 소리-청각적 프로덕트디자인

우리는 건강하고 원기 왕성한 동물로부터 가냘프게 우는 소리를 기대하지 않는다. 이와 유사하게, 우리는 조용하게 돌아가는 전기 모터보다 시끄럽게 큰 소리를 내는 내연기관에 더 큰 가속력을 부여하는 오류를 범하곤 한다. 기계가 돌아가는 소리는 우리 인간의 귀에 생명의 표현으로, 즉 기계도구들의 힘의 표현으로 지각된다. 청각적 프로덕트디자인은 한편으로는 소음 방지와 다른 한편으로는 이와 같은 애니미즘적인 기대 사이에서 갈등하게 된다. 오늘날 많은 고급 승용차는 차에 타고 있는 사람에게 그들이 타고 있는 자동차의 소음으로부터 듣고 싶은 소리를 전기적으로 선택할 수 있도록 하고 있는데, 이는 이와 같은 갈등의 한 해결방안이 될 수 있을 것이다. 이것은 소음이 하나의 사회적 문제라는 것을 강조하는 한 독특한 방식으로 이해될 수 있을 것이다.

기계장비가 잘 작동하는 표시로서의 소음은 주지하는 바와 같이 일반적으로 실용적인 측면을 지니고 있다. 장비가 내는 소음은 가끔 그 장비가—기계적인 고장 없이—잘 작동하고 있는지를 알아보도록 하는 데 도움이 된다. 전자장비에서는 대신 인위적으로 발생하도록 하는 소리 또는 소음이 전자장비의 켜짐과 꺼짐 그리고 특별한 행위를 신호할 수 있다. 소리 디자이너들이 설계하는 것은 하나 또는 다른 방식으로 의미를 전달할 수 있어야 한다(여기에서 소리에 의해 무엇이 가능한지 알 수 있도록 하는 개념은 항상 의미를 전달하는 것은 아니다. 청각적 아이콘Auditory Icons은 일상적인 소음을 은유적으로 표현하려는 시도를 위한 표시로서 사용되고, 이어콘earcons은 새로 구성된 신호를 나타내고 둘의 결합을 위한 반추상적인 소리 대상을 나타내는 표시로서 사용된다; Raffaseder, 2002).

컴퓨터와 다른 기계장비들에 가능한 한 특정한 의미를 신호하는 '사운드트랙'을 부여하는 것은 그 밖에 직관적 사용을—지각습관과 행위습관의 관점에서—강화하는 데 도움이 된다. 이와 같은 맥락에서 라파세더Raffaseder는 데이터 파일의 크기를 소리의 높이(깊은 소리=큰 파일)로, 그 데이터 파일의 노후 정도를 가까이서 또는 멀리서 바스락거리는 소리를 통해서 신호하기를 제안하였다. 이와 같은 소리 디자인은 긍정적인 측면에서 생각해 볼 수 있지만, 이는 그러한 정보들이 기록된 숫자와 단어들과 같이 충분히 정확성을 지닐 수 있는지, 또는 심지어 숫자와 단어보다 더 뛰어날 수 있는지의 문제를 간과하고 있는 것처럼 보인다. 인간과 기계 간의 상호작용을 극대화하는 수단으로서의 강렬한 다감각적 인터페이스 디자인은 가끔은 방해가 되는 요소로 작용할 수 있다. 이미 오늘날의 컴퓨터 신호음은 매우 현저하게 소리를 내기 때문에, 컴퓨터를 이용하는 사람만이 (대부분이 불필요하게) 이 소리에 주의를 기울이는 것이 아니다. 이와 같은 전형적인 소리는 상당히 소란스러움에도 불구하고 답답하고 무감각한 분위기를 불러일으킬 수 있다. 후각 디자인Olfaktorik-Design에서 잘 알려진 바와 유사하게, 불필요한 자극을 제거하는 노력들이 우선시되어야 한다는 것은 청각 구성의 장면에서도 유효하다. 지각 가능한 경고음은—그 경고음이 실제적으로 기능하는 곳에서는—상황에 따라서는 없어서는 안 된다.

자전거 달리는 소리가 너무 조용하다는 것이 위험을 나타내고 끔찍한 순간을 생각나게 한다는 것은 이미 오래전부터 잘 알려져 있다. 바퀴가 굴러갈 때 나는 종소리Laufglocke는 바퀴가 회전할 때 나는 소리와 관련되어 있고, 이 소리는 주의를 집중하도록 한다. 그러나 이 소리의 문제는 오늘날까지 해결되지 못하고 있다.

핸드폰의 벨소리도 방해가 된다. 무엇보다도 다른 사람들도 자기 자신의 핸드폰이 울린다고 생각할 수 있기 때문이다. 개성적인 핸드폰 벨소리는 이와 같은 특별한 당혹스러움을 줄일 수는 있지만(그리고 그 밖에 핸드폰 소리의 주인에 대한 정보를 제공할 수 있다), 그럼에도 신호음에 의한 방해를 근본적으로는 해결해 주지는 못한다. 이 문제에 대해 진동 소리가 그 대안으로 검토될 수 있다. 진동 소리를 발명한 사람의 의도와는 다르게, 진동 소리는 관련이 없는 제3자가 바로 그 매우 작은 소리 강도 때문에 주의를 기울이게 되는 청각적 신호로 작용할 수 있다. 그것은 외투 호주머니 속에서 윙윙거리는 자신의 핸드폰 소리일 수 있다고 생각하기 때문이다.

읽을거리 Bernsen, 1999; Langenmaier, 1993; Raffaseder, 2002; Langguth, 2002; Schifferstein & Hekkert, 2008, 3장.

청각적 심상, 환각, 꿈과 공감각

'마음속으로 듣기'는 예를 들어 어느 한 멜로디가 머릿속에서 떠나지 않고, 유행가처럼 계속해서 반복될 때 의식적으로 경험된다. 대부분의 사람은 독서를 할 때 마음속으로 말하면서 글을 읽는다. 특히 사람들은 마음속으로 말하고, 즉 듣는 방식으로 사고를 한다. 음악을 듣는 것은 최소한 기대되는 소리에 대해 암묵적으로 상상하는 것 없이는 가능하지 않다. 뮤지션은 실제로 그들이 내고자 하는 소리를 상상할 수 있어야만 한다.

청각적 심상은 매우 중요함에도 심리학 연구분야에서 큰 관심을 끌지 못하고 있다. 심상Imagery이라는 주제에 대한 엄청나게 많은 연구 문헌은 주로 마음속으로 보기에 집중되어 있다. 이는 아마도 청각과 시각 작용에서의 비대칭성과도 어느 정도 관련이 있을 수 있다. 청각매체에 관한 논의 부분에서 이미 언급된 바와 같이, 청각적으로 경험하는 것은 시각적으로 동시에 제시되는 것 없이도 잘 작용하고, 무의식적으로 그리고 어렵지 않게 분명한 시각적 심상을 통해 보완되기도 한다(라디오 드라마, 전화 등). 이와는 반대로 소리가 없는 시각적인 사건은 매우 낯설게 느껴진다(무성영화). 보는 것과 듣는 것이 일반적으로 하나의 단위를 구성하는 반면, 자연적인 지각의 상황에서 청각은 흔히 시각보다 앞서 일어나고, 눈으로 볼 수 있는 사건을 마음속으로 상상하도록 한다는 것을 생각하면, 이와 같은 차이는 놀라운 것이 아니다. (상상이 얼마나 시각적인 것과 밀접하게 관련되어 있는지는 청각적인 경험을 동반하는 시각적 심상과 관련되어 있을 때 얼마나 많은 연구자가 청각적 심상에 대하여 잘못 말하고 있는지를 보면 알 수 있다.)

시각적 심상이 내적으로 유발된 시각중추영역의 활성화에 기초하고 있는 것과 유사하게[▸7장], 신경과학적 연구 결과에 따르면 청각적 심상에는 청각과 관련이 있는 뇌의 영역이 밀접하게 관련되어 있다. 그 외에 내적인 조율을 암시하는 (전운동피질에서의) 영역들이 이에 속한다(Halpern, 2001).

환청 일상적이지 않은 많은 조건에서 마음속으로 듣기는 어느 외적 사건에 대한 지각으로 잘못 이해된다. 알코올중독으로 정신착란을 경험하는 경우에 그 관련자들은 생생한 소리와 목소리를 경험한다. 또한 간질과 편두통의 전조 증상에서 그리고 간질발작의 제한된 형태들에서 비자발적인 생생한 청각적 망상들이 나타난다. 이 청각적 망상은 부분적으로는 주관적인 현상으로 간주된다(준환청). 정신분열증 환자들이 환각을 보이는 경우에는 시각적인 환각보다는 청각적인 환각(환청)이 더욱 자주 나타난다. 알코올중독에 의한 정신착란증의 경우에서와는 다르게, 정신분열증에서 특징적인 것은 대부분 마음속에서 지각되는 목소리를 듣는다는 것이다. 일련의 간접 증거에 의하면, 정신분열증 환자들이 목소리를 듣는 것은 마음속으로 말하기에 기인하고 있다. 그리고 정신분열증 환자들은 환청이 그들 자신이 만들어 낸 목소리라는 것을 인식하지 못하고, 환청이 자신의 (내적) 운동이 다른 기능과 조화를 이루지 못함으로써 나타나는 일종의 변형된 형태를 보인다는 것을 의식하지 못한다[▶2장과 3장]. 다른 심리적 문제의 증상에서 나타나는 환청은 아마도 다른 원인에 의해 생긴 자극에 따른 것이거나 청각중추의 자발적인 활동에 기인하는 것으로 알려졌다.

여기에서 특별히 관심을 끄는 것은 귀의 울림(이명)이다. 이는 귓속에 또는 머릿속에서 일어나는 주관적인 현상에 관한 것이다. 간간이 벨이 울리는 소리와 윙윙거리는 소리 등이 최소한 처음에는 외부 환경에서 나는 소리로 잘못 이해되곤 한다. 청각적인 특징의 측면에서 귀의 울림과 비특징적인 소리의 환각(환청Akoasmen)은 어느 정도 서로 중복된다. 가끔 귀의 울림은 또한 준환청적인 음악 소리를 듣는 것과 관련되어 있다. 귀의 울림은 다양한 발생 원인을 갖고 있다. 그래서 난청, 귀먹음 또는 일시적인 감각 박탈은 (찰스-보넷 증후군Charles-Bonnet-Syndrom과 유사하게) 독립적인 중추신경계, 즉 대뇌피질의 활동을 불러일으킬 수 있다. 그 원인이 직접적으로 귓속에 있는 것은 상대적으로 흔치 않다(만약 그렇다면 이를 객관적 이명이라고 한다). 귀에서 발생하는 소음은 결국 특히—걱정으로 인해—주의가 그것에 집중됨으로써 만성적인 것이 될 수 있다.

수면-환각 번쩍이는 불빛, 찌푸린 얼굴, 추락의 느낌과 결부된 경련 또는 피부에서 느껴지는 전기적 충동 이외에 달그닥거리는 소리, 날카로운 소리, 팽팽하게 당겨진 현을 뜯어서 내는 소리 등은 상대적으로 많은 사람에게서 잠에 빠지는 현상(입면환각 증상)을 동반한다. 가능한 원인으로는 외부에서 들어오는 감각적 자극의 감소에 기인하는 중추신경계에서의 자발적인 방전이 제시되고 있다(Oswald, 1962).

청각적 공감각 고전적으로 소리를 색상으로 경험하는 것과 같이 청각적으로 주어진 자극에서 시각적인 것을 경험하는 형태와 비교하여, 대략 소리가 나는 색상과 같이 다른 감각을 통해 유발된 것을 소리로 경험하는 것은 특히 흔치 않다[▸9장].

꿈 꿈의 기술에 대한 통계학적 연구는 시각에 대해 어느 정도의 거리를 갖고 청각을 시각 다음으로 두 번째로 강력하게 나타나는 감각의 양식으로 간주하도록 한다. (REM 수면에서의 꿈과 관련하여, 비REM 수면에서는 순수하게 언어적으로 꿈을 꾸는 것이 일반적이다. 그리고 여기에서 어느 정도 의미 있는 소리 형상, 단어 그리고 구들이 지배적으로 작용한다.) 흔히 REM 수면에서 듣는 것은 보는 것으로부터 독립적으로 작용한다. 인상적인 강렬한 소리와 목소리는 예를 들어 매우 선명한 꿈으로부터 보고된다. 타란티니Tarantini의 〈악마의 소나타Teufelssonate〉와 폴 매카트니Paul McCartney의 〈예스터데이Yesterday〉와 같은 많은 곡은 꿈을 꾼 음악에 기초하여 만들어졌다 (Barrett, 2001). 시먼스Symons(1993)의 가설에 따르면, 청각은 그 경고기능 때문에 REM 수면에서 시각에 비교하여 상대적으로 덜 중요한 역할을 수행한다. (잠에서 청각의 경고기능이 단지 제한적으로 작용한다는 것은 잠을 깨우는 소리가 처음에는 꿈의 장면으로 통합된다는 잘 알려진 꿈에 관한 사실에 의해 설명될 수 있다. 잠을 자고 있는 엄마가 다른 소리들은 잘 듣지 못해도 자기 자녀의 소리에 대해서는 매우 예민하게 반응한다는 소위 유모잠Ammenschlaf은 사람들이 어떤 소리에 의해 잠에서 깨게 되는지는 어느 정도는 태도에 의해, 즉 기대에 의해 영향을 받는다는 것이 입증되었다.)

읽을거리 소리 심상 일반: Reisberg, 1992; 상상음악: Bruhn, 2005; Halpern, 2001; 환각: Smith, 1992; Jeannerod, 2006; Sacks, 2008; 꿈: Schönhammer, 2004; Strauch & Meier, 2004.

예술, 매체, 광고 ▶ 청각을 묘사한 그림

전통적으로 그림과 그래픽은 소리와 음악을 특히 악기를 통해서 그림으로 표현한다. 정물화에 쓰이는 것을 떠나서 악기는 흔히 생기발랄한 사교적인 장면(춤을 추는)에서 나타나고, 이를 통해 사교적 삶에 참여하고 그 분위기에 젖어드는 것에 음악이 어떤 의미를 지니고 있는지를 암시하고 있다. 그림에서 인물의 움직임은 음악의 운동 잠재력을 암시한다. 그림에 묘사된 (상당히 많은) 사람과 대상의 움직임은 또한 그 자체로 생기 있는 분위기Atmo의 표시로 작용한다. 다른 한편으로 관심이 집중된 장면들은 또한 소리(말하는 사람 주변에 모여 있는 사람들)를 상징한다.

읽을거리 Jütte, 2000; Kaufmann, 1943.

요점정리를 위한 물음

- 청각은 시각과 비교하여 어떤 특징을 지니고 있는가?
- 청각의 중요한 특징들은 청각장애 체험 또는 시각장애 체험 실험에서 어떻게 나타나는가?
- 청각의 어떤 특징에 의해서 청각이 경고기능을 수행할 수 있는가?
- 우리는 소리를 통해서 어떻게 사건이 발생한 장소까지의 거리를 알 수 있는가?
- 어떤 청각적 근거, 기제가 귀로 들어오는 정보들을 분류하고 그 정체를 확인하는 것을 가능하게 하는가?
- 범주적 소리지각kategorialer auditiver Wahrnehmung이란 무엇을 의미하는가?
- 맥거크 효과McGurk-Effekt란 무엇인가?
- 정서지각에서 맥거크 효과는 어떤 대응관계를 지니고 있는가?
- 이와 같은 현상은 무엇에 기인하는가?
- 즐거운, 성난 그리고 슬픈 억양은 어떻게 구별되는가?
- 성인과 유아 간의 원초적인 의사소통 방식에서는 감각운동적 측면에서 무엇이 일어나는가?
- 이는 어떤 현재 효과와 장기적인 효과를 지니고 있는가?
- 인간의 음악성에 대한 진화적 기초는 어디에서 기인하는가?
- 무엇이 소리영역을 어느 정도 매력적으로 보이게 하는가? 영화 전문용어의 개념인 소리Atmo는 무엇을 의미하는가?
- 방해는 되지 않을 정도의 소리라도 어느 정도 해롭게 작용할 수 있는가?
- 소음은 왜 열광케 할 수 있는가?
- 왜 매우 조용하고 부드러운 소리 강도로 대화하는 낯선 전화 소리는 매우 방해가 되는가?
- 왜 무성영화는 일반적으로 음악이 동반되는가?

- 헤드폰을 쓰고 길을 가는 것은 주위 환경 지각에 어떤 영향을 끼치는가?
- 청각적 프로덕트디자인의 영역은 어떤 근본적인 문제에 직면하고 있다고 보는가?

감각의 통합

예술, 디자인 그리고 인문학도를 위한 지각심리학

IV

다감각적 지각Multisensorische Wahrnehmung과 공감각Synästhesie의 주제는 최근에 지각연구를 크게 흔들어 놓았다. 감각의 통합문제는 이미 이전에 한 번 크게 유행하였다. 19세기에서 20세기로 넘어오면서, 그리고 20세기 초 10년 동안 심리학자(그리고 예술가)는 특히 감각의 통합이 미적 체험에 대한 새로운 접근을 가능하게 할 수 있다는 믿음에서 일상적이거나 또는 비일상적이거나 특이한 감각의 상호작용 방식에 관심을 기울이게 되었다. 그 당시 크게 유행한 비구상적 회화의 발달은 이와 밀접한 관련을 맺고 있다.

앞 장에서 감각들 간의 다양한 관계가 논의되었고, 지각은 신체의 움직임(행위)을 전제하고 또 가능하게 한다는 것은 물론, 운동/행위경험이 지각 자체에 포함되어 있다는 것을 분명히 하였다.

9장에서는 무엇보다도 심리학과 신경과학의 분야에서 공감각의 개념을 도입하도록 한 특이한 감각적 현상을 초양태적 특성과 시각적으로 유도된 접촉 및 통증의 느낌과 같이 모든 사람에게서 경험되는 감각들 간의 연결로부터 구별하는 문제를 다루고자 한다.

마지막 장에서는 미적 체험과 분위기Atmosphäre에 대하여 개별 감각의 관점에서 지금까지 연구된 것을 다루고, 이를 지각이론에 관련시켜 논의하고자 한다.

9 다감각적 지각과 공감각[1]

우리가 보고 있는 말하는 사람의 입술 움직임은 우리가 어떤 소리를 듣게 되는지에 영향을 준다. 또한 말의 억양과 얼굴 표정은 서로 영향을 준다[▸8장]. 아로마의 강도는 색상과 미각에 의해 변화되고[▸6장], 향수의 향기는 향수 용기의 외적 형태에 의해 영향을 받는다[▸5장]. 그리고 음식 맛의 평가는 음식의 향의 강도에 따라 다르고[▸6장], 대상의 형태에 대한 촉각적 인상이 왜곡된 시야에 의해 변화되는 것과 같이[▸3장] 내적 육감, 즉 자신의 신체상태에 대한 내적 지각은 (착시적인) 시각적 인상에 의해 영향을 받는다[▸1장]. 반면에 손가락 끝에 거친 또는 섬세한 조직을 밀어 넣으면, 그 반대로 표면은 그 외적 모습을 변화시킨다[▸2장]. 균형감각, 즉 어지러움은 특별한 형태를 보인다. 왜냐하면 여섯 번째 감각은 바로 다감각에 의해 정의되고, 내적 · 외적 인상의 (한편으로는 근육과 건에서의 느낌 및

역자주

1) 공감각Synästhesie는 그리스어로 '함께' 를 의미하는 syn과 '지각하다' 를 뜻하는 aisthesis가 합쳐져 '감각을 한꺼번에 느낀다' 라는 의미를 지닌 개념이다.

내이 균형감각기관의 자극과 다른 한편으로는 시각적이고 청각적인 인상의) 통합에 의해 표현되기 때문이다[▶4장].

얼마 전까지만 해도 각각의 개별적인 감각은 분명하게 구분된 정보 처리적 모듈을 지니고 있고, 그 결과 서로 분리되어 연구될 수 있다고 보았다. 이와 같이 개별적인 감각들이 서로 분리되어 연구된 후에 우리가 보고 듣고 느끼는 것이 어떻게 지각된 세계로 통합되는지의 문제를 다룰 수 있다는 견해가 지배적이었다. 이와 같은 소위 결합문제는 우선 어떻게 통일적인 시각이 구성되는지, 우리 눈에 보이는 것의 형태, 색상 그리고 운동이 정보처리 시스템의 분리된 하위 모듈로 어디에서 처리되는지와 같은 더욱 구체적이고 세부적인 문제들의 측면에서 논의되었다. 그 사이에 지금까지 알려지지 않은 감각들 간의 상호작용이 발견되었고, 오래전부터 알려졌던 것들이 새롭게 주목받게 되었다. 특히 뇌연구는 서로 분리되어 처리되지 않는 감각 채널에 대한 이해를 교정해 주었다. 고양이, 유인원 그리고 다른 동물들의 침습적 뇌연구(개별 뉴런의 측정)와 더 고상하나 덜 신뢰할 만한 것으로 평가되는 인간의 뇌에 대한 관찰기법(뇌파, 기능적 영상)들은 감각의 통합에 대한 신경생리학적 · 신경해부학적 기초를 밝혀 주고 있다.

신경 개요 ▶ 다감각적 지각과 공감각

여러 상이한 감각의 신경흥분은 뇌에서 어떻게 통합되는가? 결합문제는 대뇌피질에서 감각양식(청각, 시각 등)에 따라, 그리고 한 양식(예를 들어 색상과 형태)에서도 서로 다른 다양한 질적 특성에 따라 서로 분리되어 처리된다는 가정에서 출발한다. 그럼에도 결합문제는 서로 분리되어 처리된 것이

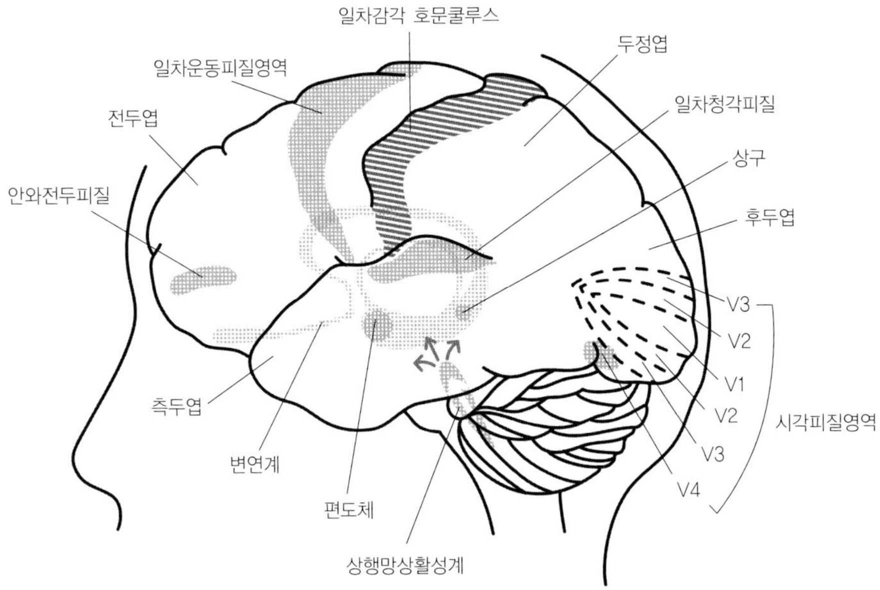

[그림 9-1] 다감각 관련 뇌의 주요부위 시상면

어떻게 서로 통합되어 지각경험으로 구성되는지의 문제를 제기한다.

서로 다른 감각 모듈을 처리하는 뇌의 단위들이 공간적으로 떨어져 있을지라도 신경의 동시적 발화를 통해서, 즉 일종의 공명을 통해서 감각의 통합이 촉진된다는 사변적인 가설이 제시되었다. 서로 다른 감각의 채널이 어떻게 서로 통합되는지의 물음에 대한 전통적인 답변은 연합피질영역과 관련이 있다. 이 연합피질영역에서는 감각기관에서 들어온 자극이 서로 독립적인 감각 모듈에서 처리된 신경충동들이 이중 양태적bimodal, 즉 다양태적multimodal 뉴런의 네트워크에서 서로 만난다. 시각과 청각 그리고 신체(평형, 공간지각, 오리엔테이션의 기초로)의 자극들이 서로 만나는 장소로는 대략적으로 두정엽의 영역[▸4장], (이마 바로 뒤 안구 너머로 나 있는) 안와전두피질Orbitofrontalkortex의 영역이 있다. 유인원에서는 눈, 귀, 피부, 근육 그리고 코와 혀로부터의 자극들이 이중 양태적으로 서로 연결되어 있는 세포들이 여기에서 복잡하게 혼합되어 있는 형태로 존재한다. 인간을 대상으로 한 뇌영상 기법을 사용한 연구는 인간의 뇌 속에도 이와 상응하는 신경세포들의 결합이 존재한다는 것을 암시하고 있다. 사람들이 먹고 마시는 것에 대한 다중감각적 평가는 이 영역과 변연계 사이에서 일어나는 것에 크게 의존한다. 비유적인 의미에서 취향이라고 부르는, 피가 되고 살이 되는 미적 평가를 위해서도 이 통합은 중요한 의미를 지닐 수 있다.

신경학의 한 교의에 의하면 서로 다른 양식의 일차적, 즉 이차적 감각영역들 간에는 어떤 직접적인 결합이 존재하지 않는다. 그러나 최근에 이와 같은 연결이 유인원의 뇌에서 발견되었다. 두피에서 뇌파(일종의 EEG에서 사건유발 전위) 측정과 뇌영상 기법은 최소한 인간의 뇌에서도 이전에는 단일감각적인 것으로 간주되었던 영역들이 다른 감각에 의한 자극을 위해서도 열려 있다는 것을 보여 주고 있다. (맥거크 효과McGurk-Effekt와 유사하게) 입술의 움직임을 지각하는 것은 일차청각피질의 활성화를 불러일으킨다. 다른 사람에게서 관찰되는 접촉의 경험은 자신의 체감각적 피질의 그에 상응하는 영역에서 흥분을 초래할 수 있다는 것이 밝혀졌다.

엄격하게 구별된 모듈에 의한 처리에 대한 전통적인 견해와는 반대로, 맹인이 점자를 읽으면 시각피질의 영역이 활성화된다. 그리고 정상적인 사람들도 눈을 가리고 비교적 짧은 시간의 연습을 거친 후에는 그와 비교될 수 있는 효과를 얻어 낼 수 있다는 사실들이 계속해서 발견되고 있다. 이와 유사하게, 청각장애인들이 어떤 것을 눈으로 볼 때에도 청각피질이 관계하고 있는 것처럼 보인다. 이와 같은 보충의 기제는 아마도 무엇이 지각되는지에 관여되어 있는 것 같지는 않다. (실험을 통해 인위적으로 설치류의 시각적 자극을 청각피질과 연결시키면 시각적 경험이 나타나는 것과 같이 시각피질이 함께 작용해도 촉감은 촉감에 머무른다; Roe et al., 1990) 또한 시각의 하위 모듈의 기능 세분화는 얼마 전까지만 해도 당연한 것으로 간주됐던 것과 같이 그렇게 엄격하게 구분되지는 않는다.

감각들 사이의 교차연결이 대뇌피질의 수준에서 비로소 존재하는 것은 아니다. 처음에는 고양이, 그 이후에는 유인원에서 시선 조절, 즉 주의 조절에서 결정적인 역할을 수행하는 중뇌의 한 영역(상구)에서 느낌, 시각, 청각의 공간 관련 감각정보를 인식하도록 하는 다감각적 뉴런이 발견되었다. 다중 모듈의 뉴런 활동은 특정 양태의 정보가 활성화되면 개별 뉴런 활동의 합 이상으로 초과한다. 그리고 또한 어느 곳에서 동시에 어떤 것이 보이고 들리면 다중 모듈 뉴런의 신경활동이 촉발된다. 그에 반해 서로 다른 영역에서 자극이 주어지면 다중 모듈 뉴런은 그 반대로 정보의 처리를 억제한다. (세포들이 가까이 또는 멀리 떨어진 영역에 존재하는가에 따라—그 세포의 수용장이 어디에 놓여 있는가에 따라—다중 모듈 뉴런은 시각적 · 청각적 자극이 최적의 상태로 작용할 수 있도록 상이한 타이밍을 유지한다. 이와 같은 방식에 의해서 빛과 소리의 상이한 전도 속도에도 불구하고, 그리고 뇌에서 자극전도의 상이한 지속 시간에도 불구하고 시각적 · 청각적 사건의 동시성이 유지될 수 있다.)

다감각적 결합은 또한 뇌간(망상체)으로부터 올라오는 망상각성체계(각성 조절)에서, 그리고 편도체(정서적 정보를 처리하는)와 같은 변연계에서도 나타난다. 이 두 개의 서로 다른 기능을 하는 영역은 한편으로는 서로 다른 양식의 자극에 대한 피질수준에서의 처리에 영향을 준다. 이들은 또한 앞에서 언급하였듯이 자극의 초양태적 특성(밝은 향기)과 공감각(예를 들어 청각적으로 유도된 색경험)과 관련되어 있다.

- 공감각: 색정보 없이 단지 소리에 의해 유도되는 특수한 색지각에서 특히 색 모듈로 간주되는 뇌의 영역으로 V4 영역에서 뇌 활성화가 증가하는 반면, 공감각을 보이지 않는 사람들의 경우는 동일한 조건에서 색지각과 V4

뇌영역의 활성화가 나타나지 않았다. 이와 같은 결과는 지각의 수수께끼 같은 특성이 실제로 존재한다는 것을 입증해 주고 있다. 지각의 이와 같은 특성은 현재는 다음과 같은 가설들에 의해 설명되고 있다. 즉, 정상적으로는 유아기부터 과도할 정도로 조밀하게 밀집되어 있는 피질의 연결들이 발달이 진행되면서 점점 엷어지는 것이 정상인데, 이 연결들이 계속해서 유지되기 때문이라는 것이다(본문 참조).

결국 일차운동영역들이 지각에 직접적으로 관여하고 있다는 것이 인간과 동물을 대상으로 한 신경학적인 연구 결과들에 의해 입증되고 있다는, 이전 장에서 여러 번 언급되었던 상황이 상기된다. 지각에서 목표 지향적 운동, 즉 행위 의도성의 중요성을 입증하는 데서 주목할 만한 사실은, 어느 도구의 사용을 훈련받은 유인원의 체감각피질영역은 그 유인원이 그 도구를 실제 도구로 이용하면 그것과 유사한 시각적 자극에 반응하지만, 그 도구를 손으로 쥐고만 있으면 체감각피질영역이 반응하지 않는다는 사실이다(Ishibashi, Obayahi, & Iriki, 2004).

읽을거리 Bösel, 2006; 동기화: Engel, 2006; Llinás, 2001; Singer & Ricard, 2008; 두정엽: Cohen & Anderson, 2004; Jäncke, 2007; Gallese, 2007; 안와전두피질: Rolls, 2004, 2005; 일차피질영역의 결합: Calvert & Lewis, 2004; Raij & Jousmäki, 2004; Makaluso & Driver, 2004; 청각장애와 시각장애에서의 보완: Santian & Lacey, 2007; 피질하 다감각: Mesulam, 2000; Stein & Meredith, 1993; 공감각: Nunn, Gregory, & Brammer, 2002; Beeli, Esslen, & Jäncke, 2008; 운동/행위: Fogassi & Gallese, 2004; Gallese, 2007; Ishibashi, Obayahi, & Iriki, 2004.

신체, 공간, 주의

불수의적인 주의의 공간적 배열에서 감각들은 서로 함께 작용한다. 그래서 이전에 무언가 들었거나 느꼈던 방향으로부터 시각적 자극이 나타나면 그 자극에 대한 반응 준비상태는 증가한다. (그리고 일련의 실험에서 그 자극의 방향이 시각적 자극의 방향과 규칙적으로 일치하지 않아도, 즉 그 자극이 믿을 만한 참조의 기능을 하지 못해도, 그리고 피험자들이 전면의 한 점을 똑바로 응시하고 다른 자극은 무시하도록 요구해도 그 자극에 대한 반응 준비상태는 증가한다.) 이와 유사하게, 청각적 · 촉각적 자극에 대한 반응 준비상태는 다른 감각양식으로 주어진 유사한 방향에 위치한 자극에 의해 증가한다(Spence & McDonald, 2004). 만약 시각적 정보와 청각적 정보가 공간적으로 분리되어 있으면—자동차를 운전하면서 전화를 걸 때(소리의 정보가 자동차의 방향과 일치하지 않는 경우)와 같이, 또는 차량과 비행기 조종실의 디자인을 통해서—그것은 과제를 수행하는 데 요구되는 이상적인 주의의 배열과 배치되어 과제 수행을 방해한다(Spence, 2002).

소위 개인 근접공간에서, 지금까지는 주로 손과 머리와 관련하여 연구되었던 신체와 매우 근접해 있는 공간에서 다감각적 지각은 특별한 관심을 끌고 있다. 청각적 자극과 시각적 자극은 이 영역에서는 상황에 따라서는 신체 접촉과 같이 작용한다(5cm까지의 거리에서 그 효과가 가장 크고, 약 30cm 정도 떨어지게 되면 효과는 급격하게 감소한다). 이 효과는 특별한 형태의 우측 뇌 반구 손상으로 인해서 오른손이 동시에 만져지면 왼손에서의 접촉(이 정보는 손상된 우측 뇌 반구로 전달)을 지각하지 못하는 뇌손상 환자에게서 입증되었다. 이 환자의 경우 개인 근접공간 안에서 단지 시각적 자극 또는 청각적 자극에 의해서도 자극의 사라짐의 효과를 이끌어 낼 수 있었다(Làdavas & Farnè, 2006). 이 외에도 접촉하는 장면을 볼 수 없으면 신체의 좌측에서의 접촉을 느끼지 못하는 뇌졸중 환자의 사례도 언급되었다. 특정 접촉의 실시간적 피드백으로 간주되는 비디오 촬영 또한 접촉의 느낌을 유발하였다. 이와 같은 사례는 학습된 시각-촉각 공감각으로 분류된다(Halligan et al., 1996). 여기에서 뇌손상에 의해 습득하게 된 것은 아마도 시각-촉각의 연결이 아니라, 그 연결이 손상을 통해서 비로소 독자적으로 기능할 수 있도록 된 것이다.

이중 양태적 뉴런 또는 다양태적 뉴런은 이와 같은 등가물의 실체일 수 있다. 다른 사람들이 경험하는 접촉과 손상을 단지 보는 것만으로도 규칙적으로 일차체감각영역과 이차체감각영역에서의 활성화를 불러일으킬 수 있다. 무엇보다도 이와 같은 활성화는 일반적으로 자신의 신체에서 그 접촉과 손상의 느낌을 실제로 느낄 수 있을 정도로 충분히 강하지는 못하다. 윌리엄 제임스William James가 『심리학의 원리*Principles of Psychology*』에서 기술하고 있는 바와 같이[▸2장], 강한 감정이입적인 고통지각에 대한 사례는 경우에 따라서는 아마도 대부분의 사람에게서 시각적으로 유도된 감정이입적인 고통지각이 가능할 수도 있다는 것을 보여 주고 있다. 날카롭고 뾰족한 물체와의 위협적인 만남은 해당 신체의 영역에서 가끔은 찔리는 듯한 느낌을 불러일으킬 수 있다. 그리고 이전에 반복해서 자신의 손으로 잡고 있었던, 그래서 거의 하나로 통합되었던 대상을 망치로 내려치면—피부저항 반응으로 측정을 해 보면—비록 망치로 내려치는 순간 자신의 손에 아무런 접촉이 가해지지 않아도 놀라게 된다[▸2장]. 단지 다른 사람에게서 관찰한 접촉의 느낌을 자신의 몸에서 느끼는 사람들은 특별한 경우다. 그와 같은 감정이입적 시각-촉각 공감각을 지닌 건강한 한 여성의 사례에서는 관찰된 사람에게서 접촉되었던 바로 그 신체 부위에 해당하는 체감각피질 영역에서 활성화되는 것을 관찰할 수 있었다(Blakemore et al., 2005).

사람과 동물을 대상으로 한 연구에서 개인 근접공간은 또한 현재 자신의 신체를 확장할 수 있는 도구들을 중심으로 형성된다는 것을 보여 주고 있다(일상생활 속에서 동승자들에게서 관찰되는 꼭두각시 효과Marionetten-Effekt[2]는 도구를 사용하고자 하는 의도가 상황에 적합하게, 즉 습관적으로 행하는 행위에 어울리게 마음속에 떠오르면 그것만으로도 충분할 수 있다는 것을 암시한다). 이는 감각의 협력 작업은 행위를 하고자 하는 의도에 의해 변경될 수 있다는 것을 보여 준다. 이와 더불어 만약 수의적 운동기능이 방해를 받으면 신체의 지각과 신체를 둘러싸고 있는 공간지각은 제한을 받게 된다. 목표 지향적인 운동을 계획하는 데 관여하고 있는 뇌영역에서의 부분적인 손상은 해당 영역에서의 신체마비를 동반함은 물론 마비된 사지와 그 주변 영역에서의 무감각을 동반할 수 있다(Gallese, 2007). 그 반대로 자기 접촉 효과의 경우에는 환자들이 건강한 손으로 마비된 팔을 만짐으로써 감각의 상실을 회복할 수 있다. 자신의 신체에 관련된 움직임은 뇌로 계속해서 전달되지만, 그렇지 않으면 마비에 의해 무시되는 자극들을 일시적으로 지각할 수 있도록 하기 때문이다.

읽을거리 Blakemore et al., 2005; Bufalari et al., 2007; Calvert, Spence, & Stein, 2004, 1장: 26-28, 50-51; Knoblich et al., 2006, 2-5장, 8장; Stein & Meredith, 1993.

역자주

2) 틀린 글자를 보면 자기도 모르게 수정하고 싶은 것과 같이 자신의 의지와는 관계없이 마치 꼭두각시 인형처럼 심리적 조정을 당하는 것을 꼭두각시 효과(마리오네트 효과)라고 한다.

시각의 상대적 우세

눈을 감고 자신의 집 안을 돌아다녀 본 사람은 공간과 형태에 대한 이해가 어떻게 시각에 의해 효과적으로 촉진될 수 있는지를 의식하게 된다. 만약 실험에서 시각과 능동적 촉각을 서로 계속해서 반복하게 되면, 이 장의 서두에서 언급한 바와 같이 눈이 손에 비하여 우위를 점하게 된다[▸3장]. 그리고 이전 장에서 언급한 복화술효과는 우리가 상황에 따라서는 소리를 실제의 상황과는 다르게 눈이 소리가 나는 곳이라고 생각하는 곳에서 들려오는 것으로 지각한다는 사실을 나타낸다. 그러므로 영화관에서 영화를 관람하는 사람들은 실제로 주어지는 소리와 그것이 나는 곳으로 보이는 것 간의 차이를 심각하게 의식하지 못하게 된다. 어떻게 영화관에서 사람들이 눈으로 소리가 나는 방향을 알아들을 수 있는지는 눈을 감고 화자 또는 소리 출처의 위치를 알아보는 실험을 통해서 의식할 수 있다. 복화술효과는 많은 실험에서, 일부는 거의 실제 상황과 가까운 다양한 상황에서, 그러나 일부는 개별적인 추상적인 자극(광원, 개별적인 소리)을 가지고 연구되었다. 무엇보다 그 효과는 전반적인 동시성을 전제한다는 것이다. (소리가 늦게 들리는 것이 소리가 먼저 나는 것보다 더욱 자연스럽게 여겨진다. 이는 소리가 빛보다 더욱 느리다는 것을 감안하면 놀라운 일은 아니다.) 이와 더불어 소리와 빛의 동시성의 효과가 지속되기 위해서는 최대한 그 차이가 얼마나 커야 하는지의 문제가 계속해서 연구되었다. (아마도 많은 실험실 연구에서의 추상적인 빛의 신호와 경적 소리와는 다르게, 영화관에서 제공하는 것과 같이 장면과 소리정보의 의미 있는 결합에서는 시간 간격에 대한 허용 범위가 더욱 커진다.) 그리고 시각적으로 지각된 이동방향은 소리 자극의 지각된 이동방향에 규칙적으로 영향을 준다는 것이 밝혀졌다(반면에 다의적으로 애매하게 흔들리는 시각적인 이동자극은 오해의 소지 없이 한 방향으로 움직이는 청각적 신호에 의해 영향을 받는다). 또한 후속효과after effect가 발견되었다. 소리방향 지각 실험에서는 소리의 제시가 종료되었음에도 불구하고 얼마 동안 소리가 일정한 방향으로 계속해서 이동하는 것으로 지각된다. 시각적인 정보가 청각적인 소리공간의 좌표를 계속해서 이동시키기 때문이다.

공간적 관계의 지각에서 시각의 우세한 수행능력(높은 공간적 분해능력, 개관)은 감각정보들 간의 갈등 상황(시각포착visual capture)에서 시각이 왜 우위를 점하는지를 적절하게 설명해 준다. 이를 더욱 일반적인 형식으로 표현하면 다음과 같다. 즉, 각각의 경우에 더욱 적합한 감각이 지배적인 위치를 점한다(적절성 가설). 이 가설에 따르면, 시간의 경과에 따른 변화에 관한 것이라면 청각이 지배적이다. 왜냐하면 청각 시스템은 더욱 빠르게 정보를 처리하기 때문이다. 즉, 이 청각 시스템은 더욱 높은 시간적 분석능력을 지니고 있기 때문이다. 실제로 반짝거리는 불빛 자체는 동시적으로 진동하는 청각적 자극에 의해 동반될 경우(반짝거림 혼합 역치의 상향)보다 더욱 낮은 빈도의 반짝거림에서 더욱 지속적인 불빛으로 흡수되어 지각된다는 것이 이미 오래전부터 잘 알려져 있다. 최근에는 듣는 것이 계속적으로 지속되는 시각적 자극을 중단시키는 것처럼 보이도록 오도될 수 있다는 것이 입증되었다. 만약 개별적인 번쩍거리는 불빛이 두 개의 짧은 소리에 의해 동반되면 두 개의 서로 다른 번쩍거리는 불빛을 지각하게 된다(이중 번쩍거림 착시; Kaimitani & Shimojo, 2004). 소리의 자극이 사람들이 보는 것을 변화시킬 수 있다는 최근에 알려진 두 개의 계속적인 관찰 결과는 청각의 시간적인 분석능력에 간접적으로 관련을 맺고 있다는 것을 보여 준다.

- 갑작스럽게 울리는 높은 소리는 빠르게 바뀌는 일련의 그림에서 우리가 찾고 있는 도안을 포함하고 있는 그림을 찾아내는 것을 더욱 용이하게 만든다. 소리와 동시적으로 제시된 그 그림은 더욱 밝게, 즉 더욱 오랫동안 눈앞에 지속되는 것처럼 보인다(결빙현상; Vroomen & de Gelder, 2004).
- 스크린에 두 개의 점을 일직선상에 서로 마주하도록 배열하여 두 개의 점이 서로 포개지고 하나의 점이 다른 하나의 점이 출발한 곳으로 계속해서 움직이도록 배열하면, 관찰자는 일반적으로 같은 모양의 단조로운 움직임을 지각한다. 그러나 두 개의 점이 서로 접속하는 순간 갑자기 매우 짧은 소리를 울려 주면, 많은 사람은 두 개의 점이 서로 충돌하여 뒤로 물러나는 것처럼 지각한다(탱탱볼 효과bouncing ball effect; Sekuler, Sekuler, & Lau, 1997). 두 개의 점이 서로 접속하는 순간에 반짝이는 불빛이 제시되거나 또는 관찰자가 순간적으로 신체적으로 접촉되면 두 개의 점이 서로 접촉하여 계속 같은 방향으로 움직이는 것으로 지각하기보다는 두 개의 점이 서로 충돌하여 반대의 방향으로 튀어 나가는 느낌을 불러일으킨다(Watanabe & Shimojo, 1998).

시간적 경과에 대한 소리의 특별한 관계는 기본적으로 갑작스러운 느낌을 불러일으키고 한 사건을 지각하도록 하는 기능을 수행한다(소리는 영화에서 어퍼컷을 날리는 가상적인 장면에서 실제의 어퍼컷의 효과를 보이도록 하는 데 크게 기여한다). 결빙현상의 경우에 갑작스러운 소리는 실제 단어의 의미에 딱 맞게 그 순간을 확장한다(그리고 밝게 비춘다). 일정하게 진행되는 사건의 지각을 두드러져 보이도록 하는 감각적인 감탄부호는 탱탱볼 실험의 변형된 형태들이 보여 주는 바와 같이, 또한 다른 감각 양태(번쩍이는 불빛, 순간적인 신체적 접촉)로도 수행될 수 있다. 사건의 지각을 위한 청각의 중요성에 대한 실험적 언급은 한편으로는 무성영화를 볼 때나 소리를 듣지 못할 때 초래되는 혼란을 이해하도록 한다. 그리고 다른 한편으로는 안전한 이동을 위한, 집단적 작업 공정에서의 동시성을 위한, 또는 농구, 테니스(실험적으로 입증된), 탁구와 같은 운동경기에서 상대방의 공에 대한 반응을 위한 소리의 역할에 주의를 기울이도록 한다.

읽을거리 Calvert, Spence, & Stein, 2004, 2-4장, 9장; de la Motte-Haber, 2006; Guski, 1996, 8장.

초양태적 특성

따뜻한 색상, 무거운 향기, 밝은 소리, 시끄러운 넥타이. 일반적인 언어의 용법은 어떤 감각적 특성을 한 양식에서 다른 많은 양태로 변화시킨다. 이것은 단지 은유적인 의미에서의 언어의 용법인가? 또는 어떤 자극 특성들은 실제로 하나 이상의 다양한 의미로 전달되는 것이 아닌가(초양태적transmodale, 간양태적intermodale, 비양태적amodale 또는 교차 양태적crossmodale 특성Qualitäten)?

밝기 특성의 청각적 의미가 집중적으로 연구되었다. 대부분의 사람은 높은 음(그 자체로 이미 초양태적transmodale 결합)과 큰 소리를 더욱 밝은 것(더 밝은 회색 색조로, 더 많은 흰색을 포함하고 있는 포화되지 않은 색상으로, 더욱 높은 고유의 밝기를 지니고 있는 포화된 색상—예를 들면 순수한 청색보다는 순수한 노랑—으로 그리고 더욱 큰 밝기를 지니고 있는 광원으로)으로 분류한다. 실험에서 시간적 압박 속에서 밝기의 정도를 평가해야 할 때, 동시에 그에 상응하는 큰 또는 높은 소리가 울리면, 그 수행은 더욱 정확하게 이루어진다. 역으로 밝기에서 각각의 경우에 적합한 빛자극 또는 회색 톤이 제시되면(개요: Marks, 2004), 큰 또는 조용한 소리, 높은 또는 낮은 소리들은 더욱 빨리 정확하게 평가된다. 만약 밝기의 정도와 소리의 높이, 즉 소리의 강도에 관한 유추가 단지 후천적 학습에 의한 비교의 결과라면 이와 같은 효과를 기대할 수 없을 것이다. 하인츠 베르너Heinz Werner가 1966년에 소책자의 논문에서 보고한 오래된 연구에 따르면, 높은, 즉 깊은 소리의 톤은 색상의 지각을 더욱 밝게 또는 더욱 어둡게 할 수 있다. 그러나 무엇보다도(순간노출기로 제시되는) 색 자극이 애매하게 또는 매우 짧게 제시되는 조건하에서만 이와 같은 효과가 나타난다(예를 들면 깊은 소리의 톤이 제시되면 붉은색이 어두운 붉은색 또는 자주색으로, 높은 소리의 톤이 제시되면 오렌지색이나 노란색으로 지각된다). 또한 높은 또는 깊은 소리의 톤에 의해 한 전체 장을 더욱 밝게 또는 더욱 어둡게 할 수 있다는 것이 입증되었다. 최근의 몇몇 실험에서는 밝기와 소리의 크기에 대한 체계적인 변화를 고려하지 않은 상태에서 마찬가지로 청각적 자극에 의해 밝기가 변화될 수 있다는 것을 보여 주었다(특히 바로 전에 언급한 결빙현상에서). 그러나 소리의 크기와 밝기의 상호적인 영향을 연구한 최근의 또 다른 실험에서는 소리의 크기와 밝기의 상호작용 측면에서 기본적으로 부적인 결과가 나타났다. 이와 같은 부적인 결과는 아마도 각각의 시각적 또는 청각적 자극들이 너무 강하게 제시됐기 때문인 것으로 보인다.

소리의 강도와 밝기의 세기는 분명히 감각의 강도와 관련되어 있는 지각적 특성이다. 또한 회색의 정도, 포화되지 않는 색상의 밝기 정도, 그리고 포화된 색상의 다양한 고유의 밝기는—밝기에서 많고 적음의 의미에서—강도의 경험을 내포한다. 그와 같은 의미에서 강도에서 그에 상응하는 것을 지각한다는 것은 설득력이 있다. 그럼에도 불구하고 아직은 이를 통해서 큰 소리에 의해 이해가 증진된다는 것을 설명하지는 못하고 있다.

그에 대한 해결책은 아마도 이미 하인츠 베르너가 가정한 바와 같이 강한 자극이 이 의미에서건 또는 다른 의미에서건 동일한 정도로 중추신경계의 흥분 정도를 높여 준다는 것에 있다. 그리고 이를 통해 잠재적으로 또 다른 감각으로 전이되어 자극의 처리에 간양태적으로 영향을 미친다. 베르너는 자신의 감각-근육긴장이론의 그럴듯한 신경학적 기초가 뇌간에 있는 망상체에 있는 것으로 보았다. 망상체는 신경 개요에서 이미 언급한 바와 같이, 모든 감각기관으로부터 오는 입력정보를 받아서 유기체의 흥분수준과 각성수준을 조절한다. 이 신경망의 자립적인 활동에서 시각적인 자극의 출현이 나타날 수 있다

그러나 소리의 높이는 연결고리인 강도에 어떻게 관계하는가? 소리의 높이와 밝기 사이의 연결을 위해 흥분수준을 넘어서는 설명방식을 찾아야 하는가? 언어 사용에 중요한 주파수의 영역에서 (동일한 소리 압력에서) 높은 소리의 톤은 깊은 소리의 톤보다 더욱 크게 느껴진다(동음선). 높은 소리의 톤에서 통증을 느끼는 경계역도 더욱 낮게 나타난다. 그럼에도 불구하고 분명한 소리의 크기 평가와는 무관하게 높은 소리의 톤은 특히 매우 인상적이라는 것이다. 이는 아마도 사람과 다른 동물들이 높은 소리를 내는 상황의 정서적 중요성에 기인한다고 할 수 있다.

중추신경계의 흥분은 자극의 생물학적 중요성에 의존한다. 소리 압력과 빛 에너지와 같은 물리적 자극의 크기에서의 상승은 무엇보다도 중요한 한 요인으로 기능한다. 실험에서는 물론 일상적 삶의 상황에서 각각 동반되는 상황에 따라 흥분의 증가와 물리적 자극의 증가는 항상 일정하게 나타나지 않는다. 흰색의 바탕에 검은색의 점을 자극으로 제시하면, 그것은 동일한 조명의 조건에서 훨씬 더 많은 빛 에너지가 반사되는 밝은 회색보다 훨씬 더 높은 흥분을 불러일으키는 것으로 작용을 한다. 대조는 생물학적으로 중요한 의미를 지니고 있기 때문이다. 매우 낮

게 들리는 소리는 경우에 따라서는 (예를 들면 어둠 속에서) 매우 흥분을 불러일으키는 것으로 작용할 수 있다. 왜냐하면 그 상황이 (공포로) 긴장하고 주의를 기울이도록 하기 때문이다. 흥분 시스템의 수문은 상위에 있는 정서처리 시스템에 의해 개폐된다. (대조와 음산함이 흥분을 불러일으키는 효과는 예를 들면 범죄와 폭력을 다루는 필름 느와르Film noir에서 응용된다). 방금 전에 설명한 것에 의하면 왜 사람들은 대조가 풍부한 시각적 자극을 큰 소리로 표시하는지를 이해할 수 있다. 대조가 시각적으로 불러일으키는 것과 같이 갑자기 나타나는 소리의 톤과 소음은 점진적으로 증가하는 소리보다 더욱 흥분을 불러일으키는 것으로 작용한다(사람들은 점진적으로 증가하는 소리에 덜 방해가 된다. 그러므로 소음은 청각적 자극에 대한 시간적 구조의 문제다). 결빙현상은 갑자기 나타나는 소리의 톤을 전제한다.

Maluma와 Takete[3] 형태심리학자인 볼프강 쾰러Wolfgang Köhler에 의해 언급된 초양태적 지각을 위한 예는 밝기와 소리의 높이의 유추관계를 보여 준다. 당신에게 Maluma라는 단어의 소리 음향이 Takete라는 단어의 소리 음향보다 더욱 밝게 지각되는가? 아마도 그렇지 않을 것이다. 더 최근의 실험에 사용된 Buba와 Tiki에서의 차이는 더욱 분명하게 나타난다. 소리의 높이가 점점 증가하면서, 어두운 /u/로부터 시작해서 /o/, /a/ 그리고 /e/를 거쳐 특히 밝은 /i/에 이르기까지 모음의 소리는 더욱 밝

역자주

3) 'Maluma'와 'Takete' 두 단어는 인위적으로 만들어진 아무런 의미도 없는 단어임에도 불구하고 그 울림만으로 뇌 속에서 각기 다른 감정이 유발된다. 말의 울림이 구매에 영향을 미치는 중요한 단서가 될 수 있다는 인식은 이미 오래전부터 마케팅에 활용되어 왔다. (Maluma는 따뜻함, 온화함, 안락함과 같은 균형 시스템을 활성화하는 데 반해, Takete는 차가움, 냉정함, 엄격함, 공격성과 같은 지배 시스템을 활성화하는 역할을 한다.)

게 나타난다. 그 사이에 쾰러에 의해 제안된 대비에 이보다 더 많은 목록이 추가되었다. 어떤 소리의 효과는 둥근 선에 어울리고, 다른 음의 소리는 지그재그 선에 더 적합하게 보인다는 것([그림 9-2])은 부드러운 움직임 또는 갑작스러운 폭발적인 움직임에 일치한다. 그리고 이와 같은 움직임에 의해 둥근, 지그재그와 같은 단어들이 마음속에 떠오른다. 그 선의 형태는 그 자체로 움직임의 흔적으로 이해된다. 어찌 되었든 사람들에게 Maluma와 Takete라는 단어의 소리를 몸짓으로 표현하도록, 또는 선의 그림으로 표현하도록 하면 그에 상응하는 움직임이 생겨난다.

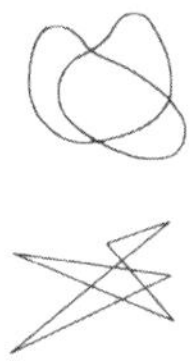

[그림 9-2] 소리 선그림

상이한 움직임의 형태들은 흥분상태의 차원에서 서로 차이가 난다. 그러나 그 차이는 흥분상태에서만 그치는 것이 아니다. 그것은 상이한 감정의 운동성 측면을 암시한다. 이는 선의 그림으로 표현된 두 개의 형태를 감정의 상태(그리고 색상)와 비교해 보면 눈에 확 띈다([그림 9-3]). 쾰러가 사용한 Takete라는 단어에서와 같이 지그재그 형태의 선들은 분노를 나타내는 선 그림에서 규칙적으로 나타난다. 기쁨과 관련이 있는 움직임은 활기 있는 모습으로 흥분의 느낌과 같은 것으로 느껴지고, Maluma라는 단어에서와는 다르게 상승의 느낌과 가벼움의 느낌을 동시에 강조하는 둥근 또는 부드러운 선의 움직임을 통해 분명하게 구분된다. (흥분된 움직임과 관련되어 있는 색상인 붉은색과 노란색은 둘 다 일부는 지그재그의 형태로, 또 일부는 둥근 형태로 묘사된다.)

강도, 즉 흥분은 물론 정서 특수적 운동성은 또한 감각의 질적 특성들이 서로 비교될 수 있게 하는 데(초양태적 표현지각) 기여한다. 정서적인 얼굴 표정과 말의 억양의 지각이 서로 영향을 준다는 것은 이와 같은 감각들 간의 연결고리를 위한 증거로서 이해할 수 있다. 이미 헤르더Herder와 분

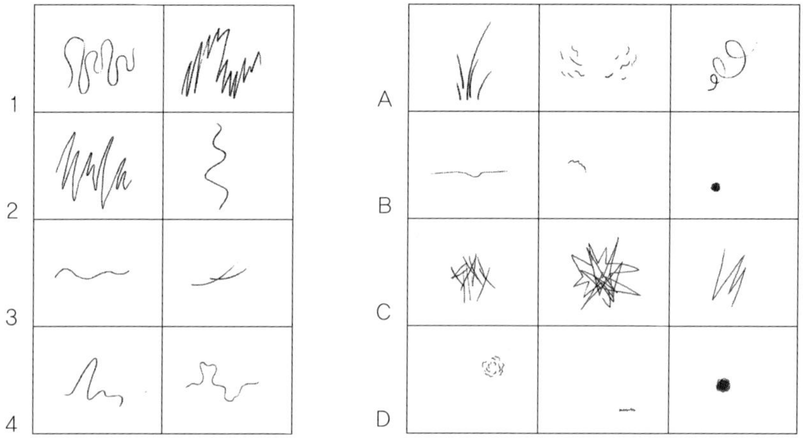

[그림 9-3] 색상 선그림과 감정 선그림

Kobbert, 1986; Jilk, Piesbergen, & Tunner, 1995 그리고 실험 참가자들의 그림에 기초하여 제작(해답은 491쪽). 직접 실험을 해 보고자 하는 독자는 우선 234쪽과 249쪽에 제시된 실험을 실시해 볼 수 있을 것이다.

트Wundt는 오래전부터 감각의 정서적 효과를 그들을 서로 연결하는 동인으로 간주하였다. 경우에 따라서는 초양태적 특성이 감정 공감각으로 묘사된다. 그럼에도 불구하고 이는 엄격한 의미에서 공감각과 구별하는 데 반드시 그렇게 도움이 되는 것은 아니다.

물론 학습의 과정 역시 한 감각의 특성들이 다른 감각에 전이되도록 하는 데 기여한다. 왜 어떤 향수는 달콤한 것으로 간주되는가? 그 향수가 동일한 방식으로 긴장을 이완하도록 작용하기 때문인가 또는 맛있는 음식과 같이 기꺼이 받아들여지기 때문인가(미각얼굴반사)? 또는 바닐라는 단지 그 향이 습관적으로 달콤한 맛과 연합되기 때문에 달콤한 향이 나는가? 바닐라 향이 달콤한 맛이 나면서도 그 맛을 더욱 강화할 수 있다는 것을 입증한 리처드 스티븐슨Richard Stevenson과 동료들은 이와 같은 가설을 지지하고 있다(Stevenson & Boakes, 2004). 그들은 여기에서 학습된 공감각의 한 사례에 대하여 기술하고 있다(어쩌면 학습된 초양태적 특성에 대하여 말하는 것이 더 적합할 것이다). 또한 눈으로 볼 수 있는 시각적인 형태들과 멜로디도 달콤한 것으로 느낄 수 있다는 것은 그럼에도 학습된 반응에 기인한 것으로 이해되지 않는다. 이는 오히려 정서적, 즉 감각운동적 유사성에 기인한 것으로 간주할 수 있다(우리는 사랑스러운 사람을 보면 웃는다. 사랑스러운 사람의 얼굴을 보면 자신의 얼굴에서 그리고 전체적으로 신체 근육조직에서 달콤한 음식과 같은 느낌이 들고, 이에 우리는 이완하고 개방적이 된다). 그와 동시에 색이 있는 음료수들은 그것이 어떤 색인지와는 관계없이 색이 없는 음료수보다 더욱 진하게 향기가 난다는 것은 연합에 기인한 것으로, 또한 특별한 경험의 일반화에 기인한 것으로 간주된다(Zellner & Kautz, 1990). 어쩌면 색상(알록달록함)이 흥분을 불러일으키는 효과는 원칙적으로 정서와 강하게 관련되어 있는 냄새에도 직접적으로 영향을 주는 것으로 알려져 있다[▸5장].

읽을거리 Gembris, 2006; Köhler, 1947; Marks, 1975, 1978, 2004; Maurer, 1997; Maurer & Mondloch, 2005; Tunner, 1999; Werner, 1959, 1966.

공감각

현상학 Phänomenologie　공감각Synästhesie (글자 그대로의 의미에서는 협응지각)에 대한 전형적인 예시는 소리를 색으로 지각하는 것이다. 그에 상응하는 빛의 자극이 제시되어 있지 않음에도 불구하고 소리, 음성 그리고 소음을 들을 때 불수의적으로 색을 지각하는 것이다. 그렇기 때문에 이와 같은 색지각을 환시로서 환영에 유사한 것으로 간주한다. 색은 '마음속에서' 보여지거나 또는 (더욱 희박하게는) 시공간 속으로 투사된다(약 50cm에서 몇 m의 거리를 두고). 청각적인 소리자극이 주어졌을 때는 시각적 공감각이 나타나는 것보다 내부 시각적 공감각이 더 흔하다. 숫자와 철자만 보아도 불수의적으로 색상을 경험한다(문자-색상 공감각). 이 외에도 맛, 냄새, 신체 접촉, 온도지각, 통증들도 색상지각을 불러일으킨다. 그럼에도 불구하고 이와 같은 결합은 공감각의 기록된 사례의 과반수를 차지하는 숫자와 철자에서의 색상지각보다 훨씬 덜 자주 나타난다(Day, 2006). 공감각으로 알려진 사례의 대부분은 색경험과 관련되어 나타나고, 상대적으로 적은 부분들이 다른 감각의 영역에서 나타난다.

개념의 혼란 신문의 문예란이나 인문학적 미학의 영역에서 예술의 한 형태가 특정 유형의 감각에 의존하기보다, 다감각적으로 작용한다면 이를 공감각이라고 말한다. 심리학과 신경과학에서는 이와 반대로 공감각의 개념은 서로 다른 감각 양상의 교차결합을 타나내는 것으로 사용된다. 여기에서 공감각의 개념은 지각의 초양태적 특성과는 구별된다(Behne, 1998; Haverkamp, 2006). 그럼에도 불구하고 이 둘 사이의 유사성이 제안되었다. 그 결과 이 둘 사이의 차이점들이 의문시되었고, 또는 (이미 언급한 정서 공감각의 개념과 같이) 그 차이점들이 사라지게 되었다. 가끔 고유 공감각이라는 개념을 도입함으로써 그 공감각을 서로 다른 감각들의 결합과 구별하고자 하는 것이 시도되었다. 사람들이 이미 전에서부터 항상 공감각적으로 지각하는 사례를 사고, 질병 또는 (약물에 의한) 일시적인 변화의 결과로 나타나는 사례와 구분하기 위하여 특발성[4] 공감각을 습득된 공감각과 구별

역자주

4) 특발성이란 병력이나 진단적으로 파악할 수 있는 외적 요인으로 발생하는 것이 아니라 내적 요인으로 유전적으로 결정되어 발생한다는 의미를 지닌 개념이다.

하고자 했다. 특발성 공감각은 여기에서 발달 공감각으로 간주된다. 이와 더불어 과거에는 지금까지의 분류방식과는 일치하지 않은 공감각의 형태들(아래 참조), 즉 다감각적인 현상들이 공감각으로 분류되었다. 감각적으로 제시될 수 없는, 예를 들면 요일 또는 달의 이름과 같은 시간 개념들도 색의 경험을 불러일으킬 수 있다(개념 공감각, 인지적/개념적 공감각 cognitive/conceptual synethesia은 상위 공감각으로 지각 공감각으로 표현되는 감각에 의해 발생하는 하위 공감각과 대비된다).

구분 이미 언급한 바와 같이, 초양태적 지각 특성은 대부분의 사람에게 동일한 형태로 경험된다. 이 초양태적 특성들은 가역적이고(소리가 큰 것은 밝게, 밝은 것은 크게 느껴진다), 오히려 추상적인 특성을 지니고 있다. 이와는 반대로, 공감각은 다음과 같은 특징을 지니고 있다.

- 공감각자의 소리-색 배열은 개인에 따라 상이하다(개인특수적idiosynkratisch). 그것은 밝기의 정도와 소리의 크기에 대해 일반적으로 경험하는 유추에 일치하는 소리-색 공감각과 모음-색 공감각이 어느 정도는 규칙적으로 나타남에도 불구하고 그러하다(Marks, 1975; Behne, 2006).
- 특발성 공감각은 매우 드문 현상이다. 이 공감각을 보이는 사람은 성인인구 대비 2만 5,000명에 한 명에서 200명에 한 명꼴로 나타난다. 남성들에 비하여 여성들에게서 더 흔히 나타나기 때문에, X염색체와 관련된 유전 가설이 설득력 있게 받아들여진다(Harrison & Baron-Cohen, 1997a; Bailley & Johnson, 1997).
- 공감각은 거의 항상 일방통행식이다. 소리에 대해서 색을 지각하는 공감각자는 일반적으로 그 반대로는 공감각을 보이지 않는다. 즉, 색

은 소리로 경험되지 않는다.

- 공감각은 대부분—환영에 비교 가능한 바와 같이—구체적인 모듈에 의한 감각이다(반면에 공감각자가 아닌 정상적인 사람들은 정상적인 조건에서 동시에 빛이나 색을 지각하지 않고 높은 음을 밝은 것으로 경험한다).

이미 앞에서 언급한 향수 또는 향기의 달콤함은 최소한 이와 같은 고전적 의미에서의 공감각의 개념에는 맞지 않는다. 특정한 향기는 일반적으로 달콤한 것으로 느껴진다. 달콤함은 그 자체로 향기를 강화한다. 이와 같은 상호작용적 강화는 (청각-미각적 공감각에서 보이는 바와 같이 매우 희박하게 나타나는 것처럼) 분명하고 독립적인 맛의 경험과는 동일한 의미를 지니고 있지 않다. 또한 시각-촉각적 공감각과 같이 이 장에서 이미 언급한 학습된 시각-촉각적 공감각은 고전적 공감각과 같이 매우 희박하고 일방적이고 또 구체적인 감각적 형태를 보인다. 그럼에도 이와 같은 협응감각은 훨씬 덜 신비스러운 것으로 간주된다. 그리고 이 두 유형의 공감각의 사례는 아마도 모든 사람에게서 나타나는 시각과 촉감의 융합의 비정상적인 증가에 관련된 것이다.

환영에 대한 공감각의 차이는 외부 자극이 공감각의 원인이 된다는 것이다. 물론 정상적인 상황에서는 공감각을 보이지 않는 사람들에게서 환영을 불러일으킬 수 있는 조건(향정신성 약물, 감각상실)이 충족되면 공감각이 나타날 수 있다. 보들레르Baudelaire와 같은 많은 유명한 시인의 공감각은 아마도 전적으로 약물 복용의 결과로 나타난 것이라고 할 수 있다. 감각에 고유한 뇌의 피질영역에서의 독자적인 신경 활성화를 초래하는 상황은 공감각을 불러일으키기 쉽다. 이와 같은 맥락에서 간질과 편두통 환자들에게서 공감각이 자주 나타나는 것을 관찰할 수 있다. 그리고 간혹 명상하는 사람들에게서 공감각이 보고되는 것은 아마도 증가된 주의와 관련이 있는 것이 아니라, 오히려 비정상적인 집중을 통한 감각 박탈 그리고 이를 통해 촉발된 중추신경계의 작용에 기인한 것으로 간주된다(Dittrich, 1985). 통상 학습된, 즉 일시적인 공감각과 유사한 다양한 형태는 일종의 준실험과 같은 것으로 간주된다. 이와 관련하여 공감각의 다양한 형태는 이론적 관점에서 매우 흥미로운 것이다. 다양한 형태의 학습된 공감각을 하나의 범주로 묶어 분류할 수 있을 정도로, 학습된 공감각에서의 결과들이 개인의 고유한 공감각에서의 결과와 충분히 유사한지는 계속해서 논란이 되고 있다(Harrison & Baron-Cohen, 1997a).

신빙성 공감각적 체험에 대한 보고들은 매우 흥미롭다. 왜냐하면 대부분의 사람이 모두 결코 동일한 경험을 하지는 않기 때문이다. 이와 같은 이유로 공감각적 체험을 있는 그대로 받아들이기 어려운 측면이 있다. 그럼에도 불구하고 많은 증거는 이 현상에 대한 근본적인 회의가 꼭 맞는 것은 아니라는 것을 보여 준다.

① 예고하지 않은 상태에서 반복적으로 수행한 조사 결과는 몇 달 후 또는 몇 년 후 전반적으로 이전에 보고된 것과 동일한 결과의 조합을 보여 주고 있다. 이 테스트를 처음으로 도입한 사이먼 배런-코헨 Simon Baron-Cohen이 보고한 결과에서는 공감각이라는 현상이 사실임을 입증할 수 있다. 비공감각자들에게 질문하였을 경우, 소리와 색상의 조합이 매우 짧은 시간 간격을 두고 시행되었을 때에도 반복적으로 일치하는 경험을 보고하는 경우는 상대적으로 흔치 않았기 때문이다.

② 뇌활동의 양상에 대한 기록은 개별적인 주관적 공감각의 현상의 객관성을 암시하고 있다. 이 뇌활동 기록은 비공감각자들이 동일한 자

극을 보았을 때 나타나는 뇌활동 기록과는 차이가 난다.

③ 마지막으로, 문자-색상 공감각은 색상이 시지각을 촉진하거나 또는 방해하는 테스트를 가능하게 한다. ⓐ 건초더미에서 바늘을 찾는 것과 같이 많은 숫자 5 속에서 숫자 2를 찾는 것([그림 9-4])과 같은 전체적으로 잘 드러나 보이지 않는 숨어 있는 물체 찾기 과제를 수행하는 경우, 정상적인 비공감각자에게 붉은색이 덤불 속에서 잘 익은 토마토를 찾을 때 도움이 되는 것과 같이 숫자를 상이한 색상으로 지각하는 것은 도움이 되는 것으로 작용한다. 이는 적절한 상황에서는 사실이다(Ramachandran, Hubbard, & Butcher, 2004; 그 조건에 대한 논의는 Robertson & Sagiv, 2005, 4-7장, 12장 참조). ⓑ 공감각자들에게서는 스트룹 효과Stroop-Effekte가 나타난다. (이 현상을 발견한 사람의 이름을 따서 명명한 이 효과는 표기된 색상의 이름과는 다른 색상으로 쓰인 색의 이름—예컨대 초록색 글자로 쓰인 '붉은색'이라는 단어—을 말하는데 시간이 더 많이 소요된다는 데 있다([그림 9-5]). 그리고 공감각적 스트룹 효과는 실험적으로 입증되었다(Dixon et al., 2004; Mattingley & Rich, 2004).

[그림 9-4] 찾기 과제

[그림 9-5] 스트룹 효과

이론 이와 같은 특이한 결합의 이면에는 어떤 기제가 숨어 있는가? 지금까지 아직 많은 문제가 밝혀지지 않은 상태에서 단지 많은 추측이 제안되었다. 그리고 매우 중요하게 들리는 개념—예컨대 초결합—을 도입하고자 하는 유혹이 존재한다(특히 Emrich, 2002). 이 문제에 대한 신경학적인 가설은 부분적으로는 발달심리학적인 견해와 결부되어 있다.

하인츠 베르너(1966)는 뇌에서 망상활성계의 역할을 강조하는 자신의 감각-근육긴장이론sensorisch-tonische Theorie에서 공감각과 초양태적 지각 특성을 서로 다르지 않은 것으로 보고 있다. 그는 서로 다른 감각의 영역들이 개인 발달의 과정에서 비로소 서로 분명하게 분화되어 발달한다는 가정에서 출발한다. 극단적으로 말하면, 모든 어린아이는(그리고 원시인들도) 공감각자들이다. (정상적인) 문명화된 성인들은 단지 특별한 의식상태에서만, 즉 그들이 감각자극을 주의 깊게 지각하지 않고 느끼는 경우에 한해서 공감각이 나타난다(주관적인 태도 대 객관적인 태도). 공감각의 특별한 특징, 특히 특이성 경향은 아직 분명하게 밝혀지지 않고 있다.

대프니 모러Daphne Maurer(1997) 역시 우리가 공감각자로 태어난다고 가정한다. 발달의 초기단계에서 우선은 상이한 특성들이 구별되어 지각되지 않는다. 단지 상이한 정도의 생리적 흥분만이 감지된다. 이로써 그녀는 부수적으로 몰리누 문제Molyneux-Problem에 대한 발달심리학적 실험에 대한 현재의 해석이 잘못되었음을 보여 주고 있다. 그녀에 따르면, 갓난아기는 촉각 또는 시각으로만 형태를 지각하는 것이 아니라, 동일한 형태에서 두 개의 경로를 거쳐 동일한 정도로 생리적으로 흥분된다. 모러는 이를 갓난아기들에게서 빛과 소리의 간양태적인 상호작용을 증명한 연구에 기초하여 논하고 있다(Lewkowicz & Turkewitz, 1980; 실제로 이와 같은 결과는 더 이상 갓난아기의 연령에서는 자극의 강도가 초양태적으로 작용한다는 것을 입증하는 것이 아니다). 모러는 갓난아기의 뇌에서 피질영역들 간의 매우 강한 연결을 가정하고 있다. 이 피질영역들 간의 연결은 발달하면서 점점 더 엷어진다(가지치기pruning; 예를 들어, 이는 햄스터에서 입증되었다). 그러나 왜 공감각은 일방통행식이고 대부분 색의 경험으로 나타나는지에 대한 설명은 이 이론에서 시도되지 않았다.

빌라야누르 라마찬드란Vilayanur Ramachandran과 동료들(특히 Ramachandran, Hubbard, & Butcher, 2004)은 대안적 가설에 대한 논의를 시작하였고, 큰 반향을 불러일으켰다. 이 대안적 가설에서 과거에 특히 강하게 형성된 대뇌피질의 연결이 어떻게 지속적으로 유지되는지를 설명하고 있다. 그에 따르면, 개별적인 유전자의 변이는 측두엽의 문자영역과 그에 인접한 색상 관련 피질영역인 V4 영역 사이의 유아기 연결 강도의 약화를 방해하는 기능을 한다. 이와 같은 기초에서 개별적인 글자–색상 연합, 즉 숫자–색상 연합이 학습된다. 또한 다른 피질영역들 사이에서도 유전적으로 결정된 초연결성과 그와 관련된 다른 공감각들이 생겨날 수 있다. 그러나 공감각에서 연결의 일방통행성과 색의 특별한 영향은 왜 생기는가?

계속해서 라마찬드란과 동료들은 공감각에서 은유적 사고의 기원에 대하여 논의하였다. 여기에서 그들은 쾰러가 Maluma와 Takete의 예시에서 발전시킨 역동성의 초양태적 의미에 대한 그의 가설에 관련하여 논의하고 있다(이로부터 Buba와 Tiki의 변형된 형태가 생겨났다; Ramachandran & Hubbard, 2005). 이와 같은 논의가 라마찬드란과 동료들의 연결약화 가설과 어떻게 관련되어 있는지는 밝혀지지 않고 있다.

리처드 사이토윅Richard Cytowic은 1993년에 『형태를 맛보는 사람*The man who tasted shapes*』을 출간하여 공감각이 새롭게 대중들의 관심을 불러일으키는 데 크게 기여하였다(비전형적인 공감각의 형태들을 기술하면서). 그는 측두엽 간질, 편두통 그리고 마약복용에서 나타나는 결과들 간의 유사성에 대해 넌지시 암시하면서, 그렇지 않으면 대뇌피질에 의해 억제되는 변연계 활성화가 주요 원인으로 작용할 수 있다고 가정하고 있다(특히 Cytowic, 2002; Emrich, 2002). 최근에 그는 신경해부학적 위치를 확고히 하지 않은 채, 많은 다양한 원인에 의해 협응으로 영향을 받는 감정의 역할에 대해 언급하고 있다(2003). 이와 같은 주장과는 다르게, 실제 공감각자들은 자주 전혀 격정적이지 않은 협응지각을 강조한다. 예를 들어, 소리의 톤들은 그들에게 항상 색상을 띠고 있다. 왜 그들은 매번 이에 대해 놀라워해야 하는가(Day, 2006). 감정이 어떻게 일방통행적 특성과 같이 이러한 특별한 특성을 지니도록 하는지는 아직 분명하게 밝혀지지 않고 있다.

특히 문자-색상 공감각에 적합한 이론에 따르면, 어릴 때부터 알록달록한 색상을 띠고 있는 냉장고에 붙어 있는 자석 글자를 자주 보는 경험은 이 공감각을 형성하는 데 주요한 원인이 될 수 있다. 이와 같은 설명에 대해 논의한 해리슨Harrison과 배런-코헨Baron-Cohen(1997a)에 따르면, 이는 많은 다양한 이유로 인해 납득할 수 없는 것처럼 보인다. 예를 들면, 함께 성장한 형제자매들도 문자-색상 공감각에서 서로 차이가 나고, 더불어 공감각자들의 경우 냉장고에 붙어 있던 것과 같은 장난감 알파벳 철자와는 다르게 알파벳에서 이웃한 철자들도 자주 동일한 색을 지닌 것으로 보인다는 것이다. 또한 색상들은 어느 곳에서는 대부분 창백하고 빛바랜 색을 띠지만 다른 곳에서는 항상 풍부한 색상을 띤다. 마지막으로, 이와 같은 알록달록한 색상 자석 글자들이 많이 사용되고 있는데도 왜 단지 소수의 사람만이 이와 같은 현상을 보이는가?

여기에서 제시된 논의에서는 대부분 중요한 물음들은 미해결 상태로 놓여 있음은 물론, 부분적으로 초양태적 특성에 대한 차이들이 무시되고 있다. 이는 무엇보다도 설명의 폭이 넓은 이론을 세우고자 하는 의도에 기인한 것으로 보인다.

읽을거리 Cytowic, 2002; Baron-Cohen & Harrison, 1997; Calvert, Spence, & Stein, 2004, 52-54장; Dittmar, 2007; Marks, 1978; Maurer, 1997; Ramachandran & Hubbard, 2001, 2003; Robertson & Sagiv, 2005.

공감각을 그림으로 묘사하는 것은 (충실한 전환의 어려움 때문에 감행하기가 쉽지는 않지만) 어느 정도 정보를 제공하거나 학술적인 가치를 지니고 있다. 그럼에도 불구하고 공감각적 경험을 불러일으킬 수 있는 것으로 알려진 조형미술 작품 또는 시청각적 연출은 또한 예술작품으로 의도되고, 또 예술작품으로 간주되었다. 그 수수께끼 같은 현상은 20세기 전후에 활동하고 있었던 예술가들에 의해 매료되었다. 그 많은 사람 중의 한 명이 자칭 공감각자로 알려진, 그러나 주의 깊게 분석해 보면 아마도 결코 공감각자라고 할 수 없는 예술가 칸딘스키Kandinsky다(Harrison & Baron-Cohen, 1997b). 예술 이론적인 관심 때문은 아니지만, 실제로 공감각자들은 그들의 경험을 그림이나 다른 형태의 작품으로 표현하였다. 그리고 이 작품들은 자주 대중들의 공감을 불러일으켰다. 그럼에도 수수께끼 같은 또는 호기심을 자아내는 것에 대한 관심은 반론의 여지가 없지는 않았다. 『미적 패러다임으로 공감각의 무용성에 대하여*Über die Untauglichkeit der Synästhesie als ästhetisches Paradigma*』에서 음악학자인 클라우스-에른스트 베네Klaus-Ernst Behne(1998)는 도발적으로 한 예술가의 공감각은 그의 지문보다 더 언급할 만한 가치가 있는 것은 아니라고 확신하였다.

그럼에도 불구하고 칸딘스키와 같은 예술가들이 공감각이라는 주제에 끌리게 된 이유는 그 이면에 숨겨진 요인들에 의해 충분히 기술되지 못하고 있다. 칸딘스키, 클레Klee 그리고 그 외의 예술가들에게는 아마도 소리의 톤과 색의 관계를 체계적으로 기술하고자 하는 것이 주요 목적은 아니었다(또는 바우하우스 교의의 상징이 된 노란 삼각형, 빨간 사각형, 파란 원의 예에서와 같이 색상과 형태의 관계에 대하여; Lupton & Miller, 1994). 『예술에서 정신적인 것에 관하여*Über das Geistige in der Kunst*』(Kandinsky, 1952), 그리고 예술은 사실적으로 모사하는 것이 아니라 보이도록 하는 것이라는 진부한 격언의 본래 의도는 호기심을 자아내는 개인적인 특이한 반응을 부각시키거나, 또는 소리와 형태에 색상을 독단적으로 결부시키고자 하는 것은 아니었다. 본질적으로는 경험의 역동적인(감각운동적인) 핵심 특성(유기체, 대상 그리고 공간에서 표현지각의 핵심적 특성으로서의 초양태적 특성)에 주의를 돌리도록 하려는 것이 주요 관심의 대상이었다. 루돌프 아른하임의 형태심리학적 예술심리학이 이와 같은 핵심 주제를 이어받아 계승하게 되었다.

읽을거리 Arnheim, 1978, 1980a-c; Behne, 1998, 2002; Düchting, 1996, 2002; Jewanski & Sidler, 2006; Kandinsky, 1952, 1955; Maur, 1985; Podoll, 2007; 형태와 색상의 배열에 대한 경험적 연구: Espe et al., 2005; Jacobsen & Wolsdorff, 2007.

요점정리를 위한 물음

- 결합문제Bindungsproblem 개념은 어떤 현상을 설명하는 것인가?
- 어떤 해결방안들이 논의되고 있는가?
- 개인근접공간peripersonaler Raum이란 무엇인가?
- 이 개인근접공간은 도구의 사용에서 어떤 역할을 하는가?

- 다음 현상들은 소리와 시각의 협력 작업의 관점에서 어떤 일반적인 추론을 가능하게 하는가?
  - 복화술효과Bauchredner-Effekt
  - 이중 반짝거림 착시Doppelblitz-Illusion
  - 결빙현상Freezing-Phänomen
  - 탱탱볼 효과Prellball-Effekt
- 밝기는 초양태적 특성이다. 이것은 무엇을 의미하는가?
- 초양태적 특성은 어떻게 설명되는가?
- 초양태적 특성은 공감각과 어떻게 구별되는가?
- 공감각은 (단순히 주장된 지각 특성이라기보다는) 실제적으로 나타나는 현상이라는 것을 어떻게 입증할 수 있는가?
- 공감각은 어떻게 설명될 수 있는가?

10 미적 체험과 분위기

지각의 미적 계기는 앞에서 논의된 대부분의 장에서 언급되었다. 미적 체험은 결코 삶의 특별한 영역이 아니다. 왜냐하면 미적 체험은 예술작품에 국한되어 나타나는 현상이 아니기 때문이다.

아름다움(美)에 대한 심리학적 연구에서 널리 알려진 보편적인 접근방법은 어떤 자극들이 다른 자극들과 비교하여 더욱 선호되는가를 분석하는 것이다. 피험자들에게 서로 다른 얼굴의 그림을 보여 주거나 또는 여러 가지 상이한 모양의 그림을 보여 주고 선호의 정도에 따라 평가해서 순위를 정하도록 요구하면, 실제의 삶에서 아무런 주의를 끌지 못하던 대상들에 대해서도 일종의 선호도 또는 좋아함의 판단기준이 만들어진다. 비록 우리가 심리학적 연구에서 벗어나서 어떤 사람이나 대상을 아름답다거나 추하다고 생각할지라도, 또는 화보나 제품 카탈로그를 넘기면서 어떤 사람 얼굴이나 대상을 평가하더라도, 그것은 본질적인 의미에서, 즉 감탄사를 자아내는 지각경험의 의미에서 미적 체험은 아니다. 본질적인 의미에서 미적 체험은 (우리 문화의 교양 표준과 일치하게) 매우 유명한 초상화 작품을 감상할 때나 또는 일반적으로 박물관을 방문할 때 나타난다고 할 수 있다. 그럼에도 우리는 예외적으로 우연히 길을 가다가 마주친 숨 막히는 아름다운 사람의 매력에 빠지거나 또는 예기치 않은 (볼 수 있고, 들을 수 있고, 냄새 맡을 수 있는) 상황이나 장면에 마음을 빼앗기기도 한다. 다음과 같은 사실을 분명히 하자. 즉, 미적 체험은 다차원적이다. 미적 체험은 그렇지 않으면 아무런 관심도 끌지 못하였을 일반적 자극에 대한 실험적 평가에서부터, 대상에 대한 자발적인 선호와 언어적인 취향의 판단을 포함하여, 그것이 어떤 이유에서건 매우 현저하게 특별한 지각경험을 유발하는 순간에 이르기까지 매우 다양한 영역을 포괄한다.

이 장에서는 지각의 미적 측면을 해명하고자 노력하는 이론들에 대해 살펴보게 될 것이다. 우선 심리학에서 전통적으로 논의되어 온 관점들을 살펴볼 것이다. 그 후에 분위기 또는 정취의 경험이 어떻게 이루어지는지의 문제에 대해 논의할 것이다. 이 문제는 지금까지 심리학의 영역에서 거의 논의되지 않은 주제다.

읽을거리 심리미학의 역사: Allesch, 1987, 2006

신경 개요 ▶ 미적 체험

본문에서 언급한 바와 같이, 즐거움을 지각하기 위해서는 매우 복잡한 조건들이 요구된다. 이와 같은 복잡성에 상응하게 뇌의 상이한 수준이 미적 체험의 현상을 설명하는 데 관련되어 있다.

- 뇌간에서 뻗어 나오는 상행망상활성계는 모든 감각 채널에서 오는 또는 변연계와 대뇌피질로부터 들어오는 정보에 접속하는데, 이 각성체계는 강렬한 불빛과 소리의 크기와 같은 강한 자극의 미적 반응에 직접적으로 관여하고 있다. 또한 이 각성체계는 생물학적으로 또는 문화적으로,

즉 개인적으로 중요한 자극의 지각을 매개하는 데 크게 기여한다. 벌라인Berlyne은 뇌의 이 부분을 미적 체험을 위해 매우 중요한 뇌의 영역으로 간주하였다.

- 변연계는 아마도 유전적으로 결정된 선천적 평가를 조절하는 기능을 담당한다(공포자극, 식욕과 성적 욕구에 반응하는 자극, 탐색과 발견에서의 즐거움). 그럼에도 불구하고 변연계는 또한 문화적 조건과 개인적인 학습경험에 따라 다르게 반응한다. 이와 같은 의미에서 다감각적인 안와전두피질 영역이 편도체와 변연계에서의 보상중추 그리고 시상하부에 연결되어 있는 것은 이해가 간다[▶9장]. 보상중추라는 말이 이렇게 불리게 된 것은 뇌의 이 영역에 전극을 삽입하여 동물이 스스로 전기적 자극을 제공할 수 있도록 했을 때 실험 동물들이 거의 탈진상태에 이르도록 과도하게 전기적 자극에 의한 쾌락을 즐기기 때문이다. 그리고 이 구조는 또한 중요한 신경전달물질 때문에 상향 도파민 시스템이라고 불리게 되었다(코카인의 즐거운 기분을 증가시키는 효과는 도파민 대사물질의 영향에 기인한다). 그러나 고통중추 역시 자기 전기자극의 목표가 될 수 있다. 그 이유는 고통스러운 전기적 자극은 내인성 아편인 엔도르핀을 방출하기 때문이다. 아마도 유전적으로 결정되는 도파민 물질대사와 엔도르핀 물질대사의 특성들이 중독행동이나 또는 과도하게 모험을 즐기는 감각추구 행동에 중요한 역할을 하는 것처럼 보인다.
- 대뇌피질영역. 한편으로 감각피질영역은 미적 체험과 관련되어 있다. 신경생리학자인 체키Zeki(1999)는 형태, 색상 또는 운동과 같은 특별한 지각의 질적 특성을 특히 잘 드러내 보이는 예술양식에 대해 매력적으로 반응하는 것을 다음과 같이 설명하고 있다. 즉, 이들 질적 특성은 독립적인 모듈 방식으로 처리된다는 것이다. 그리고 이와 같은 선택적 활성화가 특정 지각의 질적 특성을 더욱 효과적으로 처리하게 하고, 이를

통해 미적 효과를 불러온다는 것이다. 그러나 색상 또는 운동과 같은 지각의 질적 특성과 관련이 없는 대상들이 어떻게 미적 반응을 불러일으키는지에 대해서는 아직 구체적인 설명이 제시되지 못하고 있다. 프리드버그Freedberg와 갈레세Gallese(2007)는 이원적 모드의 시각-체감각 피질 뉴런의 중요성과 특히 그림과 조형물을 감정이입하여 미적으로 지각하기 위한 전운동영역(거울뉴런)의 개입을 강조하였다. 그럼에도 불구하고 그들은 어떻게 해서 이와 같은 지각이 미적 체험을 불러일으키는지에 대해서는 아무런 설명을 제공하지 못하고 있다. 감각영역과 운동영역 이외에, 이 영역의 활동에 의해서 주의에 영향을 미치는 전두엽과 두정엽의 영역도 미적 체험에 매우 중요한 의미를 지니고 있다.

피험자들에게 다양한 시각적 자극을 제시하고, 이 자극에 대해 선호 정도를 판단하도록 한 후 뇌영상촬영 기법으로 피험자의 뇌를 들여다보면, (아마도 더욱 많은 주의를 끄는 것으로 생각할 수 있는) 선호하는 그림이 제시될 경우 다양한 시각적 영역이 강하게 활성화되는 것 이외에도 경험의 보상적 가치와 관련되어 있는 한 전두엽 구조가 유의미하게 활성화되고 있는 것을 관찰할 수 있다. 이 전두엽의 구조는 기저핵의 한 부분으로 피질 아래에 위치하고 있는, 특히 운동기능의 통합에 기여하는 것으로 알려진 줄무늬물체(선조체)에 해당한다.

뇌의 특별한 영역의 활동과는 무관하게 주의의 정도, 특히 지각을 의식하고 있는 정도가 뇌의 상이한 영역에서 뉴런 활동 간의 조화로운 일치의 정도와 밀접하게 관련되어 있다(바로 앞 장에서 언급한 것과 같이 특별한 형태의 동시적인 신경충동은 우리가 단순히 색이나 형태, 움직임 그리고 지저귀는 새소리가 아니라 새와 같은 어떤 대상을 지각하는 것과 관련이 있다; 결합문제). 그 결과, 동시성이 증가한다는 것은 지각한 것을 즐거운 것으로 마음속에 떠올리는 것과 관련되어 있다는 견해가 제기된다. 간질이 발작하는 전조 증상에서 강렬한 자극 강도와 의미의 충만감이 동반되는데, 이때 발생하는 동시적인 뇌의 전기적 활동사진은 미적 체험과 동시성의 증가가 서로 밀접하게 관련되어 있다는 간접 증거로 작용한다. 또한 명상을 통한 의식의 변경상태는 동시적으로 작용하는 뇌의 전기적 활동EEG에 의해 특징지어진다. 노래 또는 음악과 움직임, 원시예술로 간주되는 춤의 결합과 조화로운 리드미컬한 신체 움직임에서 생겨나는 즐거움은 일반적으로 신경활동의 동시성과 관련이 있는지에 대해 생각해 볼 수 있다(동시성에 의한 무아경).

읽을거리 Bösel, 2006; 각성체계, 주의, 동시성: Berlyne, 1971; Birbaumer & Schmidt, 2006, 21장; Llinás, 2001; Mesulam, 2000; Singer & Ricard, 2008; 변연계, 보상중추: Birbaumer & Schmidt, 2006, 25장; Rolls, 2005; Panksepp, 1998, 2000; 뇌영상 기법 연구: Vartanian & Goel, 2004a, 2004b; Zaidel, 2005, 9장.

각성수준과 복잡성

미적 체험을 설명하는 접근방법 중의 하나는 지각의 결과로 나타나는 유기체의 상태, 즉 유기체의 변화를 분석하는 것이다. 이 접근방법의 중심 개념은 한 자극이 이상적인 유기체의 상태를 유발하게 되면 그 자극은 아름다운 것으로 지각된다는 것이다. 이 각성이론에서는 그 상태의 두 가지 측면 또는 차원이 주로 논의되었다. 즉, 각성수준과 쾌와 불쾌의 대비다. 오늘날까지 많이 인용되고 있는 이 각성이론에서 벌라인(Berlyne, 1971)은 이 두 차원이 서로 밀접하게 관련되어 있다고 가정한다. 즉, 지각의 결과로 발생한 각성수준이 쾌 또는 불쾌의 정도를 결정한다는 것이다

(기분이 좋든 나쁘든 관계없이 소위 유기체의 에너지 수준 상태가 기본적인 평가를 초래한다는 것이다). 벌라인의 가정은 다음과 같다. 생리적인 각성상태가 점점 증가하면서 동시에 즐거움의 정도도 증가한다. 그러나 각성 정도가 일정한 수준을 넘어서면 즐거움의 정도는 다시 하락하기 시작한다. 각성의 수준이 더욱 극단적으로 치달으면 부정적으로 작용하여 불쾌의 감정이 증가한다는 것이다. 이와 유사하게, 이미 빌헬름 분트Wilhelm Wundt 그리고 그에 앞서 구스타프 테오도르 페히너Gustav Theodor Fechner는 19세기 중반에 이미 중간 정도의 각성수준 상태가 최고의 즐거운 감정을 유발한다는 사실을 언급하였다.

벌라인은 어떤 대상이나 상황, 즉 자극이 유기체에게 도전을 자극할 수 있을 정도로 충분히, 그렇지만 너무 과도하지 않게 제시되면 최적의 즐거운 감정의 상태가 발생한다고 가정하고 있다. 그는 제시된 자극을 새로움, 놀라움, 복잡성, 상이함, 불명료함의 특성에서 자극의 상이한 정도를 평가하였다. 그리고 피험자들이 이들 특성에서 중간 정도의 자극을 선호한다면 이는 중간 정도의 각성수준이 최고의 미적 체험을 유발한다는 증거로 간주할 수 있다고 가정하였다. 벌라인은 이와 같은 자극 차원을 대조변인collative Variable, 즉 비교변인이라고 불렀다. 왜냐하면 그가 생각하기에 이들 변인은 상이한 출처로부터 생겨나는 정보의 비교를 내포하고 있기 때문이다(1971: 69). 그리고 그는 이 변인을 구조적 특징이라고 다르게 표기하기도 하였는데, 이는 부적절해 보인다. 왜냐하면 새로움 또는 놀라움과 같은 특성들은 항상 지각의 주체와의 관계 속에서 주어지는 것이기 때문이다. 벌라인은 피험자들이 서로 복잡성의 정도에서 차이가 있는 자극 도형들을 평가하도록 하는 연구를 통해서 중간 정도의 각성을 불러일으키는 자극들이 더욱 선호된다는 가설이 문화를 초월하여 유효하다는 사실을 실험적으로 입증하였다. 이와 같은 연구 프로그램은 새로운 실험미학experimental aesthetics으로 널리 알려지게 되었다. 벌라인은 자신의 연구 프로그램에 '새로운'이라는 명칭을 부여하였는데, 이는 자신의 연구가 페히너의 실험적 연구를 다시 부흥시키는 것이고 더욱 세련된 방법론적 전문성을 포함하고 있다고 생각했기 때문이다. 실제로 페히너는 미란 무엇인가를 이론적으로 도출하기(위로부터의 미학)보다는 이미 100년 전에 라이프치히Leipzig 갤러리를 방문한 사람들을 대상으로 어떤 그림이 더욱 마음에 드는지를 조사하여 미의 문제를 경험적인 방법으로 분석한 실험미학(아래로부터의 미학)을 제창하였다.

이 새로운 실험미학은 다양한 분야로부터 다음과 같은 점에서 비판을 받았다. 연구 결과의 신뢰성과 관계없이 유기체에서의 매우 높은 각성수준도 즐거운 느낌으로 경험될 수 있다는 것은 의문의 여지가 없다는 것이다. 일례로 록 콘서트 관람객들의 황홀한 경험을 생각해 볼 수 있다. 또는 시끄러운 음악을 들으면서 경험하는 행복한 느낌[▸8장], 휘황찬란한 불빛에서 경험하는 환희의 감정[▸7장], 사우나 또는 매우 매운 음식에 의해 유발되는 것과 같은 매우 자극적인 피부자극에서의 쾌감[▸2, 5 그리고 6장], 또한 갑작스러운 가속에 의해 유발되는 황홀한 경험[▸4장]을 생각해 볼 수 있다. 인문과학 분야의 미학에서는 이와 같은 격정적인 디오니소스적 즐거움(열정적인 축제의 수호신으로서 그리스 신화의 디오니소스로부터 유래된)이 오히려 박물관 관람자들의 차분한 관람에 부합하는, 예술-미학의 전형으로 간주되는 아폴로적 즐거움에 대비되는 것으로 제시되었다. 그리고 그 반대의 경우도 언급되었다. 극단적으로 조용한 상황, 즉 선불교의 미학에서 명상의 형태로 연마되는 것과 같이 자극의 완전한 사라짐은 충만한 느낌으로 경험될 수 있다는 것이다(Fischer, 1971).

이와 같은 비판들은 새로운 실험미학에만 국한되는 것이 아니다. 이 비판은 또한 매우 특별한 각성수준이나 각성 흐름의 미적 효과를 인정하는 다른 이론들에도 적용된다. 예를 들어 크라이틀러Kreitler와 크라이틀러Kreitler의 『예술심리학*Psychologie der Kunst*』(1980)에서 옹호되는 주장에 따르면, 예술적 경험은 항상 유기체에 작용하는 2단계의 영향에 의해 나타나는 것으로 간주된다.

① 감상의 장면에서 발생하는 (불명료한) 긴장의 증가
② 긴장의 증가가 정점을 통과한 후 비로소 나타나는 즐거운 긴장의 해소

미적 체험은 결국 긴장 완화에 의해서 생겨난다는 이와 같은 주장은 그럼에도 긴장의 사라짐에 의해서가 아니라 이미 긴장의 증가에 의해서 즐거운 감정이 생겨난다는 벌라인의 실험미학 이론과 모순된다. 벌라인 이론에서와 같이 이 항상성 이론도 저자들이 그들의 접근방법을 명명하듯이 미적 체험의 특정한 측면을 매우 적절하게 기술할 수 있다. 그렇지만 이 두 접근방법은 최적의 각성수준이나 긴장의 흐름에 의해 미적 체험의 문제를 완전하게 설명하고자 하는 요구를 충족해 주지는 못하고 있다.

철학적 미학 ▶ 장엄함과 아름다움에 대하여

우리는 이미 앞에서 즐겁거나 즐겁지 않은 촉각경험, 미각경험 또는 불빛경험에 대한 영국의 철학자 에드먼드 버크Edmund Burke의 견해를 살펴보았다. 에드먼트 버크(1956/1756)는 미적 체험이 기본적으로 특정한 감각과 지각에 의해 긴장이 이완되면서 생겨난다고 가정한다(예를 들어 광택, 달콤한 맛 또는 부드러운 불빛에서). 그러나 그에 의하면 미적 체험은 긴장이 이완되면서 발생하는 즐거움에 국한되어 있는 것이 아니다. 미적 체험은 또한 놀라움과

고통에 의해 (이들이 실제로 실존을 위협하는 것이 아니라면) 유발되기도 한다. 장엄함sublime은 버크가 이에 상응하는 상황을 명명하듯이 매우 강한 각성의 상태에 의해 유발된다. 매우 강렬한 각성의 상태에서 유발되는 불유쾌한 감정은 고유한 방식으로 유쾌한 감정으로 바뀐다. (이와 같은 버크의 주장은 쾌락중추 외에 고통중추도 즐거움을 유발하는 전기적 활동에 관여하고 있다는 앞서 기술한 신경생리학적 설명에서 언급한 상황과 일치한다. 공포와 놀라움의 미학에 대한 신경생물학적 관점에 기초한 새로운 시도가 버크의 주장과 장엄함에 대한 논의에 대한 언급 없이 이미 아이켄Aiken에 의해 1998년에 제안되었다.)

자극의 상이한 복잡성의 정도가 미적 체험에 미치는 영향에 대한 관점에서 벌라인의 실험미학 이론은 소위 정보미학(버코프Birkhoff, 벤스Bense, 프랭크Franke) 이론의 중심적 주제와 일치한다. 정보미학 이론에 의하면, 각성상태를 결정하는 이면에서 정보처리 시스템인 인간에게 특히 적절한 복잡성(자극의 충만성)과 질서(단순함)의 관계에 대한 형식적인 법칙성이 존재한다. 20세기 정보처리이론의 발달에 힘입어 등장하게 된 이 정보미학 이론의 근본적인 문제는 정보, 즉 매우 상이한 상황의 의미와 내용을 매우 추상적인 개념으로 기술하고 있다는 것이다. 실제로 이 이론이 제시하는 이상적인 연구의 대상들을 살펴보면 그것들은 아마도 비구상적인 장식들에 국한될 수밖에 없을 것이다. (그러나 여기에서조차도 복잡성과 질서의 관계에 대한 지각된 경험은 수학적 공식으로 규정될 수 없는 것으로 간주된다. 측정 자체는 이 이론에서 미적 이상, 즉 미적 체험의 실현 가능한 기술로서의 우아한 연구를 위한 은유적 표현일 뿐이다.)

읽을거리 Berlyne, 1971, 1974a, 1974b; Kreitler & Kreitler, 1980; 개관: Kebeck, 2005, 15장; Schuster, 1990; Sprinkhardt, 1982; Tunner, 1999.

생물학적으로 중요한 대상과 상황

즐거운 것으로 지각되는 여러 대상과 상황이 생존기능과 관련이 있다는 것은 분명하다. 이 유형의 고전적인 예가 생물학자인 콘라드 로렌츠Konrad Lorenz가 주목했던 아동 스키마Kindchenschema다. 신체와 대비하여 상대적으로 둥글고 큰 머리, 큰 눈, 넓고 둥근 이마, 작은 코, 작은 턱은 주의를 끄는 자극으로 작용하고 친근감의 정서를 유발한다. 유아들이 내는 소리도 이와 유사하게 작용한다[▸8장]. 지각 대상인 '자라나는 후손'에 대한 이와 같은 특별함의 의미는 자명해 보인다. 보호본능 이외에 행동생태학과 최근에 진화심리학(상대적으로 최근에 생겨난 심리학의 한 분야)이 가정하고 있는 선천적 행동유발 기제AAM가 아마 배우자 선택에서도 매우 중요한 역할을 수행할 것이다[▸7장]. 이와 유사하게, 매력적인 얼굴과 신체는 회화에서는 물론 오락산업에서 계속적인 관심의 대상이 되고 있다. 고도로 발달한 문명사회Hochkultur[1]와 같은 일상생활에서 노래와 다른 음악들이 수행하고 있는 거대한 역할 속에서 소리가 정서를 조절하는 생물학적 중요성이 잘 나타나고 있다[▸8장]. 이 외에 지각의 과정에서 특히 눈에 띄는 다른 대상과 상황은 다음과 같다. ① 느낌, 후각, 시각, 청각에 매력적으로 느껴지는 것으로서 자연자원(식물군, 동물군, 물, 특히 습기, 빛, 온

역자주

1) Hochkultur는 인류 역사상 비교적 새로 발달하고 복잡한 생활 형태를 갖춘 문화를 말한다.

기)의 질적 특성[▸ 2, 5, 7 그리고 8장]. ② 조망, 특히 겹겹으로 층을 이루고 있는 청각적 오리엔테이션을 제공하는 경관적인 상황[▸7장과 8장].

읽을거리 Eibl-Eibesfeldt, 1995; Richter, 1999; Sütterlin, 1995.

지각의 용이함/지각의 어려움

행동생태학자 틴베르겐Tinbergen의 유명한 모조품 실험 결과에 따르면, 인위적으로 과도하게 행위를 유발하는 자극은 자연적인 자극 특징들에 비하여 더욱 효과적으로 작용하는 것으로 밝혀졌다(병아리들은 과도하게 강조된 특징을 지니고 있는 모조품에 각인하는 경향을 보인다). 이와 같은 이론적 배경에 기초하여, 최근에 라마찬드란Ramachandran은 "모든 예술은 풍자만화다."라는 주장을 제기하였다(Ramachandran & Hirstein, 1999; Ramachandran, 2005). 그와 동료들은 조각품의 비율과 자세에서 여성의 성적인 특성을 과도하게 강조하고 있는 전통적인 인도의 조각에서 이 가설을 입증해 보이고 있다. 그러나 이와 같은 예는 단지 생물학적으로 중요한, 특히 성적인 자극을 과도하게 강조함으로써 유발되는 특별히 눈에 띄는 즐거운 경험만을 설명하는 것은 아니다(이 외에도 인간생태학자들은 이와 같은 방식으로 왜 코르셋, 후프스커트 또는 어깨를 넓게 보이도록 하는 옷들이 만들어지게 되었는지 설명하고 있다; Eibl-Eibesfeldt, 1995). 라마찬드란의 연구는 생물학적으로 중요한 자극에 의한 미적 반응 이외에 미적 형식원리와도 밀접하게 관련되어 있다. 즉, 과도한 강조는 지각을 용이하게 한다. 그리고 이와 같은 지각의 용이함의 상태는 지각의 내용과는 상관없이 즐거운 것으로 지각되는 경향이 있다.

지금까지 논의한 의미에서 지각의 용이함은 인간 지각의 선천적 탐색

경로에 기초하고 있다. 그럼에도 불구하고 지각의 용이함은 경험과 학습의 결과에 의해 영향을 받는다. 왜 평균적인 얼굴이 매력적으로 지각되는지에 대한 문제에서 이와 같은 설명방식이 적용될 수 있다. 우리가 이전에 한번 본 것은 처음 보는 것보다 더욱 즐거운 것으로 지각된다. 왜냐하면 그 대상에 대한 지각 경로가 이미 만들어졌기 때문이다(프라이밍 Priming). 친숙함은 지각을 용이하게 한다. 그리고 이와 같은 설명방식은 하위 문화적으로 그리고 시대적 상황에 특별한 취향의 유형을 설명하는 데 유용하게 적용할 수 있고, 왜 초창기에는 심한 반발을 불러일으켰던 인상주의와 같은 많은 예술사조가 오늘날 모든 사람으로부터 높이 평가되고 있는지를 설명할 수 있다(▸키치Kitsch). 그러나 미적 지각의 보편타당한 형식으로 친숙함은 적절하지 못하다. 왜냐하면 매우 잘 알려진 것은 기본적으로 주의를 끌지 못하거나 또는 지루하게 느껴지는 경향이 있기 때문이다.

지각은 결국 주변의 관련된 조건들에 의해 더욱 용이해진다. 말하자면 조명관계 또는 기본적으로 그림매체와 함께 주어지는 것으로 관찰의 특별한 조건들에 의해 결정된다. 그러나 조명과 관찰 위치와 관련하여 지각의 용이성은 결코 '매력적인 광경' 을 설명하기 위한 보편타당한 미적 원리가 될 수 없다. 어두움, 안개, 가려짐 등은 비록 완전하지는 않을지라도 우리가 눈으로 보고 있는 것을 흥미롭게 지각하도록 하는 데 기여한다는 것이 이미 잘 알려져 있기 때문이다(신비감).

그래서 지각의 어려움은 미적 체험의 보완적 요인으로 간주된다. 이와 같은 요인을 라마찬드란은 미적 체험의 법칙에 대한 자신의 리스트에 고려하였다. 그는 이와 관련하여 지각적 문제 해결에 대해 언급하고 있다. 이를 분명히 하기 위해 무엇보다 부분적으로 베일에 가려진 나체의 성적 자극을 언급하고 있다. 미적 체험은 도발적인 호기심에서부터 미적 체험에 이르기까지 넓은 아치를 그린다는 것은 새로운 것이 아니다. 탐색(탐험적 행동)의 생존적 장점은 벌라인의 이론에서 보았듯이 일반적으로 지각하기 어려운 대상에서 나타나는 미적 체험을 설명하는 이론으로 받아들여지고 있다.

읽을거리 Cutting, 2006; Ramachandran & Hirstein, 1999(그리고 논문에 이어서 동일한 호에 게재된 토론논문 참조); Ramachandran, 2005; 개요: Kersten, 2005; Leder et al., 2004; Schifferstein & Hekkert, 2008, 10장; Schuster, 1990.

철학적 미학 ▶ 키치

키치는 매우 마음에 드는 어떤 것으로 간주된다. 키치의 현상학에서 기츠Giesz(1994)는 거리감이 없다는 것이 예술에서의 즐거움에서 키치의 즐거움을 구별하는 기준이 될 수 있다는 것을 강조하고 있다. 이와 같은 의미에서 키치의 경험은 전형적인 키치 대상에만 국한되는 것이 아니다. 예술작품은 또한 대량 복제에 의해 키치가 될 수 있다. 몰스Moles(1985)는 최근에 진행되고 있는 하찮은 대상들을 고상한 예술작품으로 승화시키는 키치의 사회문화적 순환에 관해 언급하고 있다. 이와 같은 맥락에서 몰스(1972)가 다른 맥락에서 안티키치 운동으로 규정한 바우하우스의 미학과 같은 기능주의도 키치화에 예외가 되지 못하였다. 이와 유사하게, 플루서Flusser(1985)는 키치를 (정보적으로) 불필요한 쓰레기를 재활용하는 것으로 간주하였다. 기츠에게서 키치 체험은 감상주의적 체험과 동일시되었다. 다른 한편으로 미각 또는 촉각과 같은 하위 감각에서 자주 발생하는 즐거운 느낌은 키치의 즐거움(따뜻한 목욕, 달콤함)을 위한 은유적 상징표현으로 작용하는 것으로 보았다 [▸2장과 5장]. 이 책에서 언급한 실험미학과 생물학적 미학에 관한 연구는 예술적 즐거움, 특히 키치의 즐거움의 구별에 중립적 태도를 취하고 있다. 여기에서 언급하고 있는 방식에서 키치에 대한 논의의 관점에서 보면 대중들의 큰 호의적 반응을 얻은 대상들은 그 자체로 키치로 분류되곤 한다. 그리고 이와 같은 대상에 대한 호의적 반응이 직접적인 감각적 특성에 기인하든, 단순히 친숙함 때문이든, 또는 그 대상에 대한 기존의 지식(전문가적 자질) 때문이든 그것은 중요하진 않다. 키치의 이론에는 기본적으로 취향의 사회학에서 비판적으로 논의되고 있는 바와 같은 엘리트적 표현이 가미되어 있다(Bourdieu, 1987).

읽을거리 Bourdieu, 1987; Flusser, 1985; Giesz, 1994/1971; Moles, 1972, 1985.

작동의 쾌감, 감정이입 그리고 몰입

쉽든 어렵든 지각은 작동의 쾌감을 동반한다. 이 개념에 의해 지금까지 논의되어 온 심미적 체험에 대한 상이하고 모순되는 조건들이 하나로 통합될 수 있을까?

1890년 정기간행물 『심리학과 감각기관의 생리학 연구*Zeitschrift für Psychologie und Physiologie der Sinnesorgane*』에 「미적 즐거움에 대하여」라는 논문이 게재되었다. 이 논문에는 다음과 같이 기술되어 있다. "내용적인 또는 물질적인 욕구 충족에 기여하는 것으로 작용하는 기관, 구조 그리고 능력은 부가적으로 자족적인 작동의 욕구를 지니고 있다. 그리고 이 작동의 욕구는 작동의 실제적인 성공과는 무관하게 작동의 즐거움으로 표출된다. 더욱이 정서의 물질적인 효과가 즐겁지 않은 곳에서도, 또는 물질적인 관심이 관여되어 있지 않은 곳에서도 이 작동의 즐거움은 존재한다."(Döring, 1890: 163) 이와 같은 순수한 작동의 쾌감은 잠재적으로 오해를 불러일으킬 수 있는 심미적 체험에 대한 칸트의 형식인 무심한 즐거움에 의미를 부여하는 것처럼 보인다. 만약 무심함을 즐거움의 정반대 개념으로 이해한다면, 칸트의 형식은 그 자체로 논리적 모순이다. (작동의 욕구를 신체적 욕구와 정신적 욕구로 구분한 되링Döring—그에게 지각은 후자에 속한다—은 미적 체험의 분석에서 단지 정신적 욕구만을 고려하였다.) 그 후 20세기 초에 유티츠Utitz는 심미적 체험에서 작동의 즐거움의 중요성을 강조하였다. 큰불이 났을 때 그 불을 바라보는 목격자는 어느 정도의 걱정과 연민의 감정을 느끼기도 하지만 대부분 거대한 광경을 즐기는 것에 몰두하는 경험을 한다. "그 순간 우리는 동시에 일상적인 삶으로부터 벗어나서 인상적인 광경을 즐기게 된다."(Utiz, 1914: 90) 외적으로 별로 볼거리가 없는 상황에서조차도 이 인상적인 광경에 순수하게 몰입하는 것에 "심미적 행위"(90)의 본질이 있다. 미국의 철학자인 듀이는 구체적으로 작동의 즐거움에 대해 말하고 있지는 않지만 경험으로서의 예술에서 유사한 것에 대해 언급하고 있다[▸1장].

작동의 즐거움의 개념은 이후 놀이의 이론, 즉 발달심리학을 통해 학문적으로 논의되었다. 카를 뷜러Karl Bühler(1922a)는 카를 그루스Karl Groos(1896; 1899)에 따라 작동의 즐거움이 운동학습의 원동력이라고 가정하고 있다. 운동기관들이 효율적으로 기능할 수 있도록 해 주는 즐거움 덕분에 인류와 동물의 후손들은 끊임없이 지치지 않고 운동놀이를 수행한다. 그리고 이 운동놀이는 결국 실용적으로 매우 중요한 기능을 수행하게 된다. 이후에 콘라드 로렌츠는 매우 유연하게 수행될 수 있는 운동수행 능력의 발생에서 작동의 즐거움의 역할을 강조하였다. 그는 독자들의 경험에 호소하였다. "모든 완성의 느낌과 아직 상존하는 미완성의 상태를 완전하게 마무리하는 것은 명백하게 관찰 가능한 즐거운 감정을 동반한다는 것을 우리 스스로 잘 알고 있다."(1977: 140) 스포츠에서든 또는 "모든 예술의 원시 형태”(Lorenz, 1982: 361)인 춤에서든, 악기의 연주에서든, 비행기 조종에서든, 까마귀의 놀라운 비행기술을 관찰할 때든 또는 파도를 타고 있는 바다사자와 돌고래의 유연한 몸짓을 관찰할 때든, 항상 효과적인 운동수행 기술은 아름다움의 느낌을 불러일으킨다.

이미 이 책의 1장에서 언급한 바와 같이, 성인들의 일상생활 속에서 일어나는 능숙한 운동수행 기술은 눈에 띄지는 않는다. 그러나 걸음을 걷는 것조차도 이 행위에 의도적으로 주의를 기울이거나 또는 외적인 상황(징검다리를 통과해서 강을 건너는 상황)에 의해 관심이 기울여지면 작동의 즐거움이 중재되고, 이를 통해 심미적 체험이 될 수 있다.

스스로의 움직임을 통해 오는 즐거움은 심미적 체험에서 감정이입, 즉 내적 울림의 중요성을 설명한다. 움직임의 내적 공감(거울뉴런)이 중요하게 작용하는 시지각의 계기들은 스스로의 움직임에 의한 미적 지각을 포함하고 있다.

타인들이 생활하는 모습을 볼 때(그리고 들을 때) 생겨나는 내적 · 외적 공감이 운동학습과 언어학습을 촉진하고, 또한 의사소통에서, 즉 타인의 의도와 감정을 인식하는 데 매우 중요한 기능을 수행한다[▸7장과 8장]. 움직임과 감정의 상호적 조절은 최고의 감각운동적 작동의 즐거움을 선사할 수 있는 일종의 놀이다. 인류학자인 엘렌 디사나야크Ellen Dissanayake(2000)는 이와 같은 의미에서 상호성의 미학이라는 개념을 제안하였다. 그녀는 이 상호성 미학의 원시적 형태를 아기와 엄마(또는 다른 관련 중요 인물) 간의 다중감각적 상호작용 속에서 보고 있다[▸8장]. 이와 같은 즐거움의 원천은 동시적으로 조화를 이루고 있는 사회적 의식의 진행 속에서도 나타나고, 또한 사랑의 행위가 기계적으로 수행되는 경우가 아니라면 그 사랑의 행위 속에서도 잘 드러난다.

작동의 즐거움 개념은 과거 수십 년 동안 매우 유행하게 되었다. 이는 무엇보다도 단어 자체 때문이 아니라 새로 규정된 문제 자체 때문이다. 소위 몰입의 경험, 간략하게 표현해서 몰입(플로우Flow)은 한 문제 또는 행위에서 자기 자신은 물론 모든 실제적인 목적을 잊어버리고, 진행되고 있는 일 자체를 즐기는 행복한 순간을 나타낸다(특히 Csikszentmihalyi, 1988). 흐름Fließen이라는 말의 표현은 지금 이 순간 주의가 분산되지 않은 상태에서 행위 속에 몰입해 있는 상태를 시각적으로 나타내는 것이다. 그리고 이는 도취적인 황홀과 명상적 무아의 상태가 공유하는 것을 포함하고 있다. 칙센트미하이Csikszentmihalyi는 이와 같은 집중의 상태를 엔트로피의 개념(증가하는 무질서, 열이 증가하는 방향으로의 이동)으로 간주되는 일상적인 계획들의 무기력한 혼란스러움에 대비되는 것으로 기술하고 있다. 그 결과, 그는 플로우를 네그엔트로피Negentropie[negative entropie의 줄임말: 역자주], 즉 엔트로피와 반대되는 개념으로 기술하고 있다.

아마도 그는 작동의 즐거움의 문제를 동기심리학적 연구의 맥락에서 고려하고 있기 때문에 그 현상을 기술하고 재해석하면서 개인의 수행능력에 관련된 이론의 관점에서 보충하여 설명하고 있다. 플로우, 즉 작동의 즐거움이 나타나기 위한 전제조건으로 그 상황이 요구하는 도전이 개인의 능력에 과도하게 미치지 못하거나 또는 과도하게 넘어서지 않아야 한다는 것이다. 그렇지 않을 경우 그 상황은 너무 지루하게 지각되거나 불안을 초래하게 된다는 것이다. 이와 같은 설명을 통해 그는 고질적인 중용의 오류에 직면한다(위 참조). 그럼에도 더욱 심각한 문제는 즐거움의 경험이 도전적 과제의 성공적인 수행에 국한되어 기술되고 있다는 것이다. 매우 강한 또는 매우 다르게 중요한 외부의 자극이 개인의 마음을 사로잡는 순간들을 이 이론은 애써 역량의 의미에서 기술한다는 것이다. 이는 또한 열린 창문을 통해 들려오는 목소리, 점점 사라지는 발자국 소리에 귀를 기울이는 것과 같은 매우 사소한 것으로부터 큰 통찰을 얻는 모든 순간에서도 동일하게 유효하다(이피퍼니epiphany).

이것만은 분명히 하자. 작동의 즐거움은 심미적 체험을 다르게 표현하는 것으로서의 설명이라고 부르기에는 한계가 있다. 이 개념은 특히 움직임의 미적 잠재력과 신체적 감각의 미적 잠재력을 분명히 한다는 점에서 매우 유용한 개념이다.

읽을거리 Csikszentmihalyi, 1992; Dissanayake, 2000; Bühler, 1922a; Groos, 1896, 1899, 1902; Lorenz, 1982.

지각의 성질 ▶ 성적 쾌감

성적 매력은 미적 체험에서 매우 중요한 역할을 한다는 것과 패션, 피트니스(건강) 그리고 미용에서는 물론 예술에서도 매우 중요한 테마라는 것은 오늘날 어느 누구도 부인하지 않을 것이다. 그럼에도 불구하고 라마찬드란Ramachandran과 허스타인Hirstein(1999)은 예술의 효과에 대한 그들의 주장을 주로 음란한 인도의 조각작품들에 대한 사진과 스케치를 사용하여 설명함으로써 도발적인 논쟁을 불러일으켰다. 여성적인 신체 특징들이 강조되었고 더욱이 그 장면의 한 부분이 성행위에 몰입하고 있는 장면을 보여 주고 있다는 사실이 더욱 도발적으로 작용하도록 했다.

먹기와 마시기 이외에 신체적인 접촉과 성적인 활동은 근본적인 쾌락의 원천이다. 그럼에도 불구하고 서양의 문화에서는 디사나야크의 『예술과 애정행위*Art and Intimacy*』에서와 같이 성행위가 분명히 잠재적으로 미적 체험으로 간주된다는 것은 오히려 이상하게 들린다. 그녀는 스스로 기계적인 섹스에서는 이와 같은 가능성이 해당되지 않는다고 서둘러 결론짓고 있다.

작동의 즐거움 이론을 지지하는 유티츠는 욕구 충족을 추구하는 열망 때문에 성적인 쾌락을 미적인 작동의 즐거움과 분명하게 구별하였다. 그리고 이는 다음과 같은 모토에 따라 결정되었다. 즉, 욕구는 어떠한 무심한interesse-los 즐거운 감정을 불러일으킬 수 없다는 것이다. (한편으로 신체적인 작동의 즐거움은 무심한 즐거운 감정의 진화론적 원초적 형태로 욕구의 목록으로부터 발생되었다는 가설을 가정해 볼 수는 있을 것이다.) 카를 그루스는 이미 1902년에 성을 미학으로부터 배제한 것을 시대에 국한된 현상으로 간주하고 다음과 같은 사실을 확고히 하였다. "성적인 대상들을 선험적으로 미적인 대상에서 제외되는 것으로 간주하는 사람은 사실을 이해하는 데 어려운 상황에 처하게 될 것이다."(1902: 249) 칙센트미하이는 섹스를 몰입으로 고려하였다(1992: 139). 그는 다음과 같이 언급하고 있다. "처음에는 성적 행위에서 쾌감과 즐거움을 경험하는 것은 어렵지 않다. ……첫 키스와 첫 경험은 현기증을 불러일으키는 도전적인 사건으로 경험된다……."(140) 그럼에도 불구하고 파트너 관계의 몰입을 지속적으로 유지하기 위해서 신체적인 도전은 충분하지 않다. 그러나 이러한 생각에 반대하지 않는 사람들도 왜 성적인 작동의 즐거움은 이와 같은 방식으로 상황에 따라 다르게 이해되어야 하는지 의문을 제기할 수 있을 것이다. 이 외에도 곧 알게 되는 바와 같이, 도전을 받는 것은 이러한 의미에서 몰입으로서 섹스를 방해하는 요인이 된다.

벌라인Berlyne(1971: 92)은 성적인 작동의 즐거움을 주제로 다루지 않았다. 왜냐하면 성적인 행위에서 나타나는 강렬한 흥분은 중간 정도의 흥분상태가 쾌의 경험, 즉 심미적 체험에 가장 이상적이라는 자신의 가설에 공공연하게 의문을 제기하기 때문이다. 이에 따라 그는 흥분의 증가는 오로지 흥분이 최고조에 달한 후에 이완의 상태를 초래하기 때문에 즐거운 감정을 유발하는 것만은 아닐 수 있다는 가능성을 열어 놓았다.

성적 쾌락의 증가에서는 최고조로 집중된 감각운동적 사건이 관련되어 있다. 신경 처리과정에서의 높은 동조[신경 개요 ▸ 미적 체험]는 이상적인 경우 오르가슴의 발생 이전과 발생과정에서 황홀한 기분상태를 초래할 수 있다.

강렬한 오르가슴에서 근육의 수축은 간질의 모습을 떠올리게 한다. 그럼에도 성행위에서 작동의 즐거움은 주지하는 바와 같이 망가지기 쉽다(그리고 황홀감, 즉 근육 수축은 꾸며질 수 있다). 두 시스템이 서로 동조하면서 황홀하게 조화를 이룬다는 것이 항상 당연한 것은 아니다(무엇보다도 남성적 흥분 민감성과 여성적 흥분 민감성 사이의 명백한 차이의 관점에서 그러하다). 여기에 시스템의 자기관찰이 추가된다. 일종의 무대 위에서 느끼는 압박감 같은 것이다. '나는 가치 있는 여성 또는 남성인가?' 비록 성적 행위와 여자와 남자의 경험(이들의 차이를 포함해서)이 포유동물의 뇌 속에 선천적으로 주어져 있다고 할지라도(Panksepp, 2000, 1998), 인간의 반성적 사고능력은 여기에서도 중요한 역할을 한다. 그러므로 성행위에서 참여자의 부담을 어느 정도 제거하는 것이 요구된다. 성적인 문제를 치료하는 통상의 기법은 서로 간에 솔직하게 있는 그대로의 모습을 드러내 보이도록 개선하는 것에 기초하고 있다. 이를 위해 접촉의 즐거운 감정과 접촉됨의 즐거운 감정을 (잠정적으로) 성행위로부터 분리하여, 성경험에서의 무심한 즐거운 감정에 부드러운 신체적 접촉을 통해 어느 정도 그 본능적인 순수함을 되돌려 주려고 시도한다.

읽을거리 Beier et al., 2005; Dissanayake, 2000; Menninghaus, 2003; Panksepp, 2000, 1998; Seikowski & Gollek, 2001.

주의 기울이기

모든 미적 체험이 작동의 즐거움에 기초하고 있다면, 왜 모든 감각운동적 사건의 수행이 즐거운 것으로 경험되지 않는지 의문이 제기된다. 다르게 표현하면, 우리는 왜 지속적으로 지각과 운동을 미적으로 경험하지 않는가? 왜냐하면 우리는 이들 기능의 수행에 매우 상이한 정도로 주의를 기울이기 때문이다. 일상생활의 대부분을 우리는 무의식적으로 행동한다. 의식적으로 지각하는 순간들도 대부분 일시적이다. 특별하게 주의를 기울이는 순간들은 미적으로 경험되고, 감탄사를 동반한 지각경험을 불러일으킨다. 우리가 능동적으로(의도적으로 또는 하향 처리방식으로 조절되는) 주의를 기울이는가, 수동적으로(비의도적으로 또는 강한 또는 다른 의미를 지닌 자극에 의해 상향 처리방식으로 조절되는) 주의를 기울이는가는 여기에서 중요하게 작용하지는 않는다. 이와 같은 이유로 미적 체험을 전적으로 특별한 자극 배열에 의해 설명하고자 하는 시도는 실패할 수밖에 없다.

서커스 무대, 운동경기장, 디스코텍 그리고 다른 축제장소들은 박물관, 콘서트홀, 극장, 영화관과 같이 서로 다른 정도에서 자신의 지각과 운동 수행, 다시 말해 자신의 감각운동적 사건의 수행을 의식적으로 행하고 즐기기 위해 찾는 장소들이다. 박물관 건물의 웅장한 모습은 박물관의 본질적인 목적, 즉 전시작품의 관람에 방해가 된다는 불만은 이와 같은 관점에서 잠재울 수 있을 것이다. 조망의 즐거움이 시사하는 것과 같이 오래전부터 상황적 맥락의 틀이나 지각의 강조는 이미 미적 체험의 중요한 내용을 구성한다.

그루스가 『심미적 즐거움*Der ästhetische Genuss*』에서 밝히고 있듯이, 조망의 경우에 그 조망의 장면이 열어 주는 산의 정상, 지역, 성곽 등을 지각하는 것은 주의를 기울이도록 하고, 그 결과 지각에서의 즐거움을 더욱 증가시키는 경향이 있다. 스포츠 경기의 관중들은 물론 미술전시회의 관람자들 사이에서도 전문가의 감식능력은 미적 체험을 증가시키는 데 기여한다.

읽을거리 환경/매체 생소화: Paquin, 1992; Schönhammer, 1989; 박물관: Schuster & Ameln-Haffke, 2006; 예술양식의 재인 등: Leder, 2002; Leder & Belke, 2007; Smith & Smith, 2006.

분위기: 주위 환경 느끼기

예를 들어, 어떤 사람이 도시적 분위기에 대해 말한다면, 이는 특정 대상의 모습, 한 기념물, 한 거리와 장소의 장면 또는 개개인들의 외모나 표정들에 관한 문제가 아니라는 것이 즉각적으로 분명해 보인다. 분위기는 전체적인 인상을 나타내는 개념이다. 예를 들면, 매우 다양함과 긴장되고 활력이 넘치는 일종의 생생함과 같은 전체적 인상을 나타내는 개념이다. 이와 같은 전체적인 인상은 어떻게 지각되는가?

사람들은 분위기를 풍긴다고 말한다. 분위기와 동일한 의미를 지니고 있는 개념이 전체적인 인상이다. 후베르트 텔렌바흐Hubert Tellenbach와 같은 현상학적 전통의 지지자들은 분위기의 체험에서 주체와 세계 사이의 경계의 모호함을 언급하였다. 지각하는 사람의 전체적인 인상에 영향을 주는 주위 환경의 특징적인 측면들은 전체적인 인상으로 경험된다. 루트비히 빈스방거Ludwig Binswanger는 (분위기의 동의어로서) 전제적인 인상으로 느껴지는 공간의 경험을 그가 명명한 분화된 지각, 지향된 공간에 대비하여 기술하였다.

주위 환경을 지각하는 것과 그 속에 있는 자신의 존재를 자각하는 것은 쉽게 분리되지 않는다. 그러므로 주위 환경을 느낀다고 말하는 것이 더욱 적절해 보인다. 이는 지속적으로 울적한 기분상태에 있는 사람이 그럼에도 한여름의 즐거운 분위기를 즐거운 것으로 인식하는 것이 가능할 수 있을까? 전체적인 인상과 분위기의 현상학에서 자주 논의된 이 문제는 철학자 헤르만 슈미츠Hermann Schmitz의 이론에서 신비주의적으로 고취된 주장을 강화하는 데 기여한다. 이 주장에 따르면, 전체적인 인상과 감정은 실제로 지각 주체로부터 독립된 흐름이라는 것이다. 이 문제에 대한 더욱 합리적인 설명은 현재 우울한 사람에게 떠오르는 즐거운 분위기는 비록 그것이 기분을 변화시키기에는 충분하지 않을지라도 배후에 그에 상응하는 영향을 남길 수 있다는 것이다.

철학자 게르노트 뵈메Gernot Böhme는 슈미츠의 관점에서 미적 체험은 분위기를 인식하는 것과 관련이 있다는 주장을 지지하고 있다. 그 주장의 출발점은 다음과 같은 상황이다. 한편으로 분위기를 체험하는 데에는 자신이 그 상황에 참여하고 있다는 것이고, 다른 한편으로 미적 체험은 감각 신체적 기능 수행이 즐거운 의식경험으로 기술될 수 있다는 것이다. 이와 같은 가정에서 뵈메는 미적 체험은—다시금 신비적인 것에 대한 어느 정도의 편향을 지니고—일종의 대상의 빛의 발산(사물의 아우라)에 기인하는 것으로 추론하는 것처럼 보인다. 뵈메는 또한 대상에 대한 황홀한 느낌에 대해 언급하고 있다. 미적 지각에서 사람들이 대상의 모습에 감동을 받는다는 것은 주체와 대상 사이의 공간이 정서적으로 색채를 띠고 있고 정서적으로 채워져 있다는 것에 기인한다는 것이다. 비록 신비주의적인 색채는 그렇다 하더라도, 이와 같은 관점은 여전히 불만족스러운 채로 남는다. 왜냐하면 뵈메의 이론에서는 원칙적으로 개별적 대상 또는 공간적 구조(건축물, 기념비, 거리시설과 공간시설)의 미적 효과와 어느 도시 분위기의 경험 간의 차이를 설명할 수 있는 여지가 없기 때문이다. 비록 뵈메는 도시 분위기를 기술하는 것과 같은 그가 제시한 예시에서 이와 같은 특수한 측면을 간과하지는 않았지만, 이 미적 지각의 분위기 이론에서는 분위기 체험의 특수성이 어디에 있는지가 분명하게 드러나지 않는다(Schönhammer, 1998, 1999c). 최근에 뵈메(2006a: 121; 2006b: 130)는 이와 같은 비판을 고려하여 미적 체험과 분위기를 동일시하는 자신의 주장을 비록 완전하게는 아니지만 어느 정도는 완화하고 있다.

건물 또는 조각상과 같은 개별적인 대상에 대한 미적 지각에서는 지향적인 내적 울림을 불러일으키는 특정한 형태들이 관련되어 있다. 이에 반하여 도시적 분위기의 체험은 불명료한 각성의 상태에서 나타난다. 그리고 이와 같은 불명료한 각성상태는 복합적인 다양한 소리의 세트에 의해 생겨나고, 사람, 자동차, 불빛의 서로 교차하는 다양한 움직임에 의해, 그리고 한눈에 파악하기 어려운 대상들의 배열에 의해 유발된다.

- 분위기라는 단어가 말해 주는 것과 같이, 환경은 사방 대기 속에 있는 것을 포함한다. 여기에서 특히 따뜻함, 압력, 전기적 부하 등(생체학적 날씨Bio-Wetter를 결정하는 요인)과 같은 물리적 대기의 질적 특성이 중요한 역할을 한다. 이 외에도 익숙한 냄새와 낯선 냄새(냄새 출처의 위치를 정확하게 규정하는 것과 관계없이), (생동감이 있는 또는 생동감이 없는) 소리 세트의 질적 특성(개별적이고 위치가 정해지지 않는 소리와 음향), 시각적으로 관찰의 배경을 결정해 주는 것 등이 중요하게 작용한다. 조명 이외에 주로 충만함, 부족함, 운동감, 고요함의 정도 등이 영향을 준다.

• 분위기는 전체적인 인상을 결정하는 데 중요한 역할을 한다. 이 전체적인 인상은 (심리학이 지금까지 거의 관심을 기울이지 않았던 일반적인 이해에 따르면) 어떤 막연함에 의해 정서와 구별된다. 생체학적 날씨의 경우(이 경우에만 국한된 것은 아니지만) 유쾌함 또는 불쾌함, 증가된 또는 감소된 생명력, 흥분됨 또는 차분함 등이 있다. 윌리 헬팍Willy Hellpach은 이와 같은 주위 환경(날씨, 기후, 경치)의 영향을 감각 활력적이라고 지칭하였다(이 개념은 불빛의 생명력 지각의 측면을 다룰 때 이미 언급하였다. 앞 장에서 불빛의 역동적 효과는 감각양식을 초월한 질적 특성에 대한 합리적 설명을 제공한다는 것을 보여 주었다). 최근의 환경심리학에서는 '즐거운–즐겁지 않은'과 '각성 정도'가 주변 환경을 평가하는 차원(환경의 정서적 평가척도)으로 도입되었다(Russel, 1988; Küller, 1991; Flade, 2008 참조; 이 외의 또 다른 차원인 힘potency은 두 개의 다른 차원과 같이 특히 오스굿Osgood이 가정한 심리학적 기초 차원인 '역량', 힘 그리고 각성에 기인하는 것으로 전체적인 분위기보다는 오히려 개별적 대상에 관련되어 있다; Ertl, 1969). 심리학자인 테이어Thayer(1996)는 전체적인 인상을 기본적으로 활력 대 피로, 평온함 대 긴장의 차원 속에 위치시키고, 평온한 활력에서 나타나는 최상의 안락감을 다른 조합에 대비시키고 있다.

안개가 끼었을 때와 어스름할 때 환경의 자극 제공성은 불명료한 모습으로 감소한다. 그런데 이는 이상적인 분위기를 인식하는 데 최상의 조건을 제공한다. (도시 장면에서 사람, 자동차 그리고 불빛 광고와 같이) 움직이는 많은 대상이 밀집되어 나타나는 경우에는 그 반대로 각각의 개별적인 대상들이 명료하게 지각될 수 있다. 그럼에도 불구하고 이 경우에는 특정 대상에 주의를 집중하는 것이 어렵기 때문에 자극 제공성은 불명료하게 나타난다.

선화적 양식과 회화적 양식(예를 들면 르네상스 양식과 바로코 양식)의 구분을 통해서 예술사학자인 뵐플린Wölfflin은 표현매체의 분위기 효과(선명함과 명료함 대 윤곽의 모호함과 명료하지 않은 충만함)에 대하여 언급하였다. 인상주의는 개별적 대상을 선명하게 묘사하는 것을 의도적으로 배제하고 있기 때문에 분위기 예술을 이상적으로 구현하고 있다. 엄격하게 말하면, 인상주의 그림은 전방위적으로 움직이는 모습을 묘사함으로써 특별히 생동감 있는 분위기를 연출한다[▸7장]. 또한 매우 개괄적이고 윤곽이 명료한 그림들도 경직됨과 상세함의 부족으로 인하여(비정상적으로 채워지지 않은 공간으로 인하여) 분위기의 효과를 드러낼 수 있다(예컨대 에드워드 호퍼Edward Hopper의 작품). 우리가 일반적으로 사용하는 언어의 용법에 의하여 생명력이 없는 분위기를 분위기의 결여와 동일시하는 경향을 보임에도 불구하고, 생명력이 없음은 분위기의 인상을 드러내도록 하는 데 기여할 수 있다. 분위기 체험에 대한 청각과 후각의 지대한 공헌은 (특히 시력을 상실한 사람과는 다르게) 이들 감각 중 하나를 상실한 사람들이 생명력의 질적 특성의 상실감을 매우 강하게 호소한다는 사실에서 잘 드러난다[▸5장과 8장].

만약 어떤 사람이 자신의 기분을 그 순간의 주변 환경의 전체적 인상에 대한 공명(또는 주위 환경의 전체적인 인상)으로 마음속에 떠올리게 되면, 전경과 배경에 관한 형태심리학적 설명방식을 사용하여 표현하면, 배경의 느낌이 전경으로 주의 깊게 지각된다면, 주위 환경은 미적 체험이 된다.

읽을거리 Binswanger, 1955; Böhme, 1995, 2001, 2006a, 2006b; Bollnow, 1984; Diaconu, 2005; Flade, 2008; Hauskeller, 1995; Hellpach, 1977; Morris, 1989; Schmitz, 1989; Tellenbach, 1968, 1987; Thayer, 1996; Wölfflin, 1991; Zillmann, 2004.

요점정리를 위한 물음

- 심리학 연구에서 미적 체험은 어떻게 측정되는가?
- 이 미적 체험은 일상적으로 사용되는 일반적인 미적 체험과 어떻게 관련되어 있는가?

- 뇌의 특정한 영역은 왜 보상중추라고 표기되는가?

- 간질 아우라는 미적 체험에 근간을 이루고 있는 신경 처리과정에 대해 어느 정도 유익한 통찰을 제공해 줄 수 있는가?
- 벌라인의 실험미학 이론은 어떤 신경적 처리과정에서 미적 체험의 기초를 이해하고 있는가?
- 어떤 자극의 질적 특성이 그에 상응하는 최적의 상태를 유발하는 조건으로 간주되는가?
- 이 이론은 왜 경험적 검증에도 불구하고 취약한 기반 위에 있는가?

- 어떤 근거들이 생물학적으로 중요한 대상과 상황의 미적 효과를 설명하는 것으로 사용되고 있는가?

- 지각의 용이함이 미적으로 작용한다고 말한다면 이는 무엇을 의미하는가?
- 이 원리를 미적 체험의 보편적 원리로 기술하고자 하는 시도에는 어떤 문제점이 있는가?

- 작동 쾌감의 개념은 어떻게 미적 체험에서 감정이입, 즉 동반운동Mitbewegung의 역할을 납득할 수 있도록 만드는가?
- 대비의 미학(디사나야크)은 무엇을 설명하는가?
- 몰입경험의 이론은 어느 정도에서 불만족스러운가?

- 분위기의 미적 체험의 특수한 측면은 어디에 있는가?

참고문헌 Literatur

웹사이트 주소는 통상적으로 자주 잘못된 경우가 많아서, 이 참고문헌에서의 색인은 인터넷사이트에서 접근 가능한 출처인 경우에 한하여 온라인 정보를 제시한다. 여기에서 제시된 정보는 자료의 탐색을 위해 충분할 것이다.

Ackerman, D. (1991). *Die schöne Macht der Sinne*. München: Kindler.

Adam, J. A. (1995). Bei Lichte besehen. In Design Zentrum München (Hg.), *Das Licht in dem die Dinge stehen* (S. 72-86). München: Design Zentrum München.

Aichinger, W. (2003). Sinne und Sinneserfahrung in der Geschichte. Forschungsfragen und Forschungsansäsze. In W. Aichinger, F. X. Eder, & C. Leitner (Hg.), *Sinne und Erfahrung in der Geschichte* (S. 9-28). Innsbruck: Studienverlag.

Aichinger, W., Eder, F. X., & Leitner, C. (Hg.) (2003). *Sinne und Erfahrung in der Geschichte*. Innsbruck: Studienverlag.

Alberti, L. B. (1991). *Zehn Bücher über die Baukunst*. Darmstadt: WGB.

Alexander, Chr., Ishikawa, S., & Silverstein, M. (1995). *Eine Mustersprache. Städte, Gebäude, Konstruktion*. Wien: Löker.

Allesch, Chr. G. (1987). *Geschichte der psychologischen Ästhetik*. Göttingen: Hogrefe.

Allesch, Chr. G. (2006). *Einführung in die psychologische Ästhetik*. Wien: WUV.

Allesch, G. J. v. (1925). *Die ästhetische Erscheinungsweise der Farben*. Berlin: J. Springer.

Altenmüller, K. (2006). Musikwahrnehmung und Amusien. In H.−O. Karnath & P. Thier (Hg.), *Neuropsychologie* (S. 425-434) (2. Aufl.). Heidelberg: Springer.

Angerer, H. (1995). Lichtgestaltung−Synergie aus Licht und Schatten. In Design Zentrum München (Hg.), *Das Licht in dem die Dinge stehen* (S. 87-97). München: Design Zentrum München.

Appleton, J. (1975). *The experience of landscape*. New York: Wiley.

Arnheim, R. (1978). *Kunst und Sehen. Eine Psychologie des schöpferischen Auges*. Berlin: De Gruyter.

Arnheim, R. (1980a). *Die Dynamik der architektonischen Form*. Köln: Dumont.

Arnheim, R. (1980b). Wahrnehmungsmäßige und ästhetische Eigenschaften der Bewegungsantwort (Orig. 1951). In Ders., *Zur Psychologie der Kunst* (S. 82-101). Frankfurt/M.: Ullstein.

Arnheim, R. (1980c). Funktion und Ausdruck (Orig. 1964). In Ders., *Zur Psychologie der Kunst* (S. 160-184). Frankfurt/M.: Ullstein.

Arnheim, R. (1980d). Gestalttheorie des Ausdrucks (Orig. 1964). In Ders., *Zur Psychologie der Kunst* (S. 55-81). Frankfurt/M.: Ullstein.

Arnheim, R. (1985). *Anschauliches Denken* (5. Aufl.). Köln: Dumont. (Orig. 1966).

Arnheim, R. (1992). Perceptual aspects of art for the blind. In Ders., *To the rescue of art. Twenty-six essays* (pp. 133-143). Berkeley: University of California Press.

Arnheim, R. (2001). *Rundfunk als Hörkunst* (Orig. 1936) *und weitere Ausätze zum Hörfunk*. Frankfurt/M.: Suhrkamp.

Arnheim, R. (2004). *Die Seele in der Silberschicht. Medientheoretische Texte. Photographie−Film−Rundfunk*. Frankfurt/M.: Suhrkamp.

Arnheim, R. (2002). *Film als Kunst*. Frankfurt/M.: Suhrkamp. (Orig. 1932).

Aschersleben, G. (2008). Handlung und Wahrnehmung. In J. Müsseler (Hg.), *Allgemeine Psychologie* (S. 767-793) (2., neubearb. Aufl.). Heidelberg: Spektrum.

Asendorf, Chr. (1997). *Super Constellation−Flugzeug und Raumrevolution. Die Wirkung der Luftfahrt auf Kunst und Kultur der Moderne*. Wien: Springer.

Ashby, M., & Johnson, K. (2002). *Materials and Design. The Art and Science of*

Material Selection in Product Design. Oxford: Butterworth–Heinemann.

Auer, G. (1993). Balance–Akte der Baukunst. In T. Bezzola, A. M. Müller, L. Müller, & B. Wismer (Hg.), *Equilibre. Gleichgewicht, Äquivalenz und Harmonie in der Kunst des 20. Jahrhunderts* (S. 276-291). Baden: Lars Müller.

Austin, J. H. (1999). *Zen and the brain* (2nd paperback ed.). Cambridge, MA: MIT Press.

Autelitano, A., Innocenti, V., & Re, V. (Eds.) (2005). *I cinque sensi del cinema/The five senses of cinema*. Udine: Forum.

Ayres, A. J. (1979). *Lernstörungen. Sensorisch-integrative Dysfunktionen*. Berlin: Springer.

Bachmann, U. (Hg.) (2006). *Farben zwischen Licht und Dunkelheit*. Sulgen: Niggli.

Bächthold–Stäbli, H. (1987). *Handwörterbuch des deutschen Aberglaubens* (Bd. 1). Berlin: De Gruyter.

Bacon, F. (1870). *Neues Organon*. Berlin: L. Heimann.

Bailley, M. E. S., & Johnson, K. J. (1997). Synaesthesia: is a genetic analysis feasible? In S. Baron–Cohen & J. E. Harrison (Eds.), *Synaesthesia. Classic and contemporary readings* (pp. 182-207). Oxford: Blackwell.

Balint, M. (1960). *Angstlust und Regression*. Stuttgart: Klett.

Baron–Cohen, S., & Harrison, J. E. (Eds.) (1997). *Synaesthesia. Classic and contemporary readings*. Oxford: Blackwell.

Barrett, D. (2001). *The committee of sleep. How artists, scientists and athletes use dreams for creative problem–solving-and how you can do*. New York: Crown.

Barth, F. G. (1989). *Vom Sinn der Sinne. Sinnesorgane zwischen Umwelt und Verhalten*. Wiesbaden: Franz Steiner.

Batchelor, D. (2004). Chromophobie. Angst vor der Farbe (2. Aufl.). Wien: WUV.

Bates, B., & Cleese, J. (2001). *Gesichter. Das Geheimnis unserer Identität*. Köln: Egmont vgs.

Beauvoir, S. de (1986). *Die Zeremonie des Abschieds*. Reinbek: Rowohlt.

Beeli, G., Esslen, M., & Jäncke, L. (2008). Time course of neural activity correlated with colored–hearing synesthesia. *Cerebral Cortex, 18*, 379-385.

Behne, K.-E. (1998). Über die Untauglichkeit der Synästhesie als ästhetisches Paradigma. In Kunst–und Ausstellungshalle der Bundesrepublik Deutschlang (Hg.), *Der Sinn der Sinne* (S. 104-125). Göttingen: Steidl.

Behne, K.-E. (2006). "Farbige Vokale" im jugendlichen Entwicklungsverlauf. *Musikpsychologie, 18*, 22-34.

Behne, K.-E. (2002). Synästhesie und intermodale Analogie–Fallstudie eines Notationssynästhetikers. In H. Adler (Hg.), *Synästhesie. Interferenz–Transfer–Synthese der Sinne* (S. 31-41). Würzburg: Königshausen & Neumann.

Behne, K.-E. (Hg.) (1987). *film–musik–video. oder Die Konkurrenz von Auge und Ohr*. Regensburg: Gustav Bosse.

Beier, K. M., Bosinki, H. A. G., Hartmann, U., & Loewit, K. (2005). *Sexualmedizin: Grundlagen und Praxis* (2. Aufl.). München: Elsevier, Urban & Fischer.

Benthien, C. (1999). *Haut. Literaturgeschichte, Körperbilder, Grenzdiskurse*. Reinbek: Rowohlt.

Bergius, H., & Herbrich, B. (2002). Die bildende Kunst und die Sinne. Von der Olfaktorik und ihrer Anwendbarkeit in der Kunst. In P. Luckner (Hg.), *Multisensuelles Design. Eine Anthologie* (S. 541-547). Halle/Saale: Burg Giebichenstein.

Berlyne, D. E. (1971). *Aesthetics and psychobiology*. New York: Appelton Meredith.

Berlyne, D. E. (Ed.) (1974a). *Studies in the new experimental aesthetics*. New York: Wiley.

Berlyne, D. E. (1974b). *Konflikt, Erregung, Neugier. Zur Psychologie der kognitiven Motivation*. Stuttgart: Klett. (Orig. 1960).

Bermudez, J. L., Marcel, A., & Eilan, N. (1995). *The body and the self*. London: Bradford.

Bernsen, J. (1999). *Lyd i Design/Sound in Design*. Kopenhagen: Dansk Design Center.

Bezzola, T., Müller, A. M., Müller, L., & Wismer, B. (Hg.) (1993). *Equilibre. Gleichgewicht, Äquivalenz und Harmonie in der Kunst des 20. Jahrhunderts*. Baden: Lars Müller.

Binswanger, L. (1955). Das Raumproblem in der Psychopathologie (1932). In Ders., *Vorträge und Aufsätze* (Bd. II, S. 174-225). Bern: Francke.

Biocca, F. (1992). Will simulation sickness slow down the diffusion of virtual environment technology? *Presence. Teleoperators and Virtual Environments, 1* (3), 334-343.

Birbaumer, N., & Schmidt, R. F. (2006). *Biologische Psychologie* (6. Aufl.). Heidelberg: Springer Medizin.

Bischof, N. (1966). Stellungs-, Spannungs—und Lagewahrnehmung. In W. Metzger (Hg.), *Allgemeine Psychologie, 1. Halbband* (Handbuch der Psychologie, Bd. 1, S. 409-497). Göttingen: Hogrefe.

Blakemore, S.-J., Bristow, D., Bird, G., Frith, C., & Ward, J. (2005). Somatosensory activations during the observation of touch in a case of vision touch synaesthesia. *Brain, 128*, 1583-1671.

Blakemore, S.-J., Wolpert, D. M., & Frith, Ch. D. (1998). Central cancellation of self-produced tickle sensations. *Nature Neuroscience, 1*(7), 635-640.

Blanke, O., Landis, Th., Spinelli, L., & Seeck, M. (2004). Out-of-body experience and autoscopy of neurological origin. *Brain, 127*, 243-258.

Blaukopf, K. (1994). Tonträger. In H. Bruhn, R. Oerter, H. Rösing (Hg.), *Musikpsychologie. Ein Handbuch* (S. 175-181). Reinbek: Rowohlt.

Bleuler, E. (1993). *Lehrbuch der Psychiatrie* (Nachdr. d. 15. von M. Bleuler bearb. Aufl.). Berlin: Springer.

Bloomer, K. C., & Moore, Ch. W. (1980). *Architektur für den „Einprägsamen Ort". Überlegungen zu Körper Erinnerung, Bauen* (G. R. Blomeyer & B. Tietze, Übers. u. Hg.). Stuttgart: DVA. (Orig. 1977).

Böhme, G. (1995). *Atmosphäre*. Frankfurt/M.: Suhrkamp.

Böhme, G. (1998). *Anmutungen. Über das Atmosphärische*. Ostfildern: ed. tertium (arcaden).

Böhme, G. (2001). *Aisthetik. Vorlesungen über Ästhetik als allgemeine Wahrnehmungslehre*. München: Fink.

Böhme, G. (2006a). *Architektur und Atmosphäre*. München: Fink.

Böhme, G. (2006b). Licht sehen. In U. Bachmann (Hg.), *Farben zwischen Licht und*

Dunkelheit (S. 115-136). Sulgen: Niggli.

Bolle, R. H. (1988). *Am Ursprung der Sehnsucht*. Berlin: VWB.

Bollnow, O. F. (1984). *Mensch und Raum* (5. Aufl.). Stuttgart: Kohlhammer.

Bösel, R. M. (2006). *Das Gehirn. Ein Lehrbuch der funktionellen Anatomie für die Psychologie*. Stuttgart: Kohlhammer.

Botvinick, M., & Cohen, J. (1998). Rubberhands „feel"touch that eyes see. *Nature, 391*, 756.

Bourdieu, P. (1987). *Die feinen Unterschiede. Kritik der gesellschaftlichen Urteilskraft*. Frankfurt/M.: Suhrkamp.

Boyce, P. R. (2003). *Human factors in lightning* (2nd ed.). London: Taylor & Francis.

Brandt, Th. (1999). *Vertigo. Its multisensory Syndromes* (2nd ed.). London: Springer.

Branigan, E. (1984). *Point of view in the cinema. A theory of narration and subjectivity in classical film*. Berlin: Mouton.

Bråten, S. (Ed.) (2007). *On being moved. From mirror neurons to empathy*. Amsterdam: John Benjamins Publiching.

Bregman, A. S. (1990). *Auditory scene analysis. The perceptual organisation of sound*. London: Bradford.

Brenslin, P. A. S., & Huang, L. (2006). Human taste: peripheral anatomy, taste transduction, and coding. In Th. Hummel & A. Welge-Lüssen (Eds.), *Taste and smell. An update* (pp. 152-190). Basel: Karger.

Bresser, A. (2002). Accessibility-Websitegestaltung für Blinde und Sehbehinderte. In R. Fuhlrott, U. Krauß-Leichert, & Chr.-H. Schütte (Hg.), *B. I. T. online-Innovativ* (Innovationsforum 2002, Bd. 4) (S. 9-117). Wiesbaden: Dinges & Frick.

Brugger, P. (2006). From phantom limb to phantom body: Varieties of extracorporeal awareness. In G. Knoblich, I. M. Thronton, M. Grosjean, & M. Shiffar (Eds.), *Human body perception from the inside out* (pp. 171-209). New York: Oxford University Press.

Brugger, P., Kollias, S. S., Müri, R. M., Crelier, G., Hepp-Reymond, M. C., & Regard, M. (2000). Beyond re-membering: Phantom sensations of congenitally absent limbs. *Proc. Natl. Acad. Sci. USA, vol. 97*(11), 6167-6172.

Brugger, P., Regard, M., & Landis, T. (1996). Unilaterally felt „Presences": The neuropsychiatry of one's invisible Doppelgänger. *Neuropsychiatry, Neuropsychology and Behavioral Neurology, 9*, 114-122.

Bruhn, H. (2005). Wissen und Gedächtnis. In Th. Stofer & R. Oerter (Hg.), *Allgemeine Musikpsychologie* (Enzyklopädie der Psychologie, S. 537-590). Göttingen: Hogrefe.

Brunswik, E., & Reiter, L. (1937). Eindruckscharaktere schematisierter Gesichter. *Zeitschrift für Psychologie, 142*, 67-134.

Bücher, K. (1924). *Arbeit und Rhythmus* (6. Aufl.). Leipzig: Emmanuel Reiter.

Budjko, V. (2008). *Tokens. Spielsteine des Lebens* (Unveräffentlichte Diplomarbeit, Burg Giebichenstein Hochschule für Kunst und Design Halle).

Bufalari, I., Aprile, T., Avenanti, A., Di Russo, F., & Aglioti, S. M. (2007). Empathy for pain and touch in the human somatosensory cortex. *Cerebral Cortex, 17*, 2553-2561.

Bühler, K. (1922a). *Die geistige Entwicklung des Kindes* (3. Aufl.). Jena: Gustav Fischer.

Bühler, K. (1922b). *Die Erscheinungsweise der Farben*. Jena: Gustav Fischer.

Bülthoff, I., & Bülthoff, H. H. (2003). Image based recognition of biological motion, scenes and objects. In M. A. Peterson & G. Rhodes (Eds.), *Perception of faces, objects, and scenes* (pp. 146-176). Oxford: Oxford University Press.

Bülthoff, I., & Ruppertsberg, A. I. (2006). Funktionelle Prinzipien der Objekt und Gesichtserkennung. In H.-O. Karnath & P. Thier (Hg.), *Neuropsychologie* (S. 107-116) (2. Aufl.). Heidelberg: Springer.

Burckhardt, J. (1976). *Die Kultur der Renaissance* (10. Aufl.). Stuttgart: Körner.

Burdach, K. J. (1988). *Geschmack und Geruch. Gustatorische, olfaktorische und trigeminale Wahrnehmung*. Bern: Huber.

Bürdek, B. E. (2005). *Design. Geschichte, Theorie und Praxis der Produktgestaltung*. Basel: Birkhäuser.

Burger, D. (2003). New technologies empowering visually impaired people for accessing documents. In Y. Hatwell, A. Streri, & E. Genatz (Eds.), *Touching for*

Knowing. Cognitive psychology of haptic manual perception (pp. 293-303). Amsterdam: John Benjamins Publishing.

Burke, E. (1956). *Vom Schönen und Erhabenen.* Berlin: Aufbau. (Orig. 1756).

Cahusac, Peter (2002). The perception of touch. In D. Roberts (Ed.), *Signals and Perception. The fundamentals of human perception* (pp. 245-254). Houndmills: Palgrave Macmillan.

Caillois, R. (1982). *Die Spiele und die Menschen. Maske und Rausch.* Frankfurt/M.: Ullstein. (Orig. 1958).

Cakir, A., & Cakir, G. (2006). *Der Einfluss von optischen Oberflächeneigenschaften von IT-Produkten auf Benutzer.* (Schriftenreihe der Bundesanstalt für Arbeitsschutz und Arbeitsmedizin). Dortmund: Wirtschaftsverlag NW.

Calvert, G. A., & Lewis, J. W. (2004). Hemodynamic studies of audiovisual interactions. In G. A. Calvert, Ch. Spence, & B. E. Stein (Eds.), *The handbook of multisensory processes* (pp. 483-502). London: Bradford.

Calvert, G. A., Spence, Ch., & Stein, B. E. (Eds.) (2004). *The Handbook of Multisensory Processes.* London: Bradford.

Campenhausen, Chr. v. (1993). *Die Sinne des Menschen. Einführung in die Psychophysik der Wahrnehmung* (2. Aufl.). Stuttgart: Thieme.

Chi, I. T., & Stotz, O. (1995). Spuren des Gebrauchs. *Kunstforum International, 130,* 212-223.

Chiva, M. (1985). *Le doux et l'amer. Sensation gustative, emotion et communication chez le jeune enfant.* Paris: Presses Universitaires de France.

Classen, C. (Ed.) (2005). *The book of touch.* Oxford: Berg.

Classen, C., Howes, D., & Synnott, A. (1994). Aroma. *The cultural history of smell.* London: Routledge.

Clynes, M. (1996). *Auf den Spuren der Emotionen.* Freiburg: Verlag für angewandte Kinesiologie. (Orig. 1977).

Cohen, Y. E., & Anderson, R. A. (2004). Multisensory representation of space in the parietal cortex. In G. A. Calvert, Ch. Spence, & B. E. Stein (Eds.), *The handbook of multisensory processes* (pp. 463-479). London: Bradford.

Cole, J., & Paillard, J. (1995). Living without touch and peripheral information about body position and movements: Studies with deafferented subjects. In J. L. Bermudez, A. Marcel, & N. Eilan (Eds.), *The body and the self* (pp. 244-266). London: Bradford.

Cook, N. D. (2002). *Tone of voice and mind. The connections between intonation, emotion, cognition and consciousness.* Amsterdam: John Benjamins Publishing.

Coolsaet, B. (1999). *Der Pinsel der Liebe. Leben und Werk des Penis.* Köln: Kiepenheuer & Witsch.

Corbin, A. (1984). *Pesthauch und Blütenduft. Eine Geschichte des Geruchs.* Berlin: Wagenbach.

Cornoldi, C., Fastame, M. Ch., & Vecchi, T. (2003). Congenitally blindness and satial mental imagery. In Y. Hatwell, A. Streri, & E. Genatz (Eds.), *Touching for Knowing. Cognitive psychology of haptic manual perception* (pp. 173-187). Amsterdam: John Benjamins Publishing.

Costall, A. (2007). Bringing the body back to life: James Gibson's eclogy of embodied agency. In T. Ziemke, J. Zlatev, & R. M. Frank (Eds.), *Body, language and mind* (Vol. I: Embodiment, pp. 55-83). Berlin: de Gruyter.

Cross, I. (2001). Music, cognition, culture and evolution. In R. J. Zatorre & I. Peretz (Eds.), *The biological foundations of music* (pp. 28-42). New York: The New Academy of Science.

Crunelle, M. (1995). Geruchsinn und Architektur. In Kunst–und Ausstellungshalle der BRD (Hg.), *Das Riechen. Von Nasen, Düften und Gestank* (S. 171-177). Göttingen: Steidl.

Csikszentmihalyi, M. (1988). The flow experience and its significance for human psychology. In M. Csikszentmihalyi & I. S. Csikszentmihalyi (Eds.), *Optimal experience. Psychological studies of flow in consciousness* (pp. 15-35). Cambridge: Cambridge University Press.

Csikszentmihalyi, M. (1992). *Flow: Das Geheimnis des Glücks.* Stuttgart: Klett–Cotta.

Csikszentmihalyi, M., & Rochberg–Halton, E. (1989). *Der Sinn der Dinge. Das Selbst und die Symbole des Wohnbereichs.* München: Psychologie Verlags Union.

(Orig. 1981).

Cutting, J. E. (2006). The mere exposure effect and aesthetic preference. In P. Locher, C. Martindale, & L. Dorfman. (Eds.), *New directions in aesthtics, creativity and the arts* (pp. 33-46). Amityville, NY: Baywood.

Cytowic, R. (2002). Wahrnehmungs–Synästhesie. In H. Adler (Hg.), *Synästhesie. Interferenz–Transfer–Synthese der Sinne* (S. 1-24). Würzburg: Königshausen & Neumann.

Cytowic, R. E. (2003). *The man who tasted shapes*. Cambridge, MA: MIT Press. (Neuaufl. mit einem Nachwort; Orig. 1993).

Czycholl, D. (2003). *Die phantastischen Geisterscheinungen. Vom Sehen bei geschlossenen Augen und seiner Erforschung*. Berlin: VWB.

Damasio, A. (1995). *Descartes' Irrtum. Fühlen, Denken und das Menschliche Gehirn*. München: List.

Damasio, A. (2000). *Ich fühle, also bin ich. Die Entschlüsselung des Bewusstseins*. München: List.

Damasio, A. (2006). Film, Bewusstsein und Emotion: Aus der Gehirn-Perspektive. In K. Jasper & W. Unterberger (Hg.), *Kino im Kopf. Psychologie und Film* (S. 82-89). Berlin: Bertz & Fischer.

Darwin, Ch. (2002). *Der Ausdruck der Gemütsbewegung bei dem Menschen und den Tieren*. (Kritische Edition von Paul Ekman). Frankfurt/M.: Eichborn.

Davidson, J. W. (2002). Understanding the expressive performance movements of a solo pianist. *Musikpsychologie, 16*, 7-29.

Davidson, J. W. (2005). Bodily communication in musical performance. In D. Miell, R. MacDonald, & D. J. Hargreaves (Eds.), *Musical communication* (pp. 193-213). Oxford: Oxford University Press.

Day, S. A. (2006). Was ist Synästhesie? In J. Jewanski & N. Sidler (Eds.), *Farbe–Licht–Musik. Synästhesie und Farblichtmusik* (S. 15-30). Bern: Peter Lang.

de Gelder B., & Vroomen, J. (2000). The perception of emotion by ear and by eye. *Emotion and Cognition, 14*(3), 289-311.

de Gelder, Vroomen, & Pourtois (2004). Multisensory perception of emotion: Its time course, and its neutral basis. In G. A. Calvert, Ch. Spence, & B. E. Stein (Eds.), *The handbook of multisensory processes* (pp. 581-596). London: Bradford.

de la Motte−Haber, H. (2006). Audio−visual perception and its relevance in science and art. *Musikpsychologie, 18*, 11-21.

de la Motte−Haber, H., & Emons, H. (1980). *Filmmusik. Eine systematische Beschreibung*. München: Hanser.

De Rossi, D., Lorussi, F., Mazzoldi, A., Orsini, P., & Cilingo, E. P. (2003). Active Dressware. Wearable Kinesthetic Systems. In F. G. Barth, J. A. C. Humphrey, & T. W. Secomb (Eds.), *Senses and Sensing in Biology and Engeneering* (pp. 379-392). Wien: Springer.

Degenaar, M. (1996). *Molyneux's problem. Three centuries of discussion on the perception of forms*. Dordrecht: Kluver.

Deibler, K. D., & Delwiche, J. (Eds.) (2004). *Handbook of flavor characterization*. New York: Marcel Dekker.

Deufelhard, P. (2008). *Was ist ein schönes Gesicht? Auf der Suche nach Kriterien*. Berlin: Zuse-Institut. Online-Resource, zugänglich über die Homepage des Zuse−Institut.

Dewey, J. (1988). *Kunst als Erfahrung*. Frankfurt/M.: Suhrkamp. (Orig. 1934).

Diaconu, M. (2005). *Tasten, Riechen, Schmecken. Eine Ästhetik anästhesierten Sinne*. Würzburg: Königshausen & Neumann.

Dietrich, M. (2006). Vestibuläres System und Störungen der vestibulären Raumorientierung. In H.-O. Karnath & P. Thier (Hg.), *Neuropsychologie* (S. 197-205) (2. Aufl.). Heidelberg: Springer.

Dietz, Chr. (2002). *„Wer nicht riechen will, muß fühlen". Geruch und Geruchssinn im Werk Heimito von Doderers*. Wien: Edition Preasens.

Dinzelbacher, P. (2002). *Himmel, Hölle, Heilige. Visionen und Kunst im Mittelalter*. Darmstadt: Wissenschaftliche Buchgesellschaft.

Dissanayake, E. (2000). *Art and Intimacy. How the arts began*. Seattle: University of Washington Press.

Dittmar, A. (Hg.) (2007). *Synästhesien: Roter Faden durchs Leben?* Essen: Die blaue

Eule.

Dittrich, A. (1985). *Ätiologie-unabhängige Strukturen veränderter Wachbewußtseinszustände*. Stuttgart: Enke.

Dixon, M. J., Smilek, D., Wagar, B., & Merikle, P. M. (2004). Graphmen-color synesthesia: When 7 is yellow and D is blue. In G. A. Calvert, Ch. Spence, & B. E. Stein (Eds.), *The handbook of multisensory processes* (pp. 837-849). London: Bradford.

Doderer, H. v. (1966). *Die Strudlhofstiege*. München: dtv. (Orig. 1951).

Dolezal, H. (1982). *Living in a world transformed. Perceptual and performatory adaptation to visual distortion*. New York: Academic Press.

Dollase, R. (1994). Motivation der Parfumwahl. In P. Jellinek, *Die psychologischen Grundlagen der Parfumerie* (S. 214-226) (4. erw. Aufl., J. S. Jellinek, Hg.) Heidelberg: Hüthig.

Döring, A. (1890). Die ästhetischen Gefühle. *Zeitschrift für Psychologie und Physiologie der Sinnesorgane, 1*, 161-186.

Döring-Seipel, E. (1996). *Stimmung und Haltung*. Weinheim: PVU.

Downs, R. M. & Stea, D. (1982). *Kognitive Karten. Die Welt in unseren Köpfen*. New York, NY: Harper & Row.

Düchting, H. (1996). *Farbe am Bauhaus. Synthese und Synästhesie*. Berlin: Mann.

Düchting, H. (2002). Synästhetische Vorstellungen am Bauhaus. In H. Adler (Hg.), *Synästhesie. Interferenz–Transfer–Synthese der Sinne* (S. 249-257). Würzburg: Königshausen & Neumann.

Duderstadt, M. (1997). *Ästhetik und Stofflichkeit. Ein Beitrag zur elementaren Bildung*. Weinheim: Deutscher Studien Verlag.

Dunbar, R. I. M. (1996). Grooming. Soziale Fellpflege bei Affen und Menschen. In Kunst– und Ausstellungshalle der Bundesrepublik Deutschlang (Hg.), *Tasten* (S. 72-89). Göttingen: Steidl.

Durlach, N., Allen, G., Darken, R., Garnett, R. L., Loomis, J., Tempelman, J., & Wiegand, T. E. v. (2000). Virtual environments and the enhancement of spatial behavior: Towards a comprehensive research agenda. *Presence. Teleoperators and Virtual Environments, 9*(6), 593-615.

Ebberfeld, I. (1999). *Botenstoffe der Liebe* (2. Aufl.). Frankfurt/M.: Campus.

Effenberg, A. O. (2004). *Synergien der Sinne für die Bewegungsregulation. Effekte multisensorischer Konvergenzen bei der Wahrnehmung, Beurteilung und Ausführung von Sportbewegungen.* Frankfurt/M.: Peter Lang.

Eibl–Eibesfeldt, I. (1995). Die Biologie des menschlichen Verhaltens (3., überarb. u. erw. Aufl.). München: Piper.

Eibl–Eibesfeldt, I., & Sütterlin, Ch. (1992). *Im Banne der Angst. Zur Natur–und Kunstgeschichte menschlicher Abwehrsymbolik.* München: Piper.

Emons, H. (2005). *Für Auge und Ohr: Musik als Film. Oder die Verwandlung von Komposition in Lichtspiel.* Berlin: Frank & Timme.

Emrich, H. (2002). Synästhesie als „Hyper–binding". In H. Adler (Hg.), *Synästhesie. Interferenz–Transfer–Synthese der Sinne* (S. 25-30). Würzburg: Königshausen & Neumann.

Engel, A. K. (2006). Neuronale Grundlagen der Merkmalsintegration. In H.-O. Karnath & P. Thier (Hg.), *Neuropsychologie* (S. 55-65) (2. Aufl.). Heidelberg: Springer.

Engelhardt, D. v., & Wild, R. (Hg.) (2005). *Geschmackskulturen. Vom Dialog der Sinne bei Essenund Trinken.* Frankfurt/M.: Campus.

Engelkamp, J., & Zimmer, H. D. (2006). *Lehrbuch der kognitiven Psychologie.* Göttingen: Hogrefe.

Ennenbach, W. (1989). *Bild und Mitbewegung.* Köln: bps–Verlag.

Eriksson, Y. (1998). *Tactile Pictures. Pictural Representation for the blind 1784-1940.* Göteborg: Acta Universitatis Gotheoborgensis.

Ernst, M. O. (2006). A bayesian view on multimodal cue integration. In G. Knoblich, I. M. Thronton, M. Grosjean, & M. Shiffar (Eds.), *Human body perception from the inside out* (pp. 105-131). New York: Oxford University Press.

Ertl, S. (1969). *Psychophonetik. Untersuchungen über Lautsymbolik und Motivation.* Göttingen: Hogrefe.

Espe, H., Hautz, P., Krampen, M., & Walter, K. (2005). *Zur Semantik von Formen, Farben und Logos.* (Veröffentlicht in PsyDok, dem Volltextserver „Virtuelle

Fachbibliothek Psychologie" der Universitäts- und Landes Bibliothek Saarbrücken.).

Evans, Ch. (2003). *Vomeronasal chemoreception in vertebrates. A study of the second nose.* London: Imperial College Press.

Fahle, M. (2006). Perzeptuelles Lernen. In H.-O. Karnath & P. Thier (Hg.), *Neuropsychologie* (S. 617-623) (2. Aufl.). Heidelberg: Springer.

Falk, D. S., Brill, D. R., & Stork, D. G. (1990). *Ein Blick ins Licht. Einblicke in die Natur des Lichtes und des Sehens, in Farbe und Fotographie.* Basel: Birkhäuser.

Farah, M. J. (2000). The neural basis of mental imagery. In M. S. Gazzaniga (Ed.), *The new cognitive Neuroscience* (pp. 965-974) (2nd ed.). London: Bradford.

Fastl, H., & Zwicker, E. (2007). *Psychoacoustics. Facts and models* (3rd ed.). Berlin: Springer.

Faurion, A., Cerf, B., Pillias, A.–M., & Boitreau, N. (2002). Increased taste sensitivity by familiarization to novel stimuli: psychophysics, fMRI, and electrophysiological techniques suggest modulations at peripheral and central levels. In C. Rouby, B. Schaal, D. Dubois, R. Gervais, & A. Holley (Eds.), *Olfaction, Taste and Cognition* (pp. 350-366). Cambridge: Cambridge University Press.

Fenske, M. J., Aminoff, E., Gronau, N., & Bar, M. (2006). Top–down facilitation of visual object recognition: object based and context–based contributions. In S. Martinez–Conde, S. L. Macknik, L. M. Martinez, J.-M. Alonso, & P. U. Tse (Eds.), *Fundamentals of awareness: Multi–sensory integration and high–order perception* (Progress in Brain Research, 155, Visual Perception, Part 2, pp. 3-21). Amsterdam: Elsevier.

Finnegan, R. (2002). *Communicating. The multiple modes of human interconnection.* New York: Routledge.

Fischer, H. (1995). Die Entwicklung der visuellen Wahrnehmung. Weinheim: Beltz.

Fischer, R. (1971). A cartography of the ecstatic and meditative states. *Science, 174*(4012), 897-904.

Flade, A. (2008). *Architektur–psychologisch betrachtet* (Mitarb. F. Dieckmann und R. Röhrbein; Vorw. von M. Sack). Bern: Huber.

Flückiger, B. (2007). *Sound Design. Die virtuelle Klangwelt des Films.* Marburg: Schüren.

Flusser, V. (1985). Gespräch, Gerede, Kitsch: Zum Problem des unvollkommenen Informations-konsums. In H. Pross (Hg.), *Kitsch. Soziale und politische Aspekte einer Geschmacksfrage* (S. 47-62). München: List.

Flynn, J. E. (1988). Lighting-design decisions as interventions in human visual space. In J. L. Nasar (Ed.), *Environmental aesthetics. Theory, research, and applications* (pp. 156-170). Cambridge: Cambridge University Press.

Fogassi, D., & Gallese, V. (2004). Action as a binding key to multisensory integration. In G. A. Calvert, Ch. Spence, & B. E. Stein (Eds.), *The handbook of multisensory processes* (pp. 425-441). London: Bradford.

Forschungsgruppe Telefonkommunikation (Hg.) (1989). *Telefon und Gesellschaft. Beiträge zu einer Soziologie der Telekommunikation.* Berlin: Spiess.

Fowler, C. A. (2004). Speech as a supramodal or amodal phenomenon. In G. A. Calvert, Ch. Spence, & B. E. Stein (Eds.), *The handbook of multisensory processes* (pp. 189-201). London: Bradford.

Freedberg, D., & Gallese, V. (2007). Motion, emotion and emapthy in esthetic experience. *Trends in Cognitive Sciences, 11*(5), 197-203.

Freud, S. (1999). Gesammelte Werke (Bd. 12). Frankfurt/M.: Fischer. (Orig. 1940).

Fuchs, E. (2003). Sinnesbehinderungen und neue Informationstechnologien: Hilfestellung für Menschen mit besonderen Bedürfnissen? In W. Aichinger, F. X. Eder, & C. Leitner (Hg.), *Sinne und Erfahrung in der Geschichte* (S. 213-237). Innsbruck: Studienverlag.

Gage, J. (1989). *Kulturgeschichte der Farbe: Von der Antike bis zur Gegenwart.* Ravensburg: Otto Maier.

Gallese, V. (2007). The ventro-dorsal stream: parieto-premotor neural circuits and their role in primate cognition. In F. W. Mast & L. Jäncke (Eds.), *Spatial processing in navigation, imagery and perception* (pp. 329-352). New York: Springer.

Gamwell, L. (Hg.) (2000). *Träume 1900-2000. Kunst, Wissenschaft und das UnbewuBte.* München: Prestel.

Gauthier, I., & Bukach, C. (2007). Should we reject the expertise hypothesis? *Cognition, 103*(2), 322-330.

Gebhard, U. (2001). *Kind und Natur. Die Bedeutung der Natur für die psychische Entwicklung* (2. Aufl.). Opladen: Westdeutscher Verlag.

Gegenfurtner, K. (2006a). Farbwahrnehmung und ihre Störungen. In H.-O. Karnath & P. Thier (Hg.), *Neuropsychologie* (S. 33-40) (2. Aufl.). Heidelberg: Springer.

Gegenfurtner, K. (2006b). *Gehirn und Wahrnehmung* (2. Aufl.). Frankfurt/M.: Fischer.

Gembris, H. (2006). *Musik und Parfum. Musikpsychologie, 18*, 53-66.

Genatz, E., & Badan, M. (2003). Anatomical and functional organization of cutaneous and haptic perceptions: The contribution of neuropsychology and cerebral functional imagery. In Y. Hatwell, A. Streri, & E. Genatz (Eds.), *Touching for Knowing. Cognitive psychology of haptic manual perception* (pp. 33-47). Amsterdam: John Benjamins Publishing.

Genatz, E., & Hatwell, Y. (2003). Haptic processing of spatial and material object properties. In Y. Hatwell, A. Streri, & E. Genatz (Eds.), *Touching for Knowing. Cognitive psychology of haptic manual perception* (pp. 123-159). Amsterdam: John Benjamins Publishing.

Geurts, K. L. (2002). *Culture and the senses. Bodily ways of knowing in an African community*. Berkeley: University of California Press.

Gibson, E. J. (1969). *Principles of perceptual learning and development*. New York: Appleton−century−crofts, Meredith corp.

Gibson, J. J. (1973). *Die Sinne und der Prozeßder Wahrnehmung*. Bern: Huber. (Orig. 1966).

Gibson, J. J. (1982). *Wahrnehmung und Umwelt*. München: Urban & Schwarzenberg. (Orig. 1979).

Giedion, S. (1985). *Befreites Wohnen* (Hg. D. Huber). Frankfurt/M.: Syndikat.

Giesz, L. (1994). *Phänomenologie des Kitsches*. Frankfurt/M.: Fischer. (Orig. 1971).

Gleiter, J. H. (2008). *Architekturtheorie heute*. Bielefeld: transcript.

Gniech, G. (1995). *Essen und Psyche*. Berlin: Springer.

Goldstein, B. (2002). *Wahrnehmungspsychologie* (Dt. Ausg., hg. v. H. Ritter). Heidelberg: Spektrum.

Goldstein, B. (2008). *Wahrnehmungspsychologie. Der Grundkurs* (Dt. Ausg., hg. v. H. Irle). Heidelberg: Spektrum.

Gombrich, E. H. (1977). Maske und Gesicht. In E. H. Gombrich, J. Hochberg, & M. Black, *Kunst, Wahrnehmung, Wirklichkeit* (S. 10-60). Frankfurt/M.: Suhrkamp.

Gombrich, E. H. (1986). *Kunst und Illusion. Zur Psychologie der bildlichen Darstellung* (2. Aufl.). Stuttgart: Belser.

Goodale, M. A. (2000). Perception and action in the human visual system. In M. S. Gazzaniga (Ed.), *The new cognitive Neuroscience* (pp. 365-377) (2nd ed.). London: Bradford.

Göring, A. (2006). Risikosport–interdisziplinäre Annäherungen, empirische Befunde und Anwendungsbezüge (Dissertation, Universität Göttingen, 2006). Online–Resource, zugänglich über die Niedersächsische Staats–und Universitätsbibliothek Göttingen.

Götz, M. (2002). Aromadesign oder: Zur Wahrnehmung einer Wahrnehmung. In P. Luckner (Hg.), *Multisensuelles Design. Eine Anthologie* (S. 621-658). Halle/Saale: Burg Giebichenstein.

Grammer, K. (2000). *Signale der Liebe. Die biologischen Gesetze der Partnerschaft* (4. Aufl.). München: dtv.

Graziano, M. S. A., Gross, Ch. G., Taylor, Ch. S. R., & Moore, T. (2004). Multisensory Neurons for the Control of defensive movements. In G. A. Calvert, Ch. Spence, & B. E. Stein (Eds.), *The handbook of multisensory processes* (pp. 443-452). London: Bradford.

Greenberg, M. S. (1992). Olfactory hallucinations. In M. J. Serby & K. L. Chobor (Eds.), *Science of olfaction* (pp. 467-499). New York: Springer.

Gregory, R. L. (2001). *Auge und Gehirn. Psychologie des Sehens* (n. d. 5., neu bearb. Aufl. des engl. Orig.). München: dtv.

Grodal, T. (1977). *Moving Pictures. A new theory of film genres, feelings, and cognition.* Oxford: Clarendon.

Groh, R. (2005). *Das Interaktions–Bild. Theorie und Methodik der Interfacegestal-*

tung. Dresden: TUDpress.

Groos, K. (1899). *Die Spiele der Menschen*. Jena: G. Fischer.

Groos, K. (1902). *Der aesthetische Genuß*. Giessen: J. Ricker' sche Verlagsbuchhandlung.

Groos, K. (1930). *Die Spiele der Tiere* (3., umgearb. Aufl., Orig. 1896). Jena: Gustav Fischer.

Grunwald, M. (2001). Begriffsbestimmungen zwischen Psychologie und Physiologie. In M. Grunwald & L. Beyer (Hg.), *Der Bewegte Sinn. Grundlagen und Anwendungen zur haptischen Wahrnehmung* (S. 1-14). Basel: Birkhäuser.

Grunwald, M. (Ed.) (2008). *Human haptic perception–basics and applications*. Boston: Birkhäuser.

Grunwald, M., & Gertz, H.–J. (2001). Störungen der haptischen Wahrnehmung bei Anorexia nervosa. In M. Grunwald & L. Beyer (Hg.), *Der Bewegte Sinn. Grundlagen und Anwendungen zur haptischen Wahrnehmung* (S. 135-150). Basel: Birkhäuser.

Grunwald, M., & Krause, F. (2001). Haptik–Design im Fahrzeugbau. In M. Grunwald & L. Beyer (Hg.), *Der Bewegte Sinn. Grundlagen und Anwendungen zur haptischen Wahrnehmung* (S. 171-176). Basel: Birkhäuser.

Guski, R. (1987). *Lärm. Wirkungen unerwünschter Geräusche*. Bern: Huber.

Guski, R. (1996). *Wahrnehmen–ein Lehrbuch*. Stuttgart: Kohlhammer.

Hagner, M. (2001). Psychophysiologie und Selbsterfahrung. Metamorphosen des Schwindels und der Aufmerksamkeit im 19. Jahrhundert. In A. & J. Assmann (Hg.), *Aufmerksamkeiten. Archäologie der literarischen Kommunikation VII* (S. 241-263). München: Fink.

Halberstadt, J. & Rohdes, G. (2003). It's not just average faces that are attractive: computer–manipulated averageness makes birds, fish, and automobiles attractive. *Psychonomic Bulletin and Review, 10*(1), 149-156.

Hall, E. T. (1976). *Die Sprache des Raumes*. Düsseldorf: Schwann. (Orig. 1966).

Halligan, P. W., Hunt, M., Marshall, J. C., & Wade, D. T. (1996). When seeing is feeling: aquiered synaesthesia or phantom touch? *Neurocase, 2*, 21-29.

Halpern, A. R. (2001). Cerebral substrates of musical imagery. In R. J. Zatorre & I.

Peretz (Eds.), *The biological foundations of music* (pp. 179-192). New York: The new Academy of Science.

Handel, S. (1989). *Listening. An introduction to the perception of auditory events.* London/Cambridge, Mass.: Bradford/MIT Press.

Hanke, G. (1995). *Olfaktorik im Design* (Dipl.–Arbeit 1993, Hg. v. d. Kunsthochschule Berlin–Weißensee). Berlin: KHB.

Hardin, C. L. (1998). Basic color terms and basic color categories. In W. G. K. Backhaus, R. Kliegel, & J. S. Werner (Eds.), *Color vision. Perspectives from different disciplines* (pp. 207-217). Berlin: de Gruyter.

Harrison, J. E., & Baron–Cohen, S. (1997a). Synaesthesia: a review of psychological theories. In S. Baron–Cohen & J. E. Harrison (Eds.), *Synaesthesia. Classic and contemporary readings* (pp. 109-122). Oxford: Blackwell.

Harrison, J. E., & Baron–Cohen, S. (1997b). Synaesthesia: an introduction. In S. Baron–Cohen & J. E. Harrison (Eds.), *Synaesthesia. Classic and contemporary readings* (pp. 3-16). Oxford: Blackwell.

Hasan, M. A., & Thaut, M. H. (2004). Statistical analysis of finger tapping with a periodic external stimulus. *Perceptual and Motor Skills*, Vol. 99(2), 643-661.

Hass, H. (1987). *Wie der Fisch zum Mensch wurde. Sternstunden der Entwicklung unseres Körpers.* München: Universitas.

Hassebrauck, M., & Niketta, R. (Hg.) (1993). *Physische Attraktivität.* Göttingen: Hogrefe.

Hatt, H. (1994). „Es stinkt mir gewaltig" oder was Gerüche verraten. *DFG Mitteilungen*, 4/94.

Hatt, H. (1996). Chemosensibilität, Geruch und Geschmack. In J. Dudel, R. Menzel, & R. F. Schmidt (Hg.), *Neurowissenschaft. Vom Molekül zur Kognition* (S. 297-316). Berlin: Springer.

Hatwell, Y. (2003). Intermodal coordinations in children and adults. In Y. Hatwell, A. Streri, & E. Genatz (Eds.), *Touching for Knowing. Cognitive psychology of haptic manual perception* (pp. 207-219). Amsterdam: John Benjamins Publishing.

Hatwell, Y., Streri, A., & Genatz, E. (Eds.) (2003). *Touching for Knowing. Cognitive psychology of haptic manual perception*. Amsterdam: John Benjamins Publishing.

Hatwell, Y., & Marinez–Sarrochi, F. (2003). The tactile reading of maps and drawings, and the access of blind people to works of art. In Y. Hatwell, A. Streri, & E. Genatz (Eds.), *Touching for Knowing. Cognitive psychology of haptic manual perception* (pp. 255-273). Amsterdam: John Benjamins Publishing.

Hau, S. (2002). Vom Traum zum Traumbild. Über das Zeichnen von Träumen. In S. Hau, W. Leuschner, & H. Deserno (Hg.), *Traum–Expeditionen* (S. 183-200). Tübingen: edition discord.

Hauser, M. D. (1996). *The evolution of Communication*. London: Bradford.

Hauskeller, M. (1995). *Atmosphären erleben. Philosophische Untersuchungen zur Sinneswahrnehmung*. Berlin: Akademieverlag.

Haverkamp, M. (2006). Auditiv–visuelle Verknüpfungen im Wahrnehmungssystem und die Eingrenzung synästhetischer Phänomene. In J. Jewanski & N. Sidler (Eds.), *Farbe–Licht–Musik. Synästhesie und Farblichtmusik* (S. 31-73). Bern: Peter Lang.

Haxby, J. V., Hoffman, E. A., & Gobbini, M. I. (2000). The distributed human neural system for face perception. *Trends in Cognitive Sciences, 20*(6), 223-233.

Heider, F., & Simmel, M. (1944). An experimental study of apparent behavior. *American Journal of Psychology, 57*, 243-259.

Heij, A. (1996). *Traumpartner. Evolutionspsychologische Aspekte der Partnerwahl*. Berlin: Springer.

Heindl, I. (2005). Perspektiven einer ästhetisch–kulturellen Ernährungs–und Gesundheitsbildung–Intelligenz in den Sinnen. In D. v. Engelhardt & R. Wild (Hg.), *Geschmackskulturen. Vom Dialog der Sinne bei Essen und Trinken* (S. 262-277). Frankfurt/M.: Campus.

Hekkert, P., Snelders, D., & van Wieringen, P. C. W. (2003). Most advanced, yet acceptable: Typicality and novelty as joint predictors of aesthetic preference in industrial design. *British Journal of Psychology, 94*, 111-124.

Held, R. (1986). Plastizität sensorisch–motorischer Systeme. In *Wahrnehmung und visuelles System* (pp. 200-208). Heidelberg: Spektrum der Wissenschaft.

Held, P., Kugemann, W. F., & Vollmer, J. (1987). Trainingsmaterialien visuelle Wahrnehmung. In W. F. Kugemann & W. Toman (Hg.), *Studienmaterial FIM-Psychologie*. Erlangen: Universität Erlangen-Nürnberg.

Hellbrück, J., & Ellermeier, W. (2004). *Hören: Physiologie, Psychologie und Pathologie* (2., aktual. Aufl.). Göttingen: Hogrefe.

Hellbrück, J., & Fischer, M. (1999). *Umweltpsychologie*. Göttingen: Hogrefe.

Hellbrück, J., & Guski, R. (2005). Lärm. In D. Frey & C. Graf Hoyos (Hg.), *Psychologie in Gesellschaft, Kultur und Umwelt* (S. 361-367). Weinheim: Beltz.

Heller, M. A. (2003). Haptic perceptual illusions. In Y. Hatwell, A. Streri, & E. Genatz (Eds.), *Touching for Knowing. Cognitive psychology of haptic manual perception* (pp. 161-171). Amsterdam: John Benjamins Publishing.

Hellpach, W. (1977). *Geopsyche. Die Menschenseele unter dem Einfluß von Wetter und Klima, Boden und Landschaft* (8. Aufl.; Orig. 1911). Stuttgart: Ferdinand Enke.

Henderson, J. M., & Hollingworth, A. (2003). Eye movements, visual memory, and scene representation. In M. A. Peterson & G. Rhodes (Eds.), *Perception of faces, objects, and scenes* (pp. 356-383). Oxford: Oxford University Press.

Henschel, U., & Psihoyos, L. (2004). Das Verlangen nach Berührung. *Geo*, Nr. 6, 114-140.

Hensel, H. (1966). *Allgemeine Sinnesphysiologie. Hautsinne, Geschmack, Geruch*. Berlin: Springer.

Heraeus, S. (1998). *Traumvorstellung und Bildidee: Surreale Strategien der französischen Graphik des 19. Jahrhunderts*. Berlin: Reimer.

Herder, J. G. (1994). *Werke. Bd. 4*. Frankfurt/M.: Deutscher Klassiker Verlag.

Herz, R. S. (2002). Influences of Odors on mood and affective cognition. In C. Rouby, B. Schaal, D. Dubois, R. Gervais, & A. Holley (Eds.), *Olfaction, Taste and Cognition* (pp. 160-177). Cambridge: Cambridge University Press.

Hesse, H.-P. (2003). *Musik und Emotion. Wissenschaftliche Grundlagen des Musikerlebens*. Wien: Springer.

Heubach, F. W. (1987). *Das bedingte Leben*. München: Fink.

Heuer, H., & Jäncke, L. (2006). Psychomotorik. In H. Spada (Hg.), *Lehrbuch Allgemeine Psychologie* (S. 553-614) (3., vollst. überarb. u. erw. Aufl.). Bern: Huber.

Hirtz, P., Hotz, A., & Ludwig, G. (2000). *Gleichgewicht*. Schorndorf: Hofmann.

Hobson, J. A. (1988). *The dreaming brain*. New York: Basic Books.

Hobson, J. A. (1990). *Schlaf*. Heidelberg: Spektrum.

Hochberg, J. (1977). Die Darstellung von Dingen und Menschen. In E. H. Gombrich, J. Hochberg, & M. Black, *Kunst, Wahrnehmung, Wirklichkeit* (S. 61-114). Frankfurt/M.: Suhrkamp.

Hochberg, J. (1983). Form perception. Experience and explanations. In P. C. Dodwell & T. Caelli (Eds.), *Figural synthesis* (pp. 1-30). Hillsdale, NJ: Erlbaum.

Hochberg, J., & Brooks, V. (1962). Pictorial recognition as an unlearned ability: A study of one child's performance. *American Journal of Psychology, 75*, 624-628.

Hochberg, J., & Brooks, V. (1978). The perception of motion pictures. In E. C. Carterette & M. P. Friedman (Eds.), *Perceptual ecology* (pp. 259-304) (Handbook of perception, vol. X). New York, NY: Academic Press.

Hoffman, D. D. (1998). *Visuelle Intelligenz. Wie die Welt im Kopf entsteht*. Stuttgart: Klett-Cotta.

Hoffmann, J. (1993). *Vorhersage und Erkenntnis. Die Funktion von Antizipationen in der menschlichen Verhaltenssteuerung und Wahrnehmung*. Göttingen: Hogrefe.

Holle, B. (2000). *Die motorische und perzeptuelle Entwicklung des Kindes* (Nachdr. d. 4. Aufl.). Weinheim: Beltz.

Holley, A. (2002). Cognitive aspects of olfaction in perfumer practice. In C. Rouby, B. Schaal, D. Dubois, R. Gervais, & A. Holley (Eds.), *Olfaction, Taste and Cognition* (pp. 16-26). Cambridge: Cambridge University Press.

Holmes, N. P., & Spence, Ch. (2006). Beyond the body schema: visual, prosthetic, and technological contributions to bodily perception and awareness. In G. Knoblich, I. M. Thronton, M. Grosjean, & M. Shiffar (Eds.), *Human body perception from the inside out* (pp. 15-64). New York: Oxford University Press.

Holodynski, M. (2006). *Emotionen-Entwicklung und Regulation*. Heidelberg:

Springer Medizin.

Hopf, S. (1984). Bindung an Sozialpartner und unbelebte Objekte bei Primaten.– Einige neue Befunde. In Ch. Eggers (Hg.), *Bindung und Besitzdenken beim Kleinkind* (S. 15-28). München: Urban & Schwarzenberg.

Hornbostel, E. M. v. (1986). Melodischer Tanz. Eine musikpsychologische Studie. In E. M. v. Hornbostel, *Tonart und Ethos. Aufsätze zur Musikethnologie und Musikpsychologie* (S. 76-85) (Chr. Kaden u. E. Stockmann, Hg.). Leipzig: Reclam. (Orig. 1903).

Howes, D. (2003). *Sensual Relations. Engaging the senses in culture and social theory.* Ann Arbour: Univ. of Michigan Press.

Howes, D. (Ed.) (2005). *Empire of the senses. The sensual culture reader.* Oxford: Berg.

Huber, G. (1999). *Psychiatrie* (6. Aufl.). Stuttgart: Schattauer.

Hudson, W. (1960). Pictorial depth perception in subcultural groups in Africa. *Journal of Social Psychology, 52*, 183-208.

Humphrey, N. (1999). Cave art, autism, and the evolution of the human mind. *Journal of Consciousness Studies, 6*(6-7), 116-123.

Hunt, H. T. (1989). *The multiplicity of dreams.* New Haven: Yell University Press.

Hurlbert, A. (2002). Color in context: contrast and constancy. In D. Roberts (Ed.), *Signals and Perception. The Fundamentals of human perception* (pp. 185-197). Houndmills: Palgrave Macmillan.

Huron, D. (2001). Is music an evolutionary adaptation? In R. J. Zatorre & I. Peretz (Eds.), *The biological foundations of music* (pp. 43-61). New York: The new Academy of Science.

Huxley, A. (2006). *Schöne neue Welt* (63. Aufl., engl. Orig. 1932). Frankfurt/M.: Fischer.

Ingensiep, H. W. (2005). Die Sinne aus evolutionärer und biophilosophischer Sicht. In D. v. Engelhardt & R. Wild (Hg.), *Geschmackskulturen. Vom Dialog der Sinne bei Essen und Trinken* (S. 73-87). Frankfurt/M.: Campus.

Ishibashi, H., Obayahi, S., & Iriki, A. (2004). Cortical Mechanisms of toole use subserved by multisensory integration. In G. A. Calvert, Ch. Spence, & B. E. Stein (Eds.), *The handbook of multisensory processes* (pp. 453-462). London: Bradford.

Jabbi, M., Swart, M., & Keysers, Ch. (2007). Empathy for positive and negative emotions in the gustatory cortex. *Neuroimage, 34*(4), 1744-1753.

Jacob, T. (2002a). The olfactory sensory system. In D. Roberts (Ed.), *Signals and Perception. The fundamentals of human perception* (pp. 297-308). Houndmills: Palgrave Macmillan.

Jacob, T. (2002b). The gustatory sensory system. In D. Roberts (Ed.), *Signals and Perception. The fundamentals of human perception* (pp. 319-330). Houndmills: Palgrave Macmillan.

Jacobsen, Th., & Wolsdorff, Chr. (2007). Does history affect aesthetic preference? Kandinsky's teaching of colour–form correspondence, empirical aesthetics, and the Bauhaus. *The Design Journal, 10*(3), 16-27.

James, W. (1950). *The principles of psychology* (Orig. 1890). New York: Dover Publications.

Jäncke, L. (2007). Neuroanatomy of the parietal cortex. In F. W. Mast & L. Jäncke (Eds.), *Spatial processing in navigation, imagery and perception* (pp. 135-145). New York: Springer.

Jannerod, M. (2006). *Motor cognition. What actions tell the self.* Oxford: Oxford University Press.

Jansson, G., Bergström, S. S., & Epstein, W. (Eds.) (1994). *Perceiving events and objects.* Hillsdale: Erlbaum.

Janz, D. (1998). Die Epilepsien. Spezielle Pathologie und Therapie (2., unveränd. Aufl.). Stuttgart: Thieme.

Janz, R.-P., Stoermer, F., & Hiepko, A. (Hg.) (2003). *Schwindelerfahrungen. Zur Kulturhistorischen Diagnose eines vieldeutigen Symptoms.* Amsterdam: Radopi.

Jaspers, K. (1973). *Allgemeine Psychopathologie* (9. Aufl.). Berlin: Springer.

Jellinek, J. S. (1994). Die Psychologischen Grundlagen der Parfumerie. Eine Neubewertung. In P. Jellinek, *Die psychologischen Grundlagen der Parfumerie* (S. 235-251) (4. erw. Aufl., J. S. Jellinek, Hg.). Heidelberg: Hüthig.

Jellinek, J. S. (1997). *Perfumum Semiotik und Psychodynamik des Parfums.* Heidelberg: Hüthig.

Jellinek, P. (1994). *Die psychologischen Grundlagen der Parfumerie* (4. erw. Aufl., J. S. Jellinek, Hg.). Heidelberg: Hüthig. (Orig. 1951).

Jewanski, J. & Sidler, N. (Hg.) (2006). *Farbe–Licht–Musik. Synästhesie und Farb-licht-musik.* Bern: Peter Lang.

Jilg, S., Piesbergen, Chr., & Tunner, W. (1995). Graphischer Ausdruck und Erkennen von Gefühls–qulitäten. *Gestalt Theory, 17*(4), 293-300.

Johnstone, P. (Ed.) (1996). *The function of the oblique. The architecture of Claude Parent and Paul Virilio 1963-1969.* London: The Architectural Association.

Johnstone, T., & Scherer, K. R. (2000). Vocal communication of emotion. In M. Lewis & J. M. Haviland–Jones (Eds.), *Handbook of emotions* (2nd ed.) (pp. 220-235). New York: Guilford Press.

Joraschky, P. (1983). *Das Körperschema und das Körper-Selbst als Regulationsprinzipien der Organismus-Umwelt-Interaktion.* München: Minerva.

Jousmäki, V., & Hari, R. (1998). Parchment–skin illusion: sound biased touch. *Current Biology, 8,* R190-R191.

Junker, Th. (2006). *Die Evolution des Menschen.* München: Beck.

Jütte, R. (2000). *Geschichte der Sinne. Von der Antike bis zum Cyberspace.* München: Beck.

Jütte, R. (2007). Drehmaschinen in der Vormodernen Psychiatrie. Vortrag anlässlich der Tagung *Körper, Dinge und Bewegung–wie es dem Gleichgewichtssinn gef ällt. Kolloquium zur Psychologie von materieller Kultur und Design,* Halle/Saale, 25. bis 28. Oktober 2007 (Druckfassung in Vorb.).

Kaimitani, Y., & Shimojo, S. (2004). Modulations of visual perception by sound. In G. A. Calvert, Ch. Spence, & B. E. Stein (Eds.), *The handbook of multisensory processes* (pp. 141-150). London: Bradford.

Kandinsky, W. (1952). *Über das Geistige in der Kunst* (4. Aufl.; Orig. 1911). Bern: Benteli.

Kandinsky, W. (1955). *Punkt und Linie zu Fläche* (7. Aufl., Orig. 1926). Bern: Benteli.

Kanizsa, G. (1996). Die Erscheinungsweise der Farben. In W. Metzger (Hg.), *Allgemeine Psychologie, 1. Halbband* (S. 161-191) (Handbuch der Psychologie, Bd. 1). Göttingen: Hogrefe.

Kant, I. (1924). *Kritik der Urteilskraft* (6. Aufl.; Orig. 1790). Hamburg: Felix Meiner.

Kant, I. (1983). *Anthropologie in pragmatischer Hinsicht*. Stuttgart: Reclam. (Orig. 1798).

Kanz, R. (2004). Die Anfänge des „guten Geschmacks" in der Kunsttheorie um 1600. In Th. Fischer-Seidel, S. Peters, & A. Potts (Hg.), *Perception and the Senses. Sinneswahrnehmung* (S. 83-104). Tübingen: Francke.

Kaplan, R., & Kaplan, S. (1989). *The Experience of nature. A psychological perspective*. Cambridge: Cambridge University Press.

Karnath, H.-O., & Thier, P. (Hg.) (2006). *Neuropsychologie* (2. Aufl.). Heidelberg: Springer Medizin.

Kasper, S., & Möller, H.-J. (Hg.) (2004). *Herbst-/Winterdepression und Lichttherapie*. Wien: Springer.

Katz, D. (1925). *Der Aufbau der Tastwelt*. Leipzig: Johann Ambrosius Barth.

Katz, D. (1930). *Der Aufbau der Farbwelt* (2., völling umgearb. Aufl. von *Die Erscheinungsweise der Farben und ihre Beeinflussung durch die individuelle Erfahrung*). Leipzig: Johann Ambrosius Barth.

Katz, D. (1953). Über Zeichnungen von Blinden. In Ders., *Studien zur experimentellen Psychologie* (S. 75-115). Basel: Schwabe.

Kaufmann, H. (1943). Die Fünfsinne in der niederländischen Malerei des 17. Jahrhunderts. In H. Tintelnot (Hg.), *Kunstgeschichtliche Studien* (S. 133-157). Breslau: Gauverlag-NS-Schlesien.

Kaufman-Hayoz, R., & van Leeuwen, L. (2003). Entwicklung der Wahrnehmung. In H. Keller (Hg.), *Handbuch der Kleinkindforschung* (S. 861-894) (3., korr., überarb. u. erw. Aufl.). Bern: Huber.

Kay, P., Berlin, B., Maffi, L., & Merrifield, W. (1997). Color naming across languages. In C. L. Hardin & L. Maffi (Eds.), *Color categories in thought and language* (pp. 21-56). Cambridge: Cambridge University Press.

Kebeck, G. (2006). *Bild und Betrachter. Auf der Suche nach Eindeutigkeit.* Regensburg: Schnell & Steiner.

Keller, H. (2003). *The world I live in* (ed. and introd. by R. Shattuck; Orig. 1908). New York: New York Review Books.

Keller, M. (2004). *Faszination. Licht auf der Bühne* (3., überarb. und aktual. Aufl.). München: Prestel.

Kennedy, J. M. (1982). Haptic picture. In W. Schiff & E. Foulke (Eds.), *Tactual perception: a sourcebook* (pp. 305-333). Cambridge: Cambridge University Press.

Kennedy, J. M. (1993). *Drawing & the blind. Pictures to touch.* New Haven: Yale Universitypress.

Kennedy, J. M. (1997). How the blind draw. *Scientific American, 277* (Jan.), 76-81.

Kennedy, M. (1995). Von Lüften und Düften in Gebäuden und Städten. In Kunst—und Ausstel—lungshalle der BRD (Hg.), *Das Riechen. Von Nasen, Düften und Gestank* (S. 150-161). Göttingen: Steidl.

Kerkhoff, G. (2006). Störungen der visuellen Raumwahrnehmung. In H.-O. Karnath & P. Thier (Hg.), *Neuropsychologie* (S. 177-184) (2. Aufl.). Heidelberg: Springer.

Kersten, B. (2005). Visuelle Wahrnehmung, Schönheit und Kunst. In B. Kersten (Hg.), *Praxisfelder der Wahrnehmungspsychologie* (S. 70-89). Bern: Huber.

Kettenmann, B., Hummel, Th., & Kobal, G. (2002). Funktional imaging of olfactory activation in the human brain. In S. A. Simon & M. A. L. Nicolesis (Eds.), *Methods in chemosensory research* (pp. 477-506). Boca Raton: CRC Press.

Kiese-Himmel, Chr. (1998). *Taktil—kinästhetische Störungen. Behandlungsansätze und Förderprogramme.* Göttingen: Hogrefe.

Kimchi, R. (2003). Relative dominance of holistic and component properties in the perceptual organisation. In M. A. Peterson & G. Rhodes (Eds.), *Perception of faces, objects, and scenes* (pp. 235-268). Oxford: Oxford University Press.

Klages, W. (1991). *Der sensible Mensch* (2., durchges. u. erg. Aufl.). Stuttgart: Enke.

Klatzky, R. & Lederman, S. (2003). The haptic identification of everyday life objects. In Y. Hatwell, A. Streri, & E. Genatz (Eds.), *Touching for knowing. Cognitive psychology of haptic manual perception* (pp. 105-122). Amsterdam: John

Benjamins Publishing.

Knappmeyer, B. (2004). *Faces in Motion. Psychophysical investigation of the role of facial motion and viewpoint changes for human face perception and its implications for the multi-dimensional face space framework* (Dissertation, Tübingen, 2004). Berlin: Logos.

Knoblich, G., Thronton, I. M., Grosjean, M., & Shiffar, M. (Eds.) (2006). *Human body perception from the inside out*. New York: Oxford University Press.

Knoblich, H., Scharf, A., & Schubert, B. (2003). *Marketing mit Duft* (4. Aufl.). München: Oldenbourg.

Kobbert, M. J. (1986). *Kunstpsychologie*. Darmstadt: WGB.

Koebner, Th. (2003). Schwindel, Sturz, Ekstase. Anmerkungen zum Vertigo-Motiv in der Filmgeschichte. In R.—P. Janz, F. Stoermer, & A. Hiepko (Hg.), *Schwindelerfahrungen. Zur kulturhistorischen Diagnose eines vieldeutigen Symptoms* (S. 139-155). Amsterdam: Radopi.

Koelsch, S., & Fritz, T. (2007). Musik verstehen: Eine neurowissenschaftliche Perspektive. In A. Becker & M. Vogel (Hg.), *Musikalischer Sinn. Beiträge zu einer Philosophie der Musik* (S. 237-264). Frankfurt/M.: Suhrkamp.

Kohl, K. (1956). *Zum Problem der Sensumotorik. Psychologische Analysen zielgerichteter Handlungen aus dem Gebiet des Sportes*. Frankfurt/M.: Kramer.

Kohler, I. (1951). *Über Aufbau und Wandlungen der Wahrnehmungswelt*. Wien: Rohrer.

Kohler, I. (1969). Die Zusammenarbeit der Sinne und das allemeine Adapationsproblem. In W. Metzger (Hg.), *Allgemeine Psychologie* (Handbuch der Psychologie, Bd. 1) (S. 616-655). Göttingen: Hogrefe.

Köhler, W. (1947). *Gestalt psychology. An introduction to new concepts in modern psychology*. New York: Liverlight.

König, O. (1975). *Urmotiv Auge. Neuentdeckte Grundzüge menschlichen Verhaltens*. München: Piper.

Kosslyn, S. M. (1994). *Image and Brain: The resolution of the imagery debate*. London: Bradford.

Kosslyn, S. M., & Thompson, W. L. (2000). Shared mechanism in visual imagery and visual perception: insight from cognitive neuroscience. In M. S. Gazzaniga (Ed.), *The new cognitive Neuroscience* (pp. 975-985) (2nd ed.). London: Bradford.

Kottenhoff, H. (1961). *Was ist richtiges Sehen mit Umkehrbrillen und in welchem sinne stellt sich das Sehen um?* Meisenheim am Glan: Anton Hain.

Kracauer, S. (1985). *Theorie des Films. Die Errettung der äußeren Wirklichkeit.* Frankfurt/M.: Suhrkamp (Orig. 1960).

Kreitler, H., & Kreitler, S. (1980), *Psychologie der Kunst.* Stuttgart: Kohlhammer.

Kruse, P., & Wulff, H. J. (2006). Andere Zustände. In K. Jasper & W. Unterberger (Hg.), *Kino im Kopf. Psychologie und Film* (S. 107-113). Berlin: Bertz & Fischer.

Kückelhaus, H., & zur Lippe, R. (1982). *Entfaltung der Sinne. Ein „Erfahrungsfeld" zur Bewegung und Besinnung.* Frankfurt/M.: Fischer.

Kügler, J. (Hg.) (2000). *Die Macht der Nase. Zur religiösen Bedeutung des Duftes. Religionsgeschichte–Bibel–Liturgie.* Stuttgart: Verlag Katholisches Bibelwerk.

Küller, R. (1990). Licht, Farbe und menschliches Verhalten. In L. Kruse, C.–F. Graumann, & E.–D. Lantermann (Hg.), *Ökologische Psychologie. Ein Handbuch in Schlüsselbegriffen* (S. 614-619). München: Psychologie Verlags Union.

Küller, R. (1991). Environmental assessment from a neuropsychological perspective. In T. Gärnling & G. W. Evans (Eds.), *Environment, cognition, and action. An integrated approach* (pp. 111-147). Oxford: Oxford University Press.

Küller, R., Ballal, S., Laike, Th., Mikellides, B., & Tonello, G. (2006). The impact of light and colour on psychological mood: a cross–cultural study of indoor work environments. *Ergonomics, 49,* (14), 1496-1507.

Kunst–und Ausstellungshalle der BRD (Hg.) (1995). *Das Riechen. Von Nasen, Düften und Gestank.* Göttingen: Steidl.

Kunst–und Ausstellungshalle der BRD (Hg.) (1996). *Geschmacksache.* Göttingen: Steidl.

Kunstforum International, 159 (2002). Essen und Trinken I.

Kunstforum International, 160 (2002). Essen und Trinken, Teil II.

Küppers, H. (1992). *Schule der Farben.* Köln: DuMont.

Ladckner, J. R. (1988). Some proprioceptive influences on the perceptual representation of body shape and orientation. *Brain, 111,* 281-297.

Làdavas, E., & Farnè A. (2006). Multisensory representation of peripersonal space. In G. Knoblich, I. M. Thronton, M. Grosjean, & M. Shiffar (Eds.), *Human body perception from the inside out* (pp. 89-104). New York: Oxford University Press.

Lagny, M. (2005). Tenir débout dans l'image: le sens d'équilibre. In A. Autelitano, V. Innocenti, & V. Re (Eds.), *I cinque sensi del cinema/The five senses of cinema* (pp. 187-195). Udine: Forum.

Laing, D. G., Doty, R. L., & Breipohl, W. (Eds.) (1991). *The human sense of smell*. Berlin: Springer.

Langegger, F. (1983). *Doktor, Tod und Teufel. Vom Wahnsinn und von der Psychiatrie in einer vernünftigen Welt*. Frankfurt/M.: Suhrkamp.

Langenmaier, A.-V. (Hg.) (1993). *Der Klang der Dinge Akustik-eine Aufgabe des Design*. München: Schreiber.

Langguth, H. (2002). Einführung in die Geschichte und Systematik des Klangdesign: Materialsammlung zum Klangdesign. In P. Luckner (Hg.), *Multisensuelles Design. Eine Anthologie* (S. 105-116). Halle/Saale: Burg Giebichenstein.

Lawless, H. (1991). Effects of odors on mood and behaviour: aromatherapy and related effects. In D. G. Laing, R. L. Doty, & W. Breipohl (Eds.), *The human sense of smell* (pp. 361-384). Berlin: Springer.

Le Breton, D. (2006). *La saveur du monde. Une anthropologie des sens*. Paris: Métailié

le Guérer, A. (1995). „Ist der moderne Mensch geruchsbehindert?" In Kunst-und Ausstellungshalle der BRD. (Hg.), *Das Riechen. Von Nasen, Düften und Gestank* (S. 37-47). Göttingen: Steidl.

le Guérer, A. (1992). *Die Macht der Gerüche. Eine Philosophie der Nase*. Stuttgart: Klett-Cotta.

Leder, H. (2002). *Explorationen in der Bildästhetik. Vertrautheit, künstlerischer stil und der Einfluss von Wissen als Determinanten von Präferenzen bei der Kunstbetrachtung*. Lengerich Pabst.

Leder, H., Belke, B., Oeberst, A., & Augustin, D. (2004). A model of aesthetic appreciation and aesthetic judgements. *British Journal of Psychology, 95*, 489-508.

Leder, H., & Belke, B. (2007). Art and cognition: Cognitive processes in art appreciation. In

v. P. Petrov, C. Martindale, & P. Locher (Eds.), *Evolutionary and neurocognitive approaches to aesthetics, crativity and the arts* (pp. 149-163). Amityville, NY: Baywood.

Lederman, S. J., & Klatzky, R. L. (2004). Multisensory texture perception. In G. A. Calvert, Ch. Spence, & B. E. Stein (Eds.) (2004). *The Handbook of Multisensory Processes* (pp. 107-122). London: Bradford.

LeDoux, J. (1998). *Das Netz der Gefühle. Wie Emontionen entstehen.* München: Hanser.

Lehwald, J. (2006). Auditives Orientieren im Raum und seine Störungen. In H.–O. Karnath & P. Thier (Hg.), *Neuropsychologie* (S. 185-196) (2. Aufl.). Heidelberg: Springer.

Lenay, Ch., Gapenne, O., Hanneton, S., Marque, C., & Genouëlle, Chr. (2003). Sensory substitution: limits and perspectives. In Y. Hatwell, A. Streri, & E. Genatz (Eds.) (2003). *Touching for Knowing. Cognitive psychology of haptic manual perception* (pp. 275-292). Amsterdam: John Benjamins Publishing.

Lenggenhager, B., Tadi, T., Metzinger, Th., & Blanke, O. (2007). Video ergo sum: Manipulating bodily self–consciousness. *Science, 317*(5841), 1096-1099.

Leroi-Gourhan, A. (1980). *Hand und Wort. Die Evolution von Technik, Sprache und Kunst.* Frankfurt/M.: Suhrkamp. (Orig. 1964/65)

Lewald, J. (2006). Auditives Orientieren im Raum und seine Störungen. In H.–O. Karnath & P. Thier (Hg.), *Neuropsychologie* (S. 185-196) (2. Aufl.). Heidelberg: Springer.

Lewkowicz, D., & Turkewitz, G. (1980). Cross–modal equivalence in early infancy: auditory–visual intensity matching. *Developmental psychology, 16*, 597-607.

Lidwell, W., Holden, K., & Butler, J. (2004). *Design: 100 Prinzipien für erfolgreiche Gestaltung.* München: Stiebner.

Liebelt, U. (Hg.) (1990). *Museum der Sinne. Bedeutung und Didaktik des originalen Objekts im Museum.* Hannover: Sprengel Museum Hannover.

Liedloff, J. (1980). *Auf der Suche nach dem verlorenen Glück.* München: Beck. (Orig. 1977).

Lilly, J. C. (1988). *Das tiefe Selbst.* Basel: Sphinx.

Lipps, Th. (1897). *Raumästhetik und geometrisch–optische TÄuschungen.* Leipzig: Barth.

Lipps, Th. (1903). *Ästhetik. Psychologie des Schönen und der Kunst* (1. Teil: Grundlegung der ästhetik). Hamburg: Voss.

Livingstone, M. (2002). *Vision and art: the biology of seeing*. New York: Harry N. Abrams.

Llinás, R. R. (2001). *I of the Vortex. From Neurons to self*. London: Bradford.

Logothetis, N. K. (2006). Neuronale Implementierung der Objekt-und Gesichtserkennung. In H.-O. Karnath & P. Thier (Hg.), *Neuropsychologie* (S. 117-127) (2. Aufl.). Heidelberg: Springer.

Logue, A. W. (1995). *Die Psychologie des Essens und Trinkens*. Heidelberg: Spektrum.

Lohmar, D. (2008). *Phänomenologie der schwachen Phantasie. Untersuchungen der Psychologie, Cognitive Science, Neurologie und Phänomenologie zur Funktion der Phantasie in der Wahrnehmung*. Doderecht: Springer. In F. W. Mast & L. Jäncke (Eds.), *Spatial processing in navigation, imagery and perception* (pp. 353-368). New York: Springer.

Lorenz, K. (1982). *Vergleichende Verhaltensforschung. Grundlagen der Ethologie*. München: dtv. (Orig. 1978).

Luckner, P. (Hg.) (2002). *Multisensuelles Design. Eine Anthologie*. Halle/Saale: Burg Giebichenstein.

Lukrez (1957). *Über die Natur der Dinge*. Berlin: Aufbau.

Lupton, E., & Miller, J. A. (Hg.) (1994). *Dreieck, Quadrat und Kreis. Bauhaus und Design-Theorie heute*. Basel: Birkh ser.

Luthe, W. (Hg.) (1965). *Autogenes Training*. Stuttgart: Thieme.

Lyon, I. (2002). Proprioception. In D. Roberts (Ed.), *Signals and Perception. The fundamentals of human perception* (pp. 255-264). Houndmills: Palgrave Macmillan.

Mach, E. (1987). *Die Analyse der Empfindungen und das Verhältnis des Physischen zum Psychischen*. (Nachdr. d. 9. Aufl.). Darmstadt: Wissenschaftliche Buchgesellschaft (Orig. 1886).

Makaluso, E., & Driver, J. (2004). Functional imaging evidence for multisensory spatial representations and cross-modal attentional interactions in the human brain. In G. A. Calvert, Ch. Spence, & B. E. Stein (Eds.), *The handbook of multisensory processes* (pp. 529-548). London: Bradford.

Mallot, H. A. (2006). Raumorientierung und kognitive Karten. In H.-O. Karnath & P. Thier

(Hg.), *Neuropsychologie* (S. 153-159) (2. Aufl.). Heidelberg: Springer.

Marks, L. E. (1975). On colored-hearing synesthesia: cross−modal translations of sensory dimensions. *Psychological Bulletin, 82*(3), 303-331.

Marks, L. E. (1978). *The unity of senses. Interrelations among the modalities*. New York: Academic Press.

Marks, L. E. (2004). Cross−modal interactions in speeded classification. In G. A. Calvert, Ch. Spence, & B. E. Stein (Eds.), *The handbook of multisensory processes* (pp. 85-105). London: Bradford.

Martindale, C. (1990), Peak shift, prototypicality and aesthetic experience. *Journal of Consciousness Studies, 6*(6-7), 52-54.

Martinez, D., Lohs, K., & Janzen, J. (1989). *Weihrauch und Myrrhe*. Stuttgart: Wissenschaftliche Verlagsgesellschaft.

Mast, F. (2005). Raumwahrnehmung: Störungen, Diagnostik und Rehabilitation. In B. Kersten (Hg.), *Praxisfelder der Wahrnehmungspsychologie* (S. 90-107). Bern: Huber.

Mast, F. W., Bamert, L., & Newby, N. (2007). Mind over matter? Imagined body movements and their neuronal correlates. In F. W. Mast & L. Jäncke (Eds.), *Spatial processing in navigation, imagery and perception* (pp. 353-368). New York: Springer.

Mattingley, J. B., & Rich, A. N. (2004). Behavioral and brain correlates of multisensory experience in synesthesia. In G. A. Calvert, Ch. Spence, & B. E. Stein (Eds.), *The handbook of multisensory processes* (pp. 851-865). London: Bradford.

Maur, K. v. (1985). *Vom Klang der Bilder. Die Musik in der Kunst des 20. Jahrhunderts*. München: Prestel.

Maurer, D. (1997). Neonatal synaesthesia: implications for the processing of speech and faces. In S. Baron−Cohen & J. E. Harrison (Eds.), *Synaesthesia. Classic and contemporary readings* (pp. 224-242). Oxford: Blackwell.

Maurer, D., & Mondloch, C. J. (2005). Neonatal Synesthesia: a reevaluation. In L. C. Robertson & N. Sagiv (Eds.), *Synesthesia. Perspectives from cognitive neuroscience* (pp. 193-213). Oxford: Oxford University Press.

Mausfeld, R. (2007). Zur Natur der Farbe: Die Organisationsweise von „Farbe" im Wahrnehmungssystem. In J. Steinbrenner & S. Glasauer (Hg.), *Farben*.

Betrachtungen aus Philosophie und Naturwissenschaften (S. 332-361). Frankfurt/M.: Suhrkamp.

McAngus-Todd, N., & Cody, F. (2000). Vestibular responses to loud dance music: A physiological basis of the „rock and roll threshold". *Journal of the acoustical Society of America*, 107(1), 496-500.

McCloud, S. (1994). *Comics richtig lesen*. Hamburg: Carlsen.

McGinty, D. J. (1985). Psysiological equilibrium and the control of sleep states. In D. J. McGinty, R. Drucker-Colín, A. Morrison, & P. L. Parmeggiani (Eds.), *Brain mechanisms of sleep* (pp. 361-384). New York: Raven Press.

McKone, E., & Robbins, R. (2007). Evidence rejects the experience hypothesis: Reply to Gauthier & Bukach. *Cognition, 103*(2), 331-336.

McLuhan, M. (1994). *Die magischen Kanäle. Understanding media*. Dresden: Verlag der Kunst. (Orig. 1964).

Meier-Ploeger, A. (2005). Sinnesschulung bei Kindern. In D. v. Engelhardt & R. Wild (Hg.), *Geschmackskulturen. Vom Dialog der Sinne bei Essen und Trinken* (S. 248-261). Frankfurt/M.: Campus.

Meisenheimer, W. (2004). *Das Denken des Leibes und der architektonische Raum* (2. Aufl.). Köln: Walther König.

Meltzoff, A. N., & Borton, R. W. (1979). Intermodal matching by human neonates. *Nature, 282*, 403-404.

Menninger-Lerchenthal, E. (1935). *Das Truggebilde der eigenen Gestalt*. Berlin: S. Karger.

Menninghaus, W. (2007). *Das Versprechen der Schönheit*. Frankfurt/M.: Suhrkamp.

Merleau-Ponty, M. (1966). *Phänomenologie der Wahrnehmung*. Berlin: De Gruyter. (Orig. 1945).

Mesulam, M.-M. (2000). Attentional networks, confusional states and neglect syndromes. In M.-M. Mesulam (Ed.), *Principles of behavioural and cognitive neurology* (pp. 174-256). Oxford: Oxford University Press.

Metzger, W. (1966). Figural-Wahrnehmung. In W. Metzger (Hg.), *Allgemeine Psychologie* (Handbuch der Psychologie, Bd. 1) (S. 693-744). Göttingen: Hogrefe.

Metzinger, Th. (2003). *Being no one. The self-model theory of subjectivity*. Cambridge,

MA: MIT Press.

Metzinger, Th. (o. J.). *Die Selbstmodell–Theorie der Subjektivität: Eine Kurzdarstellung in sechs Schritten.* Online–Resource, zugänglich über die Homepage von Th. Metzinger an der Universität Mainz.

Meyer, S. (2001). *Produkthaptik. Messaung, Gestaltung und Wirkung aus verhaltenswissenschaftlicher Sicht.* Wiesbaden: Dt. Univ.–Verl.

Michaelis, R. (1992). Zur Entwicklung der haptisch–taktilen Modalität bei Kindern. In P. Sulzer (Hg.), *Architektur zum Anfassen* (S. 22-29) (arcus, Heft 19). Köln: R. Müller.

Michaelis, R. (1990). Vom Greifen zum Begreifen? In M. Wehr & M. Weinmann (Hg.), *Die Hand. Werkzeug des Geistes* (S. 209-225). Heidelberg: Spektrum.

Michaelis, R. (2003). Motorische Entwicklung. In H. Keller (Hg.), *Handbuch der Kleinkindforschung* (S. 815-859) (3., korr., überarb. u. erw. Aufl.). Bern: Huber.

Michotte, A., Thinès, G.–L., & Crabbé, G. (1966). Die amodalen Ergänzungen von Wahrnehmungsstrukturen. In W. Metzger (Hg.), *Allgemeine Psychologie* (Handbuch der Psychologie, Bd. 1) (S. 978-1002). Göttingen: Hogrefe.

Miell, D., MacDonald, R., & Hargreaves, D. J. (Eds.) (2005). *Musical communication.* Oxford: Oxford University Press.

Mikunda, Chr. (2002). *Kino spüren. Strategien der emotionalen Filmgestaltung.* Wien: WUV.

Miller, R. J. (2007). Another slant on the oblique effect in drawings and paintings. *Empirical Studies of the Arts, 25*(1), 41-61.

Millerson, G. (1991). *The technique of lighting for television and film* (3rd ed.). Oxford, MA: Focal Press.

Moholy–Nagy, L. (1968). *von material zu architektur.* Mainz: Florian Kupferberg. (Faksimile der Ausg. v. 1929).

Moles, A. A. (1985). Kitsch als ästhetisches Schicksal der Konsumgesellschaft. In H. Pross (Hg.), *Kitsch. Soziale und politische Aspekte einer Geschmacksfrage* (S. 31-37). München: List.

Moles, A. A. (1972). *Psychologie des Kitsches.* München: Hanser.

Montagu, A. (1992). *Körperkontakt. Die Bedeutung der Haut für die Entwicklung des*

Menschen (7. Aufl.). Stuttgart: Klett–Cotta. (Orig. 1971).

Montepare, J. M., & Zebrowitz–McArthur, L. A. (1988). A cross–cultural comparison of impressions crated by age–related variations in gait. *Journal of Nonverbal Behavior, 17*(1), 55-68.

Moore, B. C. J. (2003). *An introduction to the psychology of hearing* (5th ed.). London: Academic Press.

Morris, D. (1972). *Liebe geht durch die Haut. Die Naturgeschichte des Intimverhaltens.* München: Droemer Knaur.

Morris, D. (1993). *Körpersignale: Vom Scheitel bis zum Kinn.* München: Heyne. (Orig. 1986).

Morris, W. N. (1989). *Mood. The frame of mind.* New York, NY: Springer.

Morrison, E. R., Gralewski, L., Campbell, N., & Penton–Voak, I. S. (2007). Facial movement varies by sex and is related to attractiveness. *Evolution and Human Behavior, 28*(3), 186-192.

Mottron, L., Limoges, E., & Jelenic, P. (2003). Can a cognitive deficit elicit an exceptional ability? A case of savant syndrome in drawing abilities: Nadia. In C. Code, C.–W. Wallesch, Y. Joanette, & A. R. Lecours (Eds.), *Classic cases in neuropsychology* (Vol. 2.) (pp. 323-340). Hove: Psychology Press.

Mühleis, V. (2005). *Kunst im Sehverlust.* München: Fink.

Münch, Th., & Eibach, M. (2005). Musik und Medien. In R. Oerter & Th. H. Stoffer (Hg.), *Spezielle Musikpsychologie* (Enzyklopädie der Psychologie) (S. 461-524). Göttingen: Hogrefe.

Münsterberg, H. (1996). *Das Lichtspiel. Eine psychologische Studie.* Wien: Synema. (Orig. 1916).

Münz, L. (1934). Die Plastischen Arbeiten Blinder und ihre Bedeutung für das Raumvertändnis der Gestalt und Raumvorstellung des Blinden. In L. Münz & V. Löw enfeld, *Plastische Arbeiten Blinder* (S. 9-98). Brünn: Rohrer.

Murray, C. D., Bowers, J. M., West, A. J., Pettifer, S., & Gibson, S. (2000). Navigation, wayfinding, and place experience within a virtual city. *Presence. Teleoperators and Virtual Environments, 9*(5), 435-447.

Müsseler, J. (2008). Visuelle Wahrnehmung. In J. Müsseler (Hg.), *Allgemeine Psychologie* (S. 15-57) (2., neubearb. Aufl.). Heidelberg: Spektrum.

Myers, D. G. (2005). *Psychologie*. Heidelberg: Springer.

Nasar, J. L. (Ed.) (1988). *Environmental aesthetics. Theory, research, and applications.* Cambridge: Cambridge University Press.

Naumann, F. (2006). *Schöne Menschen haben mehr vom Leben. Die geheime Macht der Attraktivität*. Frankfurt/M.: Fischer.

Naumann−Beyer, W. (2003). *Anatomie der Sinne im Spiegel von Philosophie, Ästhetik, Literatur*. Wien: Böhlau.

Neumann, G. (2005). Theater der Sinne. Daniel Spoerri und das Szenario der Eat−Art. In D. v. Engelhardt & R. Wild (Hg.), *Geschmackskulturen. Vom Dialog der Sinne bei Essen und Trinken* (S. 205-217). Frankfurt/M.: Campus.

Newberg, A., D'Aquili, E., & Rause, V. (2001). *Why God wont go away*. New York: Ballantine Books.

Newell, F. N. (2004). Cross−modal object recognition. In G. A. Calvert, Ch. Spence, & B. E. Stein (Eds.) (2004). *The Handbook of Multisensory Processes* (pp. 123-140). London: Bradford.

Niedenthal, P. M., Barsalou, L. W., Ric, F., & Krauth−Gruber, S. (2005). Embodiement in the acquisition and use of emotion knowledge. In L. F. Barrett, P. M. Niedenthal, & P. Winkielman (Eds.), *Emotion and consciousness* (pp. 21-50). New York, NY: Guilford Press.

Nielsen, T. A. (1993). Changes in the kinesthetic content of dreams following somatosensory stimulation of leg muscles during REM sleep. *Dreaming, 3*(2), 99-113.

Norberg−Schulz, Chr. (1982). *Genius Loci. Landschaft, Lebensraum, Landschaft*. Stuttgart: Klett−Cotta.

Norman, D. (1989). *Die Dinge des Alltages. Gutes Design und Psychologie für Gebrauchsgegenstände*. Frankfurt/M.: Campus. (Orig. 1988).

Noë, A. (2004). *Action in perception*. Cambridge, MA: MIT Press.

Nunn, J. A., Gregory, L. J. Brammer, M., Williams, S. C. R., Parslow, D. M., Morgan, M. J., Morris, R. G., Bullmore, E. T., Baron−Cohen, S., & Gray, J. A. (2002). Functional magnetic resonance imaging of synesthesia: activation of V4/V8 by spoken words. *Nature Neuroscience, 5*(4), 371-375.

Ohloff, G. (1992). *Irdische Düfte–himmlische Lust: eine Kulturgeschichte der Duftstoffe.* Basel: Birkhäuser. (auch Insel TB 1996).

Ohloff, G. (2004). *Düfte Signale der Gefühlswelt.* Zürich: Helvetica Chimica Acta.

Okada, H., Matsuoka, K., & Hatakeyama, T. (2005). Individual differences in the range of sensory modalities experienced in dreams. *Dreaming, 15*(2), 106-115.

Omen, Ch. (2007). Spatial oriention and navigation in microgravity. In F. W. Mast & L. Jäncke (Eds.), *Spatial processing in navigation, imagery and perception* (pp. 209-247). New York: Springer.

Oswald, I. (1962). *Sleeping and waking.* Amsterdam: Elsevier.

Overbeeke, K., & Forlizzi, J. (2006). Creativity and Design: What the established teaches us. In P. Locher, C. Martindal, & L. Dorfman. (Eds.), *New directions in aesthetics, creativity and the arts* (pp. 137-150). Amityville, NY: Baywood.

Paech, A. (2000). Das Aroma des Kinos. Filme mit der Nase gesehen: Vom Geruchsfilm und *Düften* und Lüften im Kino. In I. Schenk (Hg.), *Erlebnisort Kino* (S. 68-80). Marburg: Schüren.

Pallasmaa, J. (2005). *The eyes of the skin. Architecture and the senses.* Chichester: Wiley–Academy.

Panksepp, J. (1998). *Affective Neuroscience.* New York: Oxford University Press.

Panksepp, J. (2000). Emotions as natural kinds within the mammalian brain. In M. Lewis & J. M. Haviland–Jones (Eds.), *Handbook of Emotions* (pp. 137-156) 2nded.). New York, NY: Guilford Press.

Panksepp, J., & Bernatzky, G. (2002). Emotional sounds and the brain: the neuro-affektive foundations of musical appreciation. *Behavioural Processes, 60*, 13-155.

Panofsky, E. (1927). Die Perspektive als „symbolische Form". In F. Saxl (Hg.), *Vorträge der Bibliothek Warburg, 1924-1925* (S. 258-330). Leipzig: Teubner.

Papoušek, H. (2003). Anfang und Bedeutung der menschlichen Musikalität. In H. Keller (Hg.), *Handbuch der Kleinkindforschung* (S. 965-991) (3., überarb. u. ě rw. Aufl.). Bern: Huber.

Papoušek, M. & Papoušek, H. (2003). Stimmliche Kommunikation im Säuglingsalter als Wegbereiter der Sprachentwicklung. In H. Keller (Hg.), *Handbuch der Kleinkindforschung* (S. 927-963) (3., überarb. u. erw. Aufl.). Bern: Huber.

Paquin, N. (1992). The frame as a key to visual perception. In G. C. Cupchik & J. László (Eds.), *Emerging visions of the aesthetic process. Psychology, semiology and philosophy* (pp. 37-47). Cambridge: Cambridge University Press.

Perkowitz, S. (1998). *Eine kurze Gesichte des Lichts. Zur Erforschung eines Mysteriums*. München: dtv.

Perret, D., Benson, P. J., Hietanen, J. K., Oram, M. W., & Dittrich, W. H. (1995). When is a face a face? In R. Gregory, J. Harris, P. Heard, & D. Rose (Eds.), *The artful eye* (pp. 95-124). Oxford: Oxford University Press.

Perrett, D. I., May, K. A., & Yoshikawa, S. (1994). Facial shape and judgements of female attractiveness. *Nature, 368*, 239-242.

Persinger, M. A. (1987). *Neuropsychological basis of God beliefs*. New York: Praeger.

Peterson. M. A., & Rhodes, G. (Eds.) (2003). *Perception of faces, objects, and scenes*. Oxford: Oxford University Press.

Petric, V. (1981). A theoretical−historical survey: film and dreams. In V. Petric (Ed.), *Film & dreams. An approach to Bergman* (pp. 1-50). South Salem, NY: Redgrafe.

Pfeifer, M. (1997). *Der Weihrauch. Geschichte, Bedeutung, Verwendung*. Regensburg: Pustet.

Pfleiderer, M. (2006). *Rhythmus. Psychologische, theoretische und stilanalytische Aspekte populärer Musik*. Bielefeld: transcript.

Phillips, M. L., & Heining, M. (2002). Neural Correlates of emotion Perception: From faces to taste. In C. Rouby, B. Schaal, D. Dubois, R. Gervais, & A. Holley (Eds.), *Olfaction, Taste and Cognition* (pp. 196-208). Cambridge: Cambridge University Press.

Piaget, J. (1988). *Das Weltbild des Kindes*. München: dtv. (Orig. 1926).

Piderit, Th. (1867). *Wissenschaftliches System der Mimik und Physiognomik*.

Detmold: Klingenberg'sche Buchhandlung.

Pirenne, M. H. (1970). *Optics, paintings & photograpy*. Cambridge: Cambridge University Press.

Plessner, H. (1980). *Anthropologie der Sinne* (Ges. Schriften III). Farnkfurt/M.: Suhrkamp.

Podoll, K. (2007). Migräneaura, Synästhesie und künstlerische Inspiration. In K. Clausberg, E. Bisanz, & C. Weller (Hg.), *Ausdruck, Ausstrahlung, Aura. Synästhesie der Beseelung im Medienzeitalter* (S. 185-196). Bad Honnef: Hippocampus.

Puisais, J. (1996). Der Geschmack und das Kind. In Kunst– und Ausstellungshalle der Bundesrepublik Deutschland (Hg.), *Geschmacksache* (S. 191-202). Göttingen: Steidl.

Pylyshyn. Z. (2003). *Seeing and visualizing: It's not what you think*. London: Bradford.

Raab, J. (2001). *Soziologie des Geruchs. Über die soziale Konstruktion olfaktorischer Wahrnehmung*. Konstanz: UVK.

Raffaseder, H. (2002). *Audiodesign*. München: fv Fachbuchverlag Leipzig/Hanser.

Raij, T., & Jousmäki, V. (2004). MEG studies of cross–modal integration and plasticity. In G. A. Calvert, Ch. Spence, & B. E. Stein (Eds.), *The handbook of multisensory processes* (pp. 515-528). London: Bradford.

Ramachandran, V. S. (1995). 2–D or not 2–D–that is the question. In R. Gregory, J. Harris, P. Heard, & D. Rose (Eds.), *The artful eye* (pp. 249-267). Oxford: Oxford University Press.

Ramachandran, V. S. (2005). *Eine kurze Reise durch Geist und Gehirn*. Reinbek bei Hamburg: Rowohlt. (Orig. 2003).

Ramachandran, V. S., & Balkeslee, S. (2001). *Die blinde frau, die sehen kann*. Reinbek: Rowohlt.

Ramachandran, V. S., & Hirstein, W. (1999). The science of art: A neurological theory of aesthetic experience. *Journal of Consciousness Studies, 6*(6-7), 15-55.

Ramachandran, V. S., & Hubbard, E. M. (2001). Synaesthesia–a window into perception, thought and language. *Journal of consciousness studies, 8*(12), 3-34.

Ramachandran, V. S., & Hubbard, E. M. (2003). The phenomenology of Synaesthesia. *Journal of consciousness studies, 10*(8), 49-57.

Ramachandran, V. S., & Hubbard, E. M. (2005). The emergence of the human mind: some clues from synesthesia. In L. C. Robertson & N. Sagiv (Eds.), *Synesthesia. Perspectives from cognitive neuroscience* (pp. 147-190). Oxford: Oxford University Press.

Ramachandran, V. S., Hubbard, E. M., & Butcher, P. A. (2004). Synesthesia, cross–activation, and the foundation of neuroepistemology. In G. A. Calvert, Ch. Spence, & B. E. Stein (Eds.), *The handbook of multisensory processes* (pp. 867-883). London: Bradford.

Rank, O. (1998). *Das Trauma der Geburt und seine Bedeutung für die Psychoanalyse* (Nachdruck der Ausg. v. 1924). Gießen: Psychosozial–Verlag.

Rasmussen, S. E. (1995). *Experiencing architecture* (25. Aufl.). Cambridge: MIT Press. (Orig. 1959).

Rausch, E. (1966). Das Eigenschaftsproblem in der Gestalttheorie der Wahrnehmung. In W. Metzger (Hg.), *Allgemeine Psychologie* (Handbuch der Psychologie, Bd. 1) (S. 866-953). Göttingen: Hogrefe.

Rechtschaffen, A., & Buchignani, C. (1992). The visual appearance of dreams. In J. S. Antrobus & M. Bertini (Eds.), *The neuropsychology of sleep and dreaming* (pp. 143-155). Hillsdale, NJ: Lawrence Erlbaum.

Reed, C. R. (2002). What is the body schema? In A. N. Meltzhoff & W. Prinz (Eds.), *The imitative mind. Development, evolution, and brain bases* (pp. 233-243). Cambridge: Cambridge University Press.

Reed, C. R., Stone, V., & McGlodrick, J. E. (2006). Not just posturing: configural processing of the human body. In G. Knoblich, I. M. Thronton, M. Grosjean, & M. Shiffar (Eds.), *Human body perception from the inside out* (pp. 229-258). New York: Oxford University Press.

Reinsch, D. (1993). Ein Stadtplan der Gerüche: München hat die erste Duftkarte Deutschlands. *Bauwelt, 84*(32), 1688-1690.

Reisberg, D. (Ed.) (1992). *Auditory Imagery*. Hillsdale, NJ: Erlbaum.

Restat, J. (1999). *Kognitive Kinästhetik. Die modale Grundlage der amodalen Raumkognition*. Lengerich: Pabst Science Publishers.

Révész, G. (1938). *Die Formenwelt des Tastsinnes* (Formästhetik und Plastik der Blinden, Bd. 2). Haag: Martinus Nijhoff.

Rhodes, G., Halberstadt, J., Jeffery, L., & Palermo, R. (2005b). The attractiveness of average faces is not a generalized mere exposure effect. *Social Cognition, 23*(3), 205-217.

Rhodes, G., Hickford, C., & Jeffery, L. (2000). Sex−typicality and attractiveness: Are supermale faces super−attractive? *British Journal of Psychology, 91*(1), 125-140.

Rhodes, G., Lee, K., Palermo, R., Weiss, M., Yoshikawa, S., Clissa, P., Williams, T., Peters, M., Winkler, C., & Jeffery, L. (2005a). Attractiveness of own race, other race and mixed−race faces. *Perception, 34*(3), 319-340.

Richter, K. (1999). *Die Herkunft des Schönen. Grundzüge einer evolutionären Ästhetik*. Mainz: Zabern.

Riedl, M. (2008). *Alltagsberührungen in Paarbeziehungen: empirische Bestandsaufnahme eines sozialwissenschaftlich vernachlässigten Kommunikationsmediums*. Wiesbaden: VS−Verlag.

Rigotti, F. (2003). *Philosophie in der Küche*. München: Beck.

Rittelmeyer, Chr. (1994). *Schulbau positiv gestalten. Wie Schüler Farben und Formen erleben*. Wiesbaden: Bauverlag.

Rittelmeyer, Chr. (2007). Der Gleichgewichtssinn in der Architekturwahrnehmung. Vortrag anlässlich der Tagung *Körper, Dinge und Bewegung−wie es dem Gleichgewichtssinn gefällt. Kolloquium zur Psychologie von materieller Kultur und Design*, Halle/Salle, 25. bis 28. Oktober 2007 (Druckfassung in Vorb.).

Ritter, H. (1999). Götz von B. und der Datenhandschuh. In M. Wehr & M. Weinmann (Hg.), *Die hand. Werkzeug des Geistes* (S. 113-139). Heidelberg: Spektrum.

Ritter, J. (1974). Landschaft zur Funktion des Ästhetischen in der modernen Gesellschaft. Ders., *Subjektivität* (S. 140-163). Frankfurt/M.: Suhrkamp. (Orig. 1963).

Rizzolatti, G., Fogassi, L., & Gallese, V. (2000). Cortical mechanisms subserving object grasping and action recognition: A new view on the cortical motor functions. In

M. S. Gazzaniga (Ed.), *The new cognitive Neuroscience* (pp. 539-552) (2nd ed.). London: Bradford.

Rizzolatti, G., & Sinigaglia, C. (2008). *Empathie und Spiegelneurone. Die biologische Basis des Mitgefühls*. Frankfurt/M.: Suhrkamp.

Robert, F., & Robert, J. (2007). *Gesichter*. Hildesheim: Gerstenberg.

Roberts, D. (Ed.) (2002). *Signals and Perception. The fundamentals of human perception*. Houndmills: Palgrave Macmillan.

Robertson, L. C., & Sagiv, N. (Eds.) (2005). *Synesthesia. Perspectives from cognitive neuroscience*. Oxford: Oxford University Press.

Rock, I. (1985). *Wahrnehmung. Vom visuellen Reiz zum Sehen und Erkennen*. Heidelberg: Spektrum.

Rodek, B., Meerwein, G., & Mahnke, F. H. (1998). *Mensch–Farbe–Raum*. Leinfelden: A. Koch.

Röder, B., & Rössler, F. (2001). Vergleich haptischer Wahrnehmungsleistungen zwischen blinden und sehenden Personen. In M. Grunwald & L. Beyer (Hg.), *Der Bewegte Sinn. Grundlagen und Anwendungen zur haptischen Wahrnehmung* (S. 89-98). Basel: Birkhäuser.

Roe, A. W. Pallas, S. L., Kwon, Y. H., & Sur, M. (1990). Visual projections routed to the auditory pathway in ferrets: Receptive fields of visual neurons in primary auditory cortex. *Journal of Neuroscience, 12*(9), 3651-3664.

Roederer, J. G. (2007). *Physikalische und psychoakustische Grundlagen der Musik* (3., überarb. u. erw. Aufl.). Berlin: Springer.

Rolls, E. T. (2002). The cortical representation of taste and smell. In C. Rouby, B. Schaal, D. Dubois, R. Gervais, & A. Holley (Eds.), *Olfaction, Taste and Cognition* (pp. 367-388). Cambridge: Cambridge University Press.

Rolls, E. T. (2004). Multisensory neuronal convergence of taste, somatosensory, visual, olfactory, and auditory inputs. In G. A. Calvert, Ch. Spence, & B. E. Stein (Eds.), *The Handbook of multisensory processes* (pp. 311-331). London: Bradford.

Rolls, E. T. (2005). *Emotion explained*. Oxford: Oxford University Press.

Ropar, D., & Mitchell, P. (2002). Shape constancy in autism: The role of prior knowledge and perspective cues. *Journal of Child Psychology and Psychiatry, 43*(5), 647-653.

Rosenkranz, K. (1990). *Ästhetik des Hässlichen*. Leipzig: Reclam. (Orig. 1853).

Rousseau, J.-J. (1985). *Emil oder Über die Erziehung*. (7. Aufl. in der Übersetzung von L. Schmidt; Orig. 1762). Paderborn: Schöningh.

Rübel, D., Wagner, M., & Wolff, V. (2005). *Materialästhetik. Quelltexte zu Kunst, Design und Architektur*. Berlin: Reimer.

Rubin, E. (1921). *Visuell wahrgenommene Figuren. Studien in psychologischer Analyse*. Kobenhavn: Gyldendalske Boghandel.

Rudofski, B. (1987). *Sparta/Sybaris. Keine neue Bauweise, eine neue Lebensweise tut Not*. Salzburg: Residenz.

Russel, J. A. (1988). Affective appraisals of environments. In J. L. Nasar (Ed.), *Environmental aesthetics. Theory, research, and applications* (pp. 120-129). Cambridge: Cambridge University Press.

Rutter, D. R. (1987). *Communicating by telefone*. Oxford: Pergamon Press.

Sack, M. (1992). *Alltagssachen*. Wien: Brandstätter.

Sacks, O. (1990). *Stumme Stimmen. Reise in die Welt der Gehörlosen*. Reinbek: Rowohlt.

Sacks, O. (1994). *Migräne*. Reinbek: Rowohlt. Sacks, O. (1997).

Sacks, O. (1996). Neurological Dreams. In Deirdre Barrett (Ed.), *Trauma and dreams* (pp. 212-216). Cambridge, MA: Harvard University Press.

Sacks, O. (1997). Wunderkinder. In Ders., *Eine Anthropologin auf dem Mars. Sieben paradoxe Geschichten* (S. 264-337). Reinbek: Rowohlt.

Sacks, O. (2008). *Der einarmige Pianist. Über Musik und das Gehirn* (5. Aufl.). Reinbek: Rowohlt.

Santian, K., & Lacey, S. (2007). Cross-modal involvement of visual cortex in tactile perception. In F. W. Mast & L. Jäncke (Eds.), *Spatial processing in navigation, imagery and perception* (pp. 119-134). New York: Springer.

Schaal, B., Soussignan, R., & Marlier, L. (2002). Olfactory cognition at the star of life: The perinatal shaping of selective odor responsiveness. In C. Rouby, B. Schaal,

D. Dubois, R. Gervais, & A. Holley (Eds.), *Olfaction, Taste and Cognition* (pp. 421-440). Cambridge: Cambridge University Press.

Schafer, R. M. (1988). *Klang und Krach. Eine Kulturgeschichte des Hörens*. Frankfurt/M.: Athen m. (Orig. 1977).

Schafer, R. M. (1993). Soundscape-Design für ästhetik und Umwelt. In A.-V. Langenmaier (Hg.), *Der Klang der Dinge. Akustik-eine Aufgabe des Design* (S. 10-27). München: Schreiber.

Schawelka, K. (2007). *Farbe. Warum wir sie sehen, wie wir sie sehen*. Weimar: Verlag der Bauhaus-Universität.

Schievelbusch, W. (1992). *Licht, Schein und Wahn. Auftritte der elektrischen Beleuchtung im 20. Jahrhundert*. Berlin: Ernst & Sohn.

Schiff, W., & Foulke, E. (Eds.) (1982). *Tactual perception: a sourcebook*. Cambridge: CUP.

Schifferstein, H. N. J., & Hekkert, P. (Eds.) (2008). *Product experience*. San Diego: Elsevier.

Schilder, P. (1942). *Mind: Perception and thought in their constructive aspects*. Freeport, NY: Books for libraries press.

Schleidt, M. (1989). Die humanethologische Perspektive: Die Menschliche Frühentwicklung aus ethologischer Sicht. In H. Keller (Hg.), *Handbuch der Kleinkindforschung* (S. 15-29). Berlin: Springer.

Schlemmer-James, M. (2006). *Schnittmuster. Affektive Reaktionen auf variierte Bildschnitte bei Musikvideos* (Dissertation, TU Berlin, 2005). Hamburg: LIT.

Schmidt, H. J., & Beauchamp, G. K. (1992). Human olfaction in infancy and early childhood. In M. J. Serby & K. L. Chobor (Eds.), *Science of olfaction* (pp. 378-395). New York: Springer.

Schmitz, H. (1969). *Der Gefühlsraum*. (System der Philosophie Bd. 3, 2. Teil). Bonn: Bouvier.

Schmitz, H. (1998). *Der Leib, der Raum und die Gefühle*. Ostfildern: edition tertium.

Schmitz-Maibauer, H. H. (1976). *Der Stoff als Mittel anmutungshafter Produktgestaltung: Grundzüge einer Materialpsychologie*. Köln: Hanstein.

Schneider, W. (1995). *Sinn und Un−Sinn. Architektur und Design sinnlich erlebbar gestalten.* Leinfelden−Echterdingen: Konradin.

Schögler, B., & Trevarthen, C. (2007). To sing and dance together: from infants to jazz. In S. Bråten (Ed.), *On being moved. From mirror neurons to empathy* (pp. 281-302). Amsterdam: John Benjamins Publishing.

Schöne, W. (1954). *Über das Licht in der Malerei.* Berlin: Gebr. Mann.

Schönfelder, V. (2008). Virtuelle Realität zum Anfassen. *Gehirn & Geist, Heft 7-8,* 56-63.

Schönhammer, R. (1989). *Der Walkman. Eine phänomenologische Untersuchung.* München Kirchheim.

Schönhammer, R. (1991). *In Bewegung. Zur Psychologie der Forbewegung.* München: Quintessenz.

Schönhammer, R. (1995). *Das Leiden am Beifahren. Frauen und Männer auf dem Sitz rechts.* Göttingen: Vandenhoeck & Rupprecht.

Schönhammer, R. (1998). Raumerleben: Befinden und Atmosphäre. In Kultursekretariat NRW, Gütersloh (Hg.), *STAD(t)T−Art. Kunst in 56 hom pathischen Dosen* (Bd. 2) (S. 10-16). Bielefeld: Kerber.

Schönhammer, R. (1999a). Was die an Frauen gerichtete Autowerbung lehrt. In A. Flade & M. Limbourg (Hg.), *Frauen und Männer in der mobilen Gesellschaft* (S. 49-62). Opladen: Leske & Budrich.

Schönhammer, R. (1999b). Psyche, Körper, Dinge−Eine existentielle Perspektive. In U. Fuhrer & I. E. Josephs (Hg.), *Persönliche Objekte, Identität und Entwicklung* (S. 170-189). Göttingen: Vandenhoeck & Rupprecht.

Schönhammer, R. (1999c). Rezepte für atmosphärische Wirkung. In M. Götz (Hg.), *Der Tabasco−Effect. Wirkung der Form, Formen der Wirkung* (S. 231-236). Basel: Schwabe.

Schönhammer, R. (2000). Kunstpsychologie. In J. Straub, A. Kochinka und H. Werbik (Hg.), *Psychologie in der Praxis* (S. 799-812). München: dtv.

Schönhammer, R. (2001). Haptische Wahrnehmung und Design. In M. Grunwald & L. Beyer (Hg.), *Der Bewegte Sinn. Grundlagen und Anwendungen zur haptischen Wahrnehmung* (S. 151-160). Basel: Birkhäuser.

Schönhammer, R. (2004a). *Fliegen, Fallen, Flüchten. Zur Psychologie intensiver Träume*. Tübingen: dgvt-Verlag.

Schönhammer, R. (2004b). Mit Arnheim im Kino. In Ch. Allesch & O. Neumaier (Eds.), *Rudolf Arnheim oder die Kunst der Wahrnehmung* (S. 87-96). Wien: WUV.

Schönhammer, R. (2004c). *Telefon-Design. Der Körper des Fernsprechers*. Kerken: buchloaden (E-Book; zugänglich über den Volltextserver „Virtuelle Fachbib-liothek Psychologie" der Universitäts- und Landesbibliothek Saarbrücken).

Schönhammer, R. (2005a). Der Raumsinn angesichts bewegter Bilder. In M. Ott. & E. Uhl (Hg.), *Denken des Raumes in den Zeiten der Globalisierung* (S. 152-158). Münster: LIT.

Schönhammer, R. (2005b). Human „ sense of space", moving images and architecture. In R. Weber & M. A. Amann (Eds.), *Aesthetics and architectural composition. Proceedings of the Dresden international symposium of architecture 2004* (pp. 299-303). Mammendorf: pro Literatur (überarb. Fassung m. Filmbsp. zugänglich über den Volltextserver „Virtuelle Fachbibliothek Psychologie" der Universitäts- und Landesbibliothek Saarbrücken).

Schönhammer, R. (2007). Film un Traum-Die besondere Beziehung der „ Siebten Kunst" zu unwillkürlichen mentalen Bildern. In Chr. Allesch & M. Schwarzbauer (Hg.), *Die Kultur und die Künste* (S. 71-79). Heidelberg: Universitätsverlag Winter (zugänglich über den Volltextserver „Virtuelle Fachbibliothek Psychologie" der Universitäts- und Landesbibliothek Saarbrücken.

Schröger, E., Kaernbach, Chr., & Schönwiesner, M. (2008). Auditorische Wahrnehmung und multisensorische Verarbeitung. In J. Müsseler (Hg.), *Allgemeine Psycholo-gie* (S. 59-100) (2., neubearb. Aufl.). Heidelberg: Spektrum.

Schuster, M. (1990). *Psychologie der bildenden Kunst*. Eine Einführung. Heidelberg: Asanger.

Schuster, M. (1996). *Fotopsychologie. Lächeln für die Ewigkeit*. Heidelberg: Springer.

Schuster, M., & Ameln-Haffke, H. (Hg.) (2006). *Museumspsychologie*. Göttingen: Hogrefe.

Schwaninger, A. (2005). Objekterkennung und Signaldetektion: Anwendungen in der Praxis. In B. Kersten (Hg.), *Praxisfelder der Wahrnehmungspsychologie* (S. 108-132). Bern: Huber.

Schwartz, S., & Maquet, P. (2002). Sleep imaging and the neuropsychological assessment of dreams. *Trends in Cognitive Sciences, 6*(1), 23-30.

Schwartz, S., Dang−Vu, T. T., Ponz, A., Duhoux, S., & Maquet, P. (2005). Dreaming: A neuropsychological view. *Schweizer Archiv für Neurologie und Psychiatrie, 156*(8), 426-439.

Schwarzer, G., Zauner, N., & Corell, M. (2003). Face processing during the first decade of life. In G. Schwarzer & H. Leder (Eds.), *The development of face processing* (pp. 55-68). Göttingen: Hogrefe & Huber.

Schwender, C. (2006). *Medien und Emotion. Evolutionsbiologische Bausteine einer Medientheorie* (2., akt. Aufl.). Wiesbaden: Deutscher Universitäts−Verlag.

Schyns, P. G., & Gosselin, F. (2003). Diagnostic use of scale information for componential and holistic recognition. In M. A. Peterson & G. Rhodes (Eds.), *Perception of faces, objects, and scenes* (pp. 120-145). Oxford: Oxford University Press.

Scott, R. (2002). Interaction between the senses: vision and the vestibular system. In D. Roberts (Ed.), *Signals and Perception: The fundamentals of human perception* (pp. 355-364). Houndmills: Palgrave Macmillan.

Seikowski, K., & Gollek, S. (2001). Sexualität und haptische Wahrnehmung. In M. Grunwald & L. Beyer (Hg.), *Der Bewegte Sinn. Grundlagen und Anwendungen zur haptischen Wahrnehmung* (S. 241-250). Basel: Birkhäuser.

Sekuler, R., Sekuler, A. B., & Lau, R. (1997). Sound alters visual motion perception. *Nature, 385*, 308.

Seligman, M. E. P., & Yellen, A. (1987). What is a dream? *Behav. Res. Ther., 25*(1), 1-24.

Semper, G. (1851). *Die vier Elemente der Baukunst. Ein Beitrag zur vergleichenden Baukunde.* Braunschweig: Vieweg.

Seyler, A. (2003). *Wahrnehmen und Falschnehmen. Praxis der Gestaltpsychologie.*

Frankfurt/M.: Anabas.

Shepard, R. N. (1984). Ecological constraints on internal representation: resonant kinematics of perceiving, imagining, thinking and dreaming. *Psychological Review, 91*(4), 417-447.

Shepard, R. N. (1991). *Einsichten und Anblicke. Illusion und Wahrnehmungskonflikte in Zeichnungen*. Heidelberg: Spektrum.

Shepherd, G. M. (2004). Implications of recent research on olfaction for the neural basis of flavour in humans: Challenges and opportunities. In K. D. Deibler & J. Delwiche (Eds.), *Handbook of flacor characterization* (pp. 93-104). New York: Marcel Denker.

Shusterman R. (1994). *Kunst Leben. Die Ästhetik des Pragmatismus*. Frankfurt/M.: Fischer.

Shusterman R. (2005). *Leibliche Erfahrung in Kunst und Lebensstil*. Berlin: Akademie. (Orig. 2000).

Siegel, R. K. (1979/80). Dizziness as an altered state of consciousness. *J. of altered states of consciousness, 5*(2), 87-107.

Siegel, R. K. (1995). *Rauschdrogen: Sehnsucht nach dem künstlichen Paradies*. Frankfurt/M.: Eichborn.

Simmel, G. (1983). *Soziologie. Untersuchungen über die Formen der Vergesellschaftung* (6. Aufl.). Berlin: Duncker & Humblot. (Orig. 1908).

Simmen, J. (1990). *Vertigo. Schwindel in der modernen Kunst*. München: Klinkhardt u. Biermann.

Simons, D. J., Mitroff, S. R., & Franconeri, S. L. (2003). Scene perception: what we can learn from visual integration and change detection. In M. A. Peterson & G. Rhodes (Eds.), *Perception of faces, objects, and scenes* (pp. 335-355). Oxford: Oxford University Press.

Singer, W., & Ricard, M. (2008). *Hirnforschung und Meditation. Ein Dialog*. Frankfurt/Main: Suhrkamp.

Slunecko, Th. (2007). Balancieren—eine Einladung zur Übergegensätzlichkeit. Vortrag anlässlich der Tagung *Körper, Dinge und Bewegung—wie es dem Gleichge-*

wichtssinn gefällt. Kolloquium zur Psychologie von materieller Kultur und Design, Halle/Salle, 25. bis 28. Oktober 2007 (Druckfassung in Vorb.).

Smith, J. D. (1992). The auditory halluzinations of schizophrenia. In D. Reisberg (Ed.), *Auditory Imagery* (pp. 151-178). Hillsdale, NJ: Erlbaum.

Smith, L. F., & Smith, J. K. (2006). The nature and growth of aesthetic fluency. In P. Locher, C. Martindale, & L. Dorfman. (Eds.), *New directions in aesthetics, creativity and the arts* (pp. 47-58). Amityville, NY: Baywood.

Sobchack, V. (2004). *Carnal Thoughts. Embodiment and moving image culture.* Berkeley: Univ. of California Press.

Soentgen, J. (1997). *Das Unscheinbare. Phänomenologische Beschreibungen von Stoffen, Dingen und fraktalen Gebilden.* Berlin: Akademie.

Solso, R. L. (2003). *The psychology of Art and the evolution of the conscious brain.* Cambridge, MA: MIT Press.

Sontag, S. (1980). *Über Fotografie.* Frankfurt/M.: Fischer.

Southworth, M. (1969). The sonic environment of cities. *Environment and Behavior, 1*(1), 49-70.

Spence, Ch. (2002). Multisensory integration, attention and perception. In D. Roberts (Ed.), *Signals and Perception. The fundamentals of human perception* (pp. 345-354). Houndmills: Palgrave Macmillan.

Spence, Ch. & McDonald, J. (2004). The cross–modal consequences of exogenous spatial orienting of attention. In G. A. Calvert, Ch. Spence, & B. E. Stein (Eds.), *The handbook of multisensory processes* (pp. 3-25). London: Bradford.

Spitzer, M. (2003). *Musik im Kopf. Hören, Musizieren, Verstehen und Erleben in neuronalen Netzwerken.* Stuttgart: Schattauer.

Sprinkhardt, K. P. (1982). *Kognitive Ästhetik.* Mittenwald: Mäander.

Stein, B. E., & Meredith, M. A. (1993). *The merging of senses.* Cambridge, MA: MIT Press.

Steinbrenner, J., & Glasauer, S. (2007). *Farben. Betrachtungen aus Philosophie und Naturwissenschaften.* Frankfurt/M.: Suhrkamp.

Stevenson, R. J., & Boakes, R. A. (2004). Sweet and sour smells: learned synesthesia between the senses taste and smell. In G. A. Calvert, Ch. Spence, & B. E. Stein (Eds.), *The handbook of multisensory processes* (pp. 69-83). London: Bradford.

Stevenson, R. J., & Case, T. I. (2004/5). Olfactory dreams: Phenomenology relationship to volitional imagery and odor identification. *Imagination, Cognition and Personality, 24*(1), 69-90.

Stiles, P. G. (1927). *Dreams*. Cambridge: Harvard University Press.

Stoddart, M. (1990). *The scented ape. Biology and culture of human odour*. Cambridge: Cambridge University Press.

Stoddart, M. (1997). The human axillary organ: Evolution of an olfactory adornment. In G. Salvadori (Ed.), *Olfaction and taste. A century for the senses* (pp. 230-241). Carol Stream: Allured.

Stoering, P. (2006). Blindsehen. In H.-O. Karnath & P. Thier (Hg.), *Neuropsychologie* (S. 97-103) (2. Aufl.). Heidelberg: Springer.

Storch, M., Cantieni, B., Hüther, G., & Taschner, W. (2006). *Embodiement. Die Wechselwirkung von Körper und Psyche verstehen und nutzen*. Bern: Huber.

Strauch, I., & Meier, B. (2004). *Den Träumen auf der Spur*. (2., vollst. überarb. u. erg. Aufl.). Bern: Huber.

Straus, E. (1956). *Vom Sinn der Sinne. Ein Beitrag zur Grundlegung der Psychologie* (2., verm. Aufl.). Berlin: Springer.

Straus, E. (1960). Formen des Räumlichen. Ihre Bedeutung für die Motorik und die Wahrnehmung. In *Psychologie der menschlichen Welt. Gesammelte Schriften von Erwin Straus* (S. 141-178). Berlin: Springer. (Orig. 1930).

Streri, A. (2003a). Manual exploration and haptic perception in infants. In Y. Hatwell, A. Streri, & E. Genatz (Eds.), *Touching for Knowing. Cognitive psychology of haptic manual perception* (pp. 51-66). Amsterdam: John Benjamins Publishing.

Streri, A. (2003b). Intermodal relations in infancy. In Y. Hatwell, A. Streri, & E. Genatz (Eds.), *Touching for Knowing. Cognitive psychology of haptic manual perception* (pp. 191-206). Amsterdam: John Benjamins Publishing.

Stummerer, S., & Habelsreiter, M. (2005). *Food Design. Von der Funktion zum Genuß* Wien: Springer.

Suk, H.–J. (2006). *Color and emotion. a study on the affective judgement across media and in relation to visual stimuli* (Dissertation, Universität Mannheim, 2006). Online–Resource, zugänglich über die Universitätsbibliothek Mannheim.

Sulzer, P. (Hg.) (1992). *Architektur zum Anfassen* (arcus, Heft 19). Köln: R. Müller.

Süß, G. (2006). *Sound Subjekts. Zur Rolle des Tons im Film und Computerspiel.* Trier: wvt.

Süßkind, P. (1985). *Das Parfum. Die Geschichte eines Mörders.* Zürich: Diogenes.

Sütterlin, Chr. (1995). Kunst und Ästhetik. In W. Schievenhövel, Chr. Vogel, G. Vollmer, & U. Opolka (Hg.), *Gemachte und gedachte Welten. Der Mensch und seine Ideen* (S. 95-119). Stuttgart: Thieme.

Symons, D. (1993). The stuff that dreams aren't made of: Why wake–state and dream–state sensory experiences differ. *Cognition, 47*, 181-217.

Tan, E. (1996). *Emotion and the structure of narrative film. Film as an emotion machine.* Mahwah, NJ: Erlbaum.

Tanaka, J. W., & Farah, M. J. (2003). The holistic representation of faces. In M. A. Peterson & G. Rhodes (Eds.), *Perception of faces, objects, and scenes* (pp. 53-74). Oxford: Oxford University Press.

Tanizaki, J. (1993). *Lob des Schattens: Entwurf einer japanischen Ästhetik* (8. Aufl.). Zürich: Manesse. (Orig. 1933).

Tarr, M. J. (2003). Visual object recognition. Can a single mechanism suffice. In M. A. Peterson & G. Rhodes (Eds.), *Perception of faces, objects, and scenes* (pp. 176-211). Oxford: Oxford University Press.

Tellenbach, H. (1968). *Geschmack und Atmosphäre.* Salzburg: O. Müller.

Tellenbach, H. (1987). Schmecken und Riechen–Geschmack und Atmosphäre. In Ders, *Psychiatrie als geistige Medizin* (S. 291-296). München: Verlag für angewandte Wissenschaft.

Tembrock, G. (1996). *Akustische Kommunikation bei Säugetieren.* Darmstadt: Wissenschaftliche Buchgesellschaft.

Teuteberg, H. J. (1996). Zur kulturwissenschaftlichen Phänomenologie der täglichen Malzeit. In Kunst– und Ausstellungshalle der Bundesrepublik Deutschlang

(Hg.), *Geschmacksache* (S. 65-86). Göttingen: Steidl.

Thaut, M. H. (2005). Rhythm, human temporality, and brain function. In D. Miell, R. MacDonald, & D. J. Hargreaves (Eds.), *Musical communication* (pp. 177-191). Oxford: Oxford University Press.

Thayer, R. E. (1996). *The origin of everyday moods. Managing energy, tension, and stress.* Oxford: Oxford University Press.

Thayer, S. (1982). Social touching. In W. Schiff & E. Foulke (Eds.), *Tactual perception: a sourcebook* (pp. 263-333). Cambridge: Cambridge University Press.

Thévoz, M. (1997). Vorwort: Marcel Réja, Entdecker der Kunst der Verrückten. In Ch. Eissing-Christophersen & D. Le Parc (Hg.), *Marcel Réja: Die Kunst bei den Verrückten* (S. 1-13). Wien: Springer.

Thompson, P. (1980). Margaret Thatcher: A new illusion. *Perception, 9*(4), 483-484.

Tomasello, M., & Carpenter, M. (2007). Shared intentionality. *Developmental Science, 10*(1), 121-125.

Trever-Roper, P. (2001). *Der veränderte Blick. Über den Einfluß von Sehfehlern auf Kunst und Charakter.* München: dtv.

Truax, B. (2001). *Acoustic communication* (2nd ed.), Westport, CT: Ablex.

Tunner, W. (1999). *Psychologie und Kunst. Vom Sehen zur sinnlichen Erkenntnis.* Wien: Springer.

Uexkülls, J. v., & Kriszat, G. (1970). *Streifzüge durch die Umwelten von Tieren und Menschen. Ein Bilderbuch unsichtbarer Welten* (Orig. 1934). Frankfurt/M.: Fischer.

Ullmer, B., & Ishii, H. (2005). Token+constraint systems for tangible interaction with digital information. *ACM Transactions on Computer Human Interaction, 12*(1), 81-118.

Ungerer, D. (1992). Die Wahrnehmung der Füße. In P. Sulzer (Hg.), *Architektur zum Anfassen* (S. 56-62) (arcus, Heft 19). Köln: R. Müller.

Utitz, E. (1972/1914). *Grundlegung der allgemeinen Kunstwissenschaft.* München: Wilhelm Fink.

Vaissière, J. (2005). Perception of Intonation. In D. B. Pisoni & R. E. Remez (Eds.),

The handbook of speech perception (pp. 236-263). Oxford: Blackwell.

Van der Castle, R. L. (1994). *Our dreaming Mind.* New York: Ballintine Books.

Van Toller, S. (2002). Taste perception. In D. Roberts (Ed.), *Signals and Perception. The fundamentals of human perception* (pp. 331-341). Houndmills: Palgrave Macmillan.

Van Toller, S., & Dodd, G. H. (Eds.) (1992). *Fragrance. The Psychology and Biology of perfume.* London: Elsevier.

Vartanian, O., & Goel, V. (2004a). Emotion pathways in the brain mediate aesthetic preference. *Bulletin of Psychology and the arts, 5*(1), 37-42.

Vartanian, O., & Goel, V. (2004b). Neuroanatomical correlates of aesthetic preference for paintings. *Bulletin of Psychology and the arts, 5*(1), 37-42.

Virilio, P. (1978). *Fahren, Fahren, Fahren ...* Berlin: Merve.

Vischer, R. (1927). Über das optische Formgefühl: Ein Beitrag zur Ästhetik. In Ders., *Drei Schriften zum ästhetischen Formproblem* (S. 1-44). Halle/Saale: Max Niemeyer. (Orig. 1872).

Vitruvius, P. M. (1964). *Vitruvii de architectura libri decem. Zehn Bücher über Architektur.* Darmstadt: WGB.

Vroomen J., & de Gelder, B. (2004). Perceptual effects of cross-modal stimulation: Ventriloquism and the Freezing phenomenon. In G. A. Calvert, Ch. Spence, & B. E. Stein (Eds.), *The handbook of multisensory processes* (pp. 141-150). London: Bradford.

Vroon, P., van Amerongen, A., & de Vries, H. (1996). *Psychologie der Düfte. Wie Gerüche uns beeinflussen und verführen.* Zürich: Kreuz.

Wagener, U. (2000). *Fühlen, Tasten, Begreifen. Berührung als Wahrnehmung und Kommunikation.* Oldenburg: Bibliotheks- u. Informationssystem der Universität Oldenburg.

Wagenmann, S., & Schönhammer, R. (1994). *Mädchen und Pferde. Psychologie einer Jugendliebe.* München: Quintessenz.

Waldenfels, B. (2000). *Das leibliche Selbst. Vorlesungen zur Phänomenologie des Leibes* (R. Giuliani, Hg.), Frankfurt/M.: Suhrkamp.

Walsh, R. (2005). Can synaesthesia be cultivated? Indications from surveys of Meditators. *Journal of Consciousness Studies, 12*(4-5), 3-34.

Walter, U. (1997). *In 90 Minuten um die Erde*. Würzburg: Stürtz.

Warren, D. B. (1982). The development of haptic perception. In W. Schiff & E. Foulke (Eds.), *Tactual perception: a sourcebook* (pp. 82-129). Cambridge: Cambridge University Press.

Watanabe, K., & Shimojo, S. (1998). Attentional modulation in perception of visual motion events. *Perception, 27*(9), 1041-1054.

Waubke, N. V. (1992). Oberflächen unter physikalisch-technischen Aspekten. In P. Sulzer (Hg.), *Architektur zum Anfassen* (S. 63-67) (arcus, Heft 19). Köln: R. Müller.

Werner, H. (1953). *Einführung in die Entwicklungspsychologie* (4., durchges. Aufl.). München: Ambrosius Barth.

Werner, H. (1966). Intermodale Qualitäten (Synästhesien). In W. Metzger (Hg.), *Allgemeine Psychologie* (Handbuch der Psychologie, Bd. 1) (S. 278-303). Göttingen: Hogrefe.

Whyte, J. (2002). *Virtual reality and the built environment*. Oxford: Architectural press.

Wierlacher, A. (2005). Was heißt, die Augen essen mit? Kulturwissenschaftliche und naturwissenschaftliche Betrachtungen über die Rolle des Sehsinns beim Essen. In D. v. Engelhardt & Wild, R. (Hg.), *Geschmackskulturen. Vom Dialog der Sinne bei Essen und Trinken* (S. 129-143). Frankfurt/M.: Campus.

Wiese, H. (Hg.) (1996). *Die Metaphysik des Lichtes. Der Kameramann Henri Alekan*. Marburg: Schüren.

Wilder, J. (1931). Zwangslachen mit Erektion als epileptisches Äquivalent (nebst Beobachtungen über Beziehungen von Erektionen zum Fliegen). *Der Nervenarzt, 4*(2), 75-83.

Wilson, D. A., & Stevenson, R. J. (2006). *Learning to smell. Olfactory perception from neurobiology to behavior*. Baltimore: John Hopkins University Press.

Wilson, F. R. (2000). *Die Hand. Geniestreich der Evolution*. Stuttgart: Klett-Cotta.

Wilson, M. (2006). Covert Imitation: How the body schema acts as a prediction device. In G. Knoblich, I. M. Thronton, M. Grosjean, & M. Shiffar (Eds.), *Human body perception from the inside out* (pp. 211-228). New York: Oxford University Press.

Wippich, W. (2001). Implizite und explizite Gedächtnisleistungen. In M. Grunwald & L. Beyer (Hg.), *Der Bewegte Sinn. Grundlagen und Anwendungen zur haptischen Wahrnehmung* (S. 61-76). Basel: Birkhäuser.

Witte, W. (1966). Haptik. In W. Metzger (Hg.), *Allgemeine Psychologie* (Handbuch der Psychologie, Bd. 1) (S. 498-517). Göttingen: Hogrefe.

Wohlschläger, A., & Prinz, W. (2006). Wahrnehmung. In H. Spada (Hg.), Lehrbuch Allgemeine Psychologie (S. 25-114) (3., vollst. überarb. u. erw. Aufl.). Bern: Huber.

Wolfe, J., Kluender, K. R., Levi, D. M., Bartoshuk, L. M., Hetz, R. S., Klatzky, R. L., & Lederman, S. J. (2006). *Sensation and perception*. Sunderland, MA: Sinauer Associates.

Wölfflin, H. (1991). *Kunstgeschichtliche Grundbegriffe. Das Problem der Stilentwicklung in der neueren Kunst* (18. Aufl.). Basel: Schwabe (Orig. 1915).

Wölfflin, H. (1999). *Prolegomena zu einer Psychologie der Architektur* (Dissertation, München, 1886). Berlin: Gebr. Mann.

Woodward, S., Tauber, E. S., Spielmann, A. J., & Thorpy, M. J. (1990). Effects of otolithic vestibular stimulation on sleep. *Sleep, 13*(6), 533-537.

Wyatt, T. D. (2003). *Pheromones and animal behavior. Communication by smell and taste*. Cambridge: Cambridge University Press.

Yin, R. K. (1969). Looking at upside-down faces. *Journal of Experimental Psychology, 81*(1), 141-145.

Zahavie, A., & Zahavie, A. (1998). *Signale der Verständigung. Das Handicap-Prinzip*. Frankfurt/M.: Insel.

Zaidel, D. W. (2005). *Neuropsychology of art. Neurological, cognitive, and evolutionary perspectives*. Hove: Psychology Press.

Zajonc, A. (1994). *Die gemeinsame Geschichte von Licht und Bewußtsein*. Reinbek bei Hamburg: Rowohlt.

Zeki, S. (1999). *Inner vision. An exploration of art and the brain.* Oxford: Oxford University Press.

Zellner, D. A., & Kautz, M. A. (1990). Color affects perceived odor intensity. *Journal of Experimental Psychology: Human Perception and performance, 16*, 391-397.

Zeuch, U. (2000). *Umkehr der Sinneshierarchie. Herder und die Aufwertung des Tastsinns seit der frühen Neuzeit.* Tübingen: Niemeyer.

Zglinicki, F. v. (1979). *Die Wiege: volkskundlich-kulturgeschichtlich-kunstwissenschaftlich-medizinhistorisch. Eine Wiegen-Typologie mit 500 Abbildungen.* Regensburg: Pustet.

Ziemke, T., Zlatev, J., & Frank, R. M. (Eds.) (2007). *Body, Language and Mind* (Vol. 1: Embodiment). Berlin: de Gruyter.

Zihl, J. (2006). Zerebrale Reizerscheinungen. In H.-O. Karnath & P. Thier (Hg.), *Neuropsychologie* (S. 84-87) (2. Aufl.). Heidelberg: Springer.

Zillmann, D. (2004). Emotionspsychologische Grundlagen. In R. Mangold, P. Vorderer, & G. Bente (Hg.), *Lehrbuch der Medienpsychologie* (S. 101-128). Göttingen: Hogrefe.

Zimmer, A. (2001). Gestaltpsychologische Ansätze zur Analyse der haptischen Wahrnehmung. In M. Grunwald & L. Beyer (Hg.), *Der Bewegte Sinn. Grundlagen und Anwendungen zur haptischen Wahrnehmung* (S. 77-88). Basel: Birkhäuser.

Zimmer, A. (1997). „Vom Ganzen zu den Teilen" oder vom „Sinneseindruck zur Wahrnehmung". In J. Albertz (Hg.), *Wahrnehmen und Wirklichkeit-Wie wir unsere Umwelt sehen, erkennen und gestalten* (S. 41-79). Berlin: Freie Akademie.

Zimmer, R. (2001). *Handbuch der Sinneswahrnehmung. Grundlagen einer ganzheitlichen Erziehung* (9. Aufl.). Freiburg: Herder.

Zuckerman, M. (Ed.) (1983). *Biological bases of sensation seeking.* Hillsdale, NJ: Erlbaum.

Zumthor, P. (2006). *Atmosphären. Architektonische Umgebungen. Dinge um mich herum.* Basel: Birkhäuser.

Zumthor, P., Beer, I., Mathieu, J., Maracci, M., Hungerbühler, R., Morici, L., Wunderle, S., & Maus, K. (2006). *Wieviel Licht braucht der Mensch, um leben zu können und wieviel Dunkelheit?* Zürich: vdf Hochschulverlag an der ETH Zürich.

Zwimpfer, M. (1994). *2d. Visuelle Wahrnehmung.* Basel: Niggli.

Zwisler, R. (2001). Haptische Wahrnehmung in der Mensch–Maschine–Interaktion. In M. Grunwald & L. Beyer (Hg.), *Der Bewegte Sinn. Grundlagen und Anwendungen zur haptischen Wahrnehmung* (S. 161-170). Basel: Birkhäuser.

392쪽 색상 선그림과 감정선그림에 대한 해답

1 = 빨간색

2 = 노란색

3 = 녹색

4 = 보라색

A = 기쁨

B = 슬픔

C = 분노

D = 불안

저자 소개

Rainer Schönhammer

독일 할레의 부르크 기비헨슈타인 예술디자인대학(Burg Giebichenstein Hochschule für Kunst und Design) 조형심리학 교수다. 주요 연구 분야는 사물지각, 매체지각, 미디어지각, 미학, 의식상태다.

역자 소개

이모영

고려대학교 심리학과를 졸업하고 독일 Katholische Univ. Eichstaett에서 심리학 박사학위를 받았으며, 현재 선문대학교 상담산업심리학과에서 교수로 재직하고 있다. 지각심리학, 예술심리학, 시각적 사고, 문화인지, 미술치료, 예술치료 등에 관심을 갖고 연구활동을 하고 있다. 저서 및 논문으로는 『예술심리학』 『예술가가 되려면』 『치료미학』과 「예술심리학-비판적 고찰과 전망」 「미술의 치료적 기능에 대한 탐색적 고찰」 「문화인지로서의 시각적 사고: 시각적 사고의 본질, 역할 및 주요 특징에 대한 고찰」 등이 있다.

예술, 디자인 그리고 인문학도를 위한

지각심리학

Einführung in die Wahrnehmungspsychologie
—Sinne, Körper, Bewegung

2014년 2월 10일 1판 1쇄 인쇄
2014년 2월 20일 1판 1쇄 발행

지은이 • Rainer Schönhammer
옮긴이 • 이모영
펴낸이 • 김진환
펴낸곳 • (주) 학지사
121-838 서울특별시 마포구 양화로 15길 20 마인드월드빌딩 5층
대표전화 • 02)330-5114 팩스 • 02)324-2345
등록번호 • 제313-2006-000265호

홈페이지 • http://www.hakjisa.co.kr
커뮤니티 • http://cafe.naver.com/hakjisa

ISBN 978-89-997-0266-2 93180

정가 20,000원

이 도서의 국립중앙도서관 출판시도서목록(CIP)은 서지정보유통지원시스템 홈페이지(http://seoji.nl.go.kr)와 국가자료공동목록시스템(http://www.nl.go.kr/kolisnet)에서 이용하실 수 있습니다.
(CIP 제어번호: CIP2013028233)